国内外经典教材辅导系列·计算机类

严蔚敏《数据结构》(C语言版)
笔记和习题(含考研真题)详解

主编:圣才考研网
www.100xuexi.com

中国石化出版社

内容提要

国内外经典教材辅导系列是一套全面解析当前国内外各大院校权威教科书的辅导资料。严蔚敏《数据结构》是我国高校采用较多的权威教材之一。本书是该教材的学习辅导书，遵循C语言版的章目编排，共分为12章，每章由三部分组成：第一部分为复习笔记，总结本章的重难点内容；第二部分为强化习题详解，对教材相关的强化习题进行了详细的分析和解答；第三部分为名校考研真题与典型题详解，精选了近年的名校考研真题与典型题，并提供了详细的解答。由于本书第8章以及第12章并非数据结构考试内容，因此本书没有提供相应内容。

购书即可免费享受大礼包增值服务【本书电子书(手机版、电脑版)、考研专业课咨询服务】。手机扫码(本书封面右下角)免费领取本书大礼包。

图书在版编目(CIP)数据

严蔚敏《数据结构》(C语言版)笔记和习题(含考研真题)详解/圣才考研网主编. —北京:中国石化出版社,2020.2
国内外经典教材辅导系列·计算机类
ISBN 978-7-5114-5696-0

Ⅰ.①严… Ⅱ.①圣… Ⅲ.①数据结构-研究生-入学考试-自学参考资料 Ⅳ.①TP311.12

中国版本图书馆CIP数据核字(2020)第026290号

中国石化出版社出版发行
地址:北京市东城区安定门外大街58号
邮编:100011 电话:(010)57512500
发行部电话:(010)57512575
http://www.sinopec-press.com
E-mail:press@sinopec.com
武汉市盛宏源印务有限公司印刷
全国各地新华书店经销
*
787×1092毫米 16开本 24.5印张 601千字
2020年3月第1版 2020年3月第1次印刷
定价:68.00元

序　言

我国各大院校一般都把国内外通用的权威教科书作为本科生和研究生学习专业课程的参考教材，这些教材甚至被很多考试(特别是硕士和博士研究生入学考试)和培训项目作为指定参考书。为了帮助读者更好地学习专业课，我们有针对性地编著了一套学习国内外教材的复习资料，并提供配套的名师讲堂、电子书和题库。

严蔚敏《数据结构》(C语言版)是我国高校采用较多的权威教材之一。作为该教材的学习辅导书，本书具有以下几个方面的特点：

1. 整理名校笔记，浓缩内容精华。本书每章的复习笔记部分对该章的重难点进行了整理，同时对重要知识点进行点拨，因此，本书的内容几乎浓缩了配套教材的知识精华。

2. 归纳经典习题，强化知识考点。为了进一步巩固和强化各章知识难点的复习，增加了强化习题及详解，并对相关知识点进行归纳和延伸，梳理知识点逻辑关系，以达到高效复习的目的。

3. 精选考研真题，巩固重难点知识。为了强化对重要知识点的理解，本书精选了部分名校近几年的数据结构考研真题以及考研中的典型题，这些高校大部分以该教材作为考研参考书目。所选考研真题基本涵盖了各个章节的考点和难点，特别注重联系实际，凸显当前热点。

与本书相配套，圣才考研网提供严蔚敏《数据结构》(C语言版)电子书、题库。

购书即可免费享受大礼包增值服务，手机扫码(本书封面右下角)免费领取本书大礼包。具体包括：①本书电子书(手机版、电脑版)；②考研专业课咨询服务。

圣才考研网(www.100xuexi.com)是圣才学习网旗下的考研考博专业网站，提供考研公共课和全国500所院校考研考博专业课辅导【一对一辅导、网授精讲班等】、电子书、题库、全套资料(历年真题及答案、笔记讲义等)、国内外经典教材名师讲堂、考研教辅图书等。

考研辅导： kaoyan.100xuexi.com(圣才考研网)
官方总站： www.100xuexi.com(圣才学习网)

圣才考研网编辑部

目　录

第1章 绪 论

1.1 复习笔记

一、什么是数据结构

数据结构是一门研究非数值计算的程序设计问题中计算机的操作对象以及它们之间的关系和操作等的学科。

数据元素之间的相互关系称为结构，数据结构是相互之间存在一种或多种特定关系的数据元素的集合。

二、基本概念和术语

1. 数据、数据元素和数据对象的概念(见表1-1)

表1-1 基本概念

概念	主要内容
数据	对客观事物的符号表示，是计算机科学中所有能输入到计算机中并能被计算机程序处理的符号的总称
数据元素	数据的基本单位。若干个数据项构成一个数据元素，数据项是构成数据元素的最小单位
数据对象	性质相同的数据元素的集合，是数据的一个子集
数据类型	一个值的集合和定义在这个值集上的一组操作的总称
	抽象数据类型
	多形数据类型

2. 数据结构

(1)基本概念：数据结构是相互之间存在一种或多种特定关系的数据元素的集合。

(2)数据结构的四类基本基本结构(见表1-2)

表1-2 数据结构的四类基本结构

结构	数据元素之间的关系	关系图
集合	属于“同一个集合”，无其他复杂关系	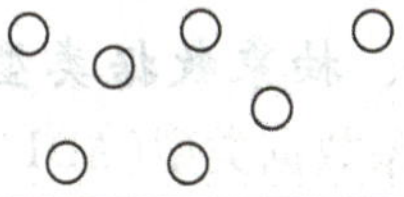
线性结构	一对一的关系	
树形结构	一对多的关系	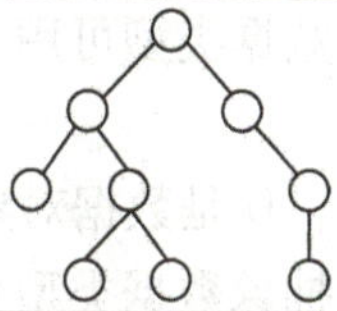
图状结构(网状结构)	多对多的关系	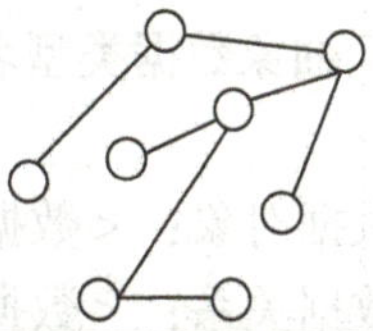

(3)数据结构的形式定义

数据结构的形式定义为：

$$Data\_Structure = (D,\ S)$$

其中：D 表示数据元素的有限集，S 表示 D 上关系的有限集。

(4)数据结构在计算机中的表示

数据结构包括数据元素的表示和关系的表示，在计算机中称为数据的物理结构(又称存储结构)。

其中，关系有两种表示方法：顺序映象和非顺序映象。这两种表示方法对应两种存储结构：顺序存储结构和链式存储结构。

(5)数据结构的三要素

①数据的逻辑结构：从逻辑上表示数据，与具体存储无关。常见的逻辑结构如图 1-1 所示。

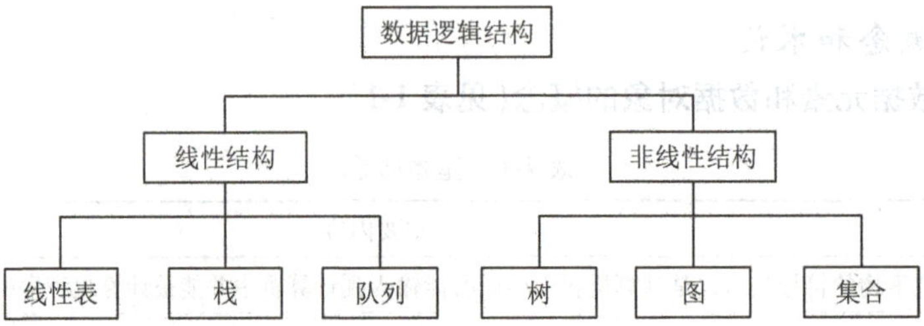

图 1-1

②数据的存储(物理)结构：指数据的逻辑结构在计算机中的具体实现，依赖于计算机语言。常见的存储结构如图 1-2 所示。

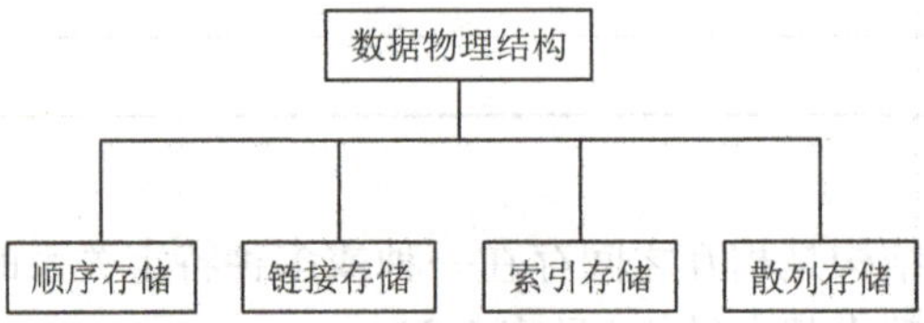

图 1-2

③数据的运算：运算包括定义和实现两部分，运算的定义指出该运算所实现的功能，与数据的逻辑结构相对应，运算的实现指出每一个具体的操作步骤，对应于数据的存储结构。

三、抽象数据类型的表示与实现

抽象数据类型(ADT)由一个值域和定义在该值域上的一组操作组成，它与计算机内部的实现无关。

抽象数据类型可用三元组(数据对象，数据关系，基本操作集)来表示

$$(D,\ S,\ P)$$

其中，D 是数据对象，S 是 D 上的数据关系集，P 是对 D 的基本操作集。

定义抽象数据类型：

ADT 抽象数据类型名

{

数据对象：<数据对象的定义>

数据关系：<数据关系的定义>

基本操作：<基本操作的定义>

} ADT 抽象数据类型名

四、算法和算法分析

1. 算法的描述

算法是对特定问题求解步骤的一种描述，它是指令的有限序列，其中每一条指令表示一个或多个操作。算法需要用一种语言来描述，程序框图，程序设计语言等都能对算法进行描述。

2. 算法的五个重要特性(见表 1-3)

表 1-3 算法的特性

特性	主要内容
有穷性	在执行有穷步之后结束，每一步在有穷时间内完成
确定性	每一条指令都无二义性，算法只有唯一的一条执行路径
可行性	算法中描述的操作都可以通过已实现的基本运算执行有限次来实现
输入	一个算法有零个或多个输入
输出	一个算法有一个或多个输出

3. 算法设计的要求(见表 1-4)

表 1-4 算法设计的要求

要求	主要内容
正确性	程序无语法错误，对于一般和典型输入数据可得到满足要求的结果，对于一切合法输入都能得到满足要求的结果
可读性	算法可以被人们很好地阅读和理解
健壮性	输入非法数据时，算法能适当的做出反应或进行处理，不会产生异常输出或中止程序执行
效率与低存储量需求	与问题规模有关，执行时间短的算法效率高，算法执行中需要的最大存储空间为存储量需求

4. 算法效率的度量

(1)算法执行时间通过该算法编制的程序在计算机上运行时所消耗的时间来度量，度量一个程序的执行时间通常有两种方法：事后统计的方法和事前分析估算的方法。

(2)算法的时间复杂度是对算法效率的度量。一般情况下，算法中基本操作重复执行的次数是问题规模 n 的某个函数，记作 $f(n)$，时间复杂度是关于问题规模的函数，通常用 O 表示，记作

$$T(n)=O(f(n))$$

其中 n 表示问题的规模，上式表示算法执行时间的增长率和问题规模 n 的某个函数 $f(n)$ 的增长率相同。

(3)常见时间复杂度按照数量级递增排列为：

$$O(1)<O(\log_2 n)<O(n)<O(n\log_2 n)<O(n^2)<O(n^3)<O(n^k)<O(2^n)$$

5. 算法的存储空间需求

算法的空间复杂度是对算法运行所需要的存储空间的度量。算法的存储空间需求记作

$$S(n) = O(f(n))$$

其中 n 表示问题的规模。

一个程序执行除了需要存储空间存放本身数据外，也需要存储一些实现计算所需信息的辅助空间，若输入数据所占空间与算法无关，只取决于问题本身，则只需要分析除了输入和程序之外的额外空间。

原地工作：算法运行所需的辅助空间相对输入数据量来说是常量。

1.2 强化习题详解

1. 简述下列术语：数据、数据元素、数据对象、数据结构、存储结构、数据类型和抽象数据类型。

答：(1)数据是对客观事物的符号表示，在计算机科学中是指所有能输入到计算机中并能被计算机程序处理的符号的总称。

(2)数据元素是数据的基本单位。

(3)数据对象是性质相同的数据元素的集合，是数据的一个子集。

(4)数据结构是相互之间存在一种或多种特定关系的数据元素的集合。

(5)存储结构是数据结构在计算机中的表示(又称映象或数据的物理结构)。

(6)数据类型是一个值的集合和定义在这个值集上的一组操作的总称。

(7)抽象数据类型是指一个数学模型以及定义在该模型上的一组操作。

2. 试描述数据结构和抽象数据类型的概念与程序设计语言中数据类型概念的区别。

答：(1)数据结构：相互之间存在一种或多种特定关系的数据元素的集合；

(2)抽象数据类型：一个数学模型以及在该模型上的一组操作。

(3)区别：

①抽象数据类型的定义仅取决于它的一组逻辑特性，而与其在计算机内部如何表示和实现无关。

②抽象数据类型包含一般数据类型的概念，但含义比一般数据类型的范畴更广。

③抽象数据类型可通过程序设计语言中的数据类型来表示和实现。

3. 设有数据结构(D，R)，其中 D = {d1，d2，d3，d4}，R = {r}，r = {(d1，d2)，(d2，d3)，(d3，d4)}，试按图论中图的画法惯例画出其逻辑结构图。

答：逻辑结构图如图 1-3 所示。

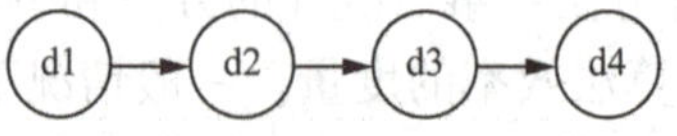

图 1-3 程序逻辑结构图

4. 试仿照三元组的抽象数据类型分别写出抽象数据类型复数和有理数的定义(有理数是其分子、分母均为自然数且分母不为零的分数)。

答：

ADT Complex{

数据对象：D = {r,i|r,i 为实数}

数据关系：R = { <r,i> }

基本操作：

```
    InitComplex(&C,re,im)
      操作结果：构造一个复数 C，其实部和虚部分别为 re 和 im
    DestroyComplex(&C)
      操作结果：销毁复数 C
    Get(C,k,&e)
      操作结果：用 e 返回复数 C 的第 k 元的值
    Put(&C,k,e)
      操作结果：改变复数 C 的第 k 元的值为 e
    IsAscending(C)
      操作结果：如果复数 C 的两个元素按升序排列，则返回 1，否则返回 0
    IsDescending(C)
      操作结果：如果复数 C 的两个元素按降序排列，则返回 1，否则返回 0
    Max(C,&e)
      操作结果：用 e 返回复数 C 的两个元素中值较大的一个
    Min(C,&e)
      操作结果：用 e 返回复数 C 的两个元素中值较小的一个
}ADT Complex
ADT RationalNumber{
  数据对象：D = {s,m|s,m 为自然数,且 m 不为 0}
  数据关系：R = { <s,m> }
  基本操作：
    InitRationalNumber(&R,s,m)
      操作结果：构造一个有理数 R，其分子和分母分别为 s 和 m
    DestroyRationalNumber(&R)
      操作结果：销毁有理数 R
    Get(R,k,&e)
      操作结果：用 e 返回有理数 R 的第 k 元的值
    Put(&R,k,e)
      操作结果：改变有理数 R 的第 k 元的值为 e
    IsAscending(R)
      操作结果：若有理数 R 的两个元素按升序排列，则返回 1，否则返回 0
    IsDescending(R)
      操作结果：若有理数 R 的两个元素按降序排列，则返回 1，否则返回 0
    Max(R,&e)
      操作结果：用 e 返回有理数 R 的两个元素中值较大的一个
    Min(R,&e)
      操作结果：用 e 返回有理数 R 的两个元素中值较小的一个
}ADT RationalNumber
```

5. 试画出与下列程序段等价的框图。

(1)

```
product = 1;
i = 1;
while(i <= n)
{
  product *= i;
  i++;
}
```

(2)

```
i = 0;
do
{
  i++;
}while((i! = n)&&(a[i]! = x));
```

(3)

```
switch
{
  case x < y:
    z = y - x;
    break;
  case x == y:
    z = abs(x * y);
    break;
  default:
    z = (x - y)/abs(x)*abs(y);    //abs()为取绝对值函数
}
```

答：以上程序段等价框图分别如图1-4，图1-5和图1-6所示。

(1)

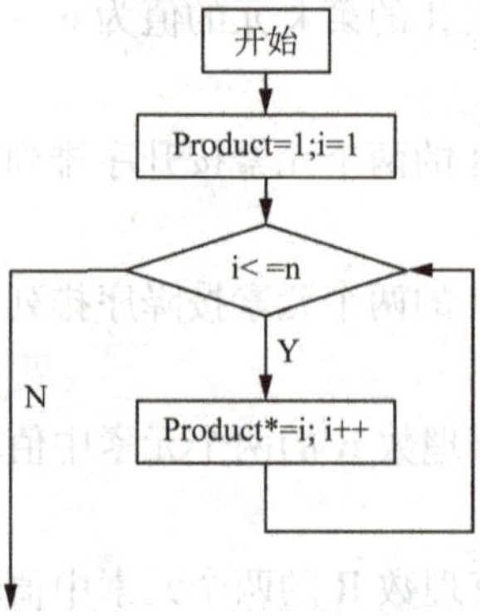

图1-4　等价框图(1)

(2)

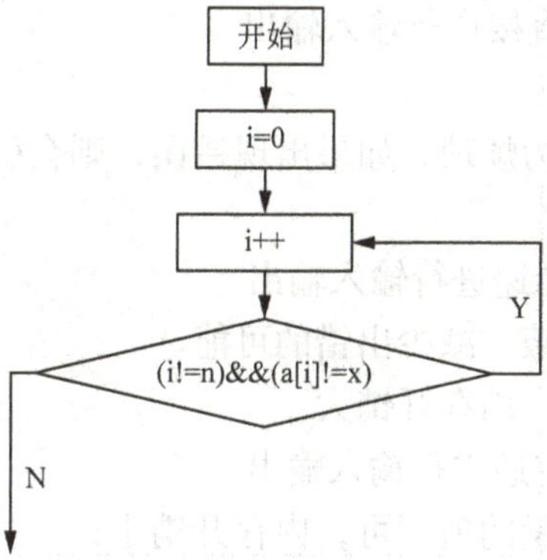

图 1-5　等价框图(2)

(3)

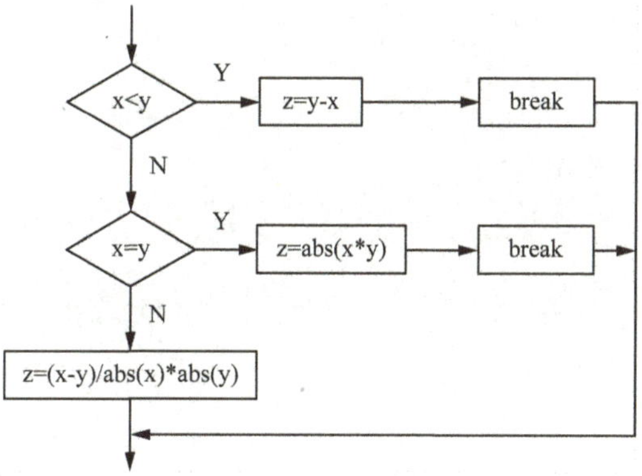

图 1-6　等价框图(3)

6. 在程序设计中，常用下列三种不同的出错处理方式：

(1)用 exit 语句终止执行并报告错误；

(2)以函数的返回值区别正确返回或错误返回；

(3)设置一个整型变量的函数参数以区别正确返回或某种错误返回。

试讨论这三种方法各自的优缺点。

答：(1)优点：exit 用于异常错误处理，可以强行中断程序的执行，并返回至操作系统，操作系统会自动回收资源。

缺点：退出地点太多不利于调试。

(2)优点：以函数的返回值区别正确返回或错误返回，常用于子程序的测试，便于实现程序的局部控制，不会直接终止程序的运行。

缺点：判断太多，必须人工维护一份错误值列表。

(3)优点：用整型函数进行错误处理可以给出错误类型，便于迅速确定错误。

缺点：需要完整的整型变量的释义，才能方便理解。

7. 在程序设计中，可采用下列三种方法实现输出和输入：

(1)通过 scanf 和 printf 语句；

(2)通过函数的参数显式传递；

(3)通过全局变量隐式传递。

试讨论这三种方法的优缺点。

答：(1)用 scanf 和 printf 直接进行输入输出

优点：形象、直观。

缺点：需要格式控制，较为烦琐，如果出现错误，则会引起整个系统的崩溃，参数类型受限制，内存开销大。

(2)通过函数的参数显式传递进行输入输出

优点：便于实现信息的隐蔽，减少出错的可能。

缺点：参数说明比较烦琐，内存开销大。

(3)通过全局变量的隐式传递进行输入输出

优点：方便，只需修改变量的值即可，内存开销小；

缺点：过多的全局变量使程序的维护较为困难，内容极易丢失。

8. 设 *n* 为正整数。试确定下列各程序段中前置以记号@的语句的频度：

(1)

```
i =1;
k =0;
while(i <=n -1)
{
@    k +=10 * i;
     i ++;
}
```

(2)

```
i =1;
k =0;
do
{
@    k +=10 * i;
     i ++;
}while(i <=n -1);
```

(3)

```
i =1;
k =0;
while (i <=n -1)
{
     i ++;
@    k +=10 * i;
}
```

(4)

```
k =0;
for (i =1;i <=n;i ++)
{
```

```
    for(j =i;j <=n;j ++)
@   k ++;
}
```

(5)

```
for(i =1;i <=n;i ++)
{
  for(j =1;j <=i;j ++)
    for(k =1;k <=j;k ++)
@     x += delta;
}
```

(6)

```
i =1;
j =0;
while(i +j <=n)
{
@   if(i >j)
      j ++;
    else
      i ++;
}
```

(7)

```
x =n;  //n 是不小于 1 的常数
y =0;
while(x >=(y +1) * (y +1))
{
@   y ++;
}
```

(8)

```
x =91;
y =100;
while(y >0)
{
@   if(x >100)
    {
      x -=10;
      y --;
    }else
      x ++;
}
```

答：(1)$n-1$

(2) $n-1$

(3) $n-1$

(4)

$$n+(n-1)+(n-2)+\cdots+1=\frac{n(n+1)}{2}$$

(5)

$$1+(1+2)+(1+2+3)+\cdots+(1+2+3+\cdots+n)=\sum_{i=1}^{n}\frac{i(i+1)}{2}$$

$$=\frac{1}{2}\sum_{i=1}^{n}i(i+1)=\frac{1}{2}\sum_{i=1}^{n}(i^2+i)=\frac{1}{2}\sum_{i=1}^{n}i^2+\frac{1}{2}\sum_{i=1}^{n}i$$

$$=\frac{1}{12}n(n+1)(2n+1)+\frac{1}{4}n(n+1)$$

$$=\frac{1}{6}n(n+1)(n+2)$$

(6) n

(7) $\lfloor\sqrt{n}\rfloor$

(8) 1100

9. 假设 n 为 2 的乘幂，并且 $n>2$，试求下列算法的时间复杂度及变量 count 的值（以 n 的函数形式表示）。

```
int Time(int n)
{
  count =0;
  x =2;
  while(x <n/2)
  {
    x *=2;
    count ++;
  }
  return count;
}
```

答：因为循环执行条件是 $x<n/2$，则循环语句 $x*=2$；count ++；的执行频度是 $O(\log_2 n)$。count ++ 共执行了 $\log_2 n-2$ 次，所以 count $=\log_2 n-2$。

10. 按增长率由小至大的顺序排列下列各函数：2^{100}，$(3/2)^n$，$(2/3)^n$，$(4/3)^n$，n^n，$n^{3/2}$，$n^{2/3}$，$\sqrt{n}$，$n!$，n，$\log_2 n$，$n/\log_n 2$，$\log_2 n$，$\log_2(\log_2 n)$，$n\log_2 n$，$n^{\log_2 n}$（常见函数的增长率示意图如图 1-7）。

答：常见时间复杂度按照数量级递增排列为：

$O(1)<O(\log_2 n)<O(n)<O(n\log_2 n)<O(n^2)<O(n^3)<O(n^k)<O(2^n)$

此处参考常见的次序以及图像得出次序排列为：

$(2/3)^n<2^{100}<\log_2(\log_2 n)<\log_2 n<\log_2^2 n<\sqrt{n}<n^{2/3}<n/\log_n 2<n<n\log_2 n<n^{3/2}<(4/3)^n<(3/2)^n<n^{\log_2 n}<n!<n^n$

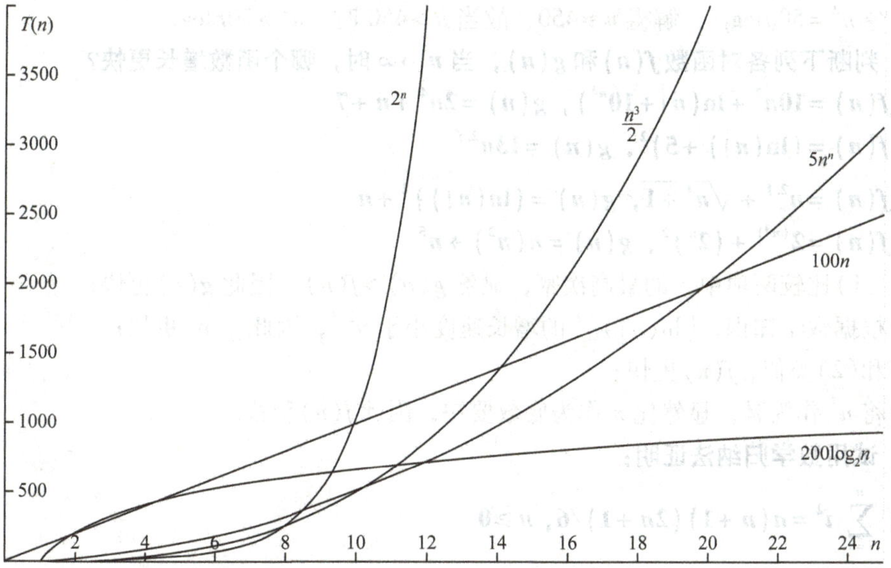

图 1-7　常见函数的增长率示意图

11. 已知有实现同一功能的两个算法，其时间复杂度分别为 $O(2^n)$ 和 $O(n^{10})$，假设现实中计算机可连续运算的时间为 10^7 秒（100 多天），每秒可执行基本操作（根据这些操作来估算算法时间复杂度）10^5 次。试问在此条件下，这两个算法可解问题的规模（即 n 值的范围）各为多少？哪个算法更适宜？请说明理由。

答：$10^7 * 10^5 = 10^{12}$

$2^n = 10^{12}$，$n = 40$

$n^{10} = 10^{12}$，$n = 16$

第一种算法更合适，因为对于同样的循环次数 n，第二种算法所花费的代价比较大。

12. 设有以下三个函数：$f(n) = 21n^4 + n^2 + 1000$，$g(n) = 15n^4 + 500n^3$，$h(n) = 500n^{3.5} + n\log n$。请判断以下断言正确与否：

(1) $f(n)$ 是 $O(g(n))$

(2) $h(n)$ 是 $O(f(n))$

(3) $g(n)$ 是 $O(h(n))$

(4) $h(n)$ 是 $O(n^{3.5})$

(5) $h(n)$ 是 $O(n\log n)$

答：由分析可知，$O(f(n)) = O(g(n)) = O(n^4)$；$O(h(n)) = O(n^{3.5})$。故：

(1)对

(2)错

(3)错

(4)对

(5)错

【注意】O 表示的是渐进时间复杂度，计算出结果后只需取其规模的阶数来做比较。

13. 试设定若干 n 值，比较两函数 n^2 和 $50n\log_2 n$ 的增长趋势，并确定 n 在什么范围内，函数 n^2 的值大于 $50n\log_2 n$ 的值。

答：(1) n^2 的增长趋势快，但在 n 较小的时候，$50n\log_2 n$ 的值较大。

(2)令 $n^2=50n\log_2 n$，解得 $n\approx450$，故当 $n>450$ 时，$n^2>50n\log_2 n$。

14. 判断下列各对函数 $f(n)$ 和 $g(n)$，当 $n\to\infty$ 时，哪个函数增长更快？

(1)$f(n)=10n^2+\ln(n!+10^{n^3})$，$g(n)=2n^4+n+7$

(2)$f(n)=(\ln(n!)+5)^2$，$g(n)=13n^{2.5}$

(3)$f(n)=n^{2.1}+\sqrt{n^4+1}$，$g(n)=(\ln(n!))^2+n$

(4)$f(n)=2^{(n^3)}+(2^n)^2$，$g(n)=n(n^2)+n^5$

答：(1)比较两项中 n 的最高次幂，显然 $g(n)>f(n)$，因此 $g(n)$ 更快；

(2)根据数学知识，$[\ln(n!)]^2$ 的增长速度小于 $n^{2.5}$，因此 $g(n)$ 更快；

(3)和(2)类似，$f(n)$ 更快；

(4)将 n^3 作为幂，显然比 n 作为底数要快，因此 $f(n)$ 很快。

15. 试用数学归纳法证明：

(1) $\sum_{i=1}^{n} i^2=n(n+1)(2n+1)/6,\ n\geqslant0$

(2) $\sum_{i=0}^{n} x^i=(x^{n+1}-1)/(x-1),\ (x\neq1,\ n\geqslant0)$

(3) $\sum_{i=1}^{n} 2^{i-1}=2^n-1,\ n\geqslant1$

(4) $\sum_{i=1}^{n}(2i-1)=n^2,\ n\geqslant1$

答：(1)证明：

①$n=1$ 时，$1=1\times(1+1)\times(2\times1+1)/6=1$，等式成立；

②$n=2$ 时，$1+4=2\times(2+1)\times(2\times2+1)/6=5$，等式成立；

③设 $n=k(k>=0)$ 时，公式成立，即 $1+4+9+\cdots+k^2=k(k+1)(2k+1)/6$。

则当 $n=k+1$ 时，$1+4+9+\cdots+k^2+(k+1)^2=k(k+1)(2k+1)/6+(k+1)^2=(k+1)\times[2\times(k^2)+k+6(k+1)]/6=(k+1)\times[2\times(k^2)+7k+6]/6=(k+1)\times(2k+3)\times(k+2)/6=(k+1)\times[(k+1)+1]\times[2(k+1)+1]/6$ 也满足公式。

综上所述，公式

$$\sum_{i=1}^{n} i^2=n(n+1)(2n+1)/6,\ n\geqslant0$$

成立，得证。

(2)证明：

①$n=0$ 时，$x^0=1$，$(x-1)/(x-1)=1$，等式成立；

②$n=1$ 时，$1+x=(x^2-1)/(x-1)=1+x$，等式成立；

③设 $n=k(k>=0)$ 时等式成立，即 $x^0+x^1+x^2+\cdots+x^k=(x^{k+1}-1)/(x-1)$

则当 $n=k+1$ 时，$x^0+x^1+x^2+\cdots+x^k+x^{k+1}=(x^{k+1}-1)/(x-1)+x^{k+1}=[(x^{k+1}-1)+x^{k+1}(x-1)]/(x-1)=[(x^{k+1}-1)+x^{k+2}-x^{k+1}]/(x-1)=(x^{k+2}-1)/(x-1)$ 也满足公式。

综上所述

$$\sum_{i=0}^{n} x^i=(x^{n+1}-1)/(x-1),\ (x\neq1,\ n\geqslant0)$$

成立，得证。

(3)证明：

①$n=1$ 时，$2^{1-1}=2^1-1=1$，等式成立；

②$n=2$ 时，$2^0+2^1=2^2-1$，等式成立；

③设 $n=k(k>=1)$时等式成立，即 $2^0+2^1+\cdots+2^{k-1}=2^k-1$

则当 $n=k+1$ 时，$2^0+2^1+\cdots+2^{k-1}+2^k=2^k-1+2^k=2\times2^k-1=2^{k+1}-1$ 也满足公式。

综上所述

$$\sum_{i=1}^{n} 2^{i-1}=2^n-1,\ n\geqslant1$$

成立，得证。

(4)证明：

①$n=1$ 时，$2\times1-1=1^2=1$，等式成立；

②$n=2$ 时，$(2\times1-1)+(2\times2-1)=4=2^2$，等式成立；

③设 $n=k(k>=1)$时等式成立，即$(2\times1-1)+(2\times2-1)+\cdots+(2\times k-1)=k^2$

则当 $n=k+1$ 时，$(2\times1-1)+(2\times2-1)+\cdots+(2\times k-1)+[2\times(k+1)-1]=k^2+[2\times(k+1)-1]=k^2+2k+1=(k+1)^2$ 也满足公式。

综上所述

$$\sum_{i=1}^{n}(2i-1)=n^2,\ n\geqslant1$$

成立，得证。

【注意】数学归纳法基本步骤：

①由题设证明 $n=1$ 等特殊情况成立；

②设 $n=k$ 时成立；

③证明 $n=k+1$ 时成立。

16. 试写一算法，自大至小依次输出顺序读入的三个整数 X，Y 和 Z 的值。

答：假设我们仍依 X、Y 和 Z 的次序输入这三个整数，则此题的目标是做到 $X\geqslant Y\geqslant Z$。在算法中应考虑对这 3 个元素做尽可能的比较和移动，如下述算法在最坏的情况下只需进行 3 次比较和 7 次移动。

```
void print_descending(int X,int Y,int Z)   //按从大到小顺序输出三个整数
{
  scanf("%d",&X);
  scanf("%d",&Y);
  scanf("%d",&Z);
  if(X<Y)
    Exchange(X,Y);
  if(X<Z)
    Exchange(X,Z);
  if(Y<Z)
    Exchange(Y,Z);
  printf("%d",X);
  printf("%d",Y);
```

```
    printf("%d",Z);
} //print_descending

void Exchange(int x,int y)
{
    int temp;
    temp = x;
    x = y;
    y = temp;
}
```

17. 已知 k 阶斐波那契序列的定义为

$$f_0=0,\ f_1=0,\ \cdots,\ f_{k-2}=0,\ f_{k-1}=1$$

$$f_n=f_{n-1}+f_{n-2}+\cdots+f_{n-k},\ n=k,\ k+1,\ \cdots$$

试编写求 k 阶斐波那契序列的第 m 项值的函数算法，k 和 m 均以值调用的形式在函数参数表中出现。

答：

```
Status fib(int k,int m,int &f)  //求 k 阶斐波那契序列的第 m 项的值 f
{
    int a[100];
    if(k<2 || m<0)
        return FALSE;
    if(m<k-1)
        f=0;
    else if (m==k-1)
        f=1;
    else
    {
        for(i=0;i<=k-2;i++)
            a[i]=0;
        a[k-1]=1; //初始化
        for(i=k;i<=m;i++)  //求出序列第 k 至第 m 个元素的值
        {
            sum=0;
            for(j=i-k;j<i;j++)
                sum+=a[j];
            a[i]=sum;
        }
        f=a[m];
    }
    return OK;
```

}

分析：k 阶斐波那契序列的第 m 项的值

$f[m]=f[m-1]+f[m-2]+\cdots+f[m-k]=f[m-1]+f[m-2]+\cdots+f[m-k]+f[m-k-1]-f[m-k-1]=2\times f[m-1]-f[m-k-1]$

所以上述算法的时间复杂度仅为 $O(m)$。如果采用递归设计，将达到 $O(k^m)$。即使采用暂存中间结果的方法，也将达到 $O(m^2)$。

18. 假设有 *A*，*B*，*C*，*D*，*E* 五个高等院校进行田径对抗赛，各院校的单项成绩均已存入计算机，并构成一张表，表中每一行的形式为

项目名称	性别	校名	成绩	得分

编写算法，处理上述表格，以统计各院校的男、女总分和团体总分，并输出。

答：

```
typedef enum{A,B,C,D,E} SchoolName;
typedef enum{Female,Male} SexType;
typedef struct
{
   char event[3];  //项目
   SexType sex;
   SchoolName school;
   int score;
}Component;
typedef struct
{
   int MaleSum;  //男团总分
   int FemaleSum;  //女团总分
   int TotalSum;  //团体总分
}Sum;
Component report[n];
Sum result[5];
//算法过程体中主要结构：
for(i=0;i<n;i++)
{
   //对 result[report[i].school]进行处理；
}
for(s=A;s<=E;s++)
printf(……);
例如：
typedef enum{A,B,C,D,E} SchoolName;
typedef enum{Female,Male} SexType;
typedef struct
```

```
  {
    char event[3];  //项目
    SexType sex;
    SchoolName school;
    int score;
  } Component;
typedef struct
  {
    int MaleSum;  //男团总分
    int FemaleSum;  //女团总分
    int TotalSum;  //团体总分
  } Sum;
Sum SumScore(SchoolName sn,Component a[],int n)
  {
    Sum temp;
    temp.MaleSum =0;
    temp.FemaleSum =0;
    temp.TotalSum =0;
    int i;
    for(i =0;i<n;i++)
    {
      if(a[i].school ==sn)
      {
        if(a[i].sex ==Male)
          temp.MaleSum +=a[i].score;
        if(a[i].sex ==Female)
          temp.FemaleSum +=a[i].score;
      }
    }
    temp.TotalSum =temp.MaleSum +temp.FemaleSum;
    return temp;
  }
```

19. 试编写算法，计算 $i!*2^i(i=0, 1, \cdots, n-1)$ 的值并存入数组 a[arrsize]的各个分量中。假设计算机中允许的整数最大值为 MAXINT，则当 $n>$ arrsize 或对某个 $k(1\leqslant k\leqslant n)$，使 $k!*2^k>$ MAXINT 时，应按出错处理。注意选择你认为较好的出错处理方法。

答：注意 MAXINT 为计算机中允许出现的最大值，则在过程体中不能以计算机所得结果大于 MAXINT 作为判断出错的依据。

```
#include <stdio.h>
#define MAXINT 65535
#define ArrSize 100
```

```
int main()
{
  int i,k;
  int a[ArrSize];
  printf("Enter k: ");
  scanf("%d",&k);
  if(k > ArrSize - 1)
    exit(0); //选用 exit()作为出错处理方法
  for(i = 0;i <= k;i ++)
  {
    if(i == 0)
      a[i] = 1;
    else
    {
      if(2 * i * a[i - 1] > MAXINT)
        exit(0); //选用 exit()作为出错处理方法
      else
        a[i] = 2 * i * a[i - 1];
    }
  }
  for(i = 0;i <= k;i ++)
  {
    if(a[i] > MAXINT)
      exit(0); //选用 exit()作为出错处理方法
    else
      printf("%d\n",a[i]);
  }
  return 0;
}
```

20. 试编写算法求一元多项式的值 $P_n(x) = \sum_{i=1}^{n} a_i x^i$ 的值 $P_n(x_0)$，并确定算法中每一语句的执行次数和整个算法的时间复杂度。注意选择你认为较好的输入和输出方法。本题的输入为 $a_i(i = 0, 1, \cdots, n)$，x_0 和 n，输出为 $P_n(x_0)$。

答：注意计算过程中不要对多项式中的每一项独立计算 x 的幂。

```
#include < stdio. h >
#define N 10
double polynomail(int a[ ],int i,double x,int n);
int main()
{
  double x;
```

```
    int n,i;
    int a[N];
    printf("Input the value of x:");
    scanf("%d",&x);
    printf("Input number of terms:");
    scanf("%d",&n);
    if(n>N-1)
      exit(0);
    printf("输入多项式的系数 a[0]—a[n]:");  //在此之上所有语句仅执行一次
    for(i=0;i<=n;i++)
      scanf("%d",&a[i]);  //执行 n+1 次
    printf("The polynomail value is:%d\n",polynomail(a,n,x,n));  //执行一次
    return 0;
}
double polynomail(int a[],inti,double x,int n)
{
    if(i>0)
      return a[n-i]+polynomail(a,i-1,x,n)*x;  //递归函数,polynomail 函数执行 n+1 次
    else
      return a[n];
}
```

本算法的时间复杂度为 $O(n)$。

1.3 考研真题与典型题详解

一、选择题

1. 设 n 是描述问题规模的非负整数，下列程序段的时间复杂度是(　　)。[2019 年 408 统考]

```
x=0;
while(n>=(x+1)*(x+1))
  x=x+1;
```

A. $O(\log n)$　　B. $O(\sqrt{n})$　　C. $O(n)$　　D. $O(n^2)$

【答案】B

【解析】因为 x 逐一递加，当 $(x+1)^2>n$ 时截止，即 $x>\sqrt{n}-1$ 时截止，所以时间复杂度为 $O(\sqrt{n})$，故选择 B。

2. 下列函数的时间复杂度是(　　)。[2017 年 408 统考]

```
int func(int n){
  int i=0,sum=0;
  while(sum<n)
```

```
    sum += ++i;
  return i;
}
```

A. $O(\log n)$　　B. $O(\sqrt{n})$　　C. $O(n)$　　D. $O(n\log n)$

【答案】B

【解析】sum += ++i；相当于 ++i；sum += sum + i。进行到第 k 趟循环，sum = $(1+k)*k/2$。显然需要进行 $O(\sqrt{n})$ 趟循环，因此这也是该函数的时间复杂度。

3. 下列选项中与算法的时间复杂度有关的是（　　）。［北京邮电大学 2017 研］

A. 问题规模　　B. 计算机硬件性能

C. 编译程序质量　　D. 程序设计语言

【答案】A

【解析】用含问题规模的参数 n 来描述算法的时间复杂度，因此选择 A。

4. 下列程序段的时间复杂度是（　　）。［2014 年 408 统考］

```
count = 0;
for(k = 1;k <= n; k *= 2)
  for(j = 1;j <= n;j ++)
    count ++ ;
```

A. $O(\log_2 n)$　　B. $O(n)$　　C. $O(n\log_2 n)$　　D. $O(n^2)$

【答案】C

【解析】外部循环的退出条件是 $k>n$，而对于 k，每次循环都执行 $k=k*2$，所以循环次数为 $\log_2 n$；内部循环的退出条件是 $j>n$，对于 j，每次循环都执行 $j=j+1$，所以每次循环次数为 n 次。对于嵌套循环，根据乘法规则可知，该段程序的时间复杂度 $T(n)=O(n)*O(\log_2 n)=O(n\log_2 n)$，即选 C。

5. 当输入非法错误时，一个"好"的算法会进行适当处理，而不会产生难以理解的输出结果。这称为算法的（　　）。［重庆邮电大学 2022 研］

A. 可读性　　B. 健壮性　　C. 正确性　　D. 有穷性

【答案】B

【解析】健壮性：当输入数据非法时，算法也能适当地作出反应或进行处理，而不会产生莫名其妙的输出结果。

6. 此程序的复杂度为（　　）。［大连理工大学研］

```
for(int i = 0;i < m;i ++)
  for(int j = 0;j < n;j ++)
    A[i][j] = i * j;
```

A. $O(m^2)$　　B. $O(n^2)$　　C. $O(m\times n)$　　D. $O(m+n)$

【答案】C

【解析】时间复杂度是指基本操作重复执行次数的阶数 $T(n)=O(f(n))$。基本操作为 A[i][j] = i * j，该语句的执行次数与外层的两个循环次数相等，为 $m\times n$，因此，算法的复杂度为 $O(m\times n)$。

7. 计算算法的时间复杂度是属于一种（　　）。［北京理工大学研］

A. 事前统计的方法　　B. 事前分析估算的方法

C. 事后统计的方法　　　　　　　　　　　　D. 事后分析估算的方法

【答案】B

【解析】度量一个程序的执行时间通常有两种方法：

①事后统计。

②事前分析估计。

算法的时间复杂度是指算法中基本操作重复执行的次数的阶数，因此计算算法的时间复杂度属于事前分析估算的方法。

8. 以下属于逻辑结构的是(　　)。[武汉工程大学2022研]

A. 顺序表　　B. 哈希表　　C. 单链表　　D. 有序表

【答案】D

【解析】顺序表是线性表的顺序存储结构；哈希表是存储结构；单链表是线性表的链式存储结构；有序表是指已经按照某一关键字排好序的线性表，它是逻辑结构。因此，D项正确，而ABC三项都是数据元素在计算机中的存储结构，属于物理结构，而不是题目要求的逻辑结构。

9. 以下数据结构中，哪一个是线性结构？(　　)[北方交通大学研]

A. 广义表　　B. 二叉树　　C. 稀疏矩阵　　D. 串

【答案】D

【解析】线性结构：数据元素之间存在一对一的关系，常见的线性结构有：线性表、栈、队列、双队列、数组、串。非线性结构指存在多对一或者一对多的关系，逻辑特征上表现为一个结点可能有多个前驱结点或多个后继结点，常见的非线性结构有：二维数组、多维数组、树、图、广义表等。

广义表(又称列表)是一种非线性的数据结构，是线性表的一种推广。

二、填空题

1. 在下面的程序段中，对 x 的赋值语句的频度为______(表示为 n 的函数)。

```
FOR i = 1 TO n
  DO
  FOR j = 1 TO i
    DO
    FOR k = 1 TO j
      DO
      x = x + delta;
```

【答案】$1+(1+2)+(1+2+3)+\cdots+(1+2+\cdots+n)=n(n+1)(n+2)/6$，即 $O(n^3)$

【解析】当 $i=1$ 时，赋值语句就被执行了一次。当 $i=2$ 时，赋值语句被执行了 $1+2$ 次。当 $i=3$ 时，赋值语句被执行了 $1+2+3$ 次。可以推出赋值语句总共被执行了 $1+(1+2)+(1+2+3)+\cdots+(1+2+\cdots+n)=n(n+1)(n+2)/6$ 次。

2. 对于给定的元素，可以构造出的逻辑结构有______，______，______，______四种。

【答案】集合；线性结构；树形结构；图状结构(网状结构)

3. 已知如下程序段：

```
FOR i = n DOWNTO 1
  DO {语句1}
```

```
BEGIN
  x: =x+1; {语句 2}
  FOR j: =n DOWNTO i
    DO  {语句 3}
    y: =y+1;  {语句 4}
END;
```

语句 1 执行的频度为______；语句 2 执行的频度为______；语句 3 执行的频度为______；语句 4 执行的频度为______。

【答案】$n+1$；n；$n(n+3)/2$；$n(n+1)/2$

【解析】语句 1 执行到不符合条件情况下，即从 $i=n$ 到 $i=0$，执行了 $n+1$ 次；当语句 1 不符合条件时不会执行语句 2，故语句 2 执行了 n 次；语句 3 每次都要执行到不符合条件，故执行次数为 $2+3+4\cdots+(n+1)$ 即 $n(n+3)/2$；同样，当语句 3 不符合条件时不会执行语句 4，故语句 4 执行了 $1+2+3\cdots+n$ 次即 $n(n+1)/2$。

4. 线性结构中元素之间存在一对一关系，树形结构中元素之间存______关系，图形结构中元素之间存在______关系。[暨南大学 2022 研]

【答案】一对多；多对多

【解析】线性结构中的数据元素之间存在一个对一个的关系；树形结构中的数据元素之间存在一个对多个的关系；图状结构或网状结构中的数据元素之间存在多个对多个的关系。

5. 计算机执行下面的语句时，语句 s 的执行次数为______。[南京理工大学研]

```
for(i=1;i<n-1;i++)
  for(j=n;j>=i;j--)
    s;
```

【答案】$(n+3)(n-2)/2$

【解析】当 $i=1$ 时，s 被执行了 n 次。当 $i=n-2$ 时，s 被执行了 3 次。所以 s 总共被执行了 $3+4+\cdots+n=(n+3)(n-2)/2$。

三、综合题

1. 分析以下程序段中语句④的频度以及该程序段的时间复杂度。

```
for(i=0;i<n;i++)  //①
{
  y=y+1;  //②
  for(j=0;j<=2*n;j++)  //③
    x++;  //④
}
```

答：语句的频度是指该语句被重复执行的次数。在本题中语句④执行的次数是内外两层循环的次数，即 $n(2n+1)=2n^2+n$，因此该语句的频度是 $2n^2+n$。

时间复杂度可以用算法中的基本操作重复执行的次数来度量，本程序段中的语句④即为基本操作，所以该算法的时间复杂度 $T(n)=O(n^2)$。

2. 分析以下算法的时间复杂度。

```
void fun(int n)
{
```

```
int i =0;
int s =0;
while(s <n)
{
    ++i;
    s =s +i;
}
}
```

答： 显然 n 为问题规模，基本操作为语句“++i”和“s = s + i”。变量 i 与 s 都从 0 开始，假设循环执行 m 次结束，即当循环 m 次时，$m = n$，则有 $s0 = 0$，$s1 = 1$，$s2 = 1 + 2 = 3$，$s3 = 1 + 2 + 3 = 6$，…，$sm = m(m+1)/2$（其中 sm 为执行到第 m 次的时候 s 的值），则有 $m(m+1)/2 + K = n$（K 为起修正作用的常数），由求根公式得

$$m = \frac{-1 + \sqrt{8n + 1 - 8k}}{2}$$

$$f(n) = \frac{-1 + \sqrt{8n + 1 - 8k}}{2}$$

由此可知时间复杂度为

$$T(n) = O(\sqrt{n})$$

3. 举一个数据结构的例子，叙述其逻辑结构、存储结构、运算三个方面的内容。

答： 例如有一张学生成绩表，如表 1-5 所示，记录了一个班的学生各门课的成绩。这个表是一个数据结构。

表 1-5　学生成绩表

学号	姓名	成绩
202001	王伟	86
202002	张强	95
…	…	…

（1）逻辑结构

每个记录（包括学号，姓名，成绩）是指一个结点，对于整个表来说，只有一个开始结点（其前面无记录）和一个终端结点（其后面无记录），其他的结点则各有一个也只有一个前驱结点和后继结点（即它的前面和后面均有且仅只有一个记录）。

（2）存储结构

若用链式存储方式，结点的数据类型定义如下：

```
struct node
{
  int no;    //存放学号的数据域
  char name[10];    //存放姓名的数据域
  int score;    //存放成绩的数据域
  struct node * next;    //指向下一个结点的指针
}
```

(3)数据运算

在建表之后就要对这张表中的记录进行查询、修改、删除等操作。

4. 以下算法的时间复杂度为多少?

```
void hanoi(int n,char x,char y,char z)
{
  if (n==1)
    printf("move %c to %c\n",x,z);
else
{
    hanoi(n-1,x,z,y);
    printf("move%cto%c\n",x,z);
    hanoi(n-1,y,x,z);
  }
}
```

答: 设函数 hanoi(n)的执行时间为 $T(n)$，则 hanoi($n-1$)的执行时间为 $T(n-1)$。

有:

当 $n=1$ 时，$T(1)=1$;

当 $n>1$ 时，$T(n)=2T(n-1)+1$。

所以有:

$T(n)=2T(n-1)+1=2(2T(n-2)+1)+1=2^2T(n-2)+1+2=2^2(2T(n-3)+1)+1+2^1=2^3T(n-2)+1+2^1+2^2=\cdots=2^{n-1}T(1)+1+2^1+2^2+\cdots+2^{n-2}=2^{n-1}+2^{n-1}-1=2^n-1=O(2^n)$

5. 假设一个不带头结点的单链表 h 中所有的结点数据域都为整数，设计一个递归算法求其中的最大值。

答: 设单链表 h(以 h 为首结点指针)中最大值为 f(h)，根据单链表的定义，h -> next 也是一个单链表，则 f(h -> next)为以 h -> next 为首结点指针的单链表中的最大值，如图 1-8所示。

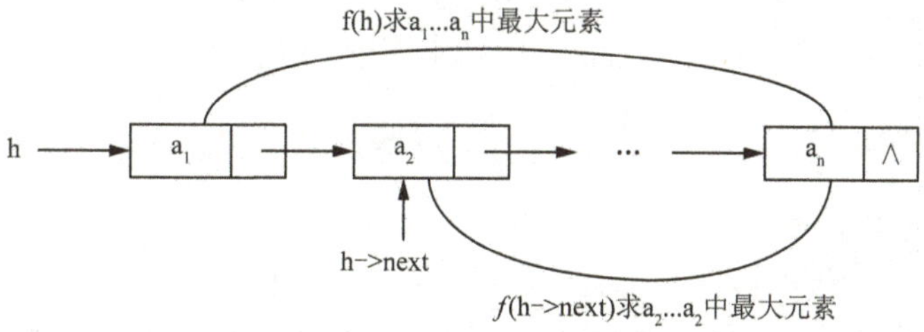

图 1-8 f(h)和 f(h -> next)的功能

得到以下递归模型:

f(h) = h -> data //若 h -> next = NULL 或单链表中只有一个结点

f(h) = MAX(h -> data, f(h -> next)) //其他情况

其中 MAX 表示求两个数的最大值。对应的递归算法如下:

```
int f(LinkList h)
{
```

```
    int m;
    if(h -> next == NULL)
        return h -> data;
    else
    {
        m = f(h -> next);     //递归调用
        if(m > h -> data)
            return m;
        else
            return h -> data;
    }
}
```

第2章 线性表

2.1 复习笔记

一、线性表的类型定义

1. 线性表的定义

含有 n 个相同数据类型的数据元素的有限序列称为线性表。

一般可表示为

$$L=(a_1,\ a_2,\ \cdots,\ a_{i-1},\ a_i,\ a_{i+1},\ \cdots,\ a_{n-1},\ a_n)$$

其中，a_{i-1}是 a_i的直接前驱元素，a_{i+1}是 a_i的直接后继元素，除第一个元素和最后一个元素外，每个元素有且仅有一个直接前驱元素和直接后继元素。线性表中数据元素的个数 $n(n>0)$为线性表的长度。当 $n=0$ 时称线性表为空表。

线性表是最常用且最简单的一种数据结构。线性表是一种逻辑结构，表示数据元素之间一对一的关系。不考虑在计算机中的具体实现

2. 线性表的基本操作(见表2-1)

表2-1 线性表的基本操作

操作	名称
INITIATE(L)	初始化操作
LENGTH(L)	求线性表长度
GET(L,i)	取元素函数
PRIOR(L,elm)	求前驱函数
NEXT(L,elm)	求后继函数
LOCATE(L,X)	定位函数
INSERT(L,i,b)	前插操作
DELETE(L,i)	删除操作
EMPTY(L)	判空表函数
CLEAR(L)	表置空操作

二、线性表的顺序表示和实现

1. 顺序存储结构的表示

顺序存储结构(又称顺序表)是一种随机存取的结构，逻辑关系上相邻的元素物理位置上也相邻。数组是表示顺序存储结构最简单的一个方式。如图2-1所示，假设线性表的每个元素需占用 l 个存储单元。只要确定了存储线性表的起始位置，线性表中任一数据元素都可随机存取。

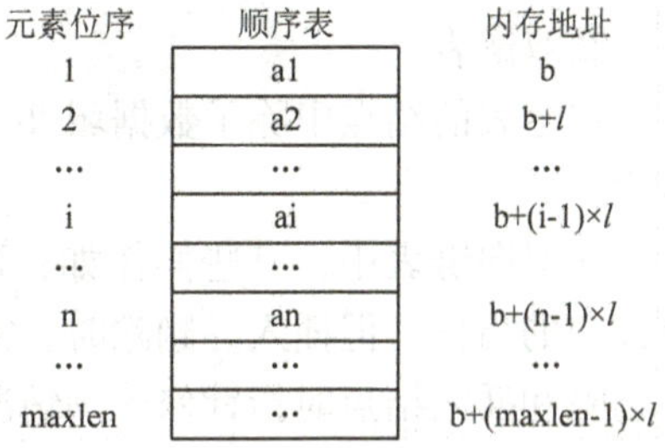

图2-1 线性表的顺序存储结构示意图

2. 顺序存储结构的特点

(1)优点：

①它是一个记录型的结构。数据元素的存储位置可用数组的下标值(即相对于线性表的起始位置的值)来表示；

②在顺序存储结构中，线性表的某些操作容易实现，如求表长的操作。

(2)缺点：

①在做插入或删除操作时，需移动大量元素；

②在给长度变化较大的线性表预先分配空间时，必须按最大空间分配，易造成空间的浪费；

③表的容量难以扩充。

三、线性表的链式表示和实现

链式存储结构不要求逻辑上相邻的元素在物理位置上也相邻，因此它可以用任意的一组存储单元存储线性表的数据元素。通过“链”表示数据元素之间的逻辑关系。

1. 定义

借助指针等手段来表示数据元素 a_i 和直接后继元素 a_{i+1} 之间的关系，a_i 不仅存储本身的信息，还存储指向后继的指针。数据元素(数据域)和指向后继的指针(指针域)合起来称为一个结点，n 个结点链接成一个链表即为线性表的链式存储结构。

2. 链式存储结构的特点

(1)不要求逻辑上相邻的元素在物理位置上也相邻；

(2)数据元素之间的逻辑关系是由结点中的指针指示的；

3. 链式存储结构的分类

链式存储结构种类繁多，按照实现方式的不同，可分为借助指针实现的链式存储结构和借助数组实现的链式存储结构。

(1)借助指针实现的链式存储结构

①单链表：

在单链表中，对于每个结点来说，除了存储本身的信息外，还需要存放一个指向其后继的指针。逻辑位置相邻但物理位置不相邻的数据元素用单链表链接如图 2-2 所示。

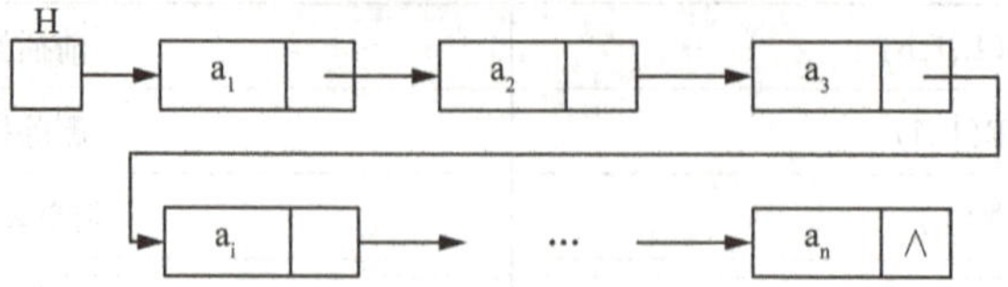

图 2-2　单链表的逻辑状态

②双链表：

双链表的结点中除了数据域外，还有两个指针域，一个指向直接后继，另一个指向直接前驱。

在双向链表中，有些操作如：LENGTH(L)、GET(L,i)、LOCATE(L,x)等仅需涉及一个方向的指针，但插入、删除时，需同时修改两个方向上的指针，图 2-3 和图 2-4 分别显示了删除和插入结点时指针修改的情况。

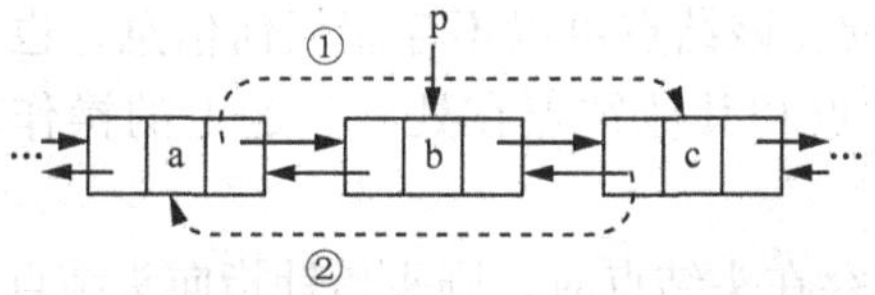

图 2-3　双向链表中删除结点时指针变化情况

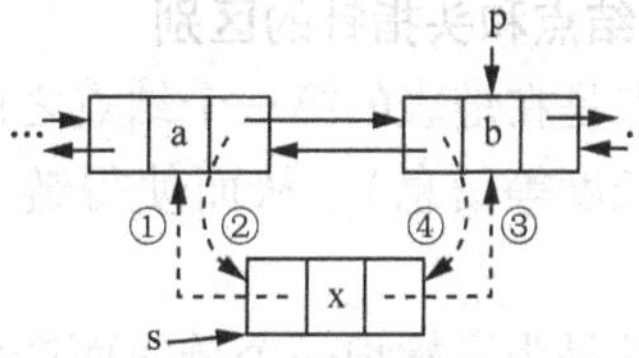

图 2-4　双向链表中插入结点时指针变化情况

③循环链表：

循环链表是一种首尾相连的链表，它的最后一个结点的指针域指向头结点，形成一个环。循环链表包括单循环链表和双循环链表。其中单循环链表如图 2-5 所示。

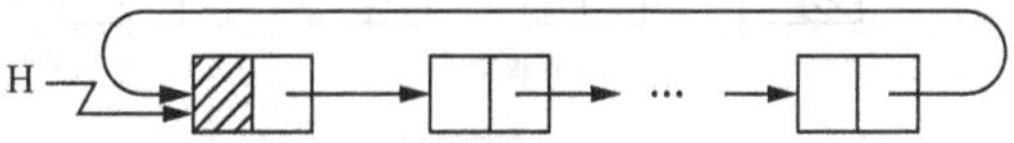

(a)非空表

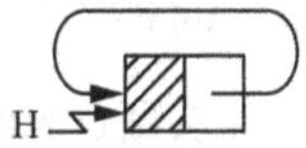

(b)空表

图 2-5　单循环链表

双链表也可以有循环链表，带有图 2-6(a)这种结点结构的双循环链表一般如图 2-6(b)所示，链表中存有两个环。图 2-6(c)所示为只有一个表头结点的空表。

prior	element	next

(a)结点结构

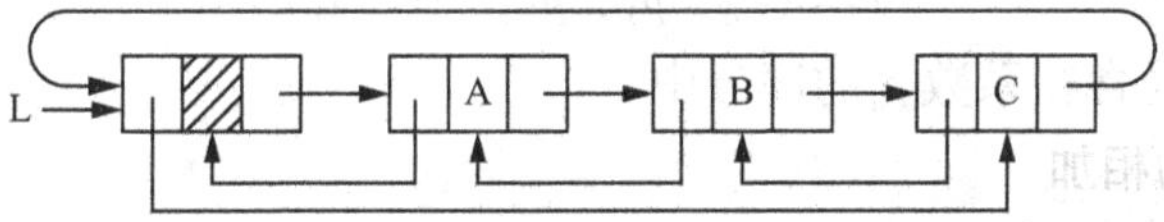

(b)非空的双向循环链表

(c)空的双向循环链表

图 2-6　双向链表示例

(2)借助数组实现的链式存储结构——静态链表

预先分配一个较大的空间，使用数组下标将逻辑上相邻的元素链接起来的特殊链表叫静态链表。

其中插入删除等操作具有和指针实现的链表一样的优点。例如，图 2-7(b)展示了图2-7(a)所示线性表在数据“C”和“D”之间插入数据元素“G”和删除数据元素“E”之后的状况。

0		1
1	A	2
2	B	3
3	C	4
4	D	5
5	E	6
6	F	-1
7		
8		

(a)修改前的状态

0		1
1	A	2
2	B	3
3	C	7
4	D	6
5	E	6
6	F	-1
7	G	4
8		

(b)修改后的状态

图 2-7　静态链表示例

4. 头结点和头指针的区别

头结点是在链表的第一个结点之前附加一个结点(该结点可以不存储任何信息，也可以存储链表长度等信息)，从而使得链表的第一个结点和其他结点在处理问题上的操作保持一致。

头指针是为了标识一个链表而产生的，当链表存在头结点时，则头指针指向头结点，当链表不存在头结点时，头指针指向链表的第一个元素(也可能为空)。

如图 2-8(a)所示，此时，单链表的头指针指向头结点。若线性表为空表，则头结点的指针域为“空”，如图 2-8(b)所示。

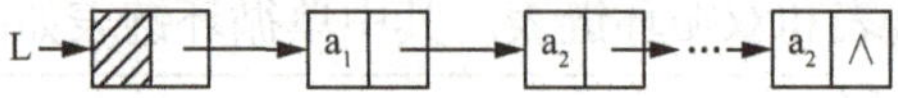

(a)非空表

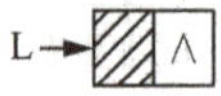

(b)空表

图 2-8　带头结点的单链表

四、一元多项式的表示及相加

1. 一元多项式的表示

在数学上，一个一元多项式 $P_n(x)$ 可以表示为

$$P_n(x)=p_0+p_1x+p_2x^2+\cdots+p_nx^n$$

在计算机中，可用一个线性表表示为

$$P=(p_0,\ p_1,\ p_2,\ \cdots,\ p_n)$$

每一项的指数 i 隐含在系数 p_i 的序号中。

2. 一元多项式的相加

假设 $Q_m(x)$ 为一元 m 次多项式，$m<n$，$Q_m(x)$ 和 $P_n(x)$ 两个多项式相加的结果记作 $R_n(x)$ 则有

$$R=(p_0+q_0,\ p_1+q_1,\ p_2+q_2,\ \cdots,\ p_m+q_m,\ p_{m+1},\ \cdots,\ p_n)$$

在多项式次数较低时，可以对 P、Q 和 R 采用顺序存储结构，使多项式相加的算法定义简单。若多项式次数很高且变化很大，如改变多项式的系数和指数的运算，使用顺序存储结构可能造成存储空间的浪费，要采用链式存储表示。

2.2　强化习题详解

1. 描述以下三个概念的区别：头指针，头结点，首元结点(第一个元素结点)。

答： 首元结点：链表中存储第一个数据元素 a1 的结点。

头结点：在单链表的第一个结点之前附设一个结点，这个结点的数据域可以不存储任何信息，也可以存储线性表的长度等。

头指针：指向链表中第一个结点的指针。若链表中附设头结点，则不管线性表是否为空表，头指针皆不为空，否则表示空表的链表的头指针为空。

2. 填空题。

(1)在顺序表中插入或删除一个元素，需要平均移动______元素，具体移动的元素个数与______有关。

(2)顺序表中逻辑上相邻的元素的物理位置______紧邻。单链表中逻辑上相邻的元素的

物理位置______紧邻。

(3)在单链表中，除了首元结点外，任一结点的存储位置由______指示。

(4)在单链表中设置头结点的作用是______。

答：(1)表中一半；待插入或删除元素在表中的位置

(2)必定；不一定

(3)其前驱结点的指针域的值

(4)插入和删除首元结点时不用进行特殊处理

3. 在什么情况下用顺序表比链表好？

答：顺序表中逻辑关系上相邻的两个元素在物理位置上也相邻，因此当数据元素在物理位置上是连续存储的时候，或者需要对数据元素进行随机存储时，用顺序表比用链表好。

4. 对以下单链表分别执行下列各程序段，并画出结果示意图。

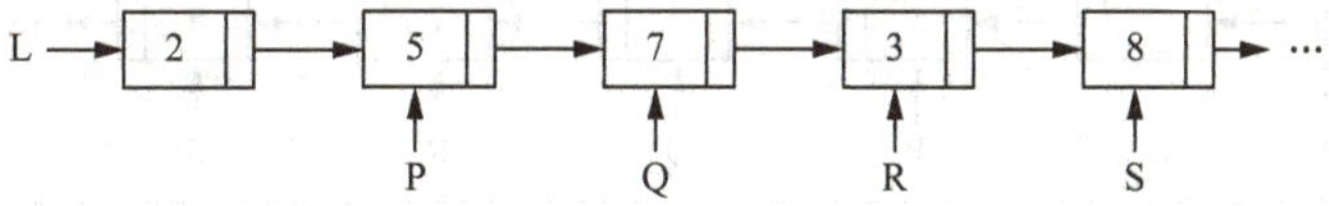

图 2-9　4 题图

```
(1)Q = P -> next;
(2)L = P -> next;
(3)R -> data = P -> data;
(4)R -> data = P -> next -> data;
(5)P -> next -> next -> next -> data = P -> data;
(6)
T = P;
while(T != NULL)
{
   T -> data = T -> data * 2;
   T = T -> next;
}
(7)
T = P;
while(T -> next != NULL)
{
   T -> data = T -> data * 2;
   T = T -> next;
}
```

答：结果示意图分别如图 2-10 ~ 图 2-16 所示。

(1)

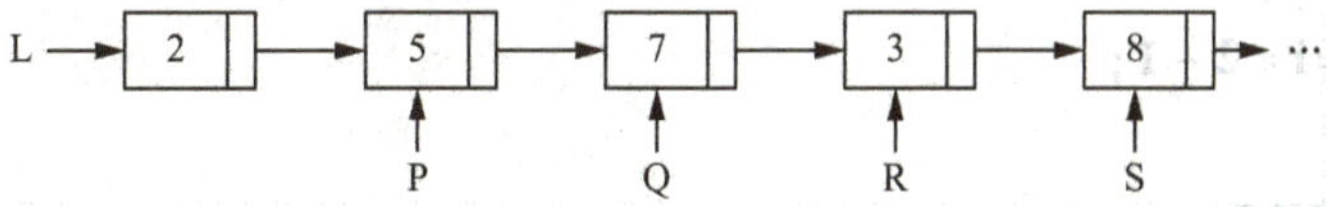

图 2-10　结果示意图(1)

(2)

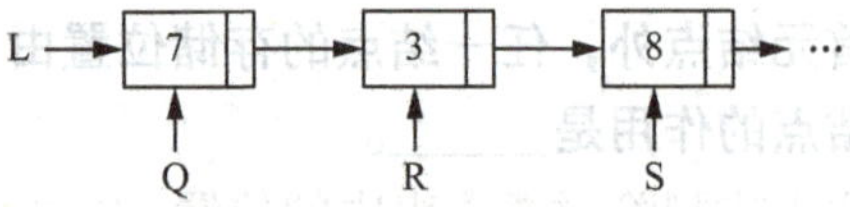

图 2-11　结果示意图(2)

(3)

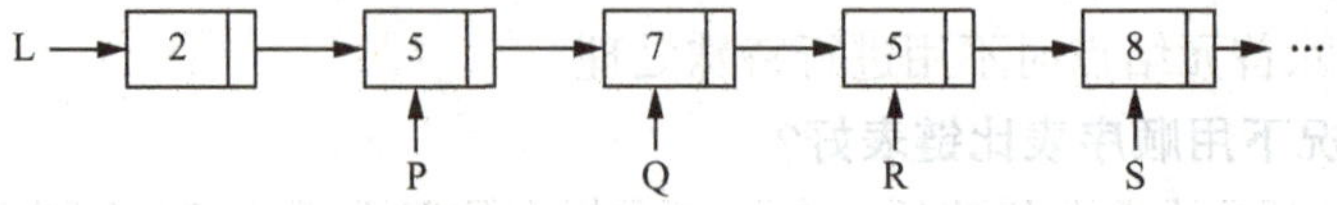

图 2-12　结果示意图(3)

(4)

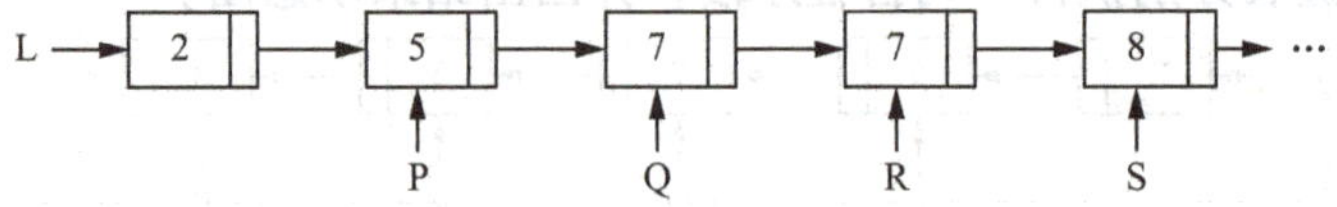

图 2-13　结果示意图(4)

(5)

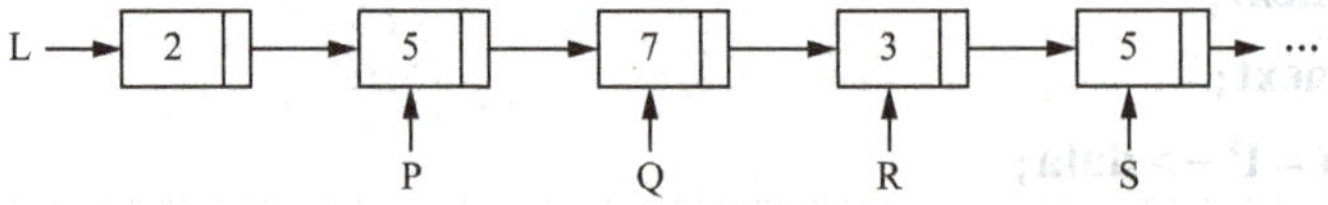

图 2-14　结果示意图(5)

(6)

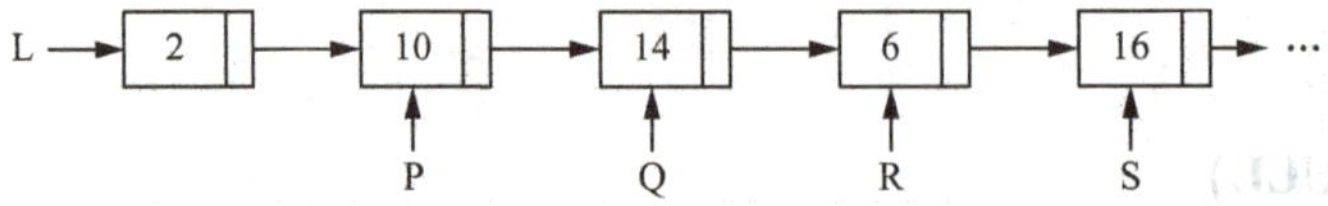

图 2-15　结果示意图(6)

(7)

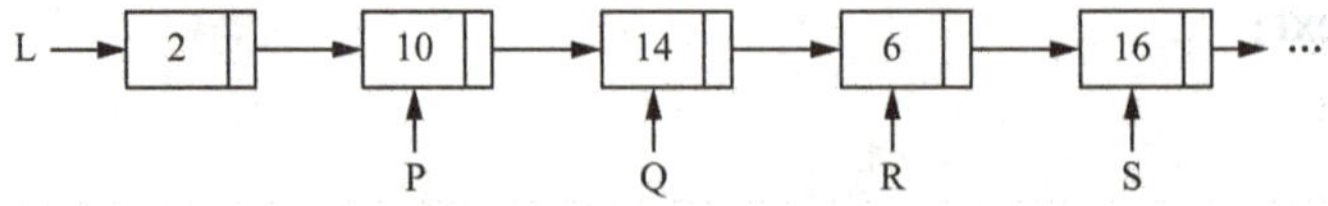

图 2-16　结果示意图(7)

5. 画出执行下列各行语句后各指针及链表的示意图。

```
L = (LinkList)malloc(sizeof(LNode));
P = L;
for(i = 1;i <= 4;i ++)
{
    P -> next = (LinkList)malloc(sizeof(LNode));
    P = P -> next;
    P -> data = i * 2 - 1;
}
P -> next = NULL;
for(i = 4;i >= 1;i -- )
```

```
    Ins_LinkList(L,i+1,i*2);
  for(i=1;i<=3;i++)
    Del_LinkList(L,i);
```

答：根据所给程序，其链表结构变化如图 2-17 所示。

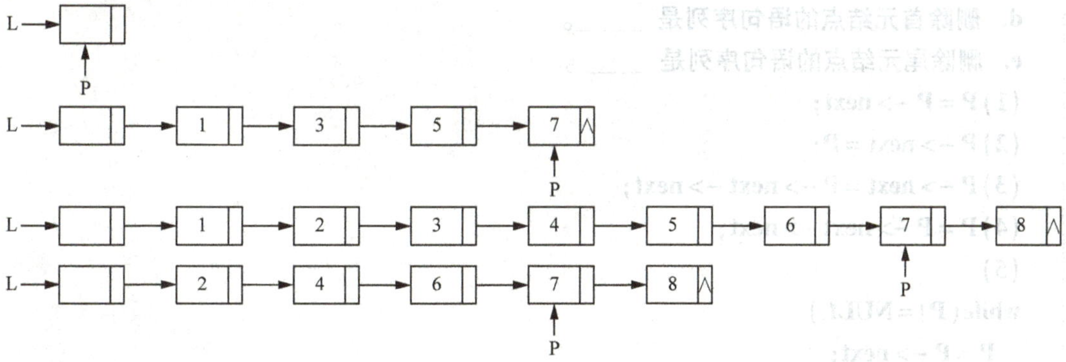

图 2-17　链表结构变化图

6. 已知 L 是无表头结点的单链表，且 P 结点既不是首元结点，也不是尾元结点，试从下列提供的答案中选择合适的语句序列。

a. 在 P 结点后插入 S 结点的语句序列是______。

b. 在 P 结点前插入 S 结点的语句序列是______。

c. 在表首插入 S 结点的语句序列是______。

d. 在表尾插入 S 结点的语句序列是______。

```
(1)P->next=S;
(2)P->next=P->next->next;
(3)P->next=S->next;
(4)S->next=P->next;
(5)S->next=L;
(6)S->next=NULL;
(7)Q=P;
(8)while(P->next!=Q)P=P->next;
(9)while(P->next!=NULL)P=P->next;
(10)P=Q;
(11)P=L;
(12)L=S;
(13)L=P;
```

答：a.（4）（1）；

b.（7）（11）（8）（4）（1）；

c.（5）（12）；

d.（9）（1）（6）。

【注意】单链表中在某一结点前插入一个结点需要遍历该单链表，找到其前驱节点，再进行插入操作。

7. 已知 L 是带表头结点的非空单链表，且 P 结点既不是首元结点，也不是尾元结点，

试从下列提供的答案中选择合适的语句序列。

a. 删除 P 结点的直接后继结点的语句序列是______。

b. 删除 P 结点的直接前驱结点的语句序列是______。

c. 删除 P 结点的语句序列是______。

d. 删除首元结点的语句序列是______。

e. 删除尾元结点的语句序列是______。

(1)P = P -> next;

(2)P -> next = P;

(3)P -> next = P -> next -> next;

(4)P = P -> next -> next;

(5)

```
while(P! = NULL)
  P = P -> next;
```

(6)

```
while(Q -> next! = NULL)
{
  P = Q;
  Q = Q -> next;
}
```

(7)

```
while(P -> next! = Q)
  P = P -> next;
```

(8)

```
while(P -> next -> next! = Q)
  P = P -> next;
```

(9)

```
while(P -> next -> next! = NULL)
  P = P -> next;
```

(10)Q = P;

(11)Q = P -> next;

(12)P = L;

(13)L = L -> next;

(14)free(Q);

答：a. (11)(3)(14);

b. (10)(12)(8)(11)(3)(14);

c. (10)(12)(7)(3)(14);

d. (12)(11)(3)(14);

e. (9)(11)(3)(14)。

8. 已知 P 结点是某双向链表的中间结点，试从下列提供的答案中选择合适的语句序列。

a. 在 P 结点后插入 S 结点的语句序列是______。

b. 在 P 结点前插入 S 结点的语句序列是______。

c. 删除 P 结点的直接后继结点的语句序列是______。

d. 删除 P 结点的直接前驱结点的语句序列是______。

e. 删除 P 结点的语句序列是______。

(1) P -> next = P -> next -> next;

(2) P -> prior = P -> prior -> prior;

(3) P -> next = S;

(4) P -> prior = S;

(5) S -> next = P;

(6) S -> prior = P;

(7) S -> next = P -> next;

(8) S -> prior = P -> prior;

(9) P -> prior -> next = P -> next;

(10) P -> prior -> next = P;

(11) P -> next -> prior = P;

(12) P -> next -> prior = S;

(13) P -> prior -> next = S;

(14) P -> next -> prior = P -> prior;

(15) Q = P -> next;

(16) Q = P -> prior;

(17) free(P);

(18) free(Q);

答： a. (7)(12)(3)(6);

b. (8)(4)(5)(13);

c. (15)(1)(11)(18);

d. (16)(2)(10)(18);

e. (14)(9)(17)。

【注意】在6、7、8题中画示意图更有利于理解，尤其是7(b)类型的题，画图更加直观。

9. 简述以下算法的功能。

(1)

```
Status A(LinkedList L)
{
  //L 是无表头结点的单链表
  if(L&&L -> next)
  {
    Q = L;
    L = L -> next;
    P = L;
    while(P -> next)
```

```
      P = P -> next;
    P -> next = Q;
    Q -> next = NULL;
  }
  return OK;
} //A
```

(2)

```
void BB(LNode * s, LNode * q)
{
  p = s;
  while(p -> next != q)
    p = p -> next;
  p -> next = s;
} //BB
void AA(LNode * pa, LNode * pb)
{
  //pa 和 pb 分别指向单循环链表中的两个结点
  BB(pa,pb);
  BB(pb,pa);
} //AA
```

答：(1)L 的长度大于 1 时(条件判断语句“if(L&&L -> next)”)，将 L 的首元结点变成尾元结点。

(2)将单循环链表拆成两个单循环链表。

10. 指出以下算法中的错误和低效(即费时)之处，并将它改写为一个既正确又高效的算法。

```
Status DeleteK(SqList &a,int i,int k)
{
  //本过程从顺序存储结构的线性表 a 中删除第 i 个元素起的 k 个元素
  if(i < 1 || k < 0 || i + k > a.length)
    return INFEASIBLE; //参数不合法
  else
  {
    for(count = 1;count < k;count ++ )
    {
      //删除第一个元素
      for(j = a.length;j >= i + 1;j -- )
        a.elem[j - i] = a.elem[j];
      a.length -- ;
    }
  return OK;
```

```
} //Delete OK
```

答： 错误有两处：

(1)参数不合法及判别条件不完整。合法的入口参数为：

$(0 < i \leqslant a.length) \wedge (0 \leqslant k \leqslant a.length - i)$

(2)内层 for 循环语句错误，元素前移的次序错误。

低效之处：每次只删除了一个元素。

程序改写为：

```
Status DeleteK(SqList &a,int i,int k)
{
  //从顺序存储结构的线性表 a 中删除从第 i 个元素起的 k 个元素
  //注意 i 的编号从 0 开始
  int j;
  if(i<0 || i>a.length-1 || k<0 || k>a.length-i)
    return INFEASIBLE;
  for(j=0;j<=k;j++)
    a.elem[j+i-1]=a.elem[j+i+k-1];
  a.length=a.length-k;
  return OK;
}
```

11. 设顺序表 va 中的数据元素递增有序。试写一算法，将 x 插入到顺序表的适当位置上，以保持该表的有序性。

答：

```
Status InsertOrderList(SqList &va,ElemType x)
{
  //在递增有序的顺序表 va 中插入元素 x,使其仍为顺序表的算法
  int i;
  //如果表的长度已经等于表的容量,不能再进行插入,直接返回,否则会溢出
  if(va.length==va.listsize)
    return(OVERFLOW);
  //从表尾依次往前循环比较
  for(i=va.length;i>0,x<va.elem[i-1];i--)
    va.elem[i]=va.elem[i-1];
  va.elem[i]=x;
  va.length++;
  return OK;
}
```

12. 设 $A=(a_1, \cdots, a_m)$ 和 $B=(b_1, \cdots, b_n)$ 均为顺序表，A' 和 B' 分别为 A 和 B 中除去最大共同前缀后的子表（例如，$A=(x, y, y, z, x, z)$，$B=(x, y, y, z, y, x, x, z)$，则两者中的最大共同前缀为 (x, y, y, z)，在两表中除去最大共同前缀后的子表分别为 $A'=(x, z)$ 和 $B'=(y, x, x, z)$）。若 $A'=B'=$ 空表，则 $A=B$；若 $A'=$ 空表，而 $B' \neq$

空表，或者两者均不为空表，且A'的首元小于B'的首元，则$A<B$；否则$A>B$。试写一个比较A，B大小的算法(请注意：在算法中，不要破坏原表A和B，并且，也不一定先求得A'和B'才进行比较)。

答：

```
Status CompareOrderList(SqList &A,SqList &B)
//比较字符表 A 和 B，并用返回值 j 表示结果，值为 1，表示 A > B；值为 -1，表示 A < B；值为零，表示 A = B
{
  int i,k,j;
  //将表 A 和表 B 较大的长度值赋给变量 k，以便在循环条件中使用
  k = A.length > B.length?A.length:B.length;
  for(i =0;i < k;i ++)
  {
    if(A.elem[i] > B.elem[i])
      j =1;
    if(A.elem[i] < B.elem[i])
      j = -1;
  }
  if(A.length > k)
    j =1;
  if(B.length > k)
    j = -1;
  if(A.length == B.length)
    j =0;
  return j;
}
```

13. 试写一算法在带头结点的单链表结构上实现线性表操作 LOCATE(L,x)。

答：

```
LNode * Locate(LinkList L,int x)
//链表上的元素查找，返回指针，该指针指向元素 x
{
  for(p = L -> next;p&&p -> data! = x;p = p -> next);
  if(p == NULL)
    return NOTFOUND; //即链表 L 中不存在数 X
  return p; //存在数 X，返回指针
} //Locate
```

14. 试写一算法在带头结点的单链表结构上实现线性表操作 LENGTH(L)。

答：

```
//返回单链表的长度
int Length(LinkList L)
```

```
{
  //判断指针 p 的后继只要不为空，说明还未达到链表表尾，继续循环判断
  for(k =0,p = L;p -> next;p = p -> next,k ++ );
  return k;
}  //Length
```

15. 已知指针 ha 和 hb 分别指向两个单链表的头结点，并且已知两个链表的长度分别为 *m* 和 *n*。试写一算法将这两个链表连接在一起(即令其中一个表的首元结点连在另一个表的最后一个结点之后)，假设指针 hc 指向连接后的链表的头结点，并要求算法以尽可能短的时间完成连接运算。请分析你的算法的时间复杂度。

答：

```
void ListConcat(LinkList ha,LinkList hb,LinkList &hc)
//把链表 hb 接在 ha 后面形成链表 hc
{
  p = ha;
  while(p -> next)
    p = p -> next;     //循环，直到达到表 ha 的最后一个结点
  //将 ha 最后一个结点的指针指向表 hb 的头指针，即将表 hb 链接在表 ha 后面
  p -> next = hb;
  hc = ha;
}  //ListConcat
```

基本运算语句为“p = p -> next;”，被重复执行的次数为链表 ha 的长度，因此时间复杂度为 $T(n) = O(n)$。

16. 已知指针 la 和 lb 分别指向两个无头结点单链表中的首元结点。下列算法是从表 la 中删除自第 i 个元素起共 len 个元素后，将它们插入到表 lb 中第 i 个元素之前。试问此算法是否正确？若有错，请改正之。

```
Status DeleteAndInsertSub(LinkedList la,LinkedList lb,int i,int j,int len)
{
  if(i <0 || j <0 || len <0)
    return INFEASIBLE;
  p = la;
  k =1;
  while(k <i)
  {
    p = p -> next;
    k ++;
  }
  q = p;
  while(k <= len)
  {
    q = q -> next;
```

```
    k ++ ;
  }
  s = lb;
  k = 1;
  while( k < j)
  {
    s = s -> next;
    k ++ ;
  }
  s -> next = p;
  q -> next = s -> next;
  return OK;
} //DeleteAndInsertSub
```

答：不正确。

```
Status DeleteAndInsertSub( LinkList &la, LinkList &lb, int i, int j, int len)
{
  if( i < 0 || j < 0 || len < 0)
    return INFEASIBLE;
  //在 la 表中查找第 i 个结点
  p = la;
  k = 1;
  prev = NULL;
  while( p&&k < i)
  { //循环条件应该加上指针 p 即链表 la 的非空判断
    prev = p;
    p = p -> next;
    k ++ ;
  }
  if( !p)
    return INFEASIBLE;
  //在 la 表中查找第 i + len - 1 个结点
  q = p;
  k = 1;
  while( q&&k < len) {  //循环条件应该加上指针 q 即链表 la 的非空判断
    q = p -> next;
    k ++ ;
  }
  if( !q)
    return INFEASIBLE;
  //完成删除
```

```
    if( !prev)
      la = q -> next;
    else
      prev -> next = q -> next;
    //将从 la 中删除的结点插入到 lb 中
    if(j ==1)
    {    //j =1 的情况需要特殊处理
      q -> next = lb;
      lb = p;
    }
    else
    {
      s = lb;
      k =1;
      while(s&&k < j -1)
      {   //循环条件应该加上指针 s 即链表 lb 的非空判断
        s = s -> next;
        k ++ ;
      }
      if( !s)
        return INFEASIBLE;
      q -> next = s -> next;
      s -> next = p; //完成插入
    }
    return OK;
}
```

17. 试写一算法，在无头结点的动态单链表上实现线性表操作 INSERT(L,i,b)，并和在带头结点的动态单链表上实现相同操作的算法进行比较。

答：

```
Status Insert(LinkList &L,int i,int b)
//在无头结点链表 L 的第 i 个元素之前插入元素 b
{
  p = L;
  q = (LinkList *)malloc(sizeof(LNode));  //动态创建结点 q
  q.data = b; //元素 b 即为结点 q 的数据域
  if(i ==1)   //考虑首元结点
  {
    q.next = p;
    L = q;   //q 插入在链表头部
  }
```

```
    else
    {
        while(--i>1)
            p=p->next;  //找到第 i-1 个结点
        q->next=p->next;
        p->next=q;  //插入在第 i 个元素的位置
    }
} //Insert
```

头结点的作用是插入和删除操作时不必对首元结点做特殊处理，因此在带头结点的动态单链表上实现删除操作不必单独考虑 i=1 时的特殊情况，可统一处理。

18. 同 17 题要求。试写一算法，实现线性表操作 DELETE(L,i)。

答：

```
Status Delete(LinkList &L,int i)
//在无头结点链表 L 中删除第 i 个元素
{
    p=L;
    if(i<1 || i>L.length)
        return false;  //不合理的位置
    if(i==1)
    {  //考虑首元结点
        L=L->next;  //删除第一个元素
        free(p);  //释放存储空间
    }
    else
    {
        while(--i>1)
            p=p->next;  //找到第 i-1 个元素
        q=p->next;  //记录下第 i 个元素,后面需要释放其内存
        p->next=p->next->next;  //删除第 i 个元素
        free(q);  //释放第 i 个结点所占的内存
    }
} //Delete
```

19. 已知线性表中的元素以值递增有序排列，并以单链表作存储结构。试写一高效的算法，删除表中所有值大于 mink 且小于 maxk 的元素(若表中存在这样的元素)，同时释放被删结点空间，并分析你的算法的时间复杂度(注意，mink 和 maxk 是给定的两个参变量，它们的值可以和表中的元素相同，也可以不同)。

答：合法的入口条件只要求线性表不空。若 mink>maxk 则表明待删元素集为空集。

```
Status ListDelete_L(LinkList &L,ElemType mink,ElemType maxk)
{  //删除元素按递增排列的链表 L 中值大于 mink 且小于 maxk 的所有元素
    LinkList p,q,prev=NULL;
```

```
    if(mink > maxk)
      return ERROR;  //[mink,maxk]区间错误,退出程序
    if(maxk  < L -> data)
      return ERROR;  //链表有序,且最小结点的数据大于 maxk,则直接退出程序
    p = L;
    prev = p;  //prev 为 p 的前驱
    p = p -> next;
    while(p&&p -> data < maxk)
    {  //p 的数据域要小于 maxk
      if(p -> data <= mink)
      {  // p 的数据域要小于 mink
        prev = p;
        p = p -> next;  //指针后移,继续比较
      }
      else
      {//如果同时 p 的数据域大于 mink
        prev -> next = p -> next;
        q = p;
        p = p -> next;  //删除 p 所指的元素结点
        free(q);  //释放存储空间
      }
    }
    return OK;
}
```

时间复杂度为 $T(n) = O(n^2)$

20. 同 19 题条件，试写一高效的算法，删除表中所有值相同的多余元素(使得操作后的线性表中所有元素的值均不相同)，同时释放被删结点空间，并分析你的算法的时间复杂度。

答：

```
Status Delete_Equal(Linklist &L)  //删除元素按递增排列的链表 L 中所有值相同的元素
{
    p = L;
    q = p -> next;     //p，q 指向相邻两元素，其中 q 为 p 的后继结点
    while(p -> next)
    {
      if(p -> data != q -> data)
      {
        p = p -> next;
        q = p -> next;     //当相邻两元素不相等时，p 和 q 都向后移动一个结点位置
      }
```

```
      else
      {  //相邻两个元素相等
        while(q -> data == p -> data)
        {  //比较q后面的元素是否还和p与q元素相等，如果相等，则删除
          r = q;
          q = q -> next;
          free(r);     //释放存储空间
        }
        p -> next = q;
        p = q;
        q = p -> next;     //当相邻元素相等时删除多余元素
      }  //else
    }  //while
}  //Delete_Equal
```

时间复杂度为 $T(n) = O(n^3)$

21. 试写一算法，实现顺序表的就地逆置，即利用原表的存储空间将线性表(a_1，a_2，…，a_n)逆置为(a_n，a_{n-1}，…，a_1)。

答:

```
//顺序表的逆置
Status ListOppose_Sq(SqList &L)
{
   int i;
   ElemType x;   //临时元素x,是一个中间变量,交换元素时用
   for(i = 0;i < L.length/2;i ++ )
   {
     //交换第i个元素和第L.length -1 -i个元素,实现逆置
     x = L.elem[i];
     L.elem[i] = L.elem[L.length - 1 - i];
     L.elem[L.length - 1 - i] = x;
   }
   return OK;
}
```

22. 试写一算法，对单链表实现就地逆置。

答: 将原链表中的头结点和第一个元素结点断开，先构成一个新的空表，然后将原链表中各结点，从第一个结点起插入这个新表的头部。

```
//链表的就地逆置，为简化算法，假设表长大于2
void LinkList_reverse(Linklist &L)
{
   //定义q为p的后继,s为q的后继
   p = L -> next;
```

```
    q = p -> next;
    s = q -> next;
    p -> next = NULL;
    while(s -> next)
    {
      q -> next = p;
      p = q;
      q = s;
      s = s -> next;   //把 L 的元素逐个插入新表表头
    }
    q -> next = p;
    s -> next = q;
    L -> next = s;
  }  //LinkList_reverse
```

23. 设线性表 $A = (a_1, a_2, \cdots, a_m)$，$B = (b_1, b_2, \cdots, b_n)$，试写一个按下列规则合并 A，B 为线性表 C 的算法，即使得

$C = (a_1, b_1, \cdots, a_m, b_m, b_{m+1}, \cdots, b_n)$　当 $m \leqslant n$ 时

或者

$C = (a_1, b_1, \cdots, a_n, b_n, a_{n+1}, \cdots, a_m)$　当 $m > n$ 时

线性表 A，B 和 C 均以单链表作存储结构，且 C 表利用 A 表和 B 表中的结点空间构成。注意：单链表的长度值 m 和 n 均未显式存储。

答：

```
//将合并后的结果放在 C 表中，并删除 B 表
Status ListMerge_L(LinkList &A,LinkList &B,LinkList &C)
{
  LinkList pa,pb,qa,qb;
  pa = A -> next;   //pa 为链表 A 的首元结点
  pb = B -> next;   //pb 为链表 B 的首元结点
  C = A;
  while(pa&&pb)
  {
    qa = pa;
    qb = pb;
    pa = pa -> next;
    pb = pb -> next;
    qb -> next = qa -> next;
    qa -> next = qb;   //将链表 B 中的元素链接到链表 A 后面
  }
  if(! pa)
    qb -> next = pb;
```

```
    pb = B;
    free(pb); //将链表 B 删除,释放表 B 的表头
    return OK;
}
```

24. 假设有两个按元素值递增有序排列的线性表 *A* 和 *B*，均以单链表作存储结构，请编写算法将 *A* 表和 *B* 表归并成一个按元素值递减有序(即非递增有序，允许表中含有值相同的元素)排列的线性表 *C*，并要求利用原表(即 *A* 表和 *B* 表)的结点空间构造 *C* 表。

答：采用“指针平移，一次扫描”的策略。

```
//将合并逆置后的结果放在 C 表中
Status ListMergeOppose_L(LinkList &A,LinkList &B,LinkList &C)
{
    LinkList pa,pb,qa,qb;
    pa = A;
    pb = B;
    qa = pa;  //qa 保存 pa 的前驱指针
    qb = pb;  //qb 保存 pb 的前驱指针
    pa = pa -> next;
    pb = pb -> next;
    A -> next = NULL;
    C = A;
    while(pa&&pb)
    {
        if(pa -> data < pb -> data)
        {  //若表 A 当前结点小于表 B 当前结点
            qa = pa;
            pa = pa -> next;
            qa -> next = A -> next;//将当前最小结点插入 A 表表头
            A -> next = qa;
        }
        else
        {  //若表 B 当前结点小于表 A 当前结点
            qb = pb;
            pb = pb -> next;
            qb -> next = A -> next;
            A -> next = qb;
        }
    }
    while(pa)
    {  //表 A 中仍有结点
        qa = pa;
```

```
    pa = pa -> next;
    qa -> next = A -> next;
    A -> next = qa;   //将表 A 剩余的所有结点链接到 C 表
  }
  while(pb)
  {  //表 B 中仍有结点
    qb = pb;
    pb = pb -> next;
    qb -> next = A -> next;   //将表 B 剩余的所有结点链接到 C 表
    A -> next = qb;
  }
  pb = B;
  free(pb);   //释放表 B 表头
  return OK;
}
```

25. 假设以两个元素依值递增有序排列的线性表 *A* 和 *B* 分别表示两个集合(即同一表中的元素值各不相同)，现要求另辟空间构成一个线性表 *C*，其元素为 *A* 和 *B* 中元素的交集，且表 *C* 中的元素依值递增有序排列。试对顺序表编写求 *C* 的算法。

答:

```
//将 A、B 求交后的结果放在 C 表中
//线性表从 0 开始存储
Status ListCross_Sq(SqList &A,SqList &B,SqList &C)
{
  int i =0,j =0;
  while(i < A. length && j < B. length)
  {
    //如果表 A 中元素值较小，表 A 元素下标增 1，即向后移动一个位置
    if(A. elem[i] < B. elem[j])
      i ++;
    else
      //如果表 B 中元素值较小，表 B 元素下标增 1，即向后移动一个位置
      if(A. elem[i] > B. elem[j])
        j ++;
      else
      {
        //A 和 B 中的元素值相等，即得到 A 和 B 的交集元素，放到 C 中，A、B 下标均后移一个单位
        ListInsert_Sq(C,k,A. elem[i]);
        i ++;
        j ++;
```

```
        }
    }
    return OK;
}
```

26. 要求同 25 题。试对单链表编写求 *C* 的算法。

答:

```
//将 A、B 求交后的结果放在 C 表中，并删除 B 表
Status ListCross_L(LinkList &A,LinkList &B,LinkList &C)
{
    LinkList pa,pb,qa,qb,pt;
    pa = A;
    pb = B;
    qa = pa;    //qa 保存 pa 的前驱指针
    qb = pb;    //qb 保存 pb 的前驱指针
    pa = pa -> next;
    pb = pb -> next;
    C = A;
    while(pa&&pb)
    {
        //如果 pa 数据域的值较小，则 pa 指向其后继结点，同时更新 qa
        if(pa -> data < pb -> data)
        {
            pt = pa;
            pa = pa -> next;
            qa -> next = pa;
            free(pt);
        }
        //如果 pb 数据域的值较小，则 pb 指向其后继结点，同时更新 qb
        else if(pa -> data > pb -> data)
        {
            pt = pb;
            pb = pb -> next;
            qb -> next = pb;
            free(pt);
        }
        else
        {
            //pa 和 pb 数据域的值相等，即为交集元素，放到 C 中
            qa = pa;
            pa = pa -> next;
```

```
            qb = pb;
            pb = pb -> next;
        }
    }
    while(pa)
    {   //链表 A 有剩余结点
        pt = pa;
        pa = pa -> next;
        qa -> next = pa;
        free(pt); //释放链表 A 的表头
    }
    while(pb){ //链表 B 有剩余结点
        pt = pb;
        pb = pb -> next;
        qb -> next = pb;
        free(pt);    //释放链表 B 的表头
    }
    pb = B;
    free(pb);    //删除链表 B
    return OK;
}
```

27. 对 25 题的条件作以下两点修改，对顺序表重新编写求得表 *C* 的算法。

(1) 假设在同一表(*A* 或 *B*)中可能存在值相同的元素，但要求新生成的表 *C* 中的元素值各不相同；

(2) 利用 *A* 表空间存放表 *C*。

答：(1)

```
Status ListCrossDelSame_Sq(SqList &A,SqList &B,SqList &C)
// A、B 求交，然后删除相同元素，将结果放在 C 表中
{
    int i =0,j =0,k =0;
    while(i < A. length && j < B. length)
    {
        if(A. elem[i] < B. elem[j])
            i ++;   //A 表中元素较小，A 下标增 1，向后移动
        else
            if(A. elem[i] > B. elem[j])
                j ++; //B 表中元素较小，B 下标增 1，向后移动
            else
            {
                if(C. length ==0)
```

```
        { //如果C表为空表，直接依次插入
          ListInsert_Sq(C,k,A.elem[i]);
          k++;
        }
        else //否则，判断有无重复元素，再插入，注意A、B、C都有序这一特性
          if(C.elem[C.length-1]!=A.elem[i])
          {
            ListInsert_Sq(C,k,A.elem[i]);
            k++;
          }
        i++;
      }
    }
    return OK;
}
```

(2)

```
//A、B求交，然后删除相同元素，将结果放在A表中
Status ListCrossDelSame_Sq(SqList &A,SqList &B)
{
    int i=0, j=0, k=0; //k用于保存更新值后的A表的下标
    while(i<A.length && j<B.length)
    {
      if(A.elem[i]<B.elem[j])
        i++; //A表中元素较小，A下标增1，向后移动
      else
        if(A.elem[i]>B.elem[j])
          j++;   //B表中元素较小，B下标增1，向后移动
        else
        {
          if(k==0)
          { //将相同元素放到A表中
            A.elem[k]=A.elem[i];
            k++;
          }
          else //判断是否有重复元素，利用有序性，只需要检查更新的A表中最后一个元素
            if(A.elem[k-1]!=A.elem[i])
            {
              A.elem[k]=A.elem[i];
              k++;
```

```
            }
            i++;
        }
    }
    A.length = k;
    return OK;
}
```

28. 对 25 题的条件作以下两点修改，对单链表重新编写求得表 *C* 的算法。

(1)假设在同一表(*A* 或 *B*)中可能存在值相同的元素，但要求新生成的表 *C* 中的元素值各不相同；

(2)利用原表(*A* 表或 *B* 表)中的结点构成表 *C*，并释放 *A* 表中的无用的结点空间。

答：(1)

```
Status ListCrossDelSame_L(LinkList &A,LinkList &B,LinkList &C)
//A、B求交，结果放在C表中，并删除相同元素
{
    LinkList pa,pb,qa,qb,pt;
    pa = A;
    pb = B;
    qa = pa;    //qa保存pa的前驱指针
    qb = pb;    //qb保存pb的前驱指针
    pa = pa->next;
    pb = pb->next;
    C = A;    //C指向链表A
    while(pa&&pb)
    {
        if(pa->data < pb->data)
        {   //如果A中元素值小于B中元素值
            pt = pa;
            pa = pa->next;
            qa->next = pa;
            free(pt);
        }
        else
            if(pa->data > pb->data)
            {   //如果A中元素值大于B中元素值
                pt = pb;
                pb = pb->next;
                qb->next = pb;
                free(pt);    //释放B中该元素结点
            }
```

```
        else
        {
          if(pa -> data == qa -> data)
          {  //如果B中元素值等于A中元素值
            pt = pa;
            pa = pa -> next;
            qa -> next = pa;
            free(pt);  //释放A中该元素结点
          }
          else
          {
            qa = pa;
            pa = pa -> next;
          }
        }
    }
    while(pa)
    {
      pt = pa;
      pa = pa -> next;
      qa -> next = pa;
      free(pt);
    }
    while(pb)
    {
      pt = pb;
      pb = pb -> next;
      qb -> next = pb;
      free(pt);
    }
    pb = B;
    free(pb);
    return OK;
}
```

(2)

```
//A、B求交，结果放在A表中，并删除相同元素
Status ListCrossDelSame_L(LinkList &A,LinkList &B)
{
    LinkList pa,pb,qa,qb,pt;
    pa = A;
```

```
pb = B;
qa = pa;    //qa 保存 pa 的前驱指针
qb = pb;    //qb 保存 pb 的前驱指针
pa = pa -> next;
pb = pb -> next;
while(pa&&pb)
{
  if(pa -> data < pb -> data)
  {  //如果 A 中元素小于 B 中元素
    pt = pa;
    pa = pa -> next;
    qa -> next = pa;
    free(pt);    //释放 A 中该元素结点
  }
  else
    if(pa -> data > pb -> data)
    { //如果 B 中元素小于 A 中元素
      pt = pb;
      pb = pb -> next;
      qb -> next = pb;
      free(pt);    //释放 B 中该元素结点
    }
    else
    {
      if(pa -> data == qa -> data)
      {
        pt = pa;
        pa = pa -> next;
        qa -> next = pa;
        free(pt);
      }
      else
      {
        qa = pa;
        pa = pa -> next;
      }
    }
}
while(pa)
{
```

```
        pt = pa;
        pa = pa -> next;
        qa -> next = pa;
        free(pt);
    }
    while(pb)
    {
        pt = pb;
        pb = pb -> next;
        qb -> next = pb;
        free(pt);
    }
    pb = B;
    free(pb);
    return OK;
}
```

29. 已知 *A*，*B* 和 *C* 为三个递增有序的线性表，现要求对 *A* 表作如下操作：删去那些既在 *B* 表中出现又在 *C* 表中出现的元素。试对顺序表编写实现上述操作的算法，并分析你的算法的时间复杂度(注意：题中没有特别指明同一表中的元素值各不相同)。

答：

```
void SqList_Intersect_Delete(SqList &A,SqList B,SqList C)
{
    int i =0;
    int j =0;
    int k =0;
    int m =0;    //i 指示 A 中元素原来的位置，m 为移动后的位置
    while(i < A. length && j < B. length && k < C. length)
    {
        if(B. elem[j] < C. elem[k])
            j ++;
        else if(B. elem[j] > C. elem[k])
            k ++;
        else
        {
            same = B. elem[j];    //找到了 B 和 C 中相同元素 same
            while(B. elem[j] == same)
                j ++;    //考虑到表中有重复元素
            while(C. elem[k] == same)
                k ++;    //j，k 后移到新的元素
            while(i < A. length&&A. elem[i] < same)
```

```
            A. elem[m++] = A. elem[i++];      //在 A 表中依次查找小于 same 的元素，同时移动 m
          while(i < A. length&&A. elem[i] == same)
            i++; //跳过相同的元素，m 不变，即作删除操作
        }
      }  //while
      while(i < A. length)
        A. elem[m++] = A. elem[i++];     //A 的剩余元素重新存储?
      A. length = m;
    }  //SqList_Intersect_Delete
```

分析：先从 B 和 C 中找出共有元素，记为 same，并记下位置，在 A 中从当前位置开始，凡小于 same 的元素均保留(存到新的位置)，等于 same 的就跳过，到大于 same 时就再找下一个 same。时间复杂度为 $T(n) = O(n^3)$。

30. 要求同 29 题。试对单链表编写算法，请释放 A 表中的无用结点空间。

答：

```
//在 A 中删除既在 B 中出现又在 C 中出现的元素，并释放 B、C
Status ListUnion_L(LinkList &A,LinkList &B,LinkList &C)
{
  ListCross_L(B,C);
  ListMinus_L(A,B);
}
Status ListMinus_L(LinkList &A,LinkList &B)  //求集合 A-B，结果放在 A 表中，并删除 B 表
{
  LinkList pa, pb, qa, qb, pt;
  pa = A;
  pb = B;
  qa = pa;  //qa 保存 pa 的前驱指针
  qb = pb;    //qb 保存 pb 的前驱指针
  pa = pa -> next;
  pb = pb -> next;
  while(pa&&pb)
  {
    if(pb -> data < pa -> data)
    {  //如果 B 中元素小于 A 中元素
      pt = pb;
      pb = pb -> next;
      qb -> next = pb;
      free(pt);    //释放 B 中该元素结点
    }
```

```
        else
            if(pb -> data > pa -> data)
            {  //如果B中元素大于A中元素
                qa = pa;
                pa = pa -> next;
            }
            else
            {
                pt = pa;
                pa = pa -> next;
                qa -> next = pa;
                free(pt);    //释放A中该元素结点
            }
    }
    while(pb)
    {
        pt = pb;
        pb = pb -> next;
        qb -> next = pb;
        free(pt);
    }
    pb = B;
    free(pb);    //释放B的首元结点，即删除B
    return OK;
}
```

时间复杂度为 $T(n) = O(n^3)$

31. 假设某个单向循环链表的长度大于1，且表中既无头结点也无头指针。已知s为指向链表中某个结点的指针，试编写算法在链表中删除指针s所指结点的前驱结点。

答：

```
//在单循环链表中删除指针s所指结点的前驱结点
Status ListDelete_CL(LinkList &s)
{
    LinkList p, q;
    if(s == s -> next)
        return ERROR;    //s为空表
    q = s;
    p = s -> next; //q为p的前驱，p为s的后继
    while(p -> next != s)
    {
        q = p;
```

```
    p = p -> next;
  }
  q -> next = p -> next;
  free(p);    //删除并释放结点 p
  return OK;
}
```

32. 已知有一个单向循环链表，其每个结点中含三个域：prior，data 和 next，其中 data为数据域，next 为指向后继结点的指针域，prior 也为指针域，但它的值为空(NULL)，试编写算法将此单向循环链表改为双向循环链表，即使 prior 成为指向前驱结点的指针域。

答：

```
Status DuLNode_Pre(DuLinkList &L)   //将单向循环链表改为双向循环链表
{
  for(p = L;! p -> next -> prior;p = p -> next)
    p -> next -> prior = p;
  return OK;
}  //DuLNode_Pre
```

33. 已知由一个线性链表表示的线性表中含有三类字符的数据元素(如：字母字符、数字字符和其他字符)，试编写算法将该线性表分割为三个循环链表，其中每个循环链表表示的线性表中均只含一类字符。

答：

```
Status LinkList_Divide(LinkList &L,CiList &A,CiList &B,CiList &C)
//把单链表 L 的元素按类型分为三个循环链表，CiList 为带头结点的单循环链表类型
{
  s = L -> next;
  A = (CiList *)malloc(sizeof(CiLNode));
  p = A;    //动态创建头结点
  B = (CiList *)malloc(sizeof(CiLNode));
  q = B;
  C = (CiList *)malloc(sizeof(CiLNode));
  r = C;  //建立头结点
  while(s)
  {
    if(isAlphabet(s -> data))   //数据域为字母字符
    {
      p -> next = s;
      p = s;
    }
    else if(isDigit(s -> data))
    {   //数字字符
      q -> next = s;
```

```
      q = s;
    }
    else   //其他字符
    {
      r -> next = s;
      r = s;
    }
  }  //while
  p -> next = A;
  q -> next = B;
  r -> next = C;   //完成循环链表
}   //LinkList_Divide
```

在2.34至2.36题中，“异或指针双向链表”类型 XorLinkedList 和指针异或函数 XorP 定义为：

```
typedef    struct XorNode
{
  char data;
  struct XorNode * LRPtr;
}XorNode, * XorPointer;
typedef struct
{   //无头结点的异或指针双向链表
  XorPointer Left, Right;   //分别指向链表的左侧和右端
}XorLinkedList;
XorPointer XorP(XorPointer p, XorPointer q);//指针异或函数 XorP 返回指针 p 和 q 的异或(XOR)值
```

34. 假设在算法描述语言中引入指针的二元运算“异或”(用“⊕”表示)，若 a 和 b 为指针，则 $a \oplus b$ 的运算结果仍为原指针类型，且

$$a \oplus (a \oplus b) = (a \oplus a) \oplus b = b$$

$$(a \oplus b) \oplus b = a \oplus (b \oplus b) = a$$

则可利用一个指针域来实现双向链表 L。链表 L 中的每个结点只含两个域：data 域和 LRPtr 域，其中 LRPtr 域存放该结点的左邻与右邻结点指针(不存在时为 NULL)的异或。若设指针 L. Left 指向链表中的最左结点，L. Right 指向链表中的最右结点，则可实现从左向右或从右向左遍历此双向链表的操作。试写一算法按任一方向依次输出链表中各元素的值。

答：

```
Status TraversingLinkList(XorLinkedList &L,char d)   //d 指示遍历的方向
{
  XorPointer p,left,right;
  if(d == 'l' || d == 'L')
  {
```

```
        p = L. Left;  //p 指向链表的最左结点
        left = NULL;
        while(p! = NULL)
        {
            VisitingData(p -> data);  //循环遍历
            left = p;
            p = XorP(left,p -> LRPtr);
        }
    }
    else
        if(d == 'r' || d == 'R')
        {
            p = L. Right;  //p 指向链表的最右结点
            right = NULL;
            while(p! = NULL)
            {
                VisitingData(p -> data);  //循环遍历
                right = p;
                p = XorP(p -> LRPtr,right);
            }
        }
        else
            return ERROR;
    return OK;
}
```

35. 采用 34 题所述的存储结构，写出在第 i 个结点之前插入一个结点的算法。

答：

```
Status Insert_XorLinkedList(XorLinkedList &L,int x,int i)
//在异或链表 L 的第 i 个元素前插入元素 x
{
    p = L. left;
    pre = NULL;
    r = (XorNode * )malloc(sizeof(XorNode));
    r -> data = x;
    if(i < 1)
        return FALSE;  //位置不合理,返回错误
    if(i == 1)  //当插入点在最左边的情况
    {
        p -> LRPtr = XorP(p. LRPtr,r);
        r -> LRPtr = p;
```

```
    L. left = r;
    return OK;
  }
  j = 1;
  q = p -> LRPtr;  //当插入点在中间的情况
  while( ++j < i&&q)
  {
    q = XorP(p -> LRPtr,pre);
    pre = p;p = q;
  }  //while //在 p,q 两结点之间插入
  if(! q)
    return INFEASIBLE;  //i 不可以超过表长
  p -> LRPtr = XorP(XorP(p -> LRPtr,q),r);
  q -> LRPtr = XorP(XorP(q -> LRPtr,p),r);
  r -> LRPtr = XorP(p,q); //修改指针
  return OK;
}  //Insert_XorLinkedList
```

36. 采用 34 题所述的存储结构，写出删除第 *i* 个结点的算法。

答：

```
Status Delete_XorLinkedList(XorlinkedList &L,int i)  //删除异或链表 L 的第 i 个元素
{
  p = L. left;
  pre = NULL;
  if(i < 1 || i > L. length)
    return FALSE;   //位置不合理，返回错误
  if(i == 1) //当删除的结点在链表的最左边
  {
    q = p -> LRPtr;
    q -> LRPtr = XorP(q -> LRPtr,p);
    L. left = q;free(p);  //释放结点 p
    return OK;
  }
  j = 1;
  q = p -> LRPtr;
  while( ++j < i&&q)
  {
    q = XorP(p -> LRPtr,pre);
    pre = p;
    p = q;
  }  //找到待删结点 q
```

```
    if(!q)
      return INFEASIBLE;  //i 不可以超过表长
    if(L.right==q)  //q 为最右结点的情况
    {
      p->LRPtr=XorP(p->LRPtr,q);
      L.right=p; free(q);
      return OK;
    }
    r=XorP(q->LRPtr, p);  //q 为中间结点的情况，此时 p，r 分别为其左右结点
    p->LRPtr=XorP(XorP(p->LRPtr, q), r);
    r->LRPtr=XorP(XorP(r->LRPtr, q), p);    //修改指针
    free(q);    //释放结点 q
    return OK;
}  //Delete_XorLinkedList
```

37. 设以带头结点的双向循环链表表示的线性表 $L=(a_1, a_2, \cdots, a_n)$。试写一时间复杂度 $O(n)$ 的算法，将 L 改造为 $L=(a_1, a_3, \cdots, a_n, \cdots, a_4, a_2)$。

答： 时间复杂度为 $O(n)$，即基本运算语句执行的次数与链表表长同数量级。

```
void OEReform(DuLinkedList &L) //按 1，3，5，…，4，2 的顺序重排双向循环链表 L 中的所有结点
{
    p=L->next; //p 为 L 的首元结点
    while(p->next!=L&&p->next->next!=L)
    {
      p->next=p->next->next;
      p=p->next;
    }  //此时 p 指向最后一个奇数结点
    if(p->next==L)
      p->next=L->pre->pre;
    else
      p->next=L->pre;
    p=p->next;  //此时 p 指向最后一个偶数结点
    while(p->pre->pre!=L)
    {
      p->next=p->pre->pre;
      p=p->next;
    }
    p->next=L; //按题目要求调整了 next 链的结构,此时 pre 链仍为原状
    for(p=L;p->next!=L;p=p->next)
      p->next->pre=p;
    L->pre=p; //调整 pre 链的结构
```

} //OEReform

38. 设有一个双向循环链表，每个结点中除有 prior，data 和 next 三个域外，还增设了一个访问频度域 freq。在链表被起用之前，频度域 freq 的值均初始化为零，而每当对链表进行一次 LOCATE(L，x)的操作后，被访问的结点(即元素值等于 x 的结点)中的频度域 freq 的值便增 1，同时调整链表中结点之间的次序，使其按访问频度非递增的次序顺序排列，以便始终保持被频繁访问的结点总是靠近表头结点。试编写符合上述要求的 LOCATE 操作的算法。

答：

```
DuLinkList ListLocate_DuL(DuLinkList &L,ElemType e)
{
  DuLinkList p,q;
  p = L -> next;
  while(p! = L&&p -> data! = e)
    p = p -> next;
  if(p == L)
    return NULL; //空表，返回
  else
  {
    p -> freq ++ ;
    p -> pre -> next = p -> next;     //删除结点
    p -> next -> pre = p -> pre;
    //插入到合适的位置
    q = L -> next;
    while(q! = L && q -> freq > p -> freq)
      q = q -> next;
    if(q == L)
    {  //q 为头结点，在 q 后面插入
      p -> next = q -> next;
      q -> next = p;
      p -> pre = q -> pre;
      q -> pre = p;
    }
    else
    {
      //在 q 之前插入
      p -> next = q -> pre -> next;
      q -> pre -> next = p;
      p -> pre = q -> pre;
      q -> pre = p;
    }
```

```
        return p;
    }
}
```

在2.39至2.40题中，稀疏多项式采用的顺序存储结构SqPoly定义为

```
typedef struct
{
    int coef;   //每一项的系数
    int exp;    //每一项的指数
}PolyTerm;
typedef struct
{
    PolyTerm * data;   //多项式的顺序存储结构
    int length;
}SqPoly;
```

39. 已知稀疏多项式

$$P_n(x)=c_1x^{e_1}+c_2x^{e_2}+\cdots+c_mx^{e_m}$$

其中 $n=e_m>e_{m-1}>\cdots>e_1\geqslant0$，$c_i\neq0(i=1,2,\cdots,m)$，$m\geqslant1$。试采用存储量同多项式项数 m 成正比的顺序存储结构，编写求 $P_n(x_0)$ 的算法(x_0为给定值)，并分析你的算法的时间复杂度。

答：

```
typedef struct
{
    int coef;   //每一项的系数
    int exp;    //每一项的指数
}PolyTerm;
typedef struct
{
    PolyTerm * data;
    int last;
}SqPoly;
//建立一个多项式
Status PolyInit(SqPoly &L)
{
    int i;
    PolyTerm * p;
    cout<<"请输入多项式的项数:";
    cin>>L->last;
    L->data=(PolyTerm * )malloc(L.last * sizeof(PolyTerm));  //动态创建结点
    if(!L->data)
        return ERROR;  //判断是否成功分配空间
```

```
    p = L -> data;
    for(i = 0;i < L. last;i ++ )
    {
        cout << "请输入系数:";
        cin >> p -> coef;
        cout << "请输入指数:";
        cin >> p -> exp;
        p ++ ;
    }
    return OK;
}
//求多项式的值
double PolySum(SqPoly &L,double x0)
{
    double Pn,x;
    int i,j;
    PolyTerm * p;
    p = L -> data;
    for(i = 0,Pn = 0;i < L. last;i ++ ,p ++ )
    {
        for(j = 0,x = 1;j < p -> exp;j ++ )
            x = x * x0;
        Pn = Pn + p -> coef * x;
    }
    return Pn;
}
```

时间复杂度为 $T(n) = O(n^3)$

40. 采用39题给定的条件和存储结构，编写求 $P(x) = P_{n1}(x) - P_{n2}(x)$ 的算法，将结果多项式存放在新辟的空间中，并分析你的算法的时间复杂度。

答：

```
Status PolyMinus(SqPoly &L,SqPoly &L1,SqPoly &L2)    //求两多项式的差
{
    PolyTerm * p, * p1 , * p2;
    p = L -> data;
    p1 = L1 -> data;
    p2 = L2 -> data;
    int i = 0,j = 0,k = 0;
    while(i < L1 -> last&&j < L2 -> last)
    {
        if(p1 -> exp < p2 -> exp)
```

```
{  //多项式 L1 的指数小于多项式 L2 的指数
  p -> coef = p1 -> coef;
  p -> exp = p1 -> exp;
  p ++ ;
  k ++ ;
  p1 ++ ;
  i ++ ;
}
else
  if(p1 -> exp > p2 -> exp)
  {  //多项式 L1 的指数大于多项式 L2 的指数
    p -> coef = - p2 -> coef;
    p -> exp = p2 -> exp;
    p ++ ;
    k ++ ;
    p2 ++ ;
    j ++ ;
  }
  else
  {
    if(p1 -> coef! = p2 -> coef)
    {
    //L1 和 L2 在该项的指数相同，则系数相减，L1 的系数不等于多项式 L2 的系数
      p -> coef = (p1 -> coef) - (p2 -> coef);
      p -> exp = p1 -> exp;
      p ++ ;
      k ++ ;
    }
    p1 ++ ;
    p2 ++ ;
    i ++ ;
    j ++ ;
  }
}
if(i < L1 -> last)  //L1 未扫描完
  while(i < L1 -> last)
  {
    p -> coef = p1 -> coef;    //新的多项式系数
    p -> exp = p1 -> exp;    //新的多项式指数
```

```
            p ++ ;
            k ++ ;
            p1 ++ ;
            i ++ ;
        }
    if(j < L2 -> last)   //L2 未扫描完
        while(j < L2 -> last)
        {
            p -> coef = - p2 -> coef;
            p -> exp = p2 -> exp;
            p ++ ;
            k ++ ;
            p2 ++ ;
            j ++ ;
        }
    L -> last = k;
    return OK;
}
```

时间复杂度为 $T(n)=O(n^3)$

在 41 至 42 题中，稀疏多项式采用的循环链表存储结构 LinkedPoly 定义为

```
typedef struct PolyNode
{
    PolyTerm data;
    Struct PolyNode * next;
}PolyNode, * PolyLink;
typedef PolyLink LinkedPoly;
```

41. 试以循环链表作稀疏多项式的存储结构，编写求其导函数的算法，要求利用原多项式中的结点空间存放其导函数(多项式)，同时释放所有无用(被删)结点。

答：

```
Status PolyDifferential(LinkedPoly &L)
{
    If(! L)
        return ERROR;
    LinkedPoly p,q,pt;
    q = L;
    p = L -> next;    //q 为 p 的前缀
    while(p! = L)
    {
        if(p -> data. exp = = 0)
        {  //该多项式指数为 0，即为常数，求导后为 0，删除该结点
```

```
        pt = p;
        p = p -> next;
        q -> next = p;
        free(pt);    //该项的导函数为0，释放该点
      }
      else
      {  //该多项式系数等于系数乘以指数
        p -> data.coef *= p -> data.exp;
        p -> data.exp --;    //指数减 1
        q = p;
        p = p -> next;
      }
    }
    return OK;
}
```

42. 试编写算法，将一个用循环链表表示的稀疏多项式分解成两个多项式，使这两个多项式中各自仅含奇次项或偶次项，并要求利用原链表中的结点空间构成这两个链表。

答：

```
//将单链表 L 划分成 2 个单循环链表
Status ListDivideInto2CL(LinkedPoly &L,LinkedPoly &L1)
{
    LinkedPoly p,p1,q,pt;
    q = L;
    p = L -> next;
    p1 = L1;
    while(p! = L)
    {
      if(p -> data.exp%2 == 0)
      {  //偶次项
        pt = p;
        p = p -> next;
        q -> next = p;
        pt -> next = p1 -> next;
        p1 -> next = pt;
        p1 = p1 -> next;
      }
      else
      {
        q = p;
        p = p -> next;
```

```
        }
    }
    return OK;
}
```

2.3　考研真题与典型题详解

一、选择题

1. 用单链表存储两个各有 n 个元素的有序表，若要将其归并成一个有序表，最少的比较次数是(　　)。[北京邮电大学 2017 研]

A. $n-1$　　B. n　　C. $2n-1$　　D. $2n$

【答案】B

【解析】这样两个各有 n 个元素的有序表，最少 n 次，连续比较完其中一个有序表的所有元素后，另一个有序表无需比较，便能完成归并。

2. 下述哪一条是顺序存储结构的优点？(　　)[江苏大学 2006 研]

A. 插入运算方便　　B. 可方便地用于各种逻辑结构的存储表示

C. 存储密度大　　D. 删除运算方便

【答案】C

【解析】顺序存储结构插入删除操作较麻烦，需要移动大量元素，顺序存储结构也不能用于各种逻辑结构的存储表示，只能表示线性的逻辑结构。

3. 若某线性表最常用的操作是存取任一指定序号的元素和在最后进行插入和删除运算，则利用(　　)存储方式最节省时间。[哈尔滨工业大学研]

A. 顺序表　　B. 双链表

C. 带头结点的双循环链表　　D. 单循环链表

【答案】A

【解析】线性表采用顺序表，便于进行存取任一指定序号的元素(随机存取)；线性表采用链表，便于进行插入和删除操作。但该题是在最后进行插入和删除运算，所以利用顺序表存储方式最节省时间。

4. 设一个链表最常用的操作是在末尾插入结点和删除尾结点，则选用(　　)最节省时间。[江苏大学 2006 研]

A. 带头结点的双循环链表　　B. 单循环链表

C. 带尾指针的单循环链表　　D. 单链表

【答案】A

【解析】要快速地在末尾插入元素，需要能立马得到末尾元素结点，故最好是循环链表。要快速地在末尾删除元素，需要立马得到末尾元素结点的前继结点，故最好是双向链表。综上可见为双循环链表。

5. 静态链表中指针表示的是(　　)。[中南大学研]

A. 下一元素的地址　　B. 内存储器的地址

C. 下一元素在数组中的位置　　D. 左链或右链指向的元素的地址

【答案】C

【解析】静态链表是一种特殊的链表，不同于使用指针实现的链表，它采用数组进行数据的存储。静态链表的一般结构为：

```
struct static_list
{
  ElemType data;
  int next;
}
```

这种结构是预先分配一个较大的空间，类似于一次申请一个较大的数组，但是元素的增删操作都不会移动元素，只需要更改相关元素 next 的值就行。因此，静态链表中的指针实际上表示的就是下一个元素在数组中的位置。

6. 在 n 个结点的线性表的数组实现中，算法的时间复杂性是 $O(1)$ 的操作是（　　）。［哈尔滨工业大学研］

A. 访问第 i 个结点 $(1\leqslant i\leqslant n)$ 和求第 i 个结点的直接前驱 $(2\leqslant i\leqslant n)$

B. 在第 i 个结点后插入一个新结点 $(1\leqslant i\leqslant n)$

C. 删除第 i 个结点 $(1\leqslant i\leqslant n)$

D. 以上都不对

【答案】A

【解析】BC 两项操作复杂性均为 $O(n)$，顺序存储结构具有随机存取的特点，则访问元素时间复杂度为 $O(1)$。

7. 对于双向循环链表，在 p 指针所指的结点之后插入 s 指针所指结点的操作应为（　　）。［北京工业大学研］

A. p -> right = s; s -> left = p; p -> right -> left = s; s -> right = p -> right;

B. p -> right = s; p -> right -> left = s; s -> left = p; s -> right = p -> right;

C. s -> left = p; s -> right = p -> right; p -> right = s; p -> right -> left = s;

D. s -> left = p; s -> right = p -> right; p -> right -> left = s; p -> right = s;

【答案】D

【解析】先建立好 s 指向 p 和 p 的后继结点的链接，即 s -> left = p；s -> right = p -> right；然后建立 p 的后继结点指向 s 的链接，即 p -> right -> left = s；最后，断开 p 与后继结点的链接，将 p 指向 s，即 p -> right = s。

8. 以下（　　）是一个线性表。［武汉工程大学 2022 研］

A. 由 n 个实数组成的集合　　B. 所有整数组成的序列

C. 邻接表　　D. 由 100 个字符组成的序列

【答案】D

【解析】线性表的定义要求为有限序列。A 项，由 n 个实数组成的集合指定的是集合，集合中各元素之间没有前后驱关系；B 项，所有整数组成的序列的元素个数是无穷多个；C 项，邻接表属于存储结构，线性表是一种逻辑结构。

二、填空题

1. 当线性表的元素总数基本稳定，且很少进行插入和删除操作，但要求以最快的速度存取线性表中的元素时，应采用______存储结构。［北方交通大学研］

【答案】顺序

【解析】顺序存储结构的存取操作比较方便，时间复杂度为 $O(1)$，但插入和删除操作不如链式存储结构方便；而且需要连续的存储空间，由于该线性表的元素总数基本稳定，而且很少进行插入删除操作，为了更快的存取元素，顺序表更合适。

2. 在一个长度为 n 的顺序表中第 i 个元素($1 \leq i \leq n$)之前插入一个元素时，需向后移动______个元素。[北京工商大学研]

【答案】$n-i+1$

【解析】在第 i 个元素之前插入元素，需要移动第 i 个及以后的所有元素，因此需要向右移动 $n-i+1$ 个元素。

3. 在单链表中设置头结点的作用是______。[哈尔滨工业大学研]

【答案】保证处理第一个结点和后面的结点的时候设计的算法相同，实现程序的高效性。

4. 对于一个具有 n 个结点的单链表，在已知的结点 p 后插入一个新结点的时间复杂度为______，在给定值为 x 的结点后插入一个新结点的时间复杂度为______。[哈尔滨工业大学研]

【答案】$O(1)$；$O(n)$

【解析】第一种情况只需直接修改指针的指向。第二种情况必须从头结点遍历找到 x 的结点。

5. 在双向循环链表中，向 p 所指的结点之后插入指针 f 所指的结点，其操作是______、______、______、______。[中国矿业大学研]

【答案】f->next = p->next；f->prior = p；p->next->prior = f；p->next = f；

【解析】考察双向循环链表的插入操作，详见 2.1 复习笔记图 2-4。

6. 顺序存储结构是通过______表示元素之间的关系的；链式存储结构是通过______表示元素之间的关系的。[北京理工大学研]

【答案】物理位置；指针

【解析】顺序存储结构是通过物理位置表示元素之间的关系的，链式存储结构通过指针表示元素之间的关系。

7. 对于双向链表，在两个结点之间插入一个新结点需修改的指针共______个，单链表为______个。[南京理工大学研]

【答案】4；2

【解析】双向链表插入新结点需要修改四个指针，单链表只需修改两个指针。

8. 在单链表 L 中，指针 P 所指结点有后继结点的条件是______。[合肥工业大学研]

【答案】P->next != NULL

【解析】指针所指结点的指针域所指向的元素非空，说明该指针所指结点有后继结点。

三、综合题

1. 设线性表 $L=(a_1, a_2, \cdots, a_{n-2}, a_{n-1}, a_n)$ 采用带头结点的单链表保存，链表中结点定义如下：

```
typedef struct node
{
  int data;
  struct node * next;
} NODE;
```

请设计一个空间复杂度为 $O(1)$ 且时间上尽可能高效的算法，重新排列 L 中的各结点，

得到线性表 $L' = (a_1, a_n, a_2, a_{n-1}, a_3, a_{n-2} \cdots)$。

要求：(1)给出算法的基本设计思想。

(2)根据设计思想，采用 C 或 C++ 语言描述算法，关键之处给出注释。

(3)说明你所设计的算法的时间复杂度。[2019 年 408 统考]

答：

(1)算法的基本设计思想：算法分 3 步完成。第 1 步，采用两个指针交替前行，找到单链表的中间结点；第 2 步，将单链表的后半段结点原地逆置；第 3 步，从单链表前后两段中依次各取一个结点，按要求重排。

(2)算法实现：

```
void change_list(NODE * h)
{
NODE * p, * q, * r, * s;
  p = q = h;
  while(q -> next != NULL)   //寻找中间结点
  {
    p = p -> next;   p 走一步
    q = q -> next;
    if(q -> next != NULL) q = q -> next;   //q 走两步
  }
  q = p -> next;   //p 所指结点为中间结点,q 为后半段链表的首结点
  p -> next = NULL;
  while(q != NULL)   //将链表后半段逆置
  {
    r = q -> next;
    q -> next = p -> next;
    p -> next = q;
    q = r;
  }
  s = h -> next;   //s 指向前半段的第一个数据结点
  q = p -> next;   //q 指向后半段的第一个数据结点
  p -> next = NULL;
  while(q != NULL)   //将链表后半段结点插入到指定位置
  {
    r = q -> next;   //r 指向后半段的下一个结点
    q -> next = s -> next;
    s = q -> next;   //s 指向前半段的下一个插入点
    q = r;
  }
}
```

(3)算法的时间复杂度为 O(n)。

2. 说明在线性表的链式存储结构中，头指针与头结点之间的根本区别；头结点与首元结点的关系。［厦门大学研］

答：（1）头结点是在链表的第一个结点之前附加一个结点（该结点可以不存储任何信息，也可以存储链表长度等信息），从而使得链表的第一个结点和其他结点在处理问题上的操作保持一致。

头指针是为了标识一个链表而产生的，当链表存在头结点时，则头指针指向头结点，当链表不存在头结点时，头指针指向链表的第一个元素（也可能为空）。

（2）首元结点也就是第一元素结点，它是头结点后边的第一个结点。

3. 写算法将单链表 L1 拆成二个链表，其中以 L1 为头的链表保持原来向后的链接，另一个链表的头为 L2，其链接方向与 L1 相反，L1 包含原链表的奇数序号的结点，L2 包含原链表的偶数序号的结点。［东华大学 2004 研］

答：

```
LinkedList DisUnion(LinkedList * L1,LinkedList * L2)
{
//该算法将 L1 和 L2 表拆分成两个链表，其中 L2 链接方向与 L1 相反
  int i =0;
  L2 = (LNode * )malloc(sizeof(LNode));
  L2 -> next = NULL;    //空链表
  LNode * p = L1 -> next;
  LNode * pre = L1;
  while(p)
  {
    i ++ ;
    if(i%2)
    {  //奇数序号结点存在 L1 中
      pre -> next = p;
      pre = p;
      p = p -> next;
    }
    else
    {  //偶数序号存放在 L2 中
      s = p -> next;
      p -> next = L2 -> next;
      L2 -> next = p;
      p = s;
    }
  }
}
```

第3章　栈和队列

3.1　复习笔记

一、栈

1. 栈的定义与基本操作

(1)栈的定义

栈是被限定仅在表尾进行插入或删除操作的线性表。栈中数据元素同属一种数据类型，数据元素之间呈线性关系。假设栈中有 n 个数据元素(a_1，a_2，…，a_n)，则对每一个元素 a_i ($i=1$，2，…，$n-1$)都存在关系 $<a_i$，$a_{i+1}>$，并且 a_1 无前驱，a_n 无后继。

其中，表尾端称为栈顶(top)，表头端称为栈底(bottom)，如图3-1所示。不含元素的空表称为空栈。栈的修改是按后进先出的原则进行的，因此，栈又称为后进先出的线性表(简称 LIFO 结构)。

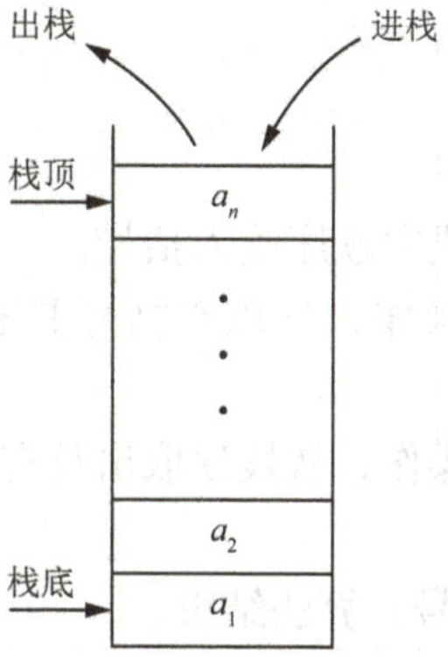

图3-1　栈的示意图

(2)栈的基本操作(见表3-1)

表3-1　栈的基本操作

操作	名称
INISTACK(S)	初始化函数
EMPTY(S)	判栈空函数
PUSH(S,x)	入栈函数
POP(S)	出栈函数
GETTOP(S)	取栈顶元素函数
CLEAR(S)	栈置空操作
CURRENT-SIZE(S)	求当前栈中元素个数函数

2. 栈的表示和实现

(1)顺序栈

顺序栈即栈的顺序存储结构，是利用一组地址连续的存储单元依次存放自栈底到栈顶的数据元素，同时设指针 top 指示栈顶元素的当前位置。

栈满：top = arrmax 时表示栈满，此时不能进行入栈操作。

栈空：top = 0 时表示栈空，此时不能进行出栈和取栈顶元素等操作。

共享栈是指两个栈共享一个数组空间，也是顺序栈的一种。它将两个栈的栈底设置在数组的两端(设 top1 = -1，top2 = maxSize 为栈空)，入栈则分别向数组的中间位置靠近，若两栈“相遇”(top2 - top1 = 1)，则栈满。

(2)链栈

采用链式存储结构存储的栈叫链栈。一个链栈由其栈顶指针唯一确定，且链栈一般不存在栈满的情况。链栈如图 3-2 所示。

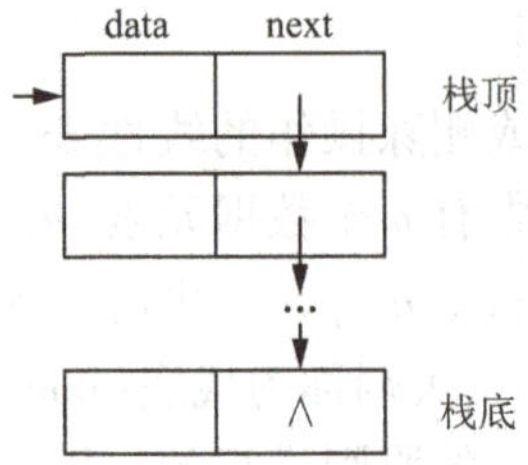

图 3-2　链栈示意图

二、栈的应用举例

1. 括号匹配

括号匹配算法如下：

(1)初始化一个空栈，从表达式中顺序读入括号。

(2)当读到左括号时进行入栈操作，且该左括号具有当前等待匹配的括号中最高的优先级。

(3)当读到右括号时进行出栈操作，从栈顶取出具有最高优先级的括号，看是否与右括号相匹配。

当栈空且读完表达式中所有括号，算法结束。

2. 表达式求值

表达式求值是程序设计语言编译中的一个最基本问题。它的实现是栈应用的又一个典型例子。这里介绍一种简单直观、广为使用的“算符优先法”。

算符优先法(一种根据算术四则运算关系的规定来实现表达式求值的算法)算法如下：

(1)定义两个栈，一个用于寄存运算符(OPTR 栈)，一个用于寄存操作数或者计算结果(OPND 栈)。

(2)置操作数栈(OPND)为空，表达式起始符“#”为运算符栈(OPTR)的栈底元素。

(3)依次读入表达式中的字符，若该字符为操作数，则进入 OPND 栈；若是运算符，则和 OPTR 栈顶运算符比较优先级，若该字符优先级低于 OPTR 栈顶元素优先级，则需将 OPTR 栈顶运算符代入相关运算后再进行入栈操作，反之直接入栈，直到求得结果(即 OPTR 栈顶元素和当前读入字符均为“#”)。

在运算的每一步中，任意两个相继出现的算符 θ_1 和 θ_2 之间的优先关系至多是下面三种关系之一：

$\theta_1 < \theta_2$，θ_1 的优先权低于 θ_2

$\theta_1 = \theta_2$，θ_1 的优先权等于 θ_2

$\theta_1 > \theta_2$，θ_1 的优先权高于 θ_2

如表 3-2 所示定义了算符之间的优先关系。

表 3-2　算符间的优先关系

θ_1 \ θ_2	+	-	*	/	(	)	#
+	>	>	<	<	<	>	>
-	>	>	<	<	<	>	>
*	>	>	>	>	<	>	>
/	>	>	>	>	<	>	>
(	<	<	<	<	<	=	
)	>	>	>	>		>	>
#	<	<	<	<	<		=

三、栈与递归的实现

1. 递归的定义

一个直接调用自身或通过一系列过程调用语句间接地调用自身的过程，称做递归过程。

(1)分类

①直接递归：

过程 A 中的语句直接调用了过程 A 本身，这叫做直接递归调用。

②间接递归：

过程 B 中调用了过程 C，而过程 C 又调用了过程 B。这两个过程都通过另一个过程间接调用了它们自身，这就叫做间接递归调用。

(2)优缺点

优点：能将原始问题转换成属性相同但规模较小的子问题，程序更加易读，结构更加清晰。

缺点：递归程序的时间和空间复杂度一般比非递归程序高，运行效率也更低。

2. 栈在递归中的应用

栈一般被应用在递归程序转换成非递归程序中，将原本由系统管理的递归过程改为程序员管理。在非递归程序中，栈有两个作用：

(1)将本层递归调用时的实际参数和返回地址传递给下一层递归；

(2)保存本层参数和局部变量，从下一层返回本层时继续恢复使用。

四、队列

1. 队列的定义与基本操作

(1)队列的定义

队列中数据元素同属一种数据类型，数据元素之间呈线性关系。假设队列中有 n 个数据元素(a_1，a_2，…，a_n)，则对每一个元素 a_i($i=1$，2，…，$n-1$)都存在关系(a_i，a_{i+1})，并且 a_1无前驱，a_n无后继。

队列是一种先进先出(FIFO)的线性表。它只允许在表的一端插入元素，而在另一端删除元素。允许插入的一端叫做队尾(rear)，允许删除的一端则称为队头(front)。

特殊的队列——双端队列

双端队列是限定插入和删除操作在表的两端进行的线性表，如图 3-3 所示。双端队列能够在端 1 和端 2 分别进行操作。其中，双端队列能够根据实际情况对其进行限定，比如限定只允许端 1 进行插入，端 1 和端 2 均能进行删除的双端队列。

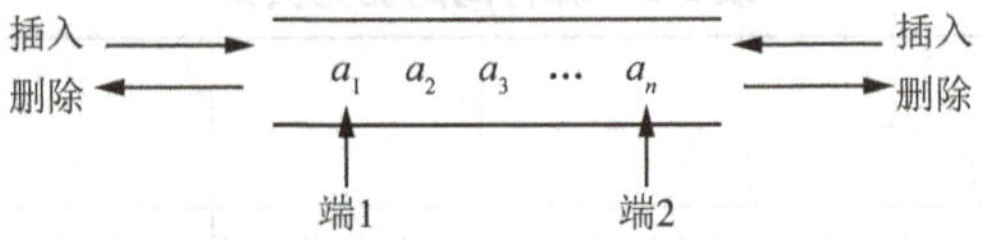

图 3-3 双端队列

(2)队列的基本操作(见表 3-3)

表 3-3 队列的基本操作

操作	名称
INIQUEUE(Q)	初始化函数
EMPTY(Q)	判空函数
ENQUEUE(Q,x)	入队列函数
DLQUEUE(Q)	出队列函数
GETHEAD(Q)	取队头元素函数
CLEAR(Q)	队列置空函数
CURRENT_SIZE(Q)	求队列当前所含元素个数的函数

2. 队列的表示与实现

(1)队列的顺序存储结构

①队列的顺序存储：

队列的顺序存储是指分配一块连续的存储空间存储队列中的元素，并设立 front 指针指向队头位置，设立 rear 指针指向队尾位置，一般情况下，front 指针指向队头元素，rear 指针指向队尾元素的下一位置。

②循环队列：

把存储队列元素的表从逻辑上看作一个环，即为循环队列。它能够避免一般顺序存储的队列出现的“假溢出”现象，即队列在进行多次入队和出队操作后导致存储空间剩余而无法继续入队的情况。

③循环队列相关操作：

设队列为 Q，循环队列中入队出队需借助取余运算，具体如下：

初始状态：Q. front = Q. rear = 0；

队首指针进 1：Q. front = (Q. front + 1) % MAXSIZE；

队尾指针进 1：Q. rear = (Q. rear + 1) % MAXSIZE；

队列长度：(Q. rear − Q. front + MAXSIZE) % MAXSIZE；

队满条件：(Q. rear + 1) % MAXSIZE == Q. front；

队空条件：Q. front == Q. rear；

(2)队列的链式存储结构

用链表表示的队列简称为链队列，如图 3-4 所示。一个链队列有两个分别指示队头和队尾的指针(分别称为头指针和尾指针)。

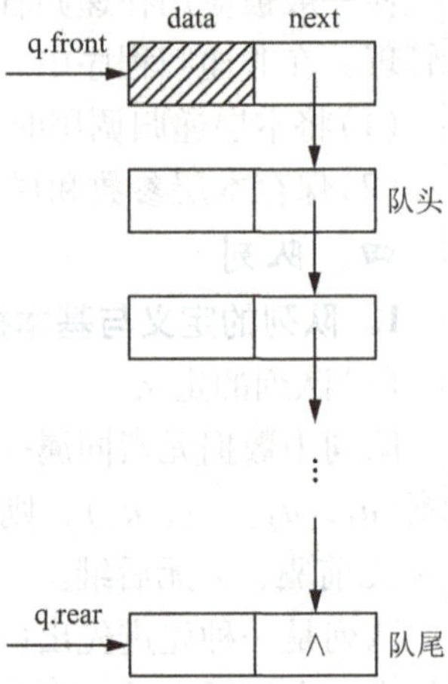

图 3-4 链队列示意图

为了操作方便，通常给链队列添加一个头结点，并令头指针指向头结点。链队列判空条件为头指针和尾指针均指向头结点。

五、离散事件模拟

在日常生活中，经常会遇到许多为了维护社会正常秩序而需要排队的情景。这类活动的模拟程序通常需要用到队列和线性表之类的数据结构。

模拟中的事件经常需要排队，队列结构可用于记录事件，若有时间因素或其他排序因素，则需要用到优先队列结构，按事件发生的顺序处理。在模拟系统里用一个优先队列保存在将来某些特定时刻发生的事件，系统运行时不断从优先队列里取出等待事件处理，最后模拟结束。

教科书3.5节中给出了银行管理的离散事件驱动模拟程序的算法。

3.2　强化习题详解

1. 若按教科书3.1.1节中图3.1(b)所示的铁道进行车厢调度(注意：两侧铁道均为单向行驶道)，则请回答：

(1)如果进栈的车厢序列为123，则可能得到的出站车厢序列是什么?

(2)如果进栈的车厢序列为123456，则能否得到435612和135426的出站序列，并请说明为什么不能得到或者如何得到(即写出以‘S’表示进栈和以‘X’表示出栈的栈操作序列)。

答：(1)123，132，213，231，321。

(2)①可以得到135426的出栈序列，方法为：

1S，1X，输出为1；

2S，3S，3X，输出为1 3；

4S，5S，5X，输出为1 3 5；

4X，输出为1 3 5 4；

2X，输出为1 3 5 4 2；

6S，6X，输出为1 3 5 4 2 6。

②不能得到435612的出栈序列。因为4356出栈说明12已经在栈中，而1为栈底元素，2为栈顶元素，1不可能先于2出栈。

2. 简述栈和线性表的差别。

答：含有n个相同数据类型的数据元素的有限序列称为线性表，可以进行随机插入和删除操作；栈是限定仅在表尾进行插入或删除操作的线性表，具有后进先出的特点。

栈是特殊的线性表，栈的相关操作是线性表基本操作的子集。

3. 写出下列程序段的输出结果(栈的元素类型SElemType为char)。

```
void main()
{
  Stack S;
  char x,y;
  InitStack(S);
  x = 'c';
  y = 'k';
```

```
    Push(S,x);
    Push(S, 'a');
    Push(S,y);
    Pop(S,x);
    Push(S, 't');
    Push(S,x);
    Pop(S,x);
    Push(S, 's');
    while(! StackEmpty(S))
    {
      Pop(S,y);
      printf(y);
    }
    printf(x);
}
```

答：根据进栈和出栈的顺序依次写出字符，答案为 stack。

4. 简述以下算法的功能(栈的元素类型 SElemType 为 int)。

(1)

```
status algo1(Stack S)
{
   //初始时，S 中已有 255 个元素
   int i,n,A[255];
   n =0;
   while(! StackEmpty(S))
   {
     n ++;
     Pop(S,A[n]);
   }
   for(i=1;i<=n;i ++)
     Push(S,A[i]);
}
```

(2)

```
status algo2(Stack S,int e)
{
   Stack T;
   int d;
   InitStack(T);
   while(! StackEmpty(S))
   {
```

```
    Pop(S,d);
    if(d!=e)Push(T,d);
  }
  while(!StackEmpty(T))
  {
    Pop(T,d);
    Push(S,d);
  }
}
```

答：(1)实现了栈中的数据元素逆置(栈具有后进先出的特点，元素依次出栈后再次入栈，会实现逆序)。

(2)利用栈 T 辅助查找栈中元素值为 e 的元素，将其从栈中清除(先将元素全部出栈，如果元素不是 e，则再次进栈，从而可以将栈中值为 e 的元素清除)。

5. 假设以 S 和 X 分别表示入栈和出栈的操作，则初态和终态均为空栈的入栈和出栈的操作序列可以表示为仅由 S 和 X 组成的序列。称可以操作的序列为合法序列(例如，SXSX 为合法序列，SXXS 为非法序列)。试给出区分给定序列为合法序列或非法序列的一般准则，并证明：两个不同的合法(栈操作)序列(对同一输入序列)不可能得到相同的输出元素(注意：在此指的是元素实体，而不是值)序列。

答：一般准则：任意一个由 S 和 X 组成的前 n 个序列中，S 的数目一定大于或者等于 X 的数目，且整个序列中 S 和 X 的数目相等。

下面证明两个不同的合法序列不可能得到相同的输出元素序列：

设两个合法序列

$T1$ = S，…，X，…，S

$T2$ = S，…，X，…，X

分别是对存储在栈 A 和栈 B 中的元素进行操作的序列，设前 n 个序列相同，从第 $n+1$ 个操作开始序列不相同，由于前 n 个操作序列相同，则栈中已存元素个数相同。现假设当前栈顶元素均为 a，不妨碍设第 $n+1$ 个操作分别为：$T1$ 向栈 A 压入 b 元素，$T2$ 从栈 B 退栈 a 元素，则 $T1$ 操作得到的局部序列应为…，b，a，…，而 $T2$ 操作得到的局部序列应为…，a，b，…，显然证得两个不同的合法(栈操作)序列(对同一输入序列)不可能得到相同的输出元素(注意：在此指的是元素实体，而不是值)序列。

6. 试证明：若借助栈由输入序列 12…n 得到的输出序列为 $P_1P_2P_3$(它是输入序列的一个排列)，则在输出序列中不可能出现这样的情形：存在着 $i<j<k$ 使 $P_j<P_k<P_i$。

答：因为输入序列是从小到大排列的，所以若 $P_j<P_k<P_i$，则可以理解为通过输入序列 $P_jP_kP_i$ 可以得到输出序列 $P_iP_jP_k$，设 $P_j=1$，$P_k=2$，$P_i=3$，由栈的后进先出特点可知，通过输入序列 123 是无法得到 312 的。所以不可能存在着 $i<j<k$ 使 $P_j<P_k<P_i$。

7. 按照四则运算加、减、乘、除和幂运算(↑)优先关系的惯例，并仿照教科书 3.2 节例 3-2 的格式，画出对下列算术表达式求值时操作数栈和运算符栈的变化过程：A－B×C/D＋E↑F。

答：根据题意，其变化过程如表 3-4 所示。

表 3-4　算术表达式求值变化过程表

步骤	OPTR 栈	OPND 栈	当前字符												主要操作
			A	-	B	*	C	/	D	+	E	^	F	#	
1	#		.												PUSH(OPND,'A')
2	#	A		.											PUSH(OPTR,'-')
3	#-	A			.										PUSH(OPND,'B')
4	#-	A B				.									PUSH(OPTR,'*')
5	#-*	A B					.								PUSH(OPND,'C')
6	#-*	A B C						.							归约，令 $T_1 = B * C$
7	#-	A T_1						.							PUSH(OPTR,'/')
8	#-/	A T_1							.						PUSH(OPND,'D')
9	#-/	A T_1 D								.					归约，令 $T_2 = T_1/D$
10	#-	A T_2								.					归约，令 $T_3 = A - T_2$
11	#	T_3								.					PUSH(OPTR,'+')
12	#+	T_3									.				PUSH(OPND,'E')
13	#+	T_3 E										.			PUSH(OPTR,'↑')
14	#+^	T_3 E											.		PUSH(OPND,'F')
15	#+^	T_3 E F												.	归约，令 $T_4 = E \uparrow F$
16	#+	T_3 T_4												.	归约，令 $T_5 = T_3 + T_4$
17	#	T_5												.	return(T_5)

8. 试推导求解 n 阶 Hanoi 塔问题至少要执行的 move 操作的次数。

答：设至少要执行 $M(n)$ 次 move 操作，由该问题的递归方程

$$M(n) = \begin{cases} 1 & n = 1 \\ 2M(n-1) + 1 & n > 1 \end{cases}$$

可得

$$M(n) = 2M(n-1) + 1 = 2(2M(n-2) + 1) + 1 = \cdots = 2^{n-1}M(1) + 2^{n-2} + \cdots + 2^1 + 2^0$$

其中 $M(1) = 1$；解得 $M(n) = 2^n - 1$。

9. 试将下列递推过程改写为递归过程。

```
void ditui(int n)
{
  int i;
  i = n;
  while(i>1)
    printf(i--);
}
```

答：

```
void ditui(int j)
{
  if(j>1)
```

```
    {
        printf(j);
        ditui(j-1);
    }
    return;
}
```

10. 试将下列递归过程改写为非递归过程。

```
void test(int &sum)
{
    int x;
    scanf("%d",&x);
    if(x==0)
        sum=0;
    else
    {
        test(sum);
        sum+=x;
    }
    printf("%d\n", sum);
}
```

答：当参数 sum 传入 20 时，输入和输出结果如下：

输入：1 2 3 4 5 6 0

输出：0 26 25 24 23 22 21

由输出结果可知，输出 = 输入 + sum，且输出结果与输入相逆，需要使用栈，其非递归程序如下：

```
void test(int &sum)
{
    Stack s;
    InitStack(s);
    int x;
    do
    {
        scanf("%d",&x);
        Push(s,x);
    }while(x>0);
    while(!StackEmpty(s))
    {
        Pop(s,x);
        sum+=x;
        printf("%d\n",sum);
```

```
    }
    DestoryStack(s);
}
```

11. 简述队列和栈这两种数据类型的相同点和差异处。

答：(1)相同点：栈和队列都是操作受限的线性表。

(2)不同点：

①栈是一种后进先出的线性表，且只允许在栈顶进行插入和删除操作；

②队列是一种先进先出的线性表，且只允许在队头进行删除操作，在队尾进行插入操作。

12. 写出以下程序段的输出结果(队列中的元素类型 QElemType 为 char)。

```
void main()
{
    Queue Q;
    InitQueue(Q);
    char x='e',y='c';
    EnQueue(Q,'h');
    EnQueue(Q,'r');
    EnQueue(Q,y);
    DeQueue(Q,x);
    EnQueue(Q,x);
    DeQueue(Q,x);
    EnQueue(Q,'a');
    While(!QueueEmpty(Q))
    {
        DeQueue(Q,y);
        printf(y);
    }
    printf(x);
}
```

答：char(根据队列先进先出的操作特点，按照入队和出队顺序依次写出元素即可。)

13. 简述以下算法的功能(栈和队列的元素类型均为 int)。

```
void algo3(Queue &Q)
{
    Stack S;
    int d;
    InitStack(S);
    while(! QueueEmpty(Q))
    {
        DeQueue(Q,d);
        Push(S,d);
```

```
    }
    while(! StackEmpty(S))
    {
      Pop(S,d);
      EnQueue(Q,d);
    }
}
```

答：该算法充分利用栈后进先出的特点和队列先进先出的特点，功能是借助栈，将队列中的数据元素进行逆置。

14. 若以1234作为双端队列的输入序列，试分别求出满足以下条件的输出序列：

(1)能由输入受限的双端队列得到，但不能由输出受限的双端队列得到的输出序列。

(2)能由输出受限的双端队列得到，但不能由输入受限的双端队列得到的输出序列。

(3)既不能由输入受限的双端队列得到，也不能由输出受限的双端队列得到的输出序列。

答：双端队列输入输出序列：输出受限的双端队列，即删除限制在一端进行，而插入仍允许在两端进行；输入受限的双端队列，即插入限制在一端进行，而删除仍允许在两端进行。由此可得：(1)4132；(2)4213；(3)4231。

15. 假设以顺序存储结构实现一个双向栈，即在一维数组的存储空间中存在着两个栈，它们的栈底分别设在数组的两个端点。试编写实现这个双向栈tws的三个操作：初始化inistack(tws)、入栈push(tws，i，x)和出栈pop(tws，i)的算法，其中i为0或1，用以分别指示设在数组两端的两个栈，并讨论按过程(正/误状态变量可设为变参)或函数设计这些操作算法各有什么优缺点。

答：

```
typedef struct
{
  Elemtype * base[2];    //表示初始栈顶位置
  Elemtype * top[2];     //表示实际栈顶位置
}BDStacktype;    //双向栈类型
Status inistack(BDStacktype &tws, int m)  //初始化一个大小为m的双向栈tws
{
  tws.base[0] = (Elemtype * )malloc(sizeof(Elemtype));
  tws.base[1] = tws.base[0] + m;
  tws.top[0] = tws.base[0];
  tws.top[1] = tws.base[1];
  return OK;
}  //inistack
Status push(BDStacktype &tws,int i,Elemtype x)  //x入栈，i=0表示低端栈，i=1表示高端栈
{
  if(tws.top[0] > tws.top[1])
```

```
    return OVERFLOW;    //注意此时的栈满条件
  if(i==0)
    *tws.top[0]++=x;    //x 入栈，进入低端栈
  else if(i==1)
    *tws.top[1]--=x; //x 入栈，进入高端栈
  else
    return ERROR;
  return OK;
}  //push
```

Status pop(BDStacktype &tws,int i,Elemtype &x) //x 出栈，i=0 表示低端栈，i=1 表示高端栈

```
{
  if(i==0)
  {
    if(tws.top[0]==tws.base[0])
      return Stack_Empty;    //出栈时的栈空条件
    x=*--tws.top[0];    //x 从低端栈出栈
  }
  else if(i==1)
  {
    if(tws.top[1]==tws.base[1])
      return Stack_Empty;
    x=*++tws.top[1];    //x 从高端栈出栈
  }
  else
    return ERROR;
  return OK;
}  //pop
```

16. 假设如题 1 所示火车调度站的入口处有 *n* 节硬席或软席车厢(分别以 *H* 和 *S* 表示)等待调度，试编写算法，输出对这 *n* 节车厢进行调度的操作(即入栈或出栈操作)序列，以使所有的软席车厢都被调整到硬席车厢之前。

答：

void Train_arrange(char * train) //这里用字符串 train 表示火车，H 表示硬席，S 表示软席。

```
{
  q=train;
  p=train;
  InitStack(s);
  while(*p)
  {
```

```
        if( *p == 'H')
            push(s, *p);    //把'H'存入栈中
        else
            *(q++) = *p; //把'S'调到前部，即软席车厢调整到硬席车厢之前
        p++;
    }
    while(!StackEmpty(s))
    {
        pop(s, c);
        *(q++) = c;    //把'H'接在后部，即硬席车厢直接顺序接到后面
    }
} //Train_arrange
```

17. 试写一个算法，识别一次读入的一个以@为结束符的字符序列是否为形如"序列1&序列2"模式的字符序列。其中序列1和序列2中都不含字符'&'，且序列2是序列1的逆序列。例如，"a+b&b+a"是属该模式的字符序列，而"1+3&3-1"则不是。

答：

```
int IsReverse()  //判断输入的字符串中'&'前和'&'后部分是否为逆串，是则返回1，否则返回0
{
    InitStack(s);
    while((e = getchar()) != '&')
    {
        if(e == '@')
            return 0;    //不允许在'&'之前出现'@'
        push(s, e);
    }
    while((e = getchar()) != '@')   //读入&字符后面的序列
    {
        if(StackEmpty(s))
            return 0;
        pop(s, c);
        if(e != c)
            return 0; //弹出栈顶元素，若栈顶元素与所读字符不同，说明不是逆序列
    }
    if(! StackEmpty(s))
        return 0;    //最后添加判断，若栈中还有元素，说明不是逆序列，考虑情况1234&432@
    return 1;    //返回1，表明是符合模式的字符序列
} //IsReverse
```

18. 试写一个判别表达式中开、闭括号是否配对出现的算法。

答：(1)使用栈：

```
bool BracketCorrespondency(char a[ ])
{
  int i =0;
  Stack s;
  InitStack(s);
  ElemType x;
  while(a[i])
  {
    switch(a[i])
    {
      case '(':
        Push(s, a[i]);
        break; //遇到左小括号，则入栈
      case '[':
        Push(s, a[i]);
        break;   //遇到左中括号，则入栈
      case ')':   //遇到 ) 或 ] 时，取出栈顶元素进行匹配，不匹配则说明有误
        GetTop(s, x);
        if(x =='(')
          Pop(s, x);
        else
          return FALSE;
        break;
      case ']':
        GetTop(s, x);
        if(x =='[')
          Pop(s, x);
        else
          return FALSE;
        break;
    }
    i ++;
  }
  return true;
}
```

(2)不使用栈：

```
Status Bracket_Test(char * str)   //判别表达式中小括号是否匹配
{
```

```
    count = 0;
    for(p = str;  *p;  p++)
    {
      if( *p == '(')
        count++;
      else if( *p == ')')
        count--;
      if(count < 0)   //count < 0，说明“)”的个数多于“(”的个数，不可能出现“)”数目超过“(”数目的情况
        return ERROR;
    }
    if(count)
      return ERROR;    // count > 0，说明“(”的个数多于“)”的个数，表达式中小括号不匹配
    return OK;
  }  //Bracket_Test
```

19. 假设一个算术表达式中可以包含三种括号：圆括号“(”和“)”，方括号“[”和“]”和花括号“{”和“}”，且这三种括号可按任意的次序嵌套使用(如：…[…{…}…[…]…]…[…]…(…)…)。编写判别给定表达式中所含括号是否正确配对出现的算法(已知表达式已存入数据元素为字符的顺序表中)。

答：

```
Status AllBrackets_Test(char *str)   //判别表达式中三种括号是否匹配
{
  InitStack(s);
  for(p = str; *p;p++)
  {
    if( *p == '(' || *p == '[' || *p == '{')
      push(s, *p);
    else if( *p == ')' || *p == ']' || *p == '}')
    {
      if(StackEmpty(s))
        return ERROR;  //此时栈空说明括号不匹配
      pop(s,c);
      if( *p == ')'&&c != '(')
        return ERROR;
      if( *p == ']'&&c != '[')
        return ERROR;
      if( *p == '}'&&c != '{')
        return ERROR; //必须与当前栈顶括号匹配
    }
```

```
    }  //for
    if(! StackEmpty(s))
      return ERROR; //栈中元素有剩余,说明括号没有完全匹配
    return OK;
  }  //AllBrackets_Test
```

【注意】在括号匹配中，都需要满足两个条件：一是括号必须成对出现；二是括号必须邻接匹配(即在所给表达式中，不能出现邻接的括号类似于“(”和“}”，这是不满足要求的)。

20. 假设以二维数组 $g(1\cdots m,\ 1\cdots n)$ 表示一个图像区域，$g[i,\ j]$ 表示该区域中点 $(i,\ j)$ 所具颜色，其值为从 0 到 k 的整数。编写算法置换点 $(i_0,\ j_0)$ 所在区域的颜色。约定和 $(i_0,\ j_0)$ 同色的上、下、左、右的邻接点为同色区域的点。

答：

```
typedef struct
{
  int x;
  int y;
}coordinate;

void Repaint_Color(int g[m][n],int i,int j,int color) //把点(i,j)相邻区域的颜色置换为 color
  {
    old = g[i][j];
    InitQueue(Q);
    EnQueue(Q,{i,j});
    while(! QueueEmpty(Q))
    {
      DeQueue(Q,a);
      x = a. x; y = a. y;
      if(x > 1)
        if(g[x - 1][y] == old)
        {
          g[x - 1][y] = color;  //将左邻点颜色置换为 color
          EnQueue(Q,{x - 1,y});  //修改左邻点的颜色
        }
      if(y > 1)
        if(g[x][y - 1] == old)
        {
          g[x][y - 1] = color;  //将上邻点颜色置换为 color
          EnQueue(Q,{x,y - 1});  //修改上邻点的颜色
        }
```

```
        if(x < m)
          if(g[x + 1][y] == old)
          {
            g[x + 1][y] = color;   //将右邻点颜色置换为 color
            EnQueue(Q, {x + 1, y});   //修改右邻点的颜色
          }
        if(y < n)
          if(g[x][y + 1] == old)
          {
            g[x][y + 1] = color;   //将下邻点颜色置换为 color
            EnQueue(Q, {x, y + 1});   //修改下邻点的颜色
          }
    }  //while
}  //Repaint_Color
```

21. 假设表达式由单字母变量和双目四则运算符构成。试写一个算法，将一个通常书写形式且书写正确的表达式转换为逆波兰表达式。

答：

```
void NiBoLan(char * str, char * new)   //把中缀表达式 str 转换成逆波兰式 new，即后缀表达式
{
    p = str;
    q = new;    //为方便起见，设 str 的两端都加上了优先级最低的特殊符号
    InitStack(s);    //s 为运算符栈
    while( * p)
    {
      if( * p 是字母)
        * q ++= * p;     //直接输出
      else
      {
        c = gettop(s);
        if( * p 优先级比 c 高)
          push(s, * p);    //将比栈顶运算符优先级高的压入运算符栈，即栈顶的运算符优先级最高
        else
        {
          while(gettop(s)优先级不比 * p 低)
          {
            pop(s, c);
            * (q ++) = c;
          }  //while
```

```
          push(s, *p); //运算符在栈内遵循越往栈顶优先级越高的原则
        } //else
      } //else
    p++;
  } //while
} //NiBoLan
```

22. 如题21的假设条件，试写一个算法，对以逆波兰式表示的表达式求值。

答：

```
int GetValue_NiBoLan(char * str)  //对逆波兰式求值
{
  p=str;
  InitStack(s);  //s为操作数栈
  while(*p)
  {
    if(*p是数)
      push(s, *p);
    else
    {
      pop(s,a);
      pop(s,b);  //从栈顶弹出两个操作数
      r=compute(b, *p,a);  //假设compute为执行双目运算的过程
      push(s,r);  //将运算结果作为新的操作数压入栈顶
    } //else
    p++;
  } //while
  pop(s,r);
  return r;
} //GetValue_NiBoLan
```

23. 如题21的假设条件，试写一个算法，判断给定的非空后缀表达式是否为正确的逆波兰表达式(即后缀表达式)，如果是，则将它转化为波兰式。

答：

Status NiBoLan_to_BoLan(char * str,stringtype &new) //把逆波兰表达式str转换为波兰式new

```
  {
    p=str;
    Initstack(s);  //s的元素为stringtype类型
    while(*p)
    {
      if(*p为字母)
```

```
        push(s, *p);
      else
      { //每一次遇到运算符，都需要弹出两个栈顶元素(都是数字)
        if(StackEmpty(s))
          return ERROR;
        pop(s,a);
        if(StackEmpty(s))
          return ERROR;  //操作数不匹配
        pop(s,b);
        c=link(link(*p,b),a);  //连接操作
        push(s,c);
      } //else
      p++;
    } //while
    pop(s,new);
    if(!StackEmpty(s))
      return ERROR;
    return OK;
} //NiBoLan_to_BoLan
```

【注意】本题中暂不考虑串的具体操作的实现，而将其看作一种抽象数据类型 stringtype，对其可以进行连接操作：c = link(a,b)。

24. 试编写如下定义的递归函数的递归算法，并根据算法画出求 $g(5,2)$ 时栈的变化过程。

$$g(m,n)=\begin{cases}0 & m=0,\ n\geqslant 0\\ g(m-1,2n)+n & m>0,\ n\geqslant 0\end{cases}$$

答：

```
Status g(int m,int n,int &s)  //求递归函数 g 的值 s
{
  if(m==0&&n>=0)
    s=0;
  else if(m>0&&n>=0)
    s=n+g(m-1,2*n);
  else
    return ERROR;
  return OK;
} //g
```

假设主函数的返回地址是 0，递归函数三条语句的返回地址是 1、2、3，求 g(5，2)时栈的变化过程如表 3-5 所示。

表 3-5　栈变化过程表

函数返回地址	m	n
3	0	64
3	1	32
3	2	16
3	3	8
3	4	4
0	5	2

25. 试写出求递归函数 $F(n)$ 的递归算法，并消除递归：

$$F(n)=\begin{cases} n+1 & n=0 \\ n\times F\left(\frac{n}{2}\right) & n>0 \end{cases}$$

答：

```
Status F_recursive(int n,int &s)   //递归算法
{
  if(n<0)
    return ERROR;
  if(n==0)
    s=n+1;
  else
  {
    F_recurve(n/2,r);   //递归调用本身
    s=n*r;
  }
  return OK;
}  //F_recursive
Status F_nonrecursive(int n,int s)   //非递归算法，利用栈和循环
{
  if(n<0)
    return ERROR;
  if(n==0)
    s=n+1;
  else
  {
    InitStack(s);   //s 的元素类型为 struct {int a;int b;}
    while(n!=0)
    {
      a=n;
      b=n/2;
      push(s,{a,b});
```

```
        n = b;
      }  //while
      s = 1;
      while(!StackEmpty(s))
      {
      pop(s,t);
      s *= t.a;
      }  //while
    }
  return OK;
}  //F_nonrecursive
```

26. 求解平方根$\sqrt{A}$的迭代函数定义如下：

$$sqrt(A,\ p,\ e)=\begin{cases} p & |p^2-A|<e \\ sqrt\left(A,\ \frac{1}{2}\left(p+\frac{A}{p}\right),\ e\right) & |p^2-A|\geqslant e \end{cases}$$

其中，p 是 A 的近似平方根，e 是结果允许误差。试写出相应的递归算法，并消除递归。

答：

```
float Sqrt_recursive(float A,float p,float e)  //求平方根的递归算法
{
  if(abs(p^2 - A) < e)
    return p;
  else
    return sqrt_recurve(A,(p + A/p)/2,e);
}  //Sqrt_recurve
float Sqrt_nonrecursive(float A,float p,float e)  //求平方根的非递归算法
{
  while(abs(p^2 - A) >= e)
    p = (p + A/p)/2;
  return p;
}  //Sqrt_nonrecu rsive
```

27. 已知 Ackerman 函数的定义如下：

$$akm(m,\ n)=\begin{cases} n+1 & m=0 \\ akm(m-1,\ 1) & m\neq 0,\ n=0 \\ akm(m-1,\ akm(m,\ n-1)) & m\neq 0,\ n\neq 0 \end{cases}$$

(1) 写出递归算法；

(2) 写出非递归算法；

(3) 根据非递归算法，画出求 akm(2，1) 时栈的变化过程。

答：(1)递归算法：

```
unsigned int akm(unsigned int m,unsigned int n)
```

```
{
  unsigned int g;
  if(m ==0)
    return n +1;
  else
    if(n ==0)
      return akm(m -1,1);
    else
    {
      g = akm(m,n -1);
      return akm(m -1,g);
    }
}
```

(2)非递归算法:

```
int akm1(int m,int n)
{
  Stack s;
  InitStack(s);
  ElemType e,e1,d;
  e.mval = m;
  e.nval = n;
  Push(s,e);
  do
  {
    while(e.mval)
    {
      while(e.nval)
      {
        e.nval --;
        Push(s,e);  //元素依次进栈
      }
      e.mval --;
      e.nval =1;
    }
    if(StackLength(s) >1)
    {
      e1.nval = e.nval;
      Pop(s,e);  //出栈
      e.mval --;
      e.nval = e1.nval +1;
```

```
    }
  }while(StackLength(s)!=1 || e.mval!=0);  //循环结束条件
  return e.nval+1;  //m=0时,akm(m,n)=n+1
}
```

(3)栈的变化过程:

0,akm(2,1) 0 2 1　g=akm(2,0)
1,akm(2,0) 6 2 0　akm=akm(m-1,1)=akm(1,1)
2,akm(1,1) 4 1 1　g=akm(m,n-1)=akm(1,0)
3,akm(1,0) 6 1 0　akm=akm(m-1,1)=akm(0,1)
4,akm(0,1) 4 0 1　akm=n+1=2　退栈

0,akm(2,1) 0 2 1　g=akm(2,0)
1,akm(2,0) 6 2 0　akm=akm(m-1,1)=akm(1,1)
2,akm(1,1) 4 1 1　g=akm(m,n-1)=akm(1,0)
3,akm(1,0) 6 1 0　akm=akm(m-1,1)=akm(0,1)=2 退栈

0,akm(2,1) 0 2 1　g=akm(2,0)
1,akm(2,0) 6 2 0　akm=akm(m-1,1)=akm(1,1)
2,akm(1,1) 4 1 1　g=akm(m,n-1)=akm(1,0)=2; akm=akm(m-1,g)=akm(0,2);
3,akm(0,2) 7 0 2　akm=n+1=3 退栈

0,akm(2,1) 0 2 1　g=akm(2,0)
1,akm(2,0) 6 2 0　akm=akm(m-1,1)=akm(1,1)
2,akm(1,1) 4 1 1　g=akm(m,n-1)=akm(1,0)=2; akm=akm(m-1,g)=akm(0,2)=3; 退栈

0,akm(2,1) 0 2 1　g=akm(2,0)
1,akm(2,0) 6 2 0　akm=akm(m-1,1)=akm(1,1)=3 退栈

0,akm(2,1) 0 2 1　g=akm(2,0)=3; akm=akm(1,3)
1,akm(1,3) 6 1 3　g=akm(1,2); akm(m-1,g)
2,akm(1,2) 6 1 2　g=akm(1,1); akm(m-1,g)
3,akm(1,1) 6 1 1　g=akm(1,0); akm(m-1,g)
4,akm(1,0) 6 1 0　akm=akm(0,1)
5,akm(0,1) 4 0 1　akm(0,1)=2　退栈

0,akm(2,1) 0 2 1　g=akm(2,0)=3; akm=akm(1,3)
1,akm(1,3) 6 1 3　g=akm(1,2); akm(m-1,g)
2,akm(1,2) 6 1 2　g=akm(1,1); akm(m-1,g)

3,akm(1,1) 6 1 1　g = akm(1,0); akm(m - 1,g)
4,akm(1,0) 6 1 0　akm = akm(0,1) = 2 退栈

0,akm(2,1) 0 2 1　g = akm(2,0) = 3; akm = akm(1,3)
1,akm(1,3) 6 1 3　g = akm(1,2); akm(m - 1,g)
2,akm(1,2) 6 1 2　g = akm(1,1); akm(m - 1,g)
3,akm(1,1) 6 1 1　g = akm(1,0) = 2; akm(m - 1,g) = akm(0,2)
4,akm(0,2) 7 0 2　akm = n + 1 = 3 退栈

0,akm(2,1) 0 2 1　g = akm(2,0) = 3; akm = akm(1,3)
1,akm(1,3) 6 1 3　g = akm(1,2); akm(m - 1,g)
2,akm(1,2) 6 1 2　g = akm(1,1); akm(m - 1,g)
3,akm(1,1) 6 1 1　g = akm(1,0) = 2; akm(m - 1,g) = akm(0,2) = 3　退栈

0,akm(2,1) 0 2 1　g = akm(2,0) = 3; akm = akm(1,3)
1,akm(1,3) 6 1 3　g = akm(1,2); akm(m - 1,g)
2,akm(1,2) 6 1 2　g = akm(1,1) = 3; akm(m - 1,g) = akm(0,3)
3,akm(0,3) 7 0 3　akm = n + 1 = 4 退栈

0,akm(2,1) 0 2 1　g = akm(2,0) = 3; akm = akm(1,3)
1,akm(1,3) 6 1 3　g = akm(1,2); akm(m - 1,g)
2,akm(1,2) 6 1 2　g = akm(1,1) = 3; akm(m - 1,g) = akm(0,3) = 4 退栈

0,akm(2,1) 0 2 1　g = akm(2,0) = 3; akm = akm(1,3)
1,akm(1,3) 6 1 3　g = akm(1,2) = 4; akm(m - 1,g) = akm(0,4)
2,akm(0,4) 7 0 4　akm = n + 1 = 5 退栈

0,akm(2,1) 0 2 1　g = akm(2,0) = 3; akm = akm(1,3)
1,akm(1,3) 6 1 3　g = akm(1,2) = 4; akm(m - 1,g) = akm(0,4) = 5　退栈

0,akm(2,1) 0 2 1　g = akm(2,0) = 3; akm = akm(1,3) = 5　退栈

akm(2,1) = 5;

28. 假设以带头结点的循环链表表示队列，并且只设一个指针指向队尾元素结点(注意不设头指针)，试编写相应的队列初始化、入队列和出队列的算法。

答:

```
void InitCiQueue(CiQueue &Q)  //初始化循环链表表示的队列 Q
{
   Q = (CiLNode *)malloc(sizeof(CiLNode));   //动态创建循环链表结点
   Q->next = Q;   //置空
```

```
} //InitCiQueue
void EnCiQueue(CiQueue &Q, int x)
//把元素 x 插入循环链表表示的队列 Q，Q 指向队尾元素，Q->next 指向头结点，Q->next->next 指向队头元素
{
    p=(CiLNode *)malloc(sizeof(CiLNode));
    p->data=x;
    p->next=Q->next;
    Q->next=p;    //直接把 p 加在 Q 的后面
    Q=p;   //修改尾指针
}
Status DeCiQueue(CiQueue &Q, int x)
//从循环链表表示的队列 Q 头部删除元素 x
{
    if(Q==Q->next)
      return INFEASIBLE;    //队列已空
    p=Q->next->next;
    x=p->data;
    Q->next->next=p->next;
    free(p);    //释放结点
    return OK;
}
```

29. 如果希望循环队列中的元素都能得到利用，则需设置一个标志域 tag，并以 tag 的值为 0 和 1 来区分尾指针和头指针值相同时的队列状态是“空”还是“满”。试编写与此结构相应的入队列和出队列的算法，并从时间和空间角度讨论设标志和不设标志这两种方法的使用范围(如当循环队列容量较小而队列中每个元素占的空间较多时，哪一种方法较好)。

答：

```
#define MaxQSize 4
typedef int ElemType;
typedef struct
{
    ElemType *base;
    int front;
    int rear;
    Status tag;
}Queue;
Status InitQueue(Queue &q)
{
    q.base=(ElemType *)malloc(MaxQSize * sizeof(ElemType));
    if(!q.base)
```

```
        return FALSE;
    q.front = 0;
    q.rear = 0;
    q.tag = 0;
    return OK;
}
Status EnQueue(Queue &q,ElemType e)
{
    if(q.front == q.rear&&q.tag)
        return FALSE; //队列的头指针和尾指针指向同一结点，并且队列状态为“满”，则元素不能入队
    else
    {
        q.base[q.rear] = e;
        q.rear = (q.rear + 1) % MaxQSize;    //循环队列计算尾指针的位置
        if(q.rear == q.front)   //入队操作后如果头指针和尾指针指向同一个结点，说明队列已满
            q.tag = 1;
    }
    return OK;
}
Status DeQueue(Queue &q,ElemType &e)
{
    if(q.front == q.rear&&!q.tag)
        return FALSE; //队列的头指针和尾指针指向同一结点，并且队列状态为“空”，没有可出队的元素
    else
    {
        e = q.base[q.front];
        q.front = (q.front + 1) % MaxQSize;    //循环队列计算头指针的位置
        q.tag = 0; //出队操作后，队列可以继续入队
    }
    return OK;
} //设标志节省存储空间，但运行时间较长，不设标志则正好相反。
```

当循环队列容量较小而队列中每个元素占的空间较多时设置 tag 位能够充分利用存储空间，更有价值。

30. 假设将循环队列定义为：以域变量 rear 和 length 分别指示循环队列中队尾元素的位置和内含元素的个数。试给出此循环队列的队满条件，并写出相应的入队列和出队列的算法(在出队列的算法中要返回队头元素)。

答：设 head 指示循环队列中队头元素元素的位置，则有

head = ((q.rear + MAXLEN) - q.length + 1) % MAXLEN

其中 MAXLEN 为队列可用的最大空间。

队满的条件为：length == MAXLEN。

```
#define MaxQSize 4
typedef int ElemType;
typedef struct
{
  ElemType * base;
  int rear;
  int length;
}Queue;
Status InitQueue(Queue &q)
{
  q.base = (ElemType *)malloc(MaxQSize * sizeof(ElemType));
  if(!q.base)
    return FALSE;
  q.rear = 0;
  q.length = 0;
  return OK;
}
Status EnQueue(Queue &q,ElemType e)
{
//入队操作，头指针与尾指针指向同一结点，队列满
  if((q.rear + 1) % MaxQSize == (q.rear + MaxQSize - q.length) % MaxQSize)
    return FALSE;
  else
  {
    q.base[q.rear] = e;
    q.rear = (q.rear + 1) % MaxQSize;    //循环队列计算尾指针位置
    q.length ++ ;
  }
  return OK;
}
Status DeQueue(Queue &q,ElemType &e)
{
  //出队操作，头指针与尾指针指向同一个结点，队列空
  if((q.rear + MaxQSize - q.length) % MaxQSize == q.rear)
    return FALSE;
  else
  {
```

```
    e = q.base[(q.rear + MaxQSize - q.length) % MaxQSize];   //队头元素
    q.length --;
  }
  return OK;
}
```

31. 假设称正读和反读都相同的字符序列为"回文"，例如，"abba"和"abcba"是回文，"abcde"和"ababab"则不是回文。试写一个算法判别读入的一个以'@'为结束符的字符序列是否是"回文"。

答：

```
int Palindrome_Test()
//判别输入的字符串是否回文序列,是则返回1,否则返回0
{
  InitStack(S);
  InitQueue(Q);
  while((c = getchar()) != '@')   //字符串结束标志
  {
    Push(S,c);
    EnQueue(Q,c);   //同时使用栈和队列两种结构
  }
  while(! StackEmpty(S))
  {
    Pop(S,a);   //出栈元素为字符串末尾的元素
    DeQueue(Q,b));   //出队元素为字符串开头的元素
    if(a != b)
      return ERROR;
  }
  return OK;
}
```

32. 试利用循环队列编写求 k 阶菲波那契序列中前 $n+1$ 项的算法，要求满足：$f_n \leqslant max$ 而 $f_{n+1} > max$，其中 max 为某个约定的常数。(注意：本题所用循环队列的容量仅为 k，则在算法执行结束时，留在循环队列中的元素应是所求 k 阶菲波那契序列中的最后 k 项)

答：

```
void GetFib_CyQueue(int k,int n)   //求k阶斐波那契序列的前n+1项
{
  InitCyQueue(Q);   //其MAXSIZE设置为k
  for(i = 0;i < k - 1;i ++)
    Q.base[i] = 0;
  Q.base[k - 1] = 1;   //给前k项赋初值
  for(i = 0;i < k;i ++)
    printf("%d",Q.base[i]);
```

```
for(i = k;i≤n;i ++ )
{
    m = i% k;
    sum = 0;
    for(j = 0;j < k;j ++ )
        sum = sum + Q. base[(m + j)% k];
    Q. base[m] = sum;   //求第 i 项的值存入队列中并取代已无用的第一项
    printf(" % d",sum);
}
}
```

33. 在顺序存储结构上实现输出受限的双端循环队列的入列和出列(只允许队头出列)算法。设每个元素表示一个待处理的作业,元素值表示作业的预计时间。入队列采取简化的短作业优先原则,若一个新提交的作业的预计执行时间小于队头和队尾作业的平均时间,则插入在队头,否则插入在队尾。

答:

```
typedef struct
{
    ElemType * base;
    int front;
    int rear;
    Status tag;
    int MaxSize;
}DQueue;   //定义队列的抽象数据类型
Status InitDQueue(Dqueue &q,int size)
{
    q. MaxSize = size;
    q. base = (ElemType * )malloc(MaxSize * sizeof(ElemType));
    if(! q. base)
        return FALSE;   //初始化操作失败
    q. front = 0;
    q. rear = 0;
    q. tag = 0;
    return OK;
}
Status EnDQueue(Dqueue &q,ElemType e)
{
    if(q. front = = q. rear&&q. tag)
        return FALSE;     //队列已满,无法进行入列操作
    if(q. front = = q. rear&&! q. tag)  //空队列
    {
```

```
        q.base[q.rear]=e;
        q.rear=(q.rear+1)%q.MaxSize;
        if(q.rear==q.front)
            q.tag=1;
    }
    else  //非空非满，若一个新提交的作业的预计执行时间小于队头和队尾作业的平均时间，则插入在队头，否则插入在队尾。
    {
        if(e<(q.base[q.front]+q.base[(q.rear+q.MaxSize-1)%q.MaxSize])/2)
        {
        //从队头入队
            q.front=(q.front+q.MaxSize-1)%q.MaxSize;  //计算循环队列的头指针
            q.base[q.front]=e;
            if(q.rear==q.front)
                q.tag=1;  //判断队列是否已满
        }
        else  //从队尾入队
        {
            q.base[q.rear]=e;
            q.rear=(q.rear+1)%q.MaxSize;  //计算循环队列的尾指针
            if(q.rear==q.front)
                q.tag=1;  //判断队列是否已满
        }
    }
    return OK;
}
Status DeDQueue(Dqueue &q,ElemType &e)
{
    if(q.front==q.rear&&!q.tag)
        return FALSE;  //空队列，无法进行出列操作
    else
    {  //非空队列
        e=q.base[q.front];
        q.front=(q.front+1)%q.MaxSize;  //计算头指针位置
        q.tag=0;  //设置队列不满的标志
    }
    return OK;
}
```

34. 假设在如教科书3.4.1节中图3.9所示的铁道转轨网的输入端有 *n* 节车厢：硬座、硬卧和软卧（分别以 *P*，*H* 和 *S* 表示）等待调度，要求这三种车厢在输出端铁道上的排列次

序为：硬座在前，软卧在中，硬卧在后。试利用输出受限的双端队列对这 n 节车厢进行调度，编写算法输出调度的操作序列：分别以字符 E 和 D 表示对双端队列的头端进行入队列和出队列的操作；以字符 A 表示对双端队列的尾端进行入队列的操作。

答：

```
void Train_Rearrange( char * train)
//这里用字符串 train 表示火车，'P'表示硬座，'H'表示硬卧，'S'表示软卧，最终按 P，S，H 的顺序排列
{
  char * r = train;
  InitDQueue( Q) ;
  while( * r)
  {
    if( * r == 'P')
    {
      printf( "E" ) ;
      printf( "D" ) ;    //先入列再出列，实际上等于不入队列，直接输出 P 车厢
    }
    else if( * r == 'S')
    {
      printf( "E" ) ;
      EnDQueue( Q, * r,0) ;  //0 表示把 S 车厢从头端入队列
    }
    else
    {
      printf( "A" ) ;
      EnDQueue( Q, * r,1) ;  //1 表示把 H 车厢从尾端入队列
    }
  }  //while
  while( ! DQueueEmpty( Q) )
  {
    printf( "D" ) ;
    DeDQueue( Q) ;
  }  //从头端出队列的车厢必然按 P，S，H 的顺序排列
}
```

3.3 考研真题与典型题详解

一、选择题

1. 若用一个大小为 6 的数组来实现循环队列，且当前 rear 和 front 的值分别为 0 和 3。当从队列中删除一个元素，再加入两个元素后，rear 和 front 的值分别为(　　)。[武汉科技大学 2019 研]

A. 1 和 5　　B. 2 和 4　　C. 4 和 2　　D. 5 和 1

【答案】B

【解析】从队列中删除一个元素后，front += 1，所以 front 等于 4，在加入两个元素后，rear += 2，所以 rear 等于 2，故选择 B。

2. 若栈 S_1 中保存整数，栈 S_2 中保存运算符，函数 F( ) 依次执行下述各步操作：

(1) 从 S_1 中依次弹出两个操作数 a 和 b；

(2) 从 S_2 中弹出一个运算符 op；

(3) 执行相应的运算 b op a；

(4) 将运算结果压入 S_1 中。

假定 S_1 中的操作数依次是 5，8，3，2(2 在栈顶)，S_2 中的运算符依次是 *，-，+，(+在栈顶)。调用 3 次 F( ) 后，S_1 栈顶保存的值是(　　)。[2018 年 408 统考]

A. -15　　B. 15　　C. -20　　D. 20

【答案】B

【解析】依次分析即可，F( ) 实现的是计算器的功能，如下表 3-6 所示。

表 3-6

调用 F( )	0 轮	1 轮	2 轮	3 轮
S1	5，8，3，2	5，8，5	5，3	15
S2	*，-，+	*，-	*	

S1 栈顶保存 15，故选择 B。

3. 现有队列 Q 与栈 S，初始时 Q 中的元素依次是 1，2，3，4，5，6(1 在队头)，S 为空。若仅允许下列 3 种操作：

①出队并输出出队元素；

②出队并将出队元素入栈；

③出栈并输出出栈元素；

则不能得到的输出序列是(　　)。[2018 年 408 统考]

A. 1，2，5，6，4，3　　B. 2，3，4，5，6，1

C. 3，4，5，6，1，2　　D. 6，5，4，3，2，1

【答案】C

【解析】需要保持一个规则，若已经弹出 5，则在其后续弹出的所有 <5 的数字，如 1，2，或是 3，4 则必须保持 2 在 1 前，4 在 3 前的规则。也就是说，数字 a 之后所有小于 a 的数字，要按从大到小排序。即选项 C 中 5 之后的 1，2 应该满足 2 在 1 前的规则，而 C 项不满足，故选择 C。

4. 下列关于栈的叙述中，错误的是(　　)。[2017 年 408 统考]

Ⅰ. 采用非递归方式重写递归程序时必须使用栈

Ⅱ. 函数调用时，系统要用栈保存必要的信息

Ⅲ. 只要确定了入栈次序，即可确定出栈次序

Ⅳ. 栈是一种受限的线性表，允许在其两端进行操作

A. 仅Ⅰ　　B. 仅Ⅰ、Ⅱ、Ⅲ

C. 仅Ⅰ、Ⅲ、Ⅳ　　D. 仅Ⅱ、Ⅲ、Ⅳ

【答案】C

【解析】Ⅰ的反例：计算斐波拉契数列迭代实现只需要一个循环即可实现。Ⅲ的反例：入栈序列为1、2，进行如下操作PUSH、PUSH、POP、POP，出栈次序为2、1；进行如下操作PUSH、POP、PUSH、POP，出栈次序为1、2。Ⅳ的正确说法应该是，栈是一种受限的线性表，只允许在一端进行操作。Ⅱ正确。

5. 设有如下图3-5所示的火车车轨，入口到出口之间有 n 条轨道，列车的行进方向均为从左至右，列车可驶入任意一条轨道。现有编号为1~9的9列列车，驶入的次序依次是8，4，2，5，3，9，1，6，7。若期望驶出的次序依次为1~9，则 n 至少是(　　)。[2016年408统考]

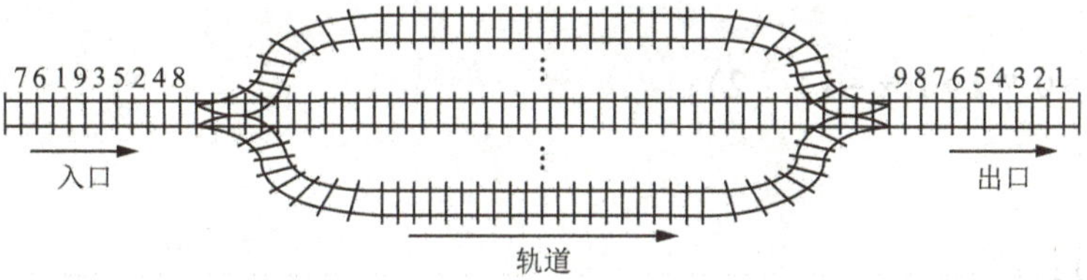

图3-5

A. 2　　B. 3　　C. 4　　D. 5

【答案】C

【解析】首先，输入8，由于第一辆驶出为1，即除1外所有列车都要在中间轨道等待，输入4，不能在8之后，否则将无法按照规定顺序出去，则4另起一条轨道，输入2，同理，另起一条轨道，输入5，由于最为接近4，且5大于4，可以按照规定顺序出去，则5驶入已经有4的轨道，以下同理，在这种情况下，得到入口和出口间最少的轨道条数为4。

6. 对于栈操作数据的原则是(　　)。[青岛大学研]

A. 先进先出　　B. 后进先出　　C. 后进后出　　D. 不分顺序

【答案】B

【解析】先进先出是队列操作数据的原则。先进后出(后进先出)是栈操作数据的原则，栈限定在表尾进行插入和删除操作。

7. 有六个元素6，5，4，3，2，1顺序入栈，下列哪一个不是合法的出栈序列？(　　)[北方交通大学研]

A. 543612　　B. 453126　　C. 346521　　D. 234156

【答案】C

【解析】根据栈的后进先出的特点，对于C选项中前两个元素的出栈顺序可以看出，4在5和6前先出栈，则4在5和6后入栈，因此4出栈时，5和6必定在栈内，且5在6之上，所以出栈时5要比6先出栈。

8. 向一个栈顶指针为h的带头结点的链栈中插入指针s所指的结点时，应执行(　　)。[北京理工大学研]

A. h -> next = s;　　B. s -> next = h;

C. s -> next = h; h -> next = s;　　D. s -> next = h - next; h -> next = s;

【答案】D

【解析】本题是向一个链栈中插入结点，可从头结点后插入。先将s结点指向第一个头结点之后的结点之前，再将头结点指向s结点。

9. 一个递归算法必须包括(　　)。[武汉大学研]

A. 递归部分　　B. 终止条件和递归部分

C. 迭代部分　　D. 终止条件和迭代部分

【答案】B

【解析】递归算法是把问题转化为规模缩小了的同类问题的子问题。然后递归调用函数(或过程)来表示问题的解。递归算法首先判断是否满足终止条件，如果满足，递归结束，如果不满足，执行递归部分的代码，因此一个递归算法包括终止条件和递归部分。

10. 执行完下列语句段后，f 值为(　　)。[浙江大学研]

```
int f(int x)
{
  return x >0 ? x * f(x -1) : 2);
}
int i;
i =f(f(1));
```

A. 2　　B. 4　　C. 8　　D. 无限递归

【答案】B

【解析】该程序使用了递归调用，由题知，$f(0)=2$；$f(1)=1*f(0)=2$；$f(2)=2*f(1)=4$；所以结果为4。

11. 如果以链表作为栈的存储结构，则退栈操作时(　　)。[广西科技大学 2022 研]

A. 必须判别栈是否满　　B. 对栈不作任何判别

C. 必须判别栈是否空　　D. 判别栈元素的类型

【答案】C

【解析】栈是一种特殊的线性表，只允许在同一端进行插入和删除运算，元素具有先进后出的特点。栈用链表实现时，链表的第一个结点为顶结点，链表的首结点就是栈顶指针 top，top 为 NULL 的链表是空栈。退栈操作是取出栈中的元素，在取元素前，首先应该判断栈顶指针 top 是否为 NULL 来判断栈是否为空栈，如果为空，此操作就失去了意义。

12. 执行(　　)操作时，需要使用队列做辅助存储空间。[华中科技大学研]

A. 查找哈希(Hash)表　　B. 广度优先搜索网

C. 前序(根)遍历二叉树　　D. 深度优先搜索网

【答案】B

【解析】查找哈希表不需要辅助存储空间，前序遍历二叉树和深度优先搜索网需要使用栈做辅助存储空间，广度优先搜索网需要队列做辅助存储空间。

二、填空题

1. 在一个具有 n 个单元的顺序栈中，假定以地址高端(即下标为 n 的单元)作为栈底，以 top 作为栈顶指针，则当向栈中压入一个元素时，top 的变化是 top = ______。[江苏大学研]

【答案】top -1

【解析】由于栈底在地址高端，栈中压入一个元素时，栈顶向地址底端移动一个单位，所以 top -1。

2. 多个栈共存时，最好用______作为存储结构。[南京理工大学研]

【答案】链式存储结构

【解析】链式存储结构可以随时分配内存，不需要固定的连续的内存空间，所以多个栈共存时，最好用链式存储结构。

3. 顺序栈用 data[1…n] 存储数据，栈顶指针是 top，则值为 x 的元素入栈的操作是______。[合肥工业大学研]

【答案】

```
if(top!=n)
   data[ ++top]=x;
else
   return (OVERFLOW);
```

【解析】先判断栈是否满，如果不满，元素入栈。否则返回溢出信息。

4. 设 $a=6$，$b=4$，$c=2$，$d=3$，$e=2$，则后缀表达式 $abc-/de^*+$ 的值为______。[南京邮电大学研]

【答案】9

【解析】$b-c=2$，$a/(b-c)=3$，$d*e=6$，$a/(b-c)+d*e=9$。

5. 区分循环队列的满与空，只有两种方法，它们是______和______。[北京邮电大学研]

【答案】牺牲一个存储单元；设标记

【解析】牺牲一个存储单元即让 front 指针指向第一个元素的前的一个位置，当队空时，则 front == rear；当队满时，则 rear 在 head 的前一个位置。设标记即初始化当队空时，设置一个标志位 flag=0；当元素进队时，flag=1；当元素出队时，flag=0。队头指针和队尾指针重合时，若 flag=0，则队空；若 flag=1，则队满。

6. 下面程序的功能是用递归算法将一个整数按逆序存放到一个字符数组中。如 123 存放成 321。[浙江大学研]

请填空：

```
#include <stdio.h>
void convert(char *a,int n)
{
   int i;
   if(i=n/10)
      convert(①______,i);
    *a=②______;
}
main()
{
   int number;
   char str[10]="";
   scanf("%d",&number);
   convert(str,number);
   puts(str);
```

}

【答案】①a + 1；②n%10 + '0'

【解析】通过递归算法，首先找到最高位的值，将其放到 str 对应的数组中，依次反向获取从高位到低位的值，将其放到数组中，完成了将整数逆序放到一个字符数组中的操作。

三、综合题

1. 请设计一个队列，要求满足：①初始时队列为空；②入队时，允许增加队列占用空间；③出队后，出队元素所占用的空间可重复使用，即整个队列所占用的空间只增不减；④入队操作和出队操作的时间复杂度始终保持为 $O(1)$。请回答下列问题：

(1)该队列应该选择链式存储结构，还是顺序存储结构?

(2)画出队列的初始状态，并给出判断队空和队满的条件。

(3)画出第一个元素入队后的队列状态。

(4)给出入队操作和出队操作的基本过程。［2019 年 408 统考］

答：

(1)采用链式存储结构(两段式单向循环链表)，队头指针为 front，队尾指针为 rear。

(2)初始时，创建只有一个空闲结点的两段式单向循环链表，头指针 front 与尾指针 rear 均指向空闲结点。如图 3-6 所示：

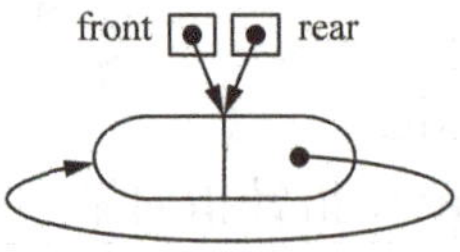

图 3-6

队空的判定条件：front == rear。

队满的判定条件：front == rear -> next。

(3)插入第一个元素后的队列状态如图 3-7 所示：

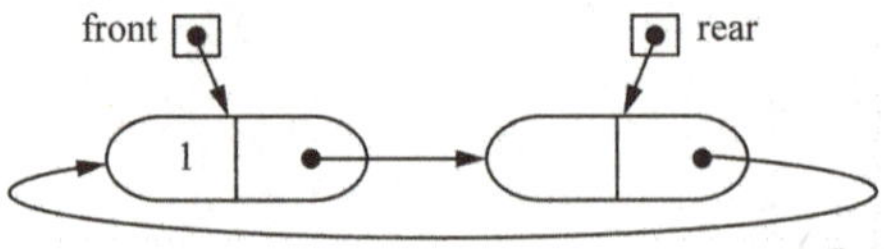

图 3-7

(4)操作的基本过程如图 3-8 所示：

入队操作：
若(front == rear -> next)　　　　//队满 　　则在 rear 后面插入一个新的空闲结点； 入队元素保存到 rear 所指结点中；rear = rear -> next；返回。
出队操作：
若(front == rear)　　　　//队空 　　则出队失败，返回； 取 front 所指结点中的元素 e；front = front -> next；返回 e。

图 3-8

2. 设输入序列为 *a*，*b*，*c*，*d*，试写出借助一个栈可得到的两个输出序列和两个不能得到的输出序列。［北京科技大学研］

答：对于 *n* 个不同元素进栈，出栈序列的个数为：$\frac{1}{n+1}C_{2n}^{n}$，本题 4 个元素，可有 14 种出栈序列，*abcd* 和 *dcba* 就是其中两种；另外，*dabc* 和 *adbc* 是不可能得到的序列中的两种。

3. 设整数序列 a_1，a_2，a_3，…，a_n，给出求解最大值的递归程序。［南京航空航天大学研］

答：

```
int MaxValue(int a[],int n)
//设整数序列存于数组 a 中，共有 n 个，本算法求解其最大值
{
  int max;
  if(n==1)
    max=a[1];
  else if(a[n]>MaxValue(a,n-1))
    max=a[n];
  else
    max=MaxValue(a,n-1);
  return max;
}
```

第4章 串

4.1 复习笔记

一、串类型的定义

1. 串的逻辑结构定义

串(或字符串)是由零个或多个字符组成的有限序列。一般记为

$$S='a_1a_2\cdots a_n' \quad (n\geqslant 0)$$

其中，S 是串的名，单引号中的字符序列是串的值；$a_i(1\leqslant i\leqslant n)$ 可以是字母、数字或其他字符；n 称为串的长度，零个字符的串称为空串。

两个串相等：当且仅当这两个串的长度相等并且对应位置的字符全部相同。

2. 串的基本操作(见表4-1)

表4-1 串的基本操作

操作	名称
ASSIGN(s,t)	赋值操作
EQUAL(s,t)	判等函数
LENGTH(s)	求串长函数
CONCAT(s,t)	连接函数
SUBSTR(s,start,len)	求子串函数
INDEX(s,t)	定位函数
REPLACE(s,t,v)	置换操作
INSERT(s,pos,t)	插入操作
DELETE(s,pos,len)	删除操作

二、串的表示和实现

1. 串的表示

(1)定长顺序存储表示

串的定长顺序存储结构类似于线性表的顺序存储结构，用一组地址连续的存储单元存储字符串串值的字符序列叫做串的顺序存储结构。

串的实际长度是在预定义分配的空间内随意变动的。

一般有两种方式来表示串的实际长度：

①将实际长度存储在数组下标为0的位置；

②串的末尾用一个结束标记字符标记串的结束，比如C语言中以“\0”标记串的结束。

(2)堆分配存储表示

串的堆分配存储表示仍以一组地址连续的存储单元存放字符序列，但它们的存储空间是在程序执行过程中动态分配的。例如，C 语言中用 malloc( )和 free( )管理内存空间。

串的堆分配存储表示，既有顺序存储表示的特点，又弥补了定长存储的缺点，处理更加方便灵活。

(3)块链存储表示

串的链式存储结构类似于线性表链式存储结构，但由于串中每个数据元素是一个字符，则在存储串的时候每个结点可以存放一个字符，也可以存放多个字符以避免空间的浪费，这种方式称为串的块链存储表示。

例如，图 4-1(a)是结点大小为 4 的链表，图 4-1(b)是结点大小为 1 的链表。当结点大于 1 时，由于串长不一定是结点大小的整倍数，则链表中的最后一个结点不一定全被串值占满，此时通常补上“#”或其他的非串值字符。

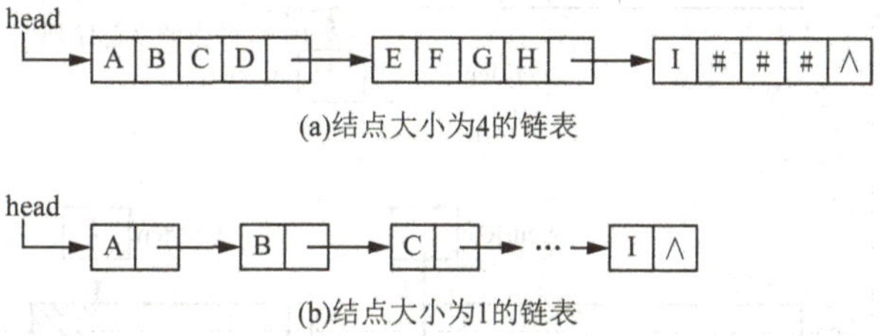

图 4-1　串值的链表存储方式

(4)三种存储结构的比较

①顺序存储表示能够直接由串名访问串值，便于实现串的基本操作，但它在串的类型定义中预先规定了一个串允许的最大长度，内存空间利用率低，且在进行串的连接、置换等操作时易受存储空间限制；

②块链存储表示，虽然串长不受限制，但受存储密度的制约，采取的“块的链表”使串的操作复杂化，且无法确定合适的结点大小；

③堆分配存储表示，虽然必须通过映象才能访问串值，但由于串值的存储空间在执行时才会分配，操作中更显灵活，且对串长没有任何限制。

2. 串基本操作的实现

由于顺序存储方式更容易实现串的基本操作，所以一般都采用顺序存储结构来存储串值。

将串定义为长度在一定范围内可变的字符型数组，其长度的上界 maxlen 在常量中说明，如果在操作中出现串值序列的长度超过上界 maxlen 时，用截尾法进行处理，即丢弃超出 maxlen 部分的字符序列。

(1)串的连接——CONCAT(l，s，t)函数

假设 l，s，t 都是串变量，则连接运算是将 s 和 t 的串值分别传送到 l 的相应位置上，超过 maxlen 的部分截断。其运算结果可能有三种情况：

①s. curlen + t. curlen ≤ maxlen，如图 4-2(a)所示，两字符串均能完整连接到 l 中；

②s. curlen + t. curlen > maxlen 而 s. curlen < maxlen，则将 t 的一部分截断，得到的 l 只包含 t 的一个子串，如图 4-2(b)所示；

③s. curlen = maxlen，则得到的只是 s 一个串，如图 4-2(c)所示。

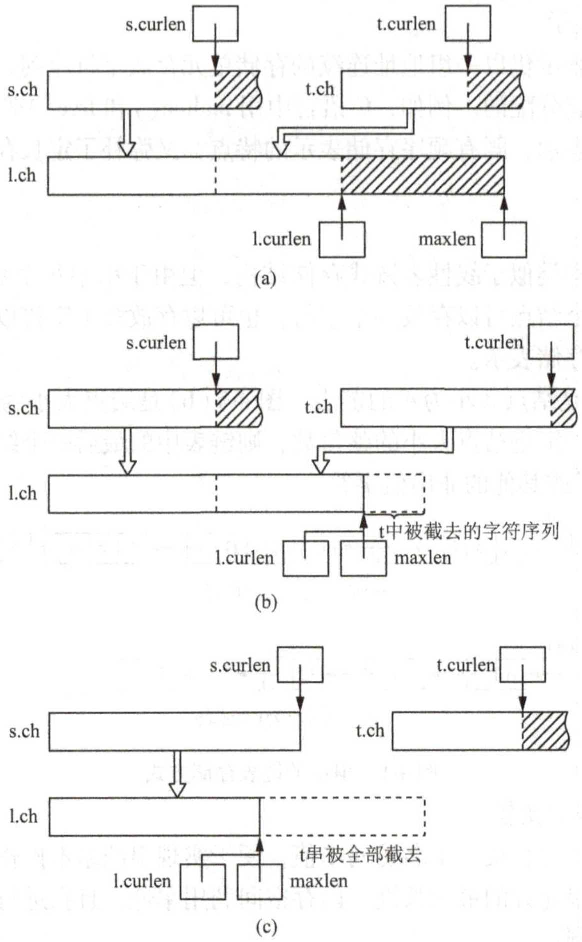

a s.curlen+t.curlen≤maxlen
b s.curlen+t.curlen＞maxlen而s.curlen＜maxlen
c s.curlen=maxlen

图 4-2　串的连接操作 CONCAT(l,s,t)示意图

(2)求子串——SUBSTR(sub,s,start,len)函数

求子串的过程也是复制字符序列的过程，将 s 串中从第 start 个字符开始长度为 len 的字符序列复制到串 sub 中，即为求得的子串。

三、串的模式匹配算法

串的模式匹配就是求模式串(记为 t)在主串(记为 s)中的位置。

1. 简单模式匹配算法

算法思想：

(1)从主串 s 的指定字符起和模式串 t 的第一个字符开始比较；

(2)若相等，则继续逐个比较后续字符，直到 t 中每个字符依次和 s 中连续的一个字符序列相等，称匹配成功；

(3)若不相等，则从主串 s 的下一个字符开始和 t 中的第一个字符开始继续比较，重复(2)(3)，直到 s 中字符比较结束，仍无法匹配称匹配不成功。

简单模式匹配在最坏情况下的时间复杂度是 $O(n*m)$，n、m 分别表示主串和模式串的长度。

2. 改进的模式匹配算法——KMP 算法

算法思想：在简单模式匹配的基础上，每当一趟匹配过程中出现字符比较不等时，不需回溯指示主串的指针 i，而是利用已经得到的“部分匹配”的结果将模式向右“滑动”尽可能远的一段距离后，继续进行比较。

其中“滑动”的距离只与模式串本身结构有关，且该距离实际上是找每个位置最长的公共前缀，把这个距离保存在一个数组中，并记该数组为 next[1..n]。此外，在匹配过程中，失配时“滑动”的距离即 next 数组对应的值。next 数组的定义为：

$$next[j]=\begin{cases}0 & \text{当 } j=1 \text{ 时}\\ \mathrm{Max}\{k \mid 1<k<j \text{ 且} 'p_1\cdots p_{k-1}'='p_{j-k+1}\cdots p_{j-1}'\} & \text{当该集合不为空时}\\ 1 & \text{其他情况}\end{cases}$$

求解 next 数组的算法实现如下：

```
void getNext(char T[ ],int next[ ])
{
    int i =1;
    next[1] =0;
    int j =0;
    while(i <=T[0])   //T[0]保存了模式串的长度
    {
        if(j ==0 || T[i] ==T[j])
        {
            ++i;
            ++j;
            next[i] =j;
        }
        else
            j =next[j];
    }
}
```

求解 next 数组还可以用如下方法：

(1)初始化：next[1] =0；next[2] =1；并设当前待求的为 next[n]，且 next[$n-1$] $=m$；

(2)若前 $n-1$ 个字符中，前“m”个字符和后“m”个字符相同，则有 next[n] $=m+1$；

(3)若不同，如果 $m=1$，则 next[n] =1，否则，令 $m=m-1$，重复(2)(3)步。

在求得 next 数组后，KMP 算法实现如下：

```
int KMP(char s[ ],char t[ ],int next[ ])
{
    int i =0;    //从主串的第一个元素开始匹配
    int j =1;
    while(i <s[0]&&j <=t[0])   //s[0]，t[0]分别存储主串和模式串的长度
    {
```

```
        if(j==0 || s[i]==t[j])
        {
            ++i;
            ++j;
        }
        else
            j=next[j];
    }
    if(j>t[0])
        return i-t[0];
    else
        return 0;
}
```

KMP 算法的时间复杂度为 O(n+m)。

四、串操作应用举例

文本编辑

文本编辑的实质是修改字符数据的形式或格式，基本操作包括串的查找，插入和删除等。我们可以把文本看作一个字符串，称为文本串，页是文本串的子串，行是页的子串。

文本编辑中设立页指针、行指针和字符指针，操作如下：

(1)如果在行内插入或删除字符，则要修改行表中该行的长度，若长度超出分配的存储空间，则需要重新分配并修改该行的起始位置；

(2)如果要插入或删除一行，就要进行行表的插入删除操作，若删除的行是该页的起始行，则修改页表中相应页的起始行为该删除行的下一行。

由于访问以行表，列表作为索引，所以在进行删除操作时，只需要修改行表或页表，不必删除所涉及的字符。

4.2 强化习题详解

1. 简述空串和空格串(或称空格符串)的区别。

答：(1)空格串是除了结尾的空字符外，还包含若干空格字符(ASCII 码为 20H)的字符串；而空串是只包含一个空字符的串。

(2)空串的长度为零；空格串的长度为所包括的空格字符的个数。

2. 对于串的各个基本操作，串赋值、串比较、求串长、串连接、求子串、定位操作 INDEX、置换操作 REPLACE(s,t,v)、插入操作 INSERT(s,pos,t)和删除操作 DELETE(s,pos,len)，讨论是否可由其他基本操作构造而得？如何构造？

答：串赋值(StrAssign)、串比较(StrCompare)、求串长(StrLength)、串连接(Concat)、求子串(SubString)这五种基本操作构成串类型的最小操作子集。

定位操作 INDEX(s,t)、置换操作 REPLACE(s,t,v)、插入操作 INSERT(s,pos,t)和删除操作 DELETE(s,pos,len)均可由上述五种基本操作构造而得。如 Replace 也可由 StrLength，StrAssign，Concat，SubString 和 Index 等函数实现。其算法如下所示：

```
void Replace(Sting &s,String t,String v)
{
  k = Index(s,t);
  if(k)
  {
    StrAssign(temp,'');  //置 temp 为空串
    n = StrLength(t);
    m = StrLength(s);
    while(k)
    {
      StrAssign(temp,Concat(temp,SubString(s,1,k-1),v);
      m -= (k-1) - n;
      StrAssign(s,SubString(s,k+n,m));  //s 为每次置换后的剩余串
      k = Index(s,t);
    }
    StrAssign(s,Concat(temp,s));
  }
}
```

3. 设 s = 'I AM A STUDENT', t = 'GOOD', q = 'WORKER'。求:

StrLength(s), StrLength(t), SubString(s,8,7), SubString(t,2,1), Index(s, 'A'), Index(s,t), Replace(s,'STUDENT',q), Concat(SubString(s,6,2), Concat(t, SubString(s,7,8)))。

答: StrLength(s) = 14

StrLength(t) = 4

SubString(s,8,7) = 'STUDENT'

SubString(t,2,1) = 'O'

Index(s,'A') = 3

Index(s,t) = 0

Replace(s,'STUDENT',q) = 'I AM A WORKER'

Concat(SubString(s,6,2),Concat(t,SubString(s,7,8))) = 'A GOOD STUDENT'

4. 已知下列字符串

a = 'THIS',f = 'A SAMPLE',c = 'GOOD',d = 'NE',b = ' ',

s = Concat(a,Concat(SubString(f,2,7),Concat(b,SubString(a,3,2)))),

t = Replace(f,SubString(f,3,6),c),

u = Concat(SubString(c,3,1),d),g = 'IS',

v = Concat(s,Concat(b,Concat(t,Concat(b,u)))),

试问:s,t,v,StrLength(s),Index(v,g),Index(u,g)各是什么?

答: s = 'THIS SAMPLE IS'

t = 'A GOOD'

v = 'THIS SAMPLE IS A GOOD ONE'

StrLength(s) = 14

Index(v,g) = 3

Index(u,g) = 0

5. 试问执行以下函数会产生怎样的输出结果?

```
Void demonstrate( )
{
  StrAssign(s,'THIS IS A BOOK');
  Replace(s,SubString(s,3,7),'ESE ARE');
  StrAssign(t,Concat(s,'S'));
  StrAssign(u,'XYXYXYXYXYXY');
  StrAssign(v,SubString(u,6,3));
  StrAssign(w,'W');
  Printf('t =',t,'v =',v,'u =',Replace(u,v,w));
} //demonstrate
```

答: t = 'THESE ARE BOOKS'

v = 'YXY'

u = 'XWXWXW'

6. 已知: s = '(XYZ) + *', t = '(X + Z) * Y', 试利用连接, 求子串和置换等基本运算, 将 s 转化为 t。

答: 算法设计:

s1 = SubString(s,3,1)//s1 = 'Y'

s2 = SubString(s,6,1) //s2 = '+'

Replace(s,s1,s2)//s = '(X + Z) + *'

Concat(s3,s,s1)//s3 = '(X + Z) + * Y'

Concat(t,SubString(s3,1,5),SubString(s3,7,2))

7. 令 s = 'aaab', t = 'abcabaa', u = 'abcaabbabcabaacbacba', 试分别求出它们的 next 函数值和 nextrval 函数值。

答: (1)next[4] = {0, 1, 2, 3} nextrval[4] = {0, 0, 0, 3}

(2)next[7] = {0, 1, 1, 1, 2, 3, 2} nextrval[7] = {0, 1, 1, 0, 1, 3, 2}

(3)next[20] = {0, 1, 1, 1, 2, 2, 3, 1, 2, 3, 4, 5, 3, 2, 2, 1, 1, 2, 1, 1}
nextrval[20] = {0, 1, 1, 0, 2, 1, 3, 0, 1, 1, 0, 5, 3, 2, 2, 1, 0, 2, 1, 0}

【注意】next 函数值和 nextval 函数值的区别:

①next 数组表示当前匹配不成功时, 不考虑移动到的位置的数与当前位置数的关系;

②nextval 数组表示当前匹配不成功时, 考虑移动到的位置的数与当前位置数的关系。

8. 已知主串 s = 'ADBADABBAABADABBADADA', 模式串 pat = 'ADABBADADA', 写出模式串的 nextval 函数值, 并由此画出 KMP 算法匹配的全过程。

答: KMP 算法匹配过程图如图 4-3 所示。

nextval[j] =0 1 0 2 1 0 1 0 4 0

↓i =3

主串 A D B A D A B B A A B A D A B B A D A D A

第一趟

模式 A D A

↑j =3 next[3] =0

i =4 → ↓i =10

主串 A D B A D A B B A A B A D A B B A D A D A

第二趟

模式 A D A B B A D

↑j =7 next[7] =1

↓i =11

主串 A D B A D A B B A A B A D A B B A D A D A

第三趟

模式 (A) D

↑j =2 next[2] =1

↓i =12

主串 A D B A D A B B A A B A D A B B A D A D A

第四趟

模式 (A) D A B B A D A D A

匹配成功

图 4-3 KMP 算法匹配过程

9. 在以链表存储串值时，存储密度是结点大小和串长的函数。假设每个字符占一个字节，每个指针占 4 个字节，每个结点的大小为 4 的整数倍。求结点大小为 4k，串长为 l 时的存储密度 $d(4k, l)$（用公式表示）。

答：每个结点大小为 $4k$，结点个数为 $\lceil \frac{1}{4k} \rceil$，每个结点包含指针的大小为 $4k+4$，故存储密度为

$$d(4k, l) = \frac{l}{4(k+1) * \lceil \frac{l}{4k} \rceil}$$

在编写 10 至 14 题的算法时，请采用 StringType 数据类型；

StringType 是串的一个抽象数据类型，它包含以下五种基本操作：

void StrAssign(StringType &t,StringType s)

//将 s 的值赋给 t，s 的实际参数可以是串变量或者串常量（如：'abcd'）。

int StringCompare(StringType s,StringType t)

//比较 s 和 t，若 s>t，返回值 >0，若 s=t，返回值 =0；若 s<T，返回值 <0。

int StrLength(StringType s)

//返回 s 中的元素个数，即该串的长度。

StringType Concat(StringType s,StringType t)

//返回由 s 和 t 连接而成的新串。

StringType SubString(StringType s,int start ,int len)

//当 1≤start≤StrLength(s)且 0≤len≤StrLength(s) -start +1 时返回 s 中第 start 个字符起长度为 len 的子串，否则返回空串。

10. 编写对串求逆的递推算法。

答:

```
void Reverse(StringType &s)   //求 s 的逆串
{
  int i =0,j = StrLength(s) -1;
  char temp;
  while(i <=j)   //交换头尾元素
  {
    temp = s[i];
    s[i] =s[j];
    s[j] =temp;
    i ++;
    j --;
  }
}
```

11. 编写算法，求得所有包含在串 s 中而不包含在串 t 中的字符(s 中重复的字符只选一个)构成的新串 r，以及 r 中每个字符在 s 中第一次出现的位置。

答:

```
void String_Subtract(Stringtype s,Stringtype t,Stringtype &r)
//求所有包含在串 s 中而 t 中没有的字符构成的新串 r
{
  StrAssign(r,'');
  for(i =1;i <= Strlen(s);i ++)
  {
    StrAssign(c,SubString(s,i,1));
    for(j =1;j < i&&StrCompare(c,SubString(s,j,1));j ++);   //判断 s 的当前字符 c 是否第一次出现
    if(i ==j)
    {
      for(k =1;k <= Strlen(t)&&StrCompare(c,SubString(t,k,1));k ++);   //判断当前字符是否包含在 t 中
      if(k > Strlen(t))
      {
        StrAssign(r,Concat(r,c));
        printf("字符%c 第一次出现的位置是%d\n",c,j);
      }
```

```
        }
    }  //for
}  //String_Subtract
```

12. 编写一个实现串的置换操作 Replace(&S,T,V)的算法。

答:

```
int Replace(Stringtype &S,Stringtype T,Stringtype V)
//将串 S 中所有子串 T 替换为 V, 并返回置换次数
{
  for(n=0,i=1;i<=Strlen(S)-Strlen(T)+1;i++)  //注意 i 的取值范围
    if(! StrCompare(SubString(S,i,Strlen(T)),T))
    //找到了与 T 匹配的子串,分别把 T 的前面和后面部分保存为 head 和 tail
    {
      StrAssign(head,SubString(S,1,i-1));  //S 的前面部分 head
      StrAssign(tail,SubString(S,i+Strlen(T),Strlen(S)-i-Strlen(T)+1));  //S 的
后面部分 tail
      StrAssign(S,Concat(head,V));  //将串 V 连接到 head, 并赋给串 S
      StrAssign(S,Concat(S,tail));  //把 head, V, tail 连接为新串
      i+=Strlen(V);   //当前指针跳到插入串以后
      n++;
    }  //if
  return n;
}  //Replace
```

13. 编写算法, 从串 s 中删除所有和串 t 相同的子串。

答:

```
int Delete_SubString(Stringtype &s,Stringtype t)
//从串 s 中删除所有与 t 相同的子串,并返回删除次数
{
  for(n=0,i=1;i<=Strlen(s)-Strlen(t)+1;i++)
    if(! StrCompare(SubString(s,i,Strlen(t)),t)  //找到与 t 相同的子串
    {
      StrAssign(head,SubString(S,1,i-1));
      StrAssign(tail,SubString(S,i+Strlen(t),Strlen(s)-i-Strlen(t)+1);
      StrAssign(S,Concat(head,tail));  //把 head,tail 连接为新串, 此时与 t 相同的子
串已删除
      n++;   //删除次数加 1
    }  //if
  return n;
}  //Delete_SubString
```

14. 利用串的基本操作以及栈和集合的基本操作, 编写"由一个算术表达式的前缀式求后缀式"的递推算法(假设前缀式不含语法错误)。

答：

```
Status NiBoLan_to_BoLan(Stringtype str,Stringtype &new)
//利用栈把前缀表达式 str 转换为后缀式 new
{
  Initstack(s);  //s 的元素为 Stringtype 类型
  for(i=1;i<=Strlen(str);i++)
  {
    r=SubString(str,i,1);  //循环判断每个字符
    if(r 为字母)
      push(s,r);  //如果是字母字符，即操作数，则压入栈 s
    else
    {
      if(StackEmpty(s))
        return ERROR;
      pop(s,a);  //如果是运算符，则弹出栈顶操作数 a
      if(StackEmpty(s))
        return ERROR;
      pop(s,b); //如果是运算符，则弹出栈顶操作数 b，两次弹出的操作数进行运算，并将结果存入 b
      StrAssign(t,Concat(r,b));
      StrAssign(c,Concat(t,a));  //把算符 r，子前缀表达式 a，b 连接为新子前缀表达式 c
      push(s,c);
    }
  } //for
  pop(s,new);
  if(! StackEmpty(s))
    return ERROR;
  return OK;
} //NiBoLan_to_BoLan
```

在编写 15 至 20 题的算法时，请采用教科书 4.2.1 节中所定义的定长顺序存储表示，而不允许调用串的基本操作。

15. 编写算法，实现串的基本操作 StringAssign(&T,chars)。

答：

```
void StrAssign(SString &T,char[] chars)  //用字符数组 chars 给串 T 赋值
{
  for(i=0,T[0]=0;chars[i]!='\0';T[0]++,i++)
    T[i+1]=chars[i];
} //StrAssign
```

16. 编写算法，实现串的基本操作 StrCompare(S,T)。

答：

```
int StrCompare(SString s,SString t)
//串的比较，s>t 时返回正数，s=t 时返回 0，s<t 时返回负数
{
  for(i=1;i<=s[0]&&i<=t[0]&&s[i]==t[i];i++);  //逐个比较串 s 和 t 的每个字符
  if(i>s[0]&&i>t[0])
    return 0;
  else if(i>s[0])
    return(-1);
  else if(i>t[0])
    return 1;
  else
     return (s[i]-t[i])>0?1:-1;
}  //StrCompare
```

17. 编写算法，实现串的基本操作 Replace(&S,T,V)。

答：

```
int String_Replace(SString &S,SString T,SString V)
//将串 S 中所有子串 T 替换为 V，并返回置换次数
{
  for(n=0,i=1;i<=S[0]-T[0]+1;i++)
  {
    for(j=i,k=1;T[k]&&S[j]==T[k];j++,k++);
    if(k>T[0])  //找到了与 T 匹配的子串,分三种情况处理
    {
      if(T[0]==V[0])
        for(m=1;m<=T[0];m++)  //新子串长度与原子串相同时，直接替换
          S[i+m-1]=V[m];
      else if(T[0]<V[0])  //新子串长度大于原子串时，先将串 S 后面部分后移
      {
        for(m=S[0];m>=i+T[0];m--)
          S[m+V[0]-T[0]]=S[m];
        for(m=1;m<=V[0];m++)
          S[i+m-1]=V[m];
      }
      else  //新子串长度小于原子串时，先将串 S 后面部分前移
      {
        for(m=i+V[0];l<=S[0]+V[0]-T[0];m++)
          S[m]=S[m-V[0]+T[0]];
        for(m=1;m<=V[0];m++)
```

```
            S[i+m-1]=V[m];
        }
        S[0]=S[0]-T[0]+V[0];
        i+=V[0];
        n++;
      } //if
    } //for
    return n;
} //String_Replace
```

18. 编写算法，求串 s 所含不同字符的总数和每种字符的个数。

答：

```
typedef struct
{
    char ch;
    int num;
} mytype;
void StrAnalyze(SString S)   //统计串 S 中字符的种类和每种字符的个数
{
    mytype T[MAXSIZE];     //用结构体数组 T 存储统计结果
    for(i=1;i<=S[0];i++)
    {
        c=S[i];
        j=0;
        while(T[j].ch&&T[j].ch!=c)  //查找当前字符 c 是否已记录过
            j++;
        if(T[j].ch)
            T[j].num++;
        else
            T[j]={c,1};
    } //for
    for(j=0;T[j].ch;j++)
        printf("%c:%d\n",T[j].ch,T[j].num);
} //StrAnalyze
```

19. 在串的定长顺序存储结构上直接实现 11 题要求的算法。

答：

```
void Subtract_String(SString s,SString t,SString &r)
//求所有包含在串 s 中而 t 中没有的字符构成的新串 r
{
    r[0]=0;
    for(i=1;i<=s[0];i++)
```

```
  {
    c = s[i];
    for(j = 1;j < i&&s[j]! = c;j ++ );
    if(i == j)  //判断 s 的当前字符 c 是否第一次出现
    {
      for(k = 1;k <= t[0]&&t[k]! = c;k ++ );
      if(k > t[0])  //判断当前字符是否包含在 t 中
        r[ ++r[0]] = c;
    }
  }  //for
}  //Subtract_String
```

20. 编写算法，从 s 中删除所有和串 t 相同的子串。

答:

```
int SubString_Delete(SString &s,SString t)
//从串 s 中删除所有与 t 相同的子串，并返回删除次数
{
  for(n = 0,i = 1;i <= s[0] - t[0] + 1;i ++ )
  {
    for(j = 1;j <= t[0]&&s[i + j - 1] == t[i];j ++ );
    if(j > m)  //找到了与 t 匹配的子串
    {
      for(k = i;k <= s[0] - t[0];k ++ )
        s[k] = s[k + t[0]];  //左移删除
      s[0] -= t[0];
      n ++ ;
    }
  }  //for
  return n;
}  // SubString_Delete
```

21. 假设以结点大小为 1 且附设头结点的链表结构表示串，试编写实现下列六种串的基本操作 StrAssign，StrCopy，StrCopare，StrLength，Contact 和 SubSring 的函数。

答:

```
typedef struct
{
  char ch;
  LStrNode * next;
} LStrNode, * LString;  //链串结构
void StringAssign(LString &s,LString t)  //把串 t 赋值给串 s
{
  s = malloc(sizeof(LStrNode));  //动态创建结点
```

```
    for(q = s,p = t -> next;p;p = p -> next)
    {
      r = (LStrNode * )malloc(sizeof(LStrNode));
      r -> ch = p -> ch;
      q -> next = r;
      q = r;
    }
    q -> next = NULL;
  }  //StringAssign
  void StringCopy(LString &s,LString t)
  //把串 t 复制为串 s，与前一个赋值操作的区别在于串 s 也已存在
  {
    for(p = s -> next,q = t -> next;p&&q;p = p -> next,q = q -> next)
    {
      p -> ch = q -> ch;
      pre = p;  //pre 是 p 的前驱结点
    }
    while(q)
    {
      p = (LStrNode * )malloc(sizeof(LStrNode));
      p -> ch = q -> ch;
      pre -> next = p;
      pre = p;
    }
    p -> next = NULL;  //尾结点
  }  //StringCopy
  int StringCompare(LString s,LString t)
  //串的比较，s > t 时返回正数；s = t 时返回 0；s < t 时返回负数
  {
    for(p = s -> next,q = t -> next;p&&q&&p -> ch == q -> ch;p = p -> next,q = q ->
next);  //s与 t 中的元素逐个比较
    if(! p&&!q)
      return 0;
    else if(!p)
      return (int)q -> ch;
    else if(!q)
      return (int)p -> ch;
    else
      return (int)(p -> ch - q -> ch);
  }  //StringCompare
```

```
int StringLen(LString s)   //求串 s 的长度(元素个数)
{
  for(i =0,p = s -> next;p;p = p -> next,i ++ );  //指针依次向后移动,直到表尾
  return i;
}  //StringLen
LString * Concat(LString s,LString t)  //连接串 s 和串 t 形成新串，并返回指针
{
  p = malloc(sizeof(LStrNode));  //动态创建指针结点
  for(q = p,r = s -> next;r;r = r -> next)
  {
    q -> next = (LStrNode * )malloc(sizeof(LStrNode));
    q = q -> next;
    q -> ch = r -> ch;  //复制串 s
  }  //for
for(r = t -> next;r;r = r -> next)
{
    q -> next = (LStrNode * )malloc(sizeof(LStrNode));
    q = q -> next;
    q -> ch = r -> ch;  //复制串 t
  }  //for
  q -> next = NULL;  //此时指针 q 指向串 s 和串 t 形成的新串的尾部
  return p;  //指针 p 即新串的头指针
}  //Concat
LString * Sub_String(LString s,int start,int len)
//返回一个串,其值等于串 s 从 start 位置起长为 len 的子串
{
  p = malloc(sizeof(LStrNode));
  q = p;
  for(r = s;start;start -- ,r = r -> next);  //找到 start 所对应的结点指针 r
  for(i = 1;i <= len;i ++ ,r = r -> next)
  {
    q -> next = (LStrNode * )malloc(sizeof(LStrNode));
    q = q -> next;
    q -> ch = r -> ch;
  }  //复制串 t
  q -> next = NULL;
  return p;  //p 为指向所求串的头指针
}  //Sub_String
```

22. 假设以块链结构表示串，试编写将串 s 插入到串 t 中某个字符之后的算法，(若串 t 中不存在此字符，则将串 s 连接在串的末尾)。

答：

```
void LString_Concat(LString &t,LString &s,char c)
//用块链存储结构，把串 s 插入到串 t 的字符 c 之后
{
  p = t.head;
  while(p&&!(i = Find_Char(p,c)))  //查找字符 c
    p = p -> next;
  if(!p)  //没找到
  {
    t.tail -> next = s.head;
    t.tail = s.tail;  //把 s 连接在 t 的后面
  }
  else
  {
    q = p -> next;
    r = (Chunk * )malloc(sizeof(Chunk));  //将包含字符 c 的结点 p 分裂为两个
    for(j = 0;j < i;j ++ )
      r -> ch[j] = '#';  //原结点 p 包含 c 及其以前的部分
    for(j = i;j < CHUNKSIZE;j ++ )  //新结点 r 包含 c 以后的部分
    {
      r -> ch[j] = p -> ch[j];
      p -> ch[j] = '#';  //将 p 的后半部分和 r 的前半部分的字符改为无效字符'#'
    }
    p -> next = s.head;
    s.tail -> next = r;
    r -> next = q;  //把串 s 插入到结点 p 和 r 之间
  }  //else
  t.curlen += s.curlen;  //修改串长
  s.curlen = 0;
}  //LString_Concat
int Find_Char(Chunk * p,char c)  //在某个块中查找字符 c，如找到则返回位置，否则返回 0
{
  for(i = 0;i < CHUNKSIZE&&p -> ch[i] != c;i ++ );
  if(i == CHUNKSIZE)
    return 0;
  else
    return i + 1;
}  //Find_Char
```

23. 假设以块链结构作为串的存储结构。试编写判别给定串是否是具有对称性的算法，并要求算法的时间复杂度为 O(StrLength(S))。

答:

```
int LString_Palindrome(LString L)
//判断以块链结构存储的串 L 是否为回文序列，是则返回 1，否则返回 0
{
  InitStack(S);
  p = L.head;
  i = 0;
  k = 1;    //i 指示元素在块中的下标，k 指示元素在整个序列中的序号(从 1 开始)
  for(k = 1;k <= L.curlen;k ++ )
  {
    if(k <= L.curlen/2)
      Push(S,p -> ch[i]);  //将串前半段的字符入栈
    else if(k > (L.curlen + 1)/2)
    {
      Pop(S,c);  //将后半段的字符与栈中的元素逐个相匹配
      if(p -> ch[i] != c)
        return 0;  //失配
    }
    if( ++ i == CHUNKSIZE)  //转到下一个元素，当该元素为块中最后一个元素时，转到下一块
    {
      p = p -> next;
      i = 0;
    }
  }  //for
  return 1;  //成功匹配
}  //LString_Palindrome
```

在编写 24 到 26 题的算法时，请采用堆分配存储表示。

24. 试写一算法，在串的堆存储结构上实现基本操作 Concat(&T,s1,s2)。

答:

```
void HString_Concat(HString s1,HString s2,HString &t)  //将堆结构表示的串 s1 和 s2 连接为新串 t
{
  if(t.ch)
    free(t.ch);  //将串 t 清空以存储新串
  t.ch = malloc((s1.length + s2.length) * sizeof(char));
  for(i = 1;i <= s1.length;i ++ )
    t.ch[i - 1] = s1.ch[i - 1];  //s1 作为新串 t 的前半部分
```

```
    for(j=1;j<=s2.length;j++,i++)
      t.ch[i-1]=s2.ch[j-1];   //s2 作为新串 t 的后半部分
    t.length=s1.length+s2.length;   //新串的长度
  } //HString_Concat
```

25. 试写一算法，实现堆存储结构的串的置换操作 Replace(&S,T,V)。

答:

```
int HString_Replace(HString &S,HString T,HString V)  //堆结构串上的置换操作,返回置换次数
  {
   for(n=0,i=0;i<=S.length-T.length;i++)
   {
     for(j=i,k=0;k<T.length&&S.ch[j]==T.ch[k];j++,k++);
     if(k==T.length)   //找到了与 T 匹配的子串，分三种情况处理
     {
       if(T.length==V.length)
         for(m=1;m<=T.length;m++)   //新子串长度与原子串相同时，直接替换
           S.ch[i+m-1]=V.ch[m-1];
       else if(T.length<V.length)   //新子串长度大于原子串时，先将串 S 的后半部分往后移
       {
         for(m=S.length-1;m>=i+T.length;m--)
           S.ch[m+V.length-T.length]=S.ch[m];
         for(m=0;m<V.length;m++)
           S[i+1]=V[m];
       }
       else   //新子串长度小于原子串时，先将串 S 的后半部分往前移
       {
         for(m=i+V.length;m<S.length+V.length-T.length;m++)
           S.ch[m]=S.ch[m-V.length+T.length];
         for(m=0;m<V.length;m++)
           S[i+m]=V[m];
       }
       S.length+=V.length-T.length;
       i+=V.length;
       n++;
     } //if
   } //for
   return n;
  } //HString_Replace
```

26. 试写一算法，实现堆存储结构的串的插入操作 StrIsert(&S,pos,T)。

答：

```
Status HString_Insert(HString &S,int pos,HString T)
//把 T 插入堆结构的串 S 的第 pos 个字符之前
{
  if(pos<1)
    return ERROR;  //第 1 个位置前无法进行插入
  if(pos>S.length)
    pos=S.length+1;  //当插入位置大于串长时,看作添加在串尾
  S.ch=realloc(S.ch,(S.length+T.length)*sizeof(char));  // realloc()更改已经配置的内存空间
  for(i=S.length-1;i>=pos-1;i--)
    S.ch[i+T.length]=S.ch[i];  //后移为新插入的字符串让出位置
  for(i=0;i<T.length;i++)
    S.ch[pos+i-1]=T.ch[pos];  //插入串 T
  S.length+=T.length;
  return OK;
}  //HString_Insert
```

27. 当以教科书 4.2.1 节中定义的定长顺序结构表示串时，可如下所述改进定位函数的算法：先将模式串 t 中的第一个字符和最后一个字符与主串 s 中相应的字符比较，在两次比较都相等之后，再依次从 t 的第二个字符起逐个比较。这样做可以克服算法 Index(算法 4.5)在模式串'a^kb'(a^k表示连续 k 个字符'a')在主串'a^nb'($k\leqslant n$)中的定位函数时产生的弊病。试编写上述改进算法，并比较这两种算法在作 Index('a^nb'，'a^kb')运算时所需进行的字符间的比较次数。

答：

```
int Index_New(SString s,SString t)  //改进的定位算法
{
  i=1;
  j=1;
  while(i<=s[0]&&j<=t[0])
  {
    if((j!=1&&s[i]==t[j])||(j==1&&s[i]==t[j]&&s[i+t[0]-1]==t[t[0]]))
    {  //当 j==1 即匹配模式串的第一个字符时，需同时匹配其最后一个
      i=i+j-2;
      j=1;
    }
    else  //如果字符不匹配，指示主串的指针和指示匹配串的指针同时后移
    {
      i++;
      j++;
```

```
        }
    } //while
    if(j > t[0])
        return i - t[0];
} //Index_New
```

当 $k \leqslant n$ 时，原算法的比较次数为 $(k+1)(n-k+1)$，改进算法的比较次数为 $2(n-k)+(k+1)$。

28. 假设以结点大小为1(带头结点)的链表结构表示串，则在利用 next 函数值进行匹配时，在每个结点中需要设三个域：数据域 chdata、指针域 succ 和指针域 next。其中 chdata 域存放一个字符，succ 域存放指向同一链表中后继结点的指针；next 域在主串中存放指向同一链表中前驱结点的指针；在模式串中，存放指向当该结点的字符与主串中的字符不等时，模式串中下一个应进行比较的字符结点(即与该结点字符的 next 函数值相对应的字符结点)的指针，若该结点字符的 next 函数值为零，则其 next 域的值应指向头结点。试按上述定义的结构改写求模式串的 next 函数值的算法。

答：

```
void LGet_next(LString T)    //链串上的 get_next 算法
{
  if( !T || !T -> succ)
    return;
  p = T -> succ;
  q = T;
  while(p -> succ)
  {
    if(q == T || p -> chdata == q -> chdata)    //找到匹配的字符
    {
      p = p -> succ;
      q = q -> succ;
      p -> next = q;
    }
    else
      q = q -> next;
  } //while
  return;
} //LGet_next
```

29. 试按28题定义的结构改写串匹配的改写算法(KMP 算法)。

答：

```
int KMP(LString S,LString T,int pos)
{
  if(pos < 1 || !S || !S -> succ || !T || !T -> succ)
    return 0;
```

```
int i;
LNode *m, *p, *q;
for(i=1,m=S->succ;i<pos;i++,m=m->succ);  //找到pos位置，开始匹配
q=T->succ;
p=m;
while(p&&q)
{
  if(q==T || p->chdata==q->chdata)
  {
    p=p->succ;
    q=q->succ;
  }
  else
  {
    q=q->next;
    if(q==T->succ)
      p=m;  //重新开始匹配的起点
  }
}
if(!q)  //找第一个匹配的结点位置
{
  for(i=1,q=S->succ;q!=p;i++,q=q->succ);
  return i;
}
else
  return 0;
}
```

30. 假设以定长顺序存储结构表示串，试设计一个算法，求串 s 中出现的第一个最长重复子串及其位置，并分析你的算法的时间复杂度。

答：

```
void Get_LRepSub(Stringtype S)  //求S的最长重复子串的位置和长度
{
  for(maxlen=0,i=1;i<S[0];i++)  //i表示复制串S2每次平移的距离
  {
    for(k=0,j=1;j<=S[0]-i;j++)
    //j为串S2的当前指针，串S1的当前指针为i+j，两指针同步移动
    {
      if(S[j]==S[j+i])
        k++;  //用k记录连续相同的字符数
      else
```

```
            k =0;     //失配时 k 归零
        if(k > maxlen)   //发现了比以前更长的重复子串
        {     //作记录
          lrs1 = j - k + 1;
          lrs2 = lrs1 + i;
          maxlen = k;
        }
      }   //for
    }   //for
    if(maxlen)
    {
      printf("Longest Repeating Substring length:%d\n",maxlen);
      printf("Position1:%d Position 2:%d\n",lrs1,lrs2);
    }
    else
      printf("No Repeating Substring found! \n");
  }   //Get_LRepSub
```

分析：i 代表"错位值"。本算法的思想是，依次把串 S 的一个副本 S2 向右错位平移 1 格、2 格、3 格……，直到与自身 S1 相匹配，如果存在最长重复子串，则必然能在此过程中被发现。用变量 lrs1、lrs2、maxlen 来记录已发现的最长重复子串第一次出现位置，第二次出现位置和长度。题目中未说明"重复子串"是否允许有重叠部分，本算法假定允许。本算法时间复杂度为 $O(\mathrm{Strlen}(S)^2)$。

31. 假设定长顺序存储结构表示串，试设计一个算法，求串 s 和串 t 的一个最长公共子串，并分析你的算法的时间复杂度，若要求第一个出现的最长公共子串(既它在串 s 和串 t 的最左边的位置上出现)和所有的最长公共子串，讨论你的算法能否实现。

答：

```
void Get_LPubSub(Stringtype S,Stringtype T)   //求串 S 和串 T 的最长公共子串位置和长度
{
  if(S[0] >=T[0])
  {
    StrAssign(A,S);
    StrAssign(B,T);
  }
  else
  {
    StrAssign(A,T);
    StrAssign(B,S);
  }   //为简化设计，令 S 和 T 中较长的那个为 A，较短的那个为 B
  for(maxlen =0,i =1 - B[0];i < A[0];i ++)   //i 为 B 相对于 A 的错位值，向左为负，
```

左端对齐为0，向右为正

```
    {
      if(i<0)
      {
        jmin=1;
        jmax=i+B[0];
      }  //B有一部分在A左端的左边
      else if(i>A[0]-B[0])
      {
        jmin=i;
        jmax=A[0];
      }  //B有一部分在A右端的右边
      else
      {
        jmin=i;
        jmax=i+B[0];
      }  //B在A左右两端之间
      //以上是根据A和B不同的相对位置确定A上需要匹配的区间(与B重合的区间)
的端点：jmin,jmax
      for(k=0,j=jmin;j<=jmax;j++)
      {
        if(A[j]==B[j-i])
          k++;
        else
          k=0;
        if(k>maxlen)
        {
          lps1=j-k+1;
          lps2=j-i-k+1;
          maxlen=k;
        }
      }  //for
    }  //for
    if(maxlen)
    {
      if(S[0]>=T[0])
      {
        lpsS=lps1;
        lpsT=lps2;
      }
```

```
    else
    {
        lpsS = lps2;
        lpsT = lps1;
    }  //将 A，B 上的位置映射回 S，T 上的位置
    printf("Longest Public Substring length:%d\n",maxlen);
    printf("Position in S:%d   Position in T:%d\n",lpsS,lpsT);
  }  //if
  else
      printf("No Repeating Substring found!\n");
}  //Get_LPubSub
```

类似于 30 题，时间复杂度为：O(LENGTH(s) * LENGTH(t))。

4.3 考研真题与典型题详解

一、选择题

1. 设主串 T = "abaabaabcabaabc"，模式串 S = "abaabc"，采用 KMP 算法进行模式匹配，到匹配成功时为止，在匹配过程中进行的单个字符间的比较次数是(　　)。[2019 年 408 统考]

A. 9　　B. 10　　C. 12　　D. 15

【答案】B

【解析】模式匹配(KMP)算法对普通的暴力匹配的改进在于：每当匹配过程中匹配失败时，主串(本题为 T)的指针(i)不需要回溯，而是利用已经得到的"部分匹配"的结果将模式串(S)向右"滑动"尽可能远的一段距离后，继续进行比较。模式串"滑动"的距离是由模式串(S)本身决定的，即 S 的子串 S[0…j-1]中前缀串和后缀串相等的最长长度。本题中第一次失配 i = 5，匹配字串为"abaab"，其相等且最长的前后缀为"ab"，因此下一个 j = 2，此时已经进行 6 次单个字符间的比较；在第二次匹配时，i = 5，j = 2，故主串 T 从 i = 5，即第 6 个字符'a'开始和模式串 S 的第 3 个字符'a'开始匹配，共匹配四个字符，即"aabc"，匹配成功，因此两次共匹配了 10 次。

2. 已知字符串 S 为"abaabaabacacaabaabcc"，模式串 t 为"abaabc"，采用 KMP 算法进行匹配，第一次出现"失配"(s[i] != t[i])时，i = j = 5，则下次开始匹配时，i 和 j 的值分别是(　　)。[2015 年 408 统考]

A. i = 1，j = 0　　B. i = 5，j = 0　　C. i = 5，j = 2　　D. i = 6，j = 2

【答案】C

【解析】本题中第一次失配 i = 5，字串为"abaab"，其相等且最长的前后缀为"ab"，因此下次匹配时 j = 2。

3. 设有两个串 S1 和 S2，求 S2 在 S1 中首次出现的位置的运算称作(　　)。[中南大学 2005 研]

A. 求子串　　B. 判断是否相等　　C. 模型匹配　　D. 连接

【答案】C

【解析】这个操作就是在 S2 中寻找匹配 S1 的串，模式匹配就是模型匹配。

4. 模式串 t = 'abcaabbcabcaabdab'，该模式串的 next 数组的值为(　　)。

A. 01112211123456712　　B. 01112121123456112

C. 01110013101100701　　D. 01112231123456712

【答案】D

【解析】一般手动求解 next 数组用如下方法：

①初始化：next[1] = 0；next[2] = 1；并设当前待求的为 next[n]，且 next[$n-1$] = m；

②若前 $n-1$ 个字符中，前“m”个字符和后“m”个字符相同，则有 next[n] = $m+1$；

③若不同，如果 $m=1$，则 next[n] = 1，否则，令 $m=m-1$，重复②③步。

据此得到 next 数组，选 D。

5. 设 S 为一个长度为 n 的字符串，其中的字符各不相同，则 S 中的互异的非平凡子串(非空且不同于 S 本身)的个数为(　　)。

A. $2n-1$　　B. n^2

C. $(n^2/2)+(n/2)$　　D. $(n^2/2)+(n/2)-1$

【答案】D

【解析】因为长度为 n 的字符串，字符各异，连续 2 个、3 个等等的子字符串都不相同，所以个数为 $(n+2)(n-1)/2$，答案就为 $(n^2/2)+(n/2)-1$。

6. 串是任意有限个(　　)。[广西科技大学 2022 研]

A. 符号构成的序列　　B. 符号构成的集合

C. 字符构成的序列　　D. 字符构成的集合

【答案】C

【解析】串(或字符串)是由零个或多个字符组成的有限序列。

7. 已知串 S = 'aaab'，其 next 数组值为(　　)。

A. 0123　　B. 1123　　C. 1231　　D. 1211

【答案】A

【解析】KMP 算法的 next 数组建立的原则为：

$$\text{next}[j]=\begin{cases}0 & \text{当} j=1 \text{时}\\ \text{Max}\{k \mid 1<k<j \text{且} 'p_1\cdots p_{k-1}'='p_{j-k+1}\cdots p_{j-1}'\} & \text{当该集合不为空时}\\ 1 & \text{其他情况}\end{cases}$$

8. 在下列表述中，(　　)是正确的。[华中科技大学 2006 研]

A. 含有一个或多个空格字符的串称为空格串

B. 对 $n(n>0)$ 个顶点的网，求出权最小的 $n-1$ 条边便可构成其最小生成树

C. 选择排序算法是不稳定的

D. 平衡二叉树的左右子树的结点数之差的绝对值不超过 1

【答案】AC

【解析】A 项：由空格组成的非空串称为空格串；B 项：最小生成树算法有 Kruskal 算法和 Prim 算法，且需要注意树是无环的；D 项：平衡二叉树的左右子树的高度差的绝对值不超过 1。则 AC 均为正确。

二、填空题

1. 模式串 P = 'abaabcac'的 next 函数值序列为______。[西安电子科技大学研]

【答案】01122312

【解析】根据KMP算法的next数组建立的原则可得next函数值序列。

2. 有n个字符的字符串的非空子串个数最多有______个。[重庆邮电大学2022研]

【答案】n(n+1)/2

【解析】长度为n的字符串有1个长度为n的子串，有2个长度为n-1的子串，有3个长度为n-2的子串，……，有n个长度为1的子串，最多有1+2+…+n=n(n+1)/2个子串。

3. 完善算法：求KMP算法的next数组。[中山大学研]

```
PROC get_next(t:string,VAR next:ARRAY[1..t.len] OF integer);
BEGIN
  j:=1;
  k:=①______;
  next[1]:=0;
  WHILE j<t.len DO
    IF k=0 OR t.ch[j]=t.ch[k]
      THEN
      BEGIN
      j:=j+1;
      k:=k+1;
      next[j]:=k;
      END
    ELSE
      k:=②______;
END
```

【答案】①0；②next[k]

【解析】考查KMP算法的next数组基本原理。

三、综合题

1. 给出模式串'abacabaaad'在KMP算法中的next和nextval数组。[北京邮电大学研]

答：模式串的next函数定义如下：

$$next[j]=\begin{cases}0 & 当j=1时\\ \mathrm{Max}\{k\mid 1<k<j且'p_1\cdots p_{k-1}'='p_{j-k+1}\cdots p_{j-1}'\} & 当该集合不为空时\\ 1 & 其他情况\end{cases}$$

根据此定义，可求解模式串'abacabaaad'的next和nextval值如表4-2所示。

表4-2 模式串next和nextval值表

j	1	2	3	4	5	6	7	8	9	10
模式串	a	b	a	c	a	b	a	a	a	d
next[j]	0	1	1	2	1	2	3	4	2	2
nextval[j]	0	1	0	2	0	1	0	4	2	2

2. 设s、t为两个字符串，分别放在两个一维数组中，*m*、*n*分别为其长度，判断t是否为s的子串。如果是，输出子串所在位置(第一个字符)，否则输出0(注：用程序实现)。[中科院研究生院研]

答： 可以采用两种方法实现该模式匹配，一种是简单模式匹配，实现如下：

```
int index(char s[ ],char t[ ],int m,int n)
//字符串 s 和 t 用一维数组存储，长度分别为 m 和 n
//算法实现了求 t 在 s 中第一次出现的位置，匹配失败输出 0
{
  int i=1;
  int j=1;
  while(i<=m&&j<=n)
  {
    if(s[i]==t[j])  //对应指针相等，指针后移
    {
      i++;
      j++;
    }
    else  //对应指针不相等，i 回溯，j 为 0
    {
      i=i-j+2;
      j=1;
    }
  }
  if(j>n)
  {
    printf("t 在 s 串中的位置是%d",i-n);
    return i-n;
  }
  else
    return 0;
}
```

另外一种是 KMP 算法实现模式匹配，实现如下：

```
void getNext(char T[ ],int next[ ],int n)
{
  int i=1;
  next[1]=0;
  int j=0;
  while(i<=n)  //n 为模式串的长度
  {
    if(j==0 || T[i]==T[j])
    {
       ++i;
       ++j;
```

```
            next[i] =j;
        }
        else
            j = next[j];
    }
}
int KMP(char s[ ],char t[ ],int next[ ],int m,int n)
{
    int i =1;    //从主串的第一个元素开始匹配
    int j =1;
    while(i <= m&&j <= n)   //m, n 分别表示主串和模式串的长度
    {
        if(j ==0 || s[i] ==t[j])
        {
            ++i;
            ++j;
        }
        else
            j = next[j];
    }
    if(j > n)
        return i - n;
    else
        return 0;
}
```

分析：以上两种算法实现均假设以数组下标为 1 开始存储字符，且简单模式匹配算法时间复杂度为：$O(m*n)$，KMP 算法时间复杂度为 $O(m+n)$。

第 5 章 数组和广义表

5.1 复习笔记

一、数组的定义

以二维数组为例来说明数组的定义，类似于线性表，二维数组的逻辑结构形式表示为：

$$2-\text{Array}=(D,\ R)$$

其中

$$D=\{a_{ij}\mid 0\leqslant i\leqslant b_1-1,\ 0\leqslant j\leqslant b_2-1,\ a_{ij}\in D_0\}$$

$$R=\{\text{ROW},\ \text{COL}\}$$

$$\text{ROW}=\{<a_{ij},\ a_{i+1,j}>\mid 0\leqslant i\leqslant b_1-2,\ 0\leqslant j\leqslant b_2-1\}$$

$$\text{COL}=\{<a_{ij},\ a_{i,j+1}>\mid 0\leqslant i\leqslant b_1-1,\ 0\leqslant j\leqslant b_2-2\}$$

D_0为某个数据对象，b_1，b_2均为整数。

数组的基本操作：

InitArray(&A, n, boundl, …, boundn}

操作结果：若维数 n 和各维长度合法，则构造相应的数组 A，并返回 OK。

DestroyArray(&A)

操作绪果：销毁数组 A。

Value(A, &e, indexl, …, indexn)

初始条件：A 是 n 维数组，e 为元素变量，随后是 n 个下标值。

操作绪果：若各下标不超界，则 e 赋值为所指定的 A 的元案值，并返回 0K。

Assign(&A, e, index1, …, indexn)

初始条件：A 是 n 维数组，e 为元素变量，随后是 n 个下标值。

操作结果：若下标不超界，则将 e 的值赋给所指定的 A 的元素，并返回 OK。

注意事项：

(1)二维数组中含有 $b_1\times b_2$个数据元素，每个数据元素 a_{ij}都受行关系、列关系约束；

(2)$a_{i,j+1}$是 a_{ij}在行关系中的直接后继元素；而 $a_{i+1,j}$是 a_{ij}在列关系中的直接后继元素；

(3)数组中所有的数据元素属于同一数据类型；

(4)数组一旦被定义，其维数和维界就不再改变，除了结构的初始化和数组销毁以外，数组只能进行存取元素和修改元素值的操作。

二、数组的顺序表示和实现

1. 二维数组的两种存储方式

二维数组 $A[m][n]$可以视为 m 个行向量组成的向量，或 n 个列向量组成的向量，其顺序存储结构有两种存储方式

$$A_{mn}=\begin{pmatrix} a_{11} & a_{12} & \cdots & a_{1n} \\ a_{21} & a_{22} & \cdots & a_{2n} \\ \vdots & \vdots & \ddots & \vdots \\ a_{m1} & a_{m2} & \cdots & a_{mn} \end{pmatrix}$$

(1)以列序为主序的存储方式组成的线性序列为：

$A[1][1]$，$A[2][1]$，…，$A[m][1]$，$A[1][2]$，$A[2][2]$，…，$A[m][2]$，…，$A[1][n]$，$A[2][n]$，$A[m][n]$

(2)以行序为主序的存储方式组成的线性序列为：

$A[1][1]$，$A[1][2]$，…，$A[1][n]$，$A[2][1]$，$A[2][2]$，…，$A[2][n]$，…，$A[m][1]$，$A[m][2]$，$A[m][n]$

2. 数组元素存储位置的计算

在二维数组以行序为主序的存储结构中，设每个数组元素占 L 个存储单元，则二维元素 a_{ij} 的存储位置为：

$$\mathrm{LOC}(i, j) = \mathrm{LOC}(0, 0) + (b_2 \times i + j)L$$

其中，数组元素 a_{00} 作为数组的第一个元素，$\mathrm{LOC}(i, j)$ 表示 a_{ij} 元素的位置，b_2 表示行的长度。

三、矩阵的压缩存储

矩阵的压缩存储是指在阶数较高的矩阵中，存在许多值相同或者值为 0 的元素，对值相同的元素只分配一个存储空间，对值为 0 的元素不分配存储空间。

1. 特殊矩阵

(1)对称矩阵

若一个 n 阶方阵 A 中的元满足 $a_{ij} = a_{ji}(1 \leqslant i, j \leqslant n)$，则称其为 n 阶对称矩阵。为每一对对称元分配一个存储空间，则可将 n^2 个元压缩存储到 $n(n+1)/2$ 个元的数组 B 中。例如矩阵

$$A[1..n][1..n] = \begin{pmatrix} a_{11} & a_{12} & \cdots & a_{1n} \\ a_{21} & a_{22} & \cdots & a_{2n} \\ \vdots & \vdots & \ddots & \vdots \\ a_{n1} & a_{n2} & \cdots & a_{nn} \end{pmatrix}$$

将其压缩存储到 $B[n(n+1)/2]$ 中，即将元素 a_{ij} 存放在 $b_k(k=0, 1, \cdots, n(n+1)/2-1)$ 中。矩阵 A 中元素下标与数组 B 中下标 k 之间关系为

$$k = \begin{cases} \dfrac{i(i-1)}{2} + j - 1 & \text{当 } i \geqslant j \text{(下三角区和主对角线元素)} \\ \dfrac{j(j-1)}{2} + i - 1 & \text{当 } i < j \text{(上三角区元素)} \end{cases}$$

(2)三角矩阵

类似于对角矩阵，下三角矩阵 A 中元素下标与数组 B 中下标 k 之间关系为

$$k = \begin{cases} \dfrac{i(i-1)}{2} + j - 1 & \text{当 } i \geqslant j \text{(下三角区和主对角线元素)} \\ \dfrac{n(n+1)}{2} & \text{当 } i < j \text{(上三角区元素)} \end{cases}$$

上三角矩阵 A 中元素下标与数组 B 中下标 k 之间关系为

$$k = \begin{cases} \dfrac{(i-1)(2n-i+2)}{2} + j - i & \text{当 } i \leqslant j \text{(上三角区和主对角线元素)} \\ \dfrac{n(n+1)}{2} & \text{当 } i > j \text{(下三角区元素)} \end{cases}$$

(3)三对角矩阵

三对角矩阵是指对角线元素及其上下两条元素组成的带状矩阵，其所有非零元素都集中在主对角线为中心的3条对角线的区域内，其他部分均为零元素。可将三对角矩阵 A 中元素 a_{ij}($1\leqslant i, j\leqslant n$, $|i-j|\leqslant 1$)存放在数组 B 中下标为 $k=2i+j-3$ 的位置中。

2. 稀疏矩阵

稀疏矩阵指数值为0的元素个数相对非零元素非常多的矩阵(无明确界限)。稀疏矩阵的非零元与其所在的行和列的位置(i, j)，可以采用一个三元组(i, j, a_{ij})唯一确定。下表5-1为一个三元组表。

表 5-1

i	j	a_{ij}
1	2	-9
3	6	1
4	2	5
4	5	18
5	1	23
6	6	6

四、广义表的定义

1. 定义

广义表是具有 $n(n\geqslant 0)$ 个元素的序列，一般记作

$$LS=(d_1, d_2, \cdots, d_n)$$

其中，LS是广义表(d_1, d_2, …, d_n)的名称，n 是它的长度。当 d_i 是单个数据元素，则为广义表LS的原子，当 d_i 是一个广义表，则为广义表LS的子表；当广义表LS非空时，称第一个元素 d_1 为LS表头(Head)，称其余元素组成的表(d_2, d_3, …, d_n)是LS的表尾(Tail)。

2. 广义表的举例

(1)A=(　)——A是一个空表，它的长度为零。

(2)B=(a)——B只有一个单元素 a，它的长度为1。

(3)C=(b, (c, d, e))——C的长度为2，两个元素分别为单元素 b 和子表(c, d, e)。

(4)D=(A, B, C)——D的长度为3，三个元素都是列表。

(5)E=(a, E)——这是一个递归的表，它的长度为2，E相当于一个无限的列表E=(a, (a, (a, …)))。

广义表还可以用图形来表示，如图5-1为广义表D的图形表示。

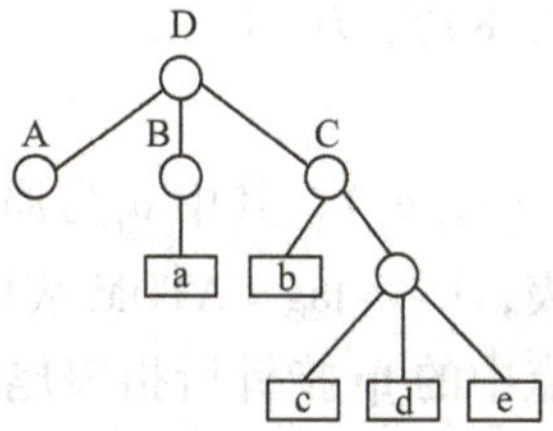

图 5-1

3. 广义表的相关运算

(1)求广义表的长度

广义表的长度是指广义表中所含元素的个数，其中元素可以是单个原子，也可以是一个子表。例如广义表$(a, (b, c, d))$的长度为2。

(2)求广义表的深度

广义表的深度是指表展开后所含括号的层数。例如广义表$(a, (b, c, d))$的深度为2。

(3)取表头

任意非空广义表的表头是表中的第一个元素，它可以是原子，也可以是子表。例如广义表 $LS=(a, (b, c, d))$，$Head(LS)=a$。

(4)取表尾

广义表的表尾是一个子表。例如广义表 $LS=(a, (b, c, d))$，$Tail(LS)=(b, c, d)$。

()和(())是不相同的，()表示一个空表，空表是不能进行取表头或者取表尾运算的，而(())则表示元素为()的表(长度为1)，该表是能够进行取表尾操作的。

五、广义表的存储结构

广义表中的数据元素具有不同的结构(或是原子，或是列表)，通常采用链式存储结构。在存储时，有两种结构的结点，一种表示表结点，一种表示原子结点，如图5-2所示。

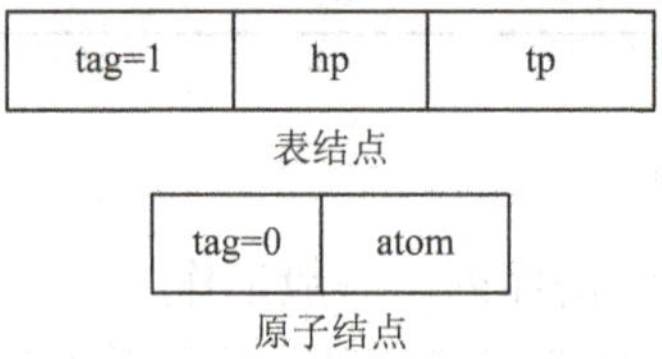

图5-2 列表的链表结点结构

六、m元多项式的表示

对任何一个m元多项式都能先分解出一个主变元，随后再分解出第二个变元，等等。由此，一个m元的多项式首先是它的主变元的多项式，而其系数又是第二变元的多项式，则可用广义表来表示m元多项式。

例如将3元多项式$P(x, y, z)=x^{10}y^3z^2+2x^8y^3z^2+3x^8y^2z^2+x^4y^4z+5x^3y^4z+2yz$用广义表表示，分析如下：

$P(x, y, z)=x^{10}y^3z^2+2x^8y^3z^2+3x^8y^2z^2+x^4y^4z+5x^3y^4z+2yz=((x^{10}+2x^8)y^3+3x^8y^2)z^2+((x^4+5x^3)y^4+2y)z$

记$A(x, y)=Cy^3+Dy^2$，$B(x, y)=Ey^4+Fy$，其中，$C=x^{10}+2x^8$，$D=3x^8$，$E=x^4+5x^3$，$F=2$。

则广义表表示为：$P=((A, 2), (B, 1))$，其中$A=((C, 3), (D, 2))$，$B=((E, 4), (F, 1))$，$C=((1, 10), (2, 8))$，$D=((3, 8))$，$E=((1, 4), (5, 3))$。

七、广义表的递归算法

设非空广义表为$L=(a_1, a_2, \cdots, a_n)$，其中$a_i$为原子或子表，假设L是Glist型的变量，则L=NULL标明广义表为空表，L->tag=ATOM表明广义表是原子，否则L指向表结点，结点中hp指针指向表头，结点中的tp指针所指表尾结点中的hp指针指向L的第二个子表。

1. 求广义表的深度

```
int GListDepth(GList L) //采用链表存储结构，求广义表深度
{
  if(!L) return 1;      //空表深度为1
  if(L->tag == ATOM) return 0;    //原子深度为0
  for(max=0,pp=L;pp;pp=pp->ptr.tp)
  {
    dep=GListDepth(pp->ptr.hp);  //求以pp->ptr.hp为头指针的子表深度
    if(dep>max) max=dep;
  }
  return max+1;    //非空表深度是各元素深度最大值加1
}//GListDepth
```

2. 复制广义表

```
Status CopyGList(GList &T,GList L) //广义表L复制得到广义表T
{
  if(!L) T=NULL; //复制空表
  else
  {
    if(!(T=(GList)malloc(sizeof(GLNode)))) exit(OVERFLOW); //建表结点
    T->tag=L->tag;
    if(L->tag==ATOM) T->atom=L->atom; //复制单原子
    else
    {
      CopyGList(T->ptr.hp,L->ptr); //复制广义表L->ptr.hp的一个副本T->ptr.hp
      CopyGList(T->ptr.tp,L->ptr); //复制广义表L->ptr.tp的一个副本T->ptr.tp
    }
  }
  return OK;
}//CopyGList
```

5.2 强化习题详解

1. 假设有二维数组 $A_{6\times8}$，每个元素用相邻的6个字节存储，存储器按字节编址。已知 A 的起始存储位置(基地址)为1000，计算：

(1)数组 A 的体积(即存储量)；

(2)数组 A 的最后一个元素 a_{57} 的第一个字节的地址；

(3)按行存储时，元素 a_{14} 的第一个字节的地址；

(4)按列存储时，元素 a_{47} 的第一个字节的地址。

答：(1)数组A的体积：$6\times8\times6=288$ Byte；

(2)$LOC(5,7)=1000+(5\times8+7)\times6=1282$；

(3)$LOC(1,4)=1000+(1\times8+4)\times6=1072$；

(4) LOC(4, 7) = 1000 + (7 × 6 + 4) × 6 = 1276。

2. 假设按低下标优先存储整数数组 $A_{9\times3\times5\times8}$ 时，第一个元素的字节地址是100，每个整数占四个字节，问下列元素的存储地址是什么？

(1) a_{0000}

(2) a_{1111}

(3) a_{3125}

(4) a_{8247}

答：(1) LOC(0, 0, 0, 0) = 100；

(2) LOC(1, 1, 1, 1) = 100 + (1 × 3 × 5 × 8 + 1 × 5 × 8 + 1 × 8 + 1) × 4 = 776；

(3) LOC(3, 1, 2, 5) = 100 + (3 × 3 × 5 × 8 + 1 × 5 × 8 + 2 × 8 + 5) × 4 = 1784；

(4) LOC(8, 2, 4, 7) = 100 + (8 × 3 × 5 × 8 + 2 × 5 × 8 + 4 × 8 + 7) × 4 = 4416。

3. 按高下标优先存储方式(以最右的下标为主序)，顺序列出数组 $A_{2\times2\times3\times3}$ 中所有元素 a_{ijkl}，为了简化表达，可以只例出 (i, j, k, l) 的序列。

答：按高下标优先存储方式，其(i, j, k, l)序列如下：

(0, 0, 0, 0)、(1, 0, 0, 0)、(0, 1, 0, 0)、(1, 1, 0, 0)、
(0, 0, 1, 0)、(1, 0, 1, 0)、(0, 1, 1, 0)、(1, 1, 1, 0)、
(0, 0, 2, 0)、(1, 0, 2, 0)、(0, 1, 2, 0)、(1, 1, 2, 0)、
(0, 0, 0, 1)、(1, 0, 0, 1)、(0, 1, 0, 1)、(1, 1, 0, 1)、
(0, 0, 1, 1)、(1, 0, 1, 1)、(0, 1, 1, 1)、(1, 1, 1, 1)、
(0, 0, 2, 1)、(1, 0, 2, 1)、(0, 1, 2, 1)、(1, 1, 2, 1)、
(0, 0, 0, 2)、(1, 0, 0, 2)、(0, 1, 0, 2)、(1, 1, 0, 2)、
(0, 0, 1, 2)、(1, 0, 1, 2)、(0, 1, 1, 2)、(1, 1, 1, 2)、
(0, 0, 2, 2)、(1, 0, 2, 2)、(0, 1, 2, 2)、(1, 1, 2, 2)。

4. 将教科书 5.3.1 节中的式(5-3)改写为一个等式的形式。

答：

$$k = \frac{a(a+1)}{2} + b - 1$$

其中 $a = \mathrm{Max}\{i, j\}$，$b = \mathrm{Min}\{i, j\}$

【说明】教科书 5.3.1 节中的式(5-3)的公式为

$$k = \begin{cases} \dfrac{i(i-1)}{2} + j - 1 & \text{当 } i \geqslant j \\ \dfrac{j(j-1)}{2} + i - 1 & \text{当 } i < j \end{cases}$$

5. 设有上三角矩阵 $(a_{ij})_{n\times n}$，将其上三角元素逐行存于数组 $B[m]$ 中(m 充分大)，使得 $B[k] = a_{ij}$ 且 $k = f_1(i) + f_2(j) + c$。试推导出函数 f_1，f_2 和常数 c(要求 f_1 和 f_2 中不含常数项)。

答：由题设推导如下

$$k = ni - (n - j) - \frac{i(i-1)}{2} - 1, \quad (1 \leqslant i \leqslant j \leqslant n,\ k \geqslant 0)$$

$$f_1(i) = \left(n + \frac{1}{2}\right)i - \frac{1}{2}i^2$$

$$f_2(j) = j$$

$$c=-(n+1)$$

6. 设有三对角矩阵 $(a_{ij})_{n\times n}$，将其三条对角线上的元素存于数组 $B[3][n]$ 中，使得元素 $B[u][v]=a_{ij}$，试推导出从 $(i,\ j)$ 到 $(u,\ v)$ 的下标变换公式。

答：将 $(a_{ij})_{n\times n}(1\leqslant i,\ j\leqslant n)$ 经变换 $u=i-j+1$，$v=j-1$ 变换成 $B[3][n]$（假设 $n=4$，且 B 数组下标从 0 开始）如下所示：

$$\begin{pmatrix} a_{11} & a_{12} & & \\ a_{21} & a_{22} & a_{23} & \\ & a_{32} & a_{33} & a_{34} \\ & & a_{43} & a_{44} \end{pmatrix} \rightarrow \begin{pmatrix} & a_{12} & a_{23} & a_{34} \\ a_{11} & a_{22} & a_{33} & a_{44} \\ a_{21} & a_{32} & a_{43} & \end{pmatrix}$$

7. 设有三对角矩阵 $(a_{ij})_{n\times n}$，将其三条对角线上的元素逐行地存于数组 $B[3n-2]$ 中，使得 $B[k]=a_{ij}$，求：

(1) 用 i，j 表示 k 的下标变换公式；

(2) 用 k 表示 i，j 的下标变换公式。

答：以下答案均假设 $B[3n-2]$ 从数组下标为 0 的位置开始。

(1) $k=2(i-1)+j-1=2i+j-3\quad(1\leqslant i,\ j\leqslant n,\ |i-j|\leqslant 1)$；

(2) $i=(k+1)/3+1$，$j=k-2i+3\quad(0\leqslant i,\ j\leqslant n,\ |i-j|\leqslant 1)$。

8. 假设一个准对角矩阵：

$$\begin{pmatrix} a_{11} & a_{12} & & & & & & \\ a_{21} & a_{22} & & & & & & \\ & & a_{33} & a_{34} & & & & \\ & & a_{43} & a_{44} & & & & \\ & & & & \cdots & & & \\ & & & & & a_{ij} & & \\ & & & & & & \cdots & \\ & & & & & & & a_{2m-1,2m-1} \quad a_{2m-1,2m} \\ & & & & & & & a_{2m,2m-1} \quad a_{2m,2m} \end{pmatrix}$$

按以下方式存于一维数组 B[4m] 中：

0	1	2	3	4	5	6		k		4m-2	4m-1
a_{11}	a_{12}	a_{21}	a_{22}	a_{33}	a_{34}	a_{43}	…	a_{ij}	…	$a_{2m-1,2m}$	$a_{2m,2m-1}$	$a_{2m,2m}$

写出由一对下标 $(i,\ j)$ 求 k 的转换公式。

答：当 i 为奇数时，$k=i+j-2$；

当 i 为偶数时，$k=i+j-1$；

合并成一个公式，可写为：$k=i+j-(i\%2)-1$。

9. 已知 A 为稀疏矩阵，试从空间和时间角度比较采用两种不同的存储结构（二维数组和三元组表）完成求 $\sum_{i=1,j=1}^{n} a_{ij}$ 运算的优缺点。

答：设稀疏矩阵为 n 行 n 列，其中的非零元为 m 个，且 m 远小于 n^2。

(1) 从时间上来说，采用二维数组存储稀疏矩阵，要将所有的矩阵元素累加起来，需要用一个两层的嵌套循环，做 n^2-1 次加法运算，时间复杂度为 $O(n^2)$；而用三元组，将所有的矩阵元素累加起来只需将三元组顺序表扫描一遍，做 $m-1$ 次加法运算，时间复杂度为 $O(m)$。

从空间上来说，用二维数组需要 n^2 个基本存储单元，空间复杂度为 $O(n^2)$，而三元组需要 m 个基本存储单元外加 $2m$ 个整型存储单元，空间复杂度为 $O(m)$。由于 n^2 远远大于 m，故实际存储空间也较大。

(2)优缺点分析：当 m 远小于 n^2 时，用二维数组存储对时间和空间的开支都很大，利用三元组存储则节约了时间和空间，但是当 m 接近 n^2 时，用二维数组存储矩阵更加简明直观。

10. 求下列广义表操作的结果：

(1)GetHead【(p,h,w)】;

(2)GetTail【(b,k,p,h)】;

(3)GetHead【((a,b),(c,d))】;

(4)GetTail【((a,b),(c,d))】;

(5)GetHead【GetTail【((a,b),(c,d))】】;

(6)GetTail【GetHead【((a,b),(c,d))】】;

(7)GetHead【GetTail【GetHead【((a,b),(c,d))】】】;

(8)GetTail【GetHead【GetTail【((a,b),(c,d))】】】;

注意：【】是函数的符号。

答：(1)GetHead【(p,h,w)】=p

(2)GetTail【(b,k,p,h)】=(k,p,h)

(3)GetHead【((a,b),(c,d))】=(a,b)

(4)GetTail【((a,b),(c,d))】=((c,d))

(5)GetHead【GetTail【((a,b),(c,d))】】=GetHead【((c,d))】=(c,d)

(6)GetTail【GetHead【((a,b),(c,d))】】=GetTail【(a,b)】=(b)

(7)GetHead【GetTail【GetHead【((a,b),(c,d))】】】=GetHead【(b)】=b

(8)GetTail【GetHead【GetTail【((a,b),(c,d))】】】=GetTail【(c,d)】=(d)

11. 利用广义表的 GetHead 和 GetTail 操作写出如上题的函数表达式，把原子 banana 分别从下列广义表中分离出来。

(1)L1=(apple,pear,banana,orange);

(2)L2=((apple,pear),(banana,orange));

(3)L3=(((apple),(pear),(banana),(orange)));

(4)L4=(apple,(pear),((banana)),(((orange))));

(5)L5=((((apple))),((pear)),(banana),orange);

(6)L6=((((apple),pear),banana),orange);

(7)L7=(apple,(pear,(banana),orange));

答：(1)GetHead【GetTail【GetTail【L_1】】】;

(2)GetHead【GetHead【GetTail【L_2】】】;

(3)GetHead【GetHead【GetTail【GetTail【GetHead【L_3】】】】】;

(4)GetHead【GetHead【GetHead【GetTail【GetTail【L_4】】】】】;

(5)GetHead【GetHead【GetTail【GetTail【L_5】】】】;

(6)GetHead【GetTail【GetHead【L_6】】】;

(7) GetHead【GetHead【GetTail【GetHead【GetTail【L_7】】】】】；

12. 按教科书 5.5 节中图 5.8 所示结点结构，画出下列广义表的存储结构图，并求它的深度。

(1) ((()),a,((b,c),(),d),(((e))))

(2) ((((a),b)),(((),d),(e,f)))

答：(1)广义表((()),a,((b,c),(),d),(((e))))存储结构图如图 5-3 所示，其深度为 4。

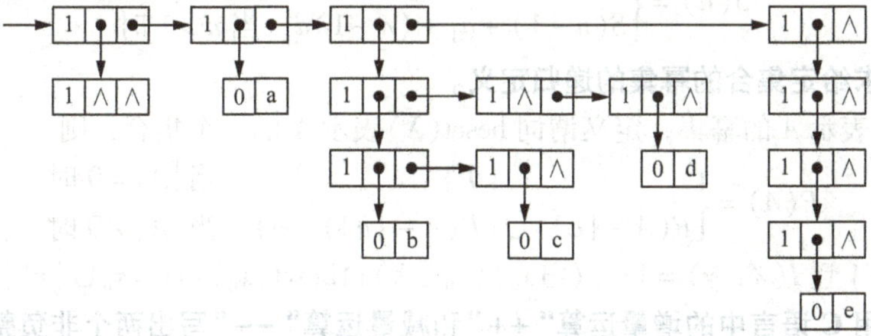

图 5-3　广义表存储结构图(1)

(2)广义表((((a)，b))，(((），d)，(e，f)))存储结构图如图 5-4 所示，其深度为 4。

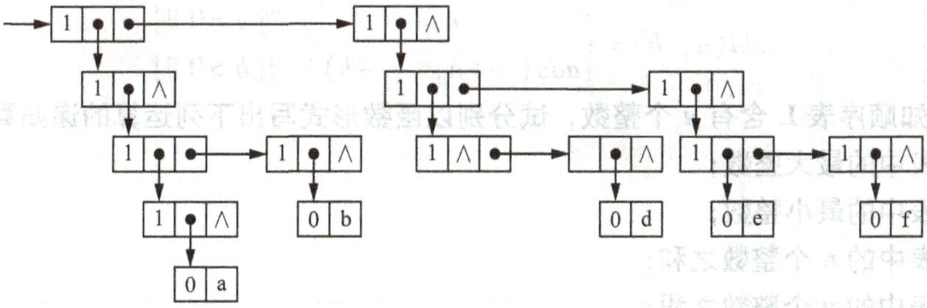

图 5-4　广义表存储结构图(2)

13. 已知以下图 5-5，图 5-6 为广义表的存储结构图，其结点结构与 12 题相同。写出各图表示的广义表。

(1)

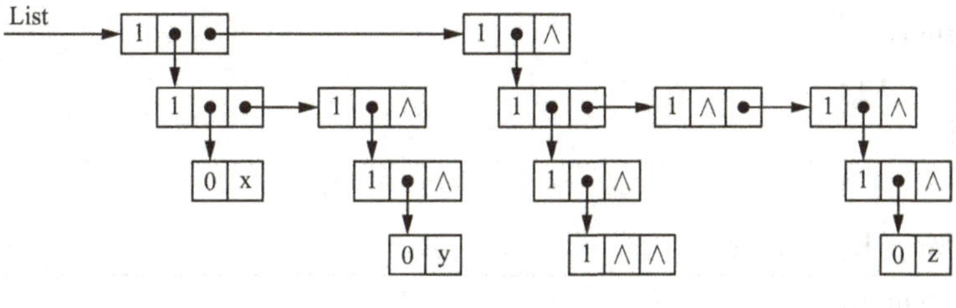

图 5-5　广义表存储结构图(1)

(2)

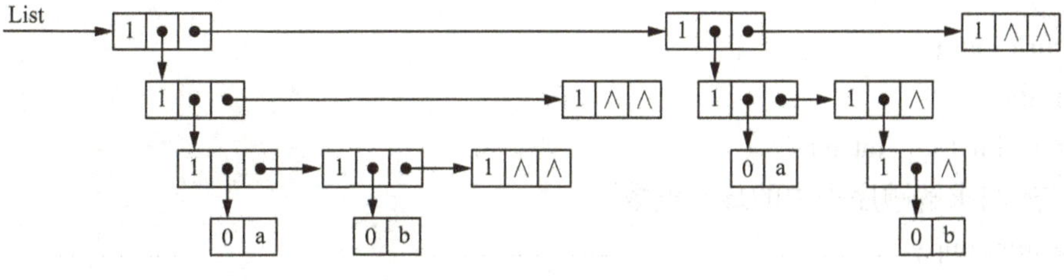

图 5-6　广义表存储结构图(2)

答：(1) List = ((x,(y)),(((()))),(),(z)))

(2) List = (((a,b,()),()),(a,(b)),())

14. 已知等差数列的第一项为 a_1，公差为 d，试写出该数列前 n 项的和 $S(n)$ $(n \geq 0)$ 的递归定义。

答：其递归定义为

$$S(n)=\begin{cases} a_1 & \text{当 } n=1 \text{ 时} \\ S(n-1)+a_1+(n-1)d & \text{当 } n>1 \text{ 时} \end{cases}$$

15. 写出求给定集合的幂集的递归定义。

答：$P(A)$表示 A 的幂集，定义谓词 beset(X)表示 X 的一个集合，则

$$P(A)=\begin{cases} \{\Phi\} & \text{当 } |A|=0 \text{ 时} \\ P(A-\{a\})\cup(P(A-\{a\}),\ a) & \text{当 } |A|\neq 0 \text{ 时} \end{cases}$$

其中，$a \in A$ 且 $I(X,\ y)=\{x \mid (\exists x_0)(x_0 \in X)\cap \mathrm{beset}(x_0)\cap x=x_0\cup\{y\}\}$。

16. 试利用 C 语言中的增量运算"++"和减量运算"--"写出两个非负整数 a 和 b 相加的递归定义。

答：$a+b$ 记做 $add(a,\ b)$，递归定义如下

$$add(a,\ b)=\begin{cases} a & \text{当 } b=0 \text{ 时} \\ add(++a,\ --b) & \text{当 } b>0 \text{ 时} \end{cases}$$

17. 已知顺序表 L 含有 n 个整数，试分别以函数形式写出下列运算的递归算法：

(1) 求表中的最大整数；

(2) 求表中的最小整数；

(3) 求表中的 n 个整数之和；

(4) 求表中的 n 个整数之积；

(5) 求表中的 n 个整数的平均值。

答：

```
int Max(int L[ ],int n)
{   //递归求解顺序表中的最大整数
    int max,tmp;
    max = L[n-1];
    if(n>1)
    {
        tmp = Max(L,--n);
        if(tmp > max)
            max = tmp;
    }
    return max;
}   //Max
int Min(int L[ ],int n)
{   //递归求解顺序表中的最小整数
    int min,tmp;
    min = L[n-1];
```

```
    if(n >1)
    {
        tmp = Min(L, --n);
        if(tmp < min)
            min = tmp;
    }
    return min;
} //Min
int Sum(int L[ ],int n)
{ //递归求解顺序表中的 n 个整数之和
    if(n ==1)
        return L[0];
    else
        return L[n-1] + Sum(L,n-1);
} //Sum
int Product(int L[ ],int n)
{ //递归求解顺序表中的 n 个整数之积
    if(n ==1)
        return L[0];
else
        return L[n-1] * Product(L,n-1);
} //Product
float Avg(int L[ ],int n)
{ //递归求解顺序表中 n 个整数的平均值
    if(n ==1)
        return L[0];
    else
        return (float)((L[n-1] + Avg(L,n-1) * (n-1))/n);
} //Avg
```

18. 试设计一个算法，将数组 A_n 中的元素 $A[0]$ 至 $A[n-1]$ 循环右移 k 位，并要求只用一个元素大小的附加存储，元素移动或交换次数为 $O(n)$。

答：算法的基本思想是将数组分成 k 组，将第一组与第二组进行两两交换，再将第二组与第三组进行两两交换，总共需进行 $n-k$ 次交换。注意最后一组可能出现不足 k 个元素的情况，此时最后一组由剩余元素加第一组的前几个元素共 k 个元素构成。

```
void RRMove(int A[ ],int k,int n)
{
    int e;
    int i =0,j,p;
    while(i < n-k)
    {
```

```
        p = i/k + 1;
        for(j = 0;j < k;j ++ )   //k 组数据依次与其后面那组数据交换
        {
          e = A[j];
          A[j] = A[(p * k + j)%n];
          A[(p * k + j)%n] = e;
          i ++;   //累计交换次数
        }
      }
    }
```

19. 若矩阵 $A_{m\times n}$ 中的某个元素 a_{ij} 是第 i 行中的最小值，同时又是第 j 列中的最大值，则称此元素为该矩阵中的一个马鞍点。假设以二维数组存储矩阵 $A_{m\times n}$，试编写求出矩阵中所有马鞍点的算法，并分析你的算法在最坏情况下的时间复杂度。

答：

```
void Get_Saddle(int * * A,int m,int n)   //求马鞍点
{
  int i,j,k,min,flag;
  for(i = 0;i < m;i ++ )
  {
    for(min = A[i][0],j = 0;j < n;j ++ )
      if(A[i][j] < min)
        min = A[i][j];   //求每一行中的最小值
    for(j = 0;j < n;j ++ )
      if(A[i][j] == min)   //判断这些最小值是否是鞍点
      {
        for(flag = 1,k = 0;k < m;k ++ )
        {
          if(min < A[k][j])
            flag = 0;   //不是鞍点
        }
        if(flag)
          printf("Found a saddle element! \nA[%d][%d] = %d",i,j,A[i][j]);
      }
  }   //for
}   //Get_Saddle
```

由于求马鞍点算法需要遍历大小为 $m\times n$ 的二维数组，则时间复杂度为 $O(m\times n)$。

20. 类似于以一维数组表示一元多项式，以 m 维数组：$(a_{j_1j_2\cdots j_m})$，$0\leqslant j_i\leqslant n$，$i=1$，$2$，$\cdots$，$m$，表示 m 元多项式，数组元素 $a_{e_1e_2\cdots e_m}$ 表示多项式中 $x_1^{e_1}x_2^{e_2}\cdots x_m^{e_m}$ 的系数。例如，和二元多项式 $x^2+3xy+4y^2-x+2$ 相应的二维数组为

xy	0	1	2
0	2	0	4
1	-1	3	0
2	1	0	0

试编写一个算法将 *m* 维数组表示的 *m* 元多项式以常规表示的形式（按降幂顺序）输出。可以将其中一项 $c_k x_1^{e_1} x_2^{e_2} \cdots x_m^{e_m}$ 印成 $c_k x_1 Ee_1 x_2 Ee_2 \cdots x_m Ee_m$（其中 *m*，$c_k$ 和 e_j（$j=1, 2, \cdots, m$）印出他们具体的值），当 c_k 或 e_j（$j=1, 2, \cdots, m$）为 1 时，c_k 的值或"*E*"和 e_j 的值可省略不印。

答：

```
int exps[MAXSIZE];    //exps 数组用于存储某一项各变元的指数
int maxm,n;    //maxm 指示变元总数，n 指示一个变元的最高指数
void Print_Poly_Descend(int * a,int m)
/* 按降幂顺序输出 m 元多项式的项，各项的系数已经按照题目要求存储于 m 维数组中，数组的头指针为 a，即数组 a 的首地址 */
{
  maxm = m;
  for(i = m * n;i >= 0;i -- )  //按降幂次序，可能出现的最高项次数为 m * n
    Get_All(a,m,i,0);  //确定并输出所有次数为 i 的项
} //Print_Poly_Descend
void Get_All(int * a,int m,int i,int seq)  //递归求出所有和为 i 的 m 个自然数
{
  if(seq == maxm)
    Print_Nomial(a,exps);  //若全部求完，输出该项
  else
  {
    min = i - (m - 1) * n;  //当前数不能小于 min
    if(min<0)
      min = 0;
    max = n < i?n:i;  //当前数不能大于 max
    for(j = min;j <= max;j ++ )
    {
      exps[seq] = j;  //依次取符合条件的数
      Get_All(a,m - 1,i - j,seq + 1);  //取下一个数
    }
  } //else
  exps[seq] = 0; //返回
} //Get_All
void Print_Nomial(int * a,int exps[])  //输出一个项，该项各变元的指数已经存储在数组 exps 中
```

```
{
  pos = 0;
  for(i = 0;i < maxm;i ++ )  //求出该项的系数在 m 维数组 a 中低下标优先的存储位置 pos
  {
    pos *= n;
    pos += exps[i];
  }
  coef = *(a + pos); //取得该系数 coef
  if(!coef)
    return;    //该项系数 coef 为 0 时，无需输出
  else if(coef > 0)
    printf(" + ");   //系数 coef 为正时打印加号
  else if(coef < 0)
    printf(" - ");   //系数 coef 为负时打印减号
  if(abs(coef) != 1)
    printf("%d",abs(coef));  //当系数 coef 的绝对值不为 1 时打印出系数
  for(i = 0;i < maxm;i ++ )
    if(exps[i])   //打印该项各变元及其系数
    {
      printf("x");
      printf("%d",i);
      printf("E");
      if(exps[i] > 1)
        printf("%d",exp[i]);  //系数为 1 时无需打印
    }
} //Print_Nomial
```

21. 假设稀疏矩阵 *A* 和 *B* 均以三元数组顺序表示作为存储结构，试写出矩阵相加的算法，另设三元组表 *C* 存放结果矩阵。

答：

```
TSMatrix Add(TSMatrix A,TSMatrix B)  //三元组矩阵相加
{
  TSMatrix C;  //存放结果
  int ai,bi,ci,aj,bj,ap,bp,cp;
  ap = 1;
  bp = 1;
  cp = 1;
  // mu、nu、tu 分别表示矩阵的行数、列数和非零元个数
  C.mu = A.mu;
  C.nu = A.nu;
```

```
//元素相加
while(ap <= A.tu&&bp <= B.tu)
{  //找元素进行求和运算
   ai = A.data[ap].i;    //i，j分别表示元素行、列下标，elem表非零元素值
   bi = B.data[bp].i;
   if(ai > bi)
   {
     ci = bi;
     while(ci == B.data[bp].i)
     {
       C.data[cp].i = ci;
       C.data[cp].j = B.data[bp].j;
       C.data[cp].elem = B.data[bp].elem;
        ++bp;
        ++cp;
     }
   }
   else if(ai < bi)
   {
     ci = ai;
     while(ci == A.data[ap].i)
     {
       C.data[cp].i = ci;
       C.data[cp].j = A.data[ap].j;
       C.data[cp].elem = A.data[ap].elem;
        ++ap;
        ++cp;
     }
   }
   else if(ai == bi)
   {
     ci = ai;
     aj = A.data[ap].j;
     bj = B.data[bp].j;
     if(aj > bj)
     {
       C.data[cp].i = ci;
       C.data[cp].j = bj;
       C.data[cp].elem = B.data[bp].elem;
        ++cp;
```

```
        ++bp;
    }
    else if(aj==bj)
    {
      if(A.data[ap].elem+B.data[bp].elem!=0)
      {
        C.data[cp].i=ci;
        C.data[cp].j=aj;
        C.data[cp].elem=A.data[ap].elem+B.data[bp].elem;
        ++cp;
      }
      ++ap;
      ++bp;
    }
    else if(aj<bj)
    {
      C.data[cp].i=ci;
      C.data[cp].j=aj;
      C.data[cp].elem=A.data[ap].elem;
      ++cp;
      ++ap;
    }
  }
}//while
while(ap<=A.tu)
{   //A 中元素剩余
  C.data[cp].i=A.data[ap].i;
  C.data[cp].j=A.data[ap].j;
  C.data[cp].elem=A.data[ap].elem;
  ++cp;
  ++ap;
}
while(bp<=B.tu)
{   //B 中元素剩余
  C.data[cp].i=B.data[bp].i;
  C.data[cp].j=B.data[bp].j;
  C.data[cp].elem=B.data[bp].elem;
  ++cp;
  ++bp;
}
```

```
    C.tu = --cp;
    return C;
}
```

22. 假设系数矩阵 *A* 和 *B* 均以三元数组顺序表示作为存储结构，试写出满足以下条件的矩阵相加的算法：假设三元组顺序表 *A* 的空间足够大，将矩阵 *B* 加到矩阵 *A* 上，不增加 *A*，*B* 之外的附加空间，你的算法能否达到 *O*(*m*+*n*)的时间复杂度？其中 *m* 和 *n* 分别为 *A*，*B* 矩阵中非零的数目。

答：

```
void TSMatrix_Addto(TSMatrix &A,TSMatrix B)  //将三元组矩阵 B 加到 A 上
{
  //mu、nu、tu 分别表示矩阵的行数、列数和非零元个数
  for(i=1;i<=A.tu;i++)
    A.data[MAXSIZE-A.tu+i]=A.data[i];  //把 A 的所有元素都移到尾部以空出位置
  pa=MAXSIZE-A.tu+1;
  pb=1;
  pc=1;
  for(x=1;x<=A.mu;x++)  //依次对矩阵的每一行进行加法
  {
    while(A.data[pa].i<x)
      pa++;
    while(B.data[pb].i<x)
      pb++;
    while(A.data[pa].i==x&&B.data[pb].i==x)  //行列值都相等的元素
    {
      if(A.data[pa].j==B.data[pb].j)  //列标相同，计算元素值的和
      {
        ne=A.data[pa].elem+B.data[pb].elem;
        if(ne)  //和不为 0
        {
          A.data[pc].i=x;
          A.data[pc].j=A.data[pa].j;
          A.data[pc].elem=ne;
          pa++;
          pb++;
          pc++;
        }
      }//if
      else if(A.data[pa].j>B.data[pb].j)  //A 矩阵的下标大，将 B 矩阵中元素插入到 A 中
```

```
        {
          A. data[pc]. i = x;
          A. data[pc]. j = B. data[pb]. j;
          A. data[pc]. elem = B. data[pb]. elem;
          pb ++;
          pc ++;
        }
        else
        {  //否则 A 中元素保持不变
          A. data[pc]. i = x;
          A. data[pc]. j = A. data[pa]. j;
          A. data[pc]. elem = A. data[pa]. elem;
          pa ++;
          pc ++;
        }
      }  //while
      while(A. data[pa] == x)  //将 A 中剩余的元素插入(第 x 行)
      {
        A. data[pc]. i = x;
        A. data[pc]. j = A. data[pa]. j;
        A. data[pc]. e = A. data[pa]. e;
        pa ++;
        pc ++;
      }
      while(B. data[pb] == x)  //将 B 中剩余的元素插入(第 x 行)
      {
        A. data[pc]. i = x;
        A. data[pc]. j = B. data[pb]. j;
        A. data[pc]. elem = B. data[pb]. elem;
        pb ++;
        pc ++;
      }
    }  //for
    A. tu = pc;
    for(i = A. tu;i < MAXSIZE;i ++)
      A. data[i] = {0,0,0};  //清除原来的 A 矩阵中记录
  }  //TSMatrix_Addto
```

由于利用三元组表示顺序表，对矩阵进行加法运算，核心操作为对应下标矩阵数值的相加，达到了 $O(m+n)$ 的时间复杂度。

23. 三元组顺序表的一种变型是从三元组顺序表中去掉行下标域得到二元组顺序表，另设一个行起始向量，其每个分量是二元数组顺序表的一个下标值，指示该行中第一个非零元素在二元组顺序表中的起始位置，试编写一个算法，由矩阵元素的下标值 *i*，*j* 求矩阵元素，试讨论这种方法和三元顺序表相比有什么优缺点。

答：

```
typedef struct
{
  int j;    //列标，不存在行标
  int e;
}DSElem;    //二元组数据类型
typedef struct
{
  DSElem data[MAXSIZE];
  int rpos[MAXROW];    //存储每一行在二元组中的起始位置
  int mu,nu,tu;    //mu、nu、tu 分别表示矩阵的行数、列数和非零元个数
}DSMatrix;    //二元组矩阵类型
Status DSMatrix_Locate(DSMatrix A,int i,int j,int &e)    //求二元组矩阵的元素 A[i][j]的值 e
{
  int m,n,k;
  if(i<0 || i>A.mu || j<0 || j>A.nu)    //行列下标不满足要求则返回
    return ERROR;
  m=A.rpos[i];
  if(i==A.mu)
    n=A.tu;
  else
    n=A.rpos[i+1]-1;
  e=0;
  for(k=0;k<=n;k++)
  {
    if(A.data[k].j==j)
      e=A.data[k].e;
  }
  return OK;
}  //DSMatrix_Locate
```

优点：这种方法可以随机存取稀疏矩阵中任意一行的非零元，而三元组顺序表只能按行进行顺序存取。

缺点：该方法更难理解，实现也更为困难。

24. 三元组顺序表的另一种变型是，不存矩阵元素的行、列下标，而存非零元在矩阵中以行为主序时排列的顺序号，即在 LOC(0，0) =1，L =1 时按教科书 5.2 节中公式(5 -2)

计算出的值。试写一算法，由矩阵元素的下标值 i, j 求元素的值。

答：

```
typedef struct
{
  int seq; //该元素在以行为主序排列时的序号
  int e;
}SElem;
typedef struct
{
  SElem data[MAXSIZE];
  int mu,nu,tu;  //mu、nu、tu 分别表示矩阵的行数、列数和非零元个数
}SMatrix;   //单下标二元组矩阵类型
Status SMatrix_Locate(SMatrix A,int i,int j,int &e)  //求单下标二元组矩阵的元素 A[i][j]的值 e
{
  s = i * A.nu + j + 1;
  p = 1;
  while(A.data[p].seq < s)
    p ++;  //利用各元素 seq 值逐渐递增的特点
  if(A.data[p].seq == s)  //找到了元素 A[i][j]
  {
    e = A.data[p].e;  //元素的值
    return OK;
  }
  return ERROR;
} //SMatrix_Locate
```

25. 若将稀疏矩阵 A 的非零元素以行为主序的顺序存于一维数组 V 中，并用二维数组 B 表示 A 中的相应元素是否为零元素(以 0 和 1 分别表示零元素和非零元素)。例如，

$$A=\begin{bmatrix}15 & 0 & 0 & 22\\ 0 & -6 & 0 & 0\\ 9 & 0 & 0 & 0\end{bmatrix}$$

可用 $V=(15, 22, -6, 9)$ 和

$$B=\begin{bmatrix}1 & 0 & 0 & 1\\ 0 & 1 & 0 & 0\\ 1 & 0 & 0 & 0\end{bmatrix}$$

表示。试编写一算法，实现上述表示法中实现矩阵相加的运算，并分析你的算法时间复杂度。

答：

```
typedef enum{0, 1}bool;
typedef struct
```

```
{
  int mu,nu;  //mu、nu 分别表示矩阵的行数、列数
  int elem[MAXSIZE];
  bool map[mu][nu];
}BMMatrix;    //用位图表示的矩阵类型
void BMMatrix_Add(BMMatrix A,BMMatrix B,BMMatrix &C)  //位图矩阵的加法
{
  C.mu = A.mu;
  C.nu = A.nu;
  //初始化 pa, pb, pc 表示 A, B, C 位置的变量
  pa = 1;
  pb = 1;
  pc = 1;
  for(i = 0;i < A.mu;i ++ )  //每一行相加
    for(j = 0;j < A.nu;j ++ )  //每一列相加
    {
      if(A.map[i][j]&&B.map[i][j]&&(A.elem[pa] + B.elem[pb]))  //不分别为
0 和相加结果不为 0
      {
        C.elem[pc] = A.elem[pa] + B.elem[pb];
        C.map[i][j] = 1;
        pa ++ ;
        pb ++ ;
        pc ++ ;  //三个矩阵的列下标同时后移
      }
      else if(A.map[i][j]&&! B.map[i][j])  //矩阵 A 元素不为 0, 矩阵 B 元素为 0
      {
        C.elem[pc] = A.elem[pa];   //直接将 A 中元素插入到 C 中
        C.map[i][j] = 1;
        pa ++ ;
        pc ++ ;
      }
      else if(! A.map[i][j]&&B.map[i][j])  //矩阵 A 元素为 0, 矩阵 B 元素不为 0
      {
        C.elem[pc] = B.elem[pb];   //直接将 B 中元素插入到 C 中
        C.map[i][j] = 1;
        pb ++ ;
        pc ++ ;
      }
    }
```

```
} //BMMatrix_Add
```

显然，该算法时间复杂度为 $O(mu+nu)$。

26. 试编写一个以三元组形式输出用十字链表表示的稀疏矩阵中非零元素及其下标的算法。

答：

```
typedef struct OLNode
{
  int i,j;  //非零元的行、列下标
  ElemType e;  //非零元素值
  OLNode * right, * down;  //该非零元所在行表和列表的后继链域
}OLNode, * OLink;
typedef struct
{
  OLink * rhead, * chead;  //行、列链表头指针向量
  int mu,nu,tu;  //稀疏矩阵的行数、列数和非零元个数
}OLMatrix;
void Print_OLMatrix(OLMatrix M)
{
  int i;
  OLink p;
  for(i=1;i<=M.mu;i++)
  {
    p=M.rhead[i];  //p 指向每一行的基址
    while(p)
    {
      printf("%d %d %d\n",p->i,p->j,p->e);
       p=p->right;  //p 向右移
    }
  }
}
```

27. 试按教科书 5.3.2 节中定义的十字链表存储表示编写将稀疏矩阵 *B* 加到稀疏矩阵 *A* 上的算法。

答：

```
typedef struct OLNode
{
  int i,j;  //非零元的行下标和列下标
  ElemType e;
  struct OLNode * right, * down;  //非零元所在的行表、列标的后继链域
}OLNode, * OLink;
typedef struct
```

```
{
  OLink * rhead, * chead;  //行、列链表头指针
  int mu, nu, tu;  //矩阵的行数、列数和非零元个数
}CrossList;
void OLMatrix_Add(CrossList &A,CrossList B)  //把十字链表表示的矩阵B加到A上
{
  for(j=1;j<=A.nu;j++)
    cp[j]=A.chead[j];  //向量cp存储每一列最后一个元素的当前指针
  for(i=1;i<=A.mu;i++)
  {
    pa=A.rhead[i];
    pb=B.rhead[i];
    pre=NULL;
    while(pb)
    {
      if(pa==NULL||pa->j>pb->j)  //新插入一个结点
      {
        p=(OLNode *)malloc(sizeof(OLNode));
        if(!pre)
          A.rhead[i]=p;
        else
          pre->right=p;
        p->right=pa;
        pre=p;
        p->i=i;
        p->j=pb->j;
        p->e=pb->e;  //插入行链表中
        if(!A.chead[p->j])
        {
          A.chead[p->j]=p;
          p->down=NULL;
        }
        else
        {
          while(cp[p->j]->down)
            cp[p->j]=cp[p->j]->down;
          p->down=cp[p->j]->down;
          cp[p->j]->down=p;
        }
      cp[p->j]=p;  //插入列链表中
```

```
        }  //if
        else if(pa->j < pb->j)
        {
          pre = pa;
          pa = pa->right;
        }  //pa 右移一步
        else if(pa->e + pb->e)
        {
          pa->e += pb->e;
          pre = pa;  pa = pa->right;
          pb = pb->right;
        }  //pa 与 pb 所指向的元素值直接相加
        else
        {
          if(! pre) A.rhead[i] = pa->right;
          else pre->right = pa->right;
          p = pa;
          pa = pa->right;     //从行链表中删除
          if(A.chead[p->j] == p)
            A.chead[p->j] = cp[p->j] = p->down;
          else
            cp[p->j]->down = p->down;     //从列链表中删除
          free (p);
        }  //else
      }  //while
    }  //for
  }  //OLMatrix_Add
```

28. 采用教科书 5.6 节中给出的 *m* 元多项式的表示方法，写一个求 *m* 元多项式中第一变元的偏导数的算法。

答：

```
  typedef struct MPNode
  {
    ElemTag tag;    //区分原子结点和表结点
    int exp;    //指数域
    union
    {
      float coef;    //系数域
      struct MPNode * hp;    //表结点的表头指针
    };
    struct MPNode * tp;    //相当于线性链表的 next，指向下一个元素结点
```

```
} * MPList;     //m 元多项式广义表类型
void MPList_PianDao(MPList L)  //对广义表存储结构的多元多项式求第一变元的偏导
{
  for(p = L -> hp -> tp;p&&p -> exp;pre = p,p = p -> tp)
  {
    if(p -> tag)
      Mul(p -> hp,p -> exp);
    else
      p -> coef *= p -> exp;   //把系数乘在本结点或其下属结点上
    p -> exp --;
  }
  pre -> tp = NULL;
  if(p)
    free (p);  //删除可能存在的常数项
} //MPList_PianDao
void Mul(MPList L,int x)  //运用递归算法,多元多项式 L 乘以 x
{
  for(p = L;p;p = p -> tp)
  {
    if(! p -> tag)
      p -> coef *= x;
    else
      Mul(p -> hp,x);
  }
} //Mul
```

29. 采用教科书 5.6 节中给出的 *m* 元多项式的表示方法，写一个求 *m* 元多项式相加算法。

答：

```
void MPList_Add(MPList A,MPList B,MPList &C)
{
  C = (MPLNode * )malloc(sizeof(MPLNode));
  if(!A -> tag&&!B -> tag)  //原子项，可直接相加
  {
    C -> coef = A -> coef + B -> coef;
    if(!C -> coef)  //系数等于 0
    {
      free(C);
      C = NULL;
    }
  } //if
```

```
else if(A -> tag&&B -> tag)  //两个多项式相加
{
  p = A;
  q = B;
  pre = NULL;
  while(p&&q)  //扫描多项式 A、B
  {
    if(p -> exp == q -> exp)  //指数相等
    {
      C = (MPLNode * )malloc(sizeof(MPLNode));
      C -> exp = p -> exp;    //将指数赋给 C
      MPList_Add(A -> hp,B -> hp,C -> hp);
      //移动 C 中指针位置
      pre -> tp = C;
      pre = C;
      p = p -> tp;
      q = q -> tp;
    }
    else if(p -> exp > q -> exp)  //A 中多项式项的指数较大，直接将 A 该项赋给 C
    {
      C = (MPLNode * )malloc(sizeof(MPLNode));
      C -> exp = p -> exp;
      C -> hp = A -> hp;
      pre -> tp = C;
      pre = C;
      p = p -> tp;
    }
    else  //B 中多项式项的指数较大，直接将 B 该项赋给 C
    {
      C = (MPLNode * )malloc(sizeof(MPLNode));
      C -> exp = q -> exp;
      C -> hp = B -> hp;
      pre -> tp = C;
      pre = C;
      q = q -> tp;
    }
  }  //while
  while(p)  //A 剩余部分处理
  {
    C = (MPLNode * )malloc(sizeof(MPLNode));
```

```
      C -> exp = p -> exp;
      C -> hp = p -> hp;
      pre -> tp = C;
      pre = C;
      p = p -> tp;
    }
    while(q)  //B 剩余部分处理
    {
      C = (MPLNode *)malloc(sizeof(MPLNode));
      C -> exp = q -> exp;
      C -> hp = q -> hp;
      pre -> tp = C;
      pre = C;
      q = q -> tp;
    }
  }  //else if
  else if(A -> tag&&! B -> tag)  //多项式和常数项相加
  {
    x = B -> coef;
    for(p = A;p -> tp -> tp;p = p -> tp);
    if(p -> tp -> exp == 0)
      p -> tp -> coef += x; //当多项式中含有常数项时，加上常数项
    if(! p -> tp -> coef)
    {
      free(p -> tp);
      p -> tp = NULL;
    }
    else
    {
      q = (MPLNode *)malloc(sizeof(MPLNode));
      q -> coef = x;
      q -> exp = 0;
      q -> tag = 0;
      q -> tp = NULL;
      p -> tp = q;
    }  //否则新建常数项，下同
  }  //else if
  else
  {
    x = A -> coef;
```

```
        for(p = B;p -> tp -> tp;p = p -> tp);
        if(p -> tp -> exp == 0)
            p -> tp -> coef += x;
        if(!p -> tp -> coef)
        {
            free(p -> tp);
            p -> tp = NULL;
        }
        else
        {
            q = (MPLNode * )malloc(sizeof(MPLNode));
            q -> coef = x;
            q -> exp = 0;
            q -> tag = 0;
            q -> tp = NULL;
            p -> tp = q;
        }
    }   //else
}   //MPList_Add
```

30. 试按表头、表尾的分析方法重写广义表的深度的递归算法。

答:

```
int GList_Getdeph(GList L)   //求广义表深度的递归算法
{
    if(!L -> tag)
        return 0;   //原子深度为0
    else if(!L)
        return 1;   //空表深度为1
    m = GList_Getdeph(L -> ptr. hp) + 1;   //用表头分析方法得到的广义表深度
    n = GList_Getdeph(L -> ptr. tp);   //用表尾分析方法得到的广义表深度
    return m > n?m:n;   //取最大值
}//GList_Getdeph
```

31. 试按教科书5.5节图5.10所示结点结构编写复制广义表的递归算法。

答:

```
void CopyGList(GList * T,GList L)
{
    if(!L)
        * T = NULL;
    else
    {
        * T = (GList)malloc(sizeof(GLNode));   //建表结点
```

```
    if(!*T)
      return;
    (*T)->tag =L->tag;
    if(L->tag==0)  //复制单原子
      (*T)->Union.atom=L->Union.atom;
    else  //复制表头和表尾
    {
      CopyGList(&((*T)->Union.ptr.hp),L->Union.ptr.hp);
      CopyGList(&((*T)->Union.ptr.tp),L->Union.ptr.tp);
    }
  }
}
```

32. 试编写判别两个广义表是否相等的递归算法。

答:

```
int GList_Equal(GList A,GList B)
//判断广义表A和B是否相等，是则返回1，否则返回0
{
  if(!A&&!B)
    return 1;    //空表是相等的
  if(!A->tag&&!B->tag&&A->atom==B->atom)
    return 1;    //原子的值相等的两表相等
  if(A->tag&&B->tag)
    if(GList_Equal(A->ptr.hp,B->ptr.hp)&&GList_Equal(A->ptr.tp,B->ptr.tp))
      return 1;    //递归判断表头表尾都相等
  return 0;
} //GList_Equal
```

33. 试编写递归算法，输出广义表所有原子项及其所在的层次。

答:

```
void GList_PrintElem(GList A,int layer)
//递归输出广义表的原子及其所在层次layer
{
  if(!A)  //空表
    return;
  if(!A->tag)  //原子
    printf("%d %d\n", A->atom, layer);
  else  //递归输出表头表尾
  {
    GList_PrintElem(A->ptr.hp,layer+1);
    GList_PrintElem(A->ptr.tp,layer);  //注意尾表与原表是同一层次
  }
```

```
} //GList_PrintElem
```

34. 试编写递归算法，逆转广义表中的数组元素。例如：将广义表：(*a*，((*b*，*c*)，())，(((*d*)，*e*)，*f*))逆转为：((*f*，(*e*，(*d*)))，(()，(*c*，*b*))，*a*)。

答：

```
void GList_Reverse(GList A)  //递归逆转广义表 A
{
  GLNode * ptr[MAX_SIZE];
  if(A -> tag&&A -> ptr. tp)  //当 A 不为原子且表尾非空时才需逆转
  {
    for(i =0,p = A;p;p = p -> ptr. tp,i ++ )
    {
      if(p -> ptr. hp)
        GList_Reverse(p -> ptr. hp);  //递归逆转各子表
      ptr[i] = p -> ptr. hp;
    }
    for(p = A;p;p = p -> ptr. tp)  //重新按逆序排列各子表的顺序
      p -> ptr. hp = ptr[ --i];
  }
} //GList_Reverse
```

35. 假设广义表按如下形式的字符串表示：(a_1，a_2，…，a_n)，$n \geq 0$，其中 a_i 或为单字母表示的原子，或为广义表；$n=0$ 时为只含空格字符的空表( )。

试按教科书 5.5 节图 5.8 所示链表结点结构编写，按照读入的一个广义表字符串建立其存储结构的递归算法。

答：

```
Status CreatGList (String * s,GList * L)
{
  char ch;
  ch = getc(s);
  if(ch == '')  //处理空表
  {
    * L = NULL;
    if(getc(s) != ')')
      return ERROR;
  }
  else
  {
    * L = (GList) malloc(sizeof(GLNode));    //处理非空表情况，预先分配空间
    ( * L) -> tag = List;
    if(ch >= 'a'&&ch <= 'z')  //若表元素是单个原子，则建原子结点
    {
```

```
            ( * L) -> Union. ptr. hp = (GList)malloc(sizeof(GLNode));
            ( * L) -> Union. ptr. hp -> tag = Atom;
            ( * L) -> Union. ptr. hp -> Union. atom = ch;
        }
        else if(ch == '(')    //若表元素是表，则新建表结点
            CreatGList (s,&(( * L) -> Union. ptr. hp));
        else
            return ERROR;
        ch = getc(s);     //当前结点收尾
        if(ch == ')')    //当前结点后再无结点
            ( * L) -> Union. ptr. tp = NULL;
        else if(ch == ', ')    //当前结点后仍有结点
            CreatGList (s,&(( * L) -> Union. ptr. tp));
        else
            return ERROR;
    }
    return OK;
}  //CreatGList
```

36. 试按教科书 5.5 节图 5.8 所示存储结构，编写按上题描述的格式输出广义表的递归算法。

答：

```
void PrintGList(GList L)
//输出广义表的递归算法，L 为广义表
{
    if(L)
    {
        printf("(");
        if(!L -> tag)    //原子，直接输出
            printf("%c", L -> atom);
        else
        {
            PrintGList(L -> ptr. hp);      //递归输出表头
            printf(",");
            PrintGList(L -> ptr. tp);      //递归输出表尾
        }
        printf(")");
    }
}
```

37. 试编写递归算法，删除广义表中所有值等于 *x* 的原子项。

答：

```
void Del_GL_X(GList * L,AtomType x)
{
  GList p;
  if( * L)
  {
    if(( * L) -> tag == List)
    {  //递归
      Del_GL_X(&(( * L) -> Union. hp),x);
      Del_GL_X(&(( * L) -> tp),x);
    }
    else
    {
      if(( * L) -> Union. atom == x)   //找到等于 x 的原子项
      {
        p = * L;
        * L = ( * L) -> tp;
        free(p);
        p = NULL;
        Del_GL_X(L, x);
      }
      else
        Del_GL_X(&(( * L) -> tp),x);
      }
    }
}
```

38. 试编写算法，依次从左至右输出广义表中第 l 层的原子项。

例如：广义表(*a*，(*b*，(*c*))，(*d*))中的 *a* 为第一层的原子项；*b* 和 *d* 为第二层的原子项；*c* 为第三层的原子项。

答：

```
void Print_Atom(GList L,int d,int l)
{  //输出广义表 L 的第 l 层的原子项，其中 d 代表当前层
  int i = d;    //当前层 d 的初值赋值为 0
  if(L&&l >= i)
  {
    if(L -> tag == atom)   //当为原子时判断层数是否满足
    {
      if(l == i)   //层数符合
        printf("%c",L -> Union. atom);
    }
    else  //表头指针指向表时，层数 +1
```

```
        {
          Print_Atom(L->Union. ptr. hp,i+1,l);
          Print_Atom(L->Union. ptr. tp,i,l);
        }
    }
  }
```

5.3　考研真题与典型题详解

一、选择题

1. 适用于压缩存储稀疏矩阵的两种存储结构是(　　)。[2017 年 408 统考]

A. 三元组表和十字链表　　B. 三元组表和邻接矩阵

C. 十字链表和二叉链表　　D. 邻接矩阵和十字链表

【答案】A

【解析】三元组表的结点存储了行 row、列 col、值 value 三种信息，是主要用来存储稀疏矩阵的一种数据结构。十字链表将行单链表和列单链表结合起来存储稀疏矩阵。邻接矩阵空间复杂度为 $O(n^2)$，不适于存储稀疏矩阵。二叉链表又名左孩子右兄弟表示法，可用于表示树或森林。因此 A 正确。

2. 已知一个三维数组 A[1..15][0..9][-3..6]的每个元素占用 5 个存储单元，该数组总共需要的存储空间单元数为(　　)。[北京邮电大学 2017 研]

A. 1500　　B. 4050　　C. 5600　　D. 7500

【答案】D

【解析】总存储空间单元数为：15 * 10 * 10 * 5 = 7500，故选择 D。

3. 设有一个 10 阶的对称矩阵 A，采用压缩存储方式，以行序为主存储，a_{11} 为第一元素，其存储地址为 1，每个元素占一个地址空间，则 a_{85} 的地址为(　　)。[燕山大学研]

A. 13　　B. 33　　C. 18　　D. 40

【答案】B

【解析】对于对称矩阵，$a_{i,j}=a_{j,i}$。为了节省存储空间，为多个相同的元素只分配一个存储空间。对于对称矩阵，元素下标之间的对应关系为：当 $i \geqslant j$ 时，$k=i(i-1)/2+j-1$；当 $i<j$ 时，$k=j(j-1)/2+i-1$。其中 k 相当于地址空间的标号，i 为行号，j 为列号。因为第一个元素存储地址为 1，所以最后计算的 k 需要加 1。所以 a_{85} 的存储位置为 $8*(8-1)/2+5-1+1=33$。

4. 数组 A[0..5, 0..6]的每个元素占 5 个字节，将其按列优先次序存储在起始地址为 1000 的内存单元中，则元素 A[5, 5]的地址是(　　)。[南京理工大学研]

A. 1175　　B. 1180　　C. 1205　　D. 1210

【答案】A

【解析】按列优先次序存储在起始地址为 1000 的内存单元中，元素 A[5, 5]的地址是 1000+5*5*6+5*5=1175。

5. 稀疏矩阵一般的压缩存储方法有两种，即(　　)。[江苏大学研]

A. 二维数组和三维数组　　B. 三元组和散列

C. 三元组和十字链表　　D. 散列和十字链表

【答案】C

【解析】稀疏矩阵一般的压缩方法为三元组表和十字链表。三元组表就是将非零元素及其对应的行和列构成一个三元组(行标，列标，值)。十字链表相比三元组表而言，主要是对每个结点增加了两个链域。

6. $A[N, N]$是对称矩阵，将下三角(包括对角线)以行序存储到一维数组 $T[N(N+1)/2]$中，则对任一上三角元素 $a[i][j]$对应 $T[k]$的下标 k 是(　　)。[青岛大学研]

A. $i(i-1)/2+j$　　B. $j(j-1)/2+i$　　C. $i(j-i)/2+1$　　D. $j(i-1)/2+1$

【答案】B

【解析】将 n 阶对称矩阵存入一维数组中，一维数组的大小需为 $n(n+1)/2$。

对 n 阶对称矩阵 A 以行序为主序方式将其下三角形的元素(包括主对角线上所有元素)依次存放于一维数组 $B[1..(n(n+1))/2]$中，当 $i<j$ 时，i 与 k 的关系为 $k=j(j-1)/2+i$。

7. 对矩阵压缩存储是为了(　　)。[中南大学研]

A. 方便运算　　B. 方便存储　　C. 提高运算速度　　D. 减少存储空间

【答案】D

【解析】压缩存储也就是不存储无用的元素或者将具有一定规律的相同元素放在一个存储空间，目的就是为了节省空间。

8. 广义表 $A=(a, b, (c, d), (e, (f, g)))$，则式子 Head(Tail(Head(Tail(Tail(A)))))的值为(　　)。

A. (g)　　B. (d)　　C. c　　D. d

【答案】D

【解析】Head 操作就是得到广义表中第一个的原子。Tail 操作就是得到除第一个原子外剩下元素构成的表。也就是 Tail 得到的元素需要在外层再加一个括号。

二、填空题

1. 数组的存储结构采用______存储方式。

【答案】顺序存储结构

【解析】数组本身的存储结构是线性的，也就是说它是连续存储的。

2. 设数组 a[1..50, 1..80]的基地址为 2000，每个元素占 2 个存储单元，若以行序为主序顺序存储，则元素 a[45, 68]的存储地址为______；若以列序为主序顺序存储，则元素 a[45, 68]的存储地址为______。[华中科技大学研]

【答案】9174；8788

【解析】设一个元素的行标为 i，列标为 j。若以行序为主存储顺序，则它的存储地址为 $2000+((i-1)*80+j-1)*2$。若以列序为主存储顺序，则它的存储地址为 $2000+((j-1)*50+i-1)*2$。

3. 广义表 $A=(((a, b), (C, d, e)))$，取出 A 中的原子 e 的操作是：______。

【答案】head(tail(tail(head(tail(head(A))))))

【解析】广义表的表头指表的第一个元素，表尾指表中除了第一个元素外其余所有的元素构成的表。

4. 假设一个 15 阶的上三角矩阵 A 按行优先顺序压缩存储在一维数组 B 中，则非零元素 A_{99}在 B 中的存储位置 $k=$______。(注：矩阵元素下标从 1 开始)[北京工商大学研]

【答案】93

【解析】对于上三角矩阵，$k=(i-1)(2n-i+2)/2+(j-i)+1$。将 $i=j=9$，$n=15$ 代入得 93。

5. n 阶对称矩阵 a 满足 $a[i][j]=a[j][i]$，$i, j=1, 2, \cdots, n$，用一维数组 t 存储时，t 的长度为______，当 $i=j$，$a[i][j]=t[$______$]$，当 $i>j$，$a[i][j]=t[$______$]$，当 $i<j$，$a[i][j]=t[$______$]$。[青岛大学研]

【答案】$n(n+1)/2$；$i(i+1)/2$（或 $j(j+1)/2$）；$i(i-1)/2+j$；$j(j-1)/2+i$

【解析】因为是对称矩阵，$a[i][j]=a[j][i]$，且 $a[i][j]=a[j][i]$ 共用一个存储位置。所以 t 的长度应为 $1+2+3+\cdots+n=n(n+1)/2$，假设一维数组 t 从下标 1 开始存储，则可得其下标和 i，j 的关系。

6. 利用广义表的 GetHead 和 GetTail 操作，从广义表 L = ((apple, pear), (banana, orange)) 中分离出原子 banana 的函数表达式是______。[山东大学研]

【答案】GetHead(GetHead(GetTail(L)))

【解析】GetHead 是取表的表头，GetTail 是取表的表尾。

三、综合题

1. 数组 $A[1..8, -2..6, 0..6]$ 以行为主序存储，设第一个元素的首地址是 78，每个元素的长度为 4，试求元素 $A[4, 2, 3]$ 的存储首地址。

答： 元素 A[4，2，3] 的存储首地址为 958。三维数组以行为主序存储，其元素地址公式为：$LOC(A_{ijk})=LOC(A_{c1c2c3})+[(i-c_1)V_2V_3+(j-c_2)V_3+(k-c_3)]*L$；其中，$c_i$，$d_i$ 是各维的下界和上界，$V_i=d_i-c_i+1$ 是各维元素个数，L 是一个元素所占的存储单元数。则 $LOC(A_{423})=78+[(4-1)*9*7+(2-(-2))*7+(3-0)]*4=958$。

2. 设有三维数组 $A[-2:4, 0:3, -5:1]$ 按列序存放，数组的起始地址为 1210，试求 $A(1, 3, -2)$ 所在的地址。

答： 1210+108L（公式：$LOC(A[1, 3, -2])=1210+[(k-c_3)v_2v_1+(j-c_2)v_1+(i-c_1)]*L$（设每个元素占 L 个存储单元）），本题 $k=-2$，$j=3$，$i=1$，$c_3=-5$，$c_2=0$，$c_1=-2$，$v_2=4$，$v_1=7$。

3. 对一个有 t 个非零元素的 A_{mn} 矩阵，用 $B[0..t][1..3]$ 的数组来表示，其中第 0 行的三个元素分别为 m，n，t，从第一行开始到最后一行，每行表示一个非零元素；第一列为矩阵元素的行号，第二列为其列号，第三列为其值。对这样的表示法，如果需要经常进行该操作——确定任意一个元素 $A[i][j]$ 在 B 中的位置并修改其值，应如何设计算法可以使时间得到改善？

答： 题中矩阵非零元素用三元组表存储，查找某非零元素时，按常规要从第一个元素开始查找，属于顺序查找，时间复杂度为 $O(n)$。若使查找时间得到改善，可以建立索引，将各行行号及各行第一个非零元素在数组 B 中的位置（下标）放入一向量 C 中。若查找非零元素，可先在数组 C 中用折半查找到该非零元素的行号，并取出该行第一个非零元素在 B 中的位置，再到 B 中顺序（或折半）查找该元素，这时时间复杂度为 $O(\log n)$。

4. 特殊矩阵和稀疏矩阵哪一种压缩存储后失去随机存取的功能？为什么？[北京邮电大学研]

答： 特殊矩阵指值相同的元素或零元素在矩阵中的分布有一定规律，因此可以对非零元素分配单元（对值相同元素只分配一个单元），将非零元素存储在向量中，元素的下标 i 和 j 和该元素在向量中的下标有一定规律，可以用简单公式表示，仍具有随机存取功能。而稀疏矩阵是指非零元素和矩阵容量相比很小($t<<m*n$)，且分布没有规律。用十字链表作存储结构自然失去了随机存取的功能。即使用三元组表的顺序存储结构，存取下标为 i 和 j 的元素时，要扫描三元组表，下标不同的元素，存取时间也不同，最好情况下存取时间为 $O(1)$，最差情况下是 $O(n)$，因此也失去了随机存取的功能。

5. 给定 $n\times m$ 矩阵 $A[a..b,\ c..d]$，并设 $A[i,\ j]\leqslant A[i+1,\ j]$ ($a\leqslant i\leqslant b-1$，$c\leqslant j\leqslant d$)。设计一算法判定 x 的值是否在 A 中，要求时间复杂度为 $O(m+n)$。［东南大学研］

答：

```
void search(ElemType A[][],int a,int b,int c,int d,ElemType x)
//查找元素 x 是否在矩阵 A 中
{
  int i = a;
  int j = d;
  int flag = 0;  //标志查找是否成功
  while(i <= b&&j >= c&&! flag)
  {
    //比较大小决定查找方向
    if(A[i][j] == x)
      flag = 1;
    else if(A[i][j] > x)
      j --;
    else
      i ++;
  }
  if(flag)
    printf("A[%d][%d] = %d\n",i,j,x);  //假定 x 为整型
  else
    printf("矩阵 A 中无%d 元素",x);
} //算法 search 结束
```

算法中查找 x 的路线从右上角开始，向下(当 $x>A[i][j]$)或向左(当 $x<A[i][j]$)。向下最多是 m，向左最多是 n。最佳情况是在右上角比较一次成功，最差是在左下角($A[b][c]$)，比较 $m+n$ 次，故算法最差时间复杂度是 $O(m+n)$。

第 6 章　树和二叉树

6.1　复习笔记

一、树的定义和基本术语

1. 定义

树是 $n(n\geqslant 0)$ 个结点的有限集。$n=0$ 时称为空树。

在一棵非空树中：

(1)有且仅有一个特定的结点称为根；

(2)当 $n>1$ 时，其余结点可分为 $m(m>0)$ 个互不相交的有限集 T_1，T_2，…，T_m，其中每一个集合本身又是一棵树，并且称为根的子树。

例如，在图 6-1 中，(a)是只有一个根结点的树；(b)是有 12 个结点的树，其中 A 是根，其余结点分成三个互不相交的子集：$T_1=\{B, E, I, J\}$，$T_2=\{C, F\}$，$T_3=(D, G, H, K, L\}$；T_1、T_2和 T_3都是根 A 的子树。

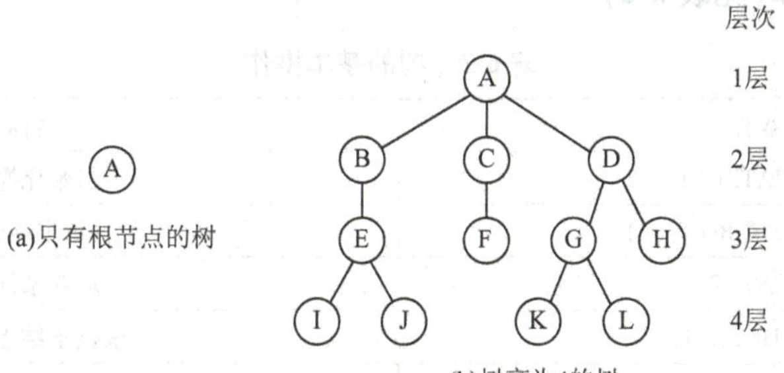

(a)只有根节点的树　(b)树高为4的树

图 6-1　树的示例

2. 树的表示形式

如图 6-2 所示为图 6-1(b)中树的各种表示形式。其中：

(a)嵌套集合表示树：用集合和嵌套的集合表示树，如图 6-2(a)；

(b)广义表表示树：根作为由子树森林组成的表的名字写在表的左边，如图 6-2(b)；

(c)凹入法表示树：如图 6-2(c)。

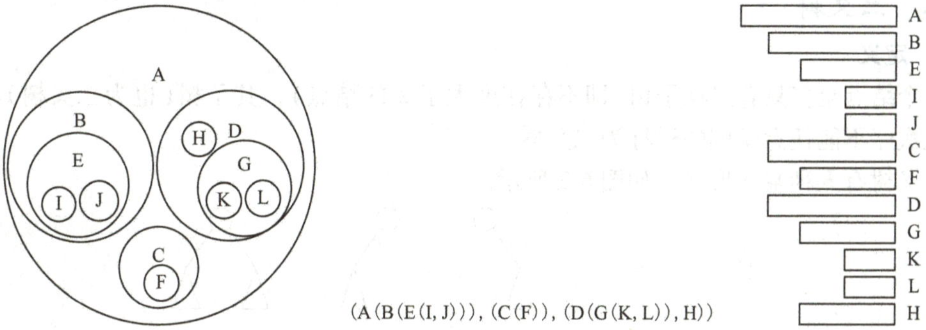

(a)嵌套集合表示法　(b)广义表　(c)凹入法

图 6-2　树的其他三种表示法

3. 基本术语(见表 6-1)

表 6-1　树的基本术语

概念	主要内容
结点	树的结点包含一个数据元素及若干指向其子树的分支
结点的度	结点拥有的子树个数
树的度	树内各结点的度的最大值
叶子(终端结点)	度为 0 的结点称为叶子或终端结点；度不为 0 的结点称为非终端结点或分支结点
结点的孩子、双亲	结点的子树的根称为该结点的孩子，相应地，该结点称为孩子的双亲
结点的兄弟	同一双亲的孩子之间互称为兄弟
树的深度	树中结点的最大层次称为树的深度或高度
结点的祖先	从根到该结点所经分支上的所有结点
结点的子孙	以该结点为根的子树中的任一结点
结点的层次	从根开始定义，根为第一层，根的孩子为第二层
结点的堂兄弟	其双亲在同一层的结点互为堂兄弟
森林	$m(m \geqslant 0)$棵互不相交的树的集合
有序树与无序树	树中结点的各子树从左至右是有次序的，则称该树为有序树，否则称为无序树

4. 树的基本操作(见表 6-2)

表 6-2　树的基本操作

操作	名称
INITIATE(T)	初始化操作
ROOT(T)或 ROOT(x)	求根函数
PARENT(T,x)	求双亲函数
CHILD(T,x,i)	求孩子结点函数
RIGHT_SIBLING(T,x)	求右兄弟函数
CRT_TREE(x,F)	建树函数
INS_CHILD(y,i,x)	插入子树操作
DEL_CHILD(x,i)	删除子树操作
TRAVERSE(T)	遍历操作
CLEAR(T)	置树为空

二、二叉树

1. 定义

每个结点至多只有二棵子树(即不存在度大于 2 的结点)，其子树(也为二叉树)有左右之分且次序不能任意颠倒的树称为二叉树。

二叉树有五种基本形态，如图 6-3 所示。

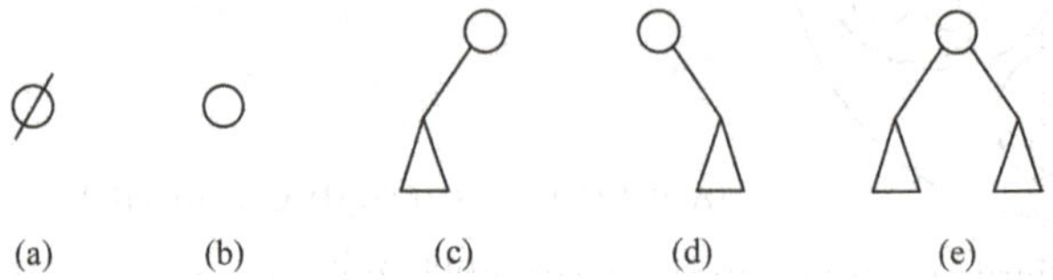

图 6-3　二叉树的五种基本形态

度为 2 的树和二叉树的区别：

(1)度为 2 的树至少有 3 个结点，而二叉树可以为空；

(2)度为 2 的树的孩子结点左右次序是相对的，而二叉树孩子结点左右次序是确定且不能任意更改的。

2. 完全二叉树和满二叉树

(1)满二叉树的定义和特点

定义：一棵深度为 k 且有 2^k-1 个结点的二叉树称为满二叉树。

特点：每一层上的结点数都是最大结点数。

(2)完全二叉树的定义和特点

定义：深度为 k、有 n 个结点的二叉树，当且仅当其每一个结点都与深度为 k 的满二叉树中编号从 1 至 n 的结点一一对应时，称之为完全二叉树。

特点：

①叶子结点只可能出现在层次最大的两层；

②至多只能出现一个度为 1 的结点；

③当 $i \leq \lfloor n/2 \rfloor$ 时，结点 i 为分支结点，否则为叶子结点。

3. 性质

(1)二叉树的第 i 层上至多有 2^{i-1} 个结点($i \geq 1$)。

(2)深度(高度)为 k 的二叉树至多有 2^k-1 个结点($k \geq 1$)。

(3)非空二叉树上叶子数等于度为 2 的结点数加 1，即 $n_0 = n_2 + 1$。

(4)具有 n 个结点的完全二叉树的深度为 $\lfloor \log_2 n \rfloor + 1$ 或 $\lceil \log_2(n+1) \rceil$。

(5)对一棵完全二叉树从上到下，从左到右编号为 1，2，…，n，对结点 i 有：

①当 $i=1$，则结点 i 是二叉树的根，无双亲；当 $i>1$，则其双亲为结点 $\lfloor i/2 \rfloor$；

②当 $2i>n$，结点 i 无左孩子(结点 i 为叶子结点)；否则其左孩子为结点 $2i$；

③如果 $2i+1>n$，则结点 i 无右孩子；否则其右孩子为结点 $2i+1$；

④结点 i 所在层次为 $\lfloor \log_2 i \rfloor + 1$。

4. 二叉树的存储结构

(1)顺序存储结构

用一组地址连续的存储单元存储二叉树的数据元素称为二叉树的顺序存储，它仅适合于完全二叉树和满二叉树。

(2)链式存储结构

设计不同的结点结构可以构成不同的链式存储结构，一般来讲，二叉树的链式存储结构至少包含三个域：数据域和左、右指针域，其结构如下所示：

lchild	data	rchild

三、遍历二叉树和线索二叉树

1. 遍历二叉树

(1)定义

按某条搜索路径访问树中每个结点，使得每个结点均被且仅被访问一次。

(2)遍历分类

①先序遍历：

若二叉树为空，不进行操作；否则：

a. 访问根结点；

b. 先序遍历左子树；

c. 先序遍历右子树。

②中序遍历：

若二叉树为空，不进行操作；否则：

a. 中序遍历左子树；

b. 访问根结点；

c. 中序遍历右子树。

③后序遍历：

若二叉树为空，不进行操作；否则：

a. 后序遍历左子树；

b. 后序遍历右子树；

c. 访问根结点。

④层次遍历：

按照从上到下，从左至右的方向依次逐层访问数据结点。

对于含有 n 个结点的二叉树，采取以上四种遍历方式时间复杂度均为 $O(n)$。

2. 线索二叉树

(1)定义

若结点有左子树，则其 lchild 域指示其左孩子，否则指示其前驱；若结点有右子树，则其 rchild 域指示其右孩子，否则指示其后继。在链式存储结构中，增设两个标志域，结构如下所示：

lchild	ltag	data	rtag	rchild

其中：

$$ltag=\begin{cases}0 & \text{lchild 域指示结点的左孩子}\\ 1 & \text{lchild 域指示结点的前驱}\end{cases}$$

$$rtag=\begin{cases}0 & \text{rchild 域指示结点的右孩子}\\ 1 & \text{rchild 域指示结点的后继}\end{cases}$$

上述结点结构构成的二叉链表作为二叉树的存储结构时，叫做线索链表，其中指向结点前驱和后继的指针，叫做线索。加上线索的二叉树称之为线索二叉树。对二叉树以某种次序遍历使其变为线索二叉树的过程叫做线索化。

例如图 6-4(a)所示为中序线索二叉树，与其对应的中序线索链表如图 6-4(b)所示。其中实线为指针，虚线为线索。

(2)遍历

在线索树上进行遍历，先找到序列中的第一个结点，然后依次找结点后继直至其后继为空。

①在先序线索二叉树中找结点后继，分为三种情况：

a. 若结点 X 有左孩子，后继结点为左孩子；

b. 若结点 X 无左孩子且有右孩子，后继结点为右孩子；

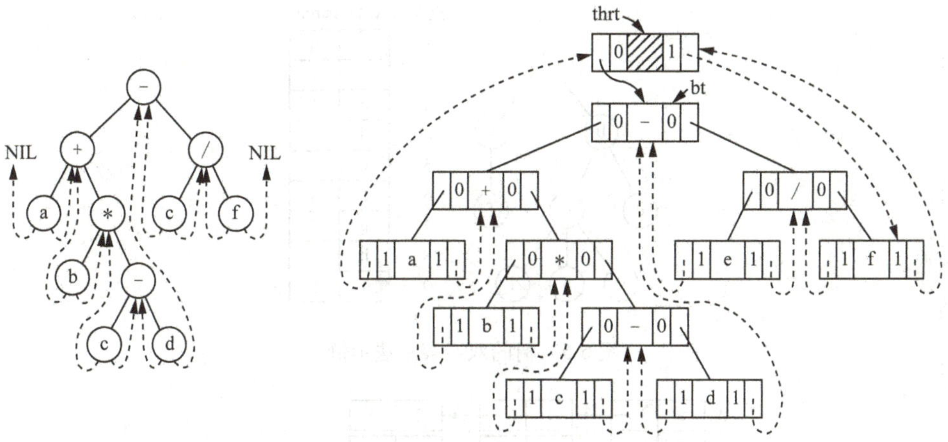

(a)中序线索二叉树 (b)中序线索链表

图 6-4 线索二叉树及其存储结构

c. 若结点 X 无左右孩子，后继结点为右兄弟结点。

②在中序线索二叉树中找结点后继，分两种情况：

a. 若结点 X 无右子树，右线索所指结点为后继；

b. 若结点 X 有右子树，后继为右子树的“最左下”孩子结点。

③在后序线索树中找结点后继，分三种情况：

a. 若结点 X 是二叉树的根，后继为空；

b. 若结点 X 是其双亲的右孩子或是其双亲的左孩子且其双亲没有右子树，后继为双亲结点；

c. 若结点 X 是其双亲的左孩子，且其双亲有右子树，后继为双亲的右子树上按后序遍历的第一个结点。

(3)插入和删除操作

线索二叉树中插入或删除一棵子树时，会破坏线索。修改结点指向孩子结点的指针时，还必须修复线索。

(4)线索二叉树的前驱和后继

①线索二叉树利用了二叉树中的 $n+1$ 个空指针存放结点的前驱和后继；

②先序线索二叉树中能求先序后继，中序线索二叉树中能求中序后继，但后序线索二叉树中不能求后序后继。

四、树和森林

1. 树的存储结构

(1)双亲表示法

双亲表示法采用一组连续空间存储树的每个结点，并在每个结点中增设一个伪指针，指示双亲结点在数组中的位置。如图 6-5 所示为一棵树及其双亲表示的存储结构。

(2)孩子表示法

将树中的每个结点的子树排成一个线性表，并用链表存储起来叫做孩子表示法。其中 n 个结点有 n 个孩子链表(叶子结点的孩子链表为空表)，如图 6-6 是用孩子表示法表示图6-5 的树。

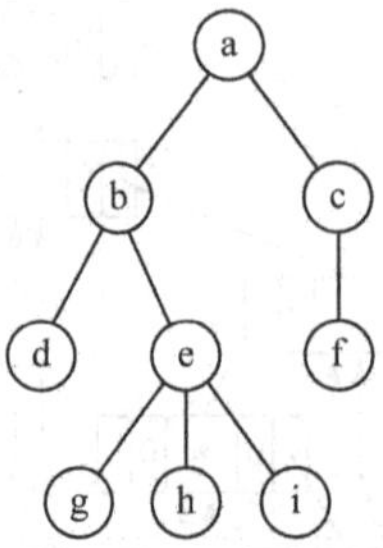

结点序号	data	parent
1	a	0
2	b	1
3	c	1
4	d	2
5	e	2
6	f	3
7	g	5
8	h	5
9	i	5

图 6-5　树的双亲表示法示例

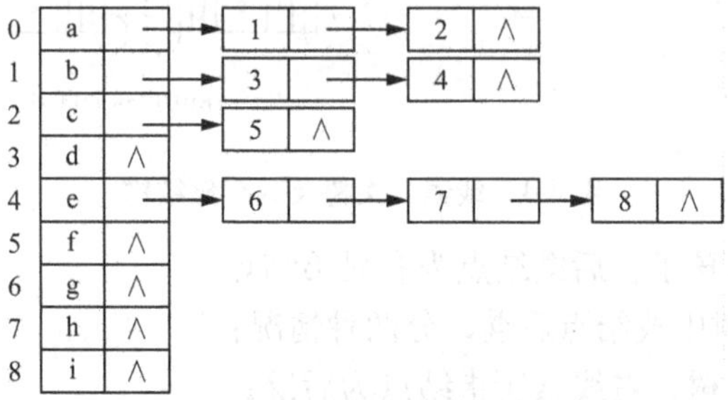

图 6-6　图 6-5 中树的孩子表示法

孩子表示法在寻找子女结点时非常直接，但寻找双亲结点时需遍历整个结构。

(3)孩子兄弟表示法

以二叉链表作树的存储结构，链表中结点的两个链域分别指向该结点的第一个孩子结点和下一个兄弟结点。图 6-7 是图 6-5 中的树的孩子兄弟链表。

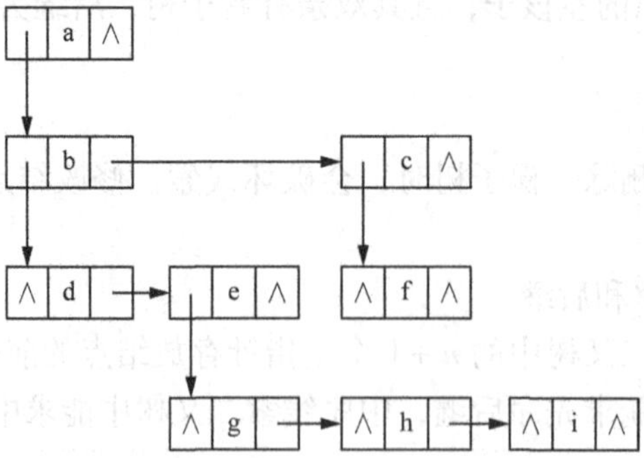

图 6-7　图 6-5 中树的二叉链表表示法

孩子兄弟表示法不仅易于查找结点的孩子，还能方便实现树转化为二叉树的操作，但查找当前结点的双亲结点却十分复杂。

2. 树、森林与二叉树的转换

(1)树转换为二叉树

规则：每个结点的左指针指向它的第一个孩子结点，右指针指向它在树中的相邻兄弟结点(根节点无右兄弟，则转换成的二叉树也无右子树)。

图 6-8 展示了树与二叉树之间的对应关系。

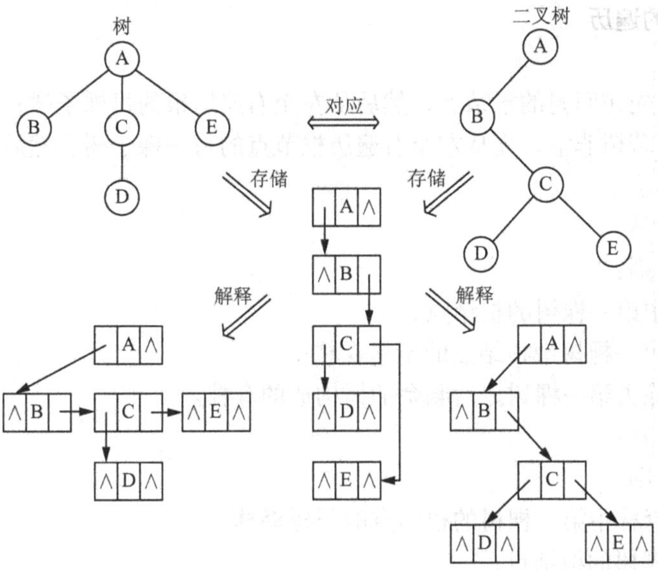

图 6-8　树与二叉树的对应关系示例

(2) 森林转换成二叉树

规则：

①将森林中每棵树分别转换成二叉树；

②将第一棵树的根作为结果二叉树的根，第一棵树的左子树作为结果二叉树的左子树，从第二棵树开始，依次将其连接到前一棵树的右孩子位置。

如图 6-9 所示森林与二叉树之间的对应关系。

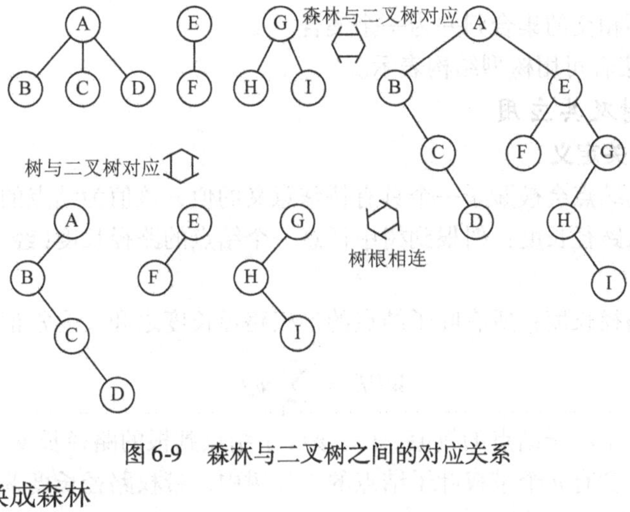

图 6-9　森林与二叉树之间的对应关系

(3) 二叉树转换成森林

如果 $B = (root, LB, RB)$ 是一棵二叉树，则转换成森林 $F = \{T_1, T_2, \cdots, T_m\}$ 规则如下：

①若 B 为空，则 F 为空；

②若 B 非空，则 B 的根 $root$ 转换为 F 中 T_1 的根，T_1 中根结点的子树森林 F_1 是由 B 的左子树 LB 转换而成的森林；F 中除 T_1 之外其余树组成的 $F' = \{T_2, T_3, \cdots, T_m\}$ 是由 B 的右子树 RB 转换而成的森林。

3. 树和森林的遍历

(1)树的遍历

①先根遍历：先访问树的根结点，然后从左至右遍历根的每棵子树；

②后根遍历：若树非空，先从左至右遍历根节点的每一棵子树，然后访问根节点。

(2)森林的遍历

①先序遍历森林：

若森林非空，则：

a. 访问森林中第一棵树的根结点；

b. 先序遍历第一棵树中根结点的子树森林；

c. 先序遍历除去第一棵树之后剩余的树构成的森林。

②中序遍历森林：

若森林非空，则：

a. 中序遍历森林中第一棵树的根结点的子树森林；

b. 访问第一棵树的根结点；

c. 中序遍历除去第一棵树之后剩余的树构成的森林。

五、树与等价问题

等价关系：如果集合 S 中的关系 R 是自反的、对称的和传递的，则称它是一个等价关系。

划分等价类需对集合进行三个操作：

(1)构造只含单元素的集合；

(2)判定某个单元素所在集合；

(3)将两个互不相交的集合归并为一个集合。

等价问题中，集合可用树型结构表示。

六、哈夫曼树及其应用

1. 哈夫曼树相关定义

(1)权：树中的结点会被赋予一个具有特殊意义的值，该值为结点的权；

(2)结点的带权路径长度：树根到树中任意一个结点的路径长度(经过的分支数)与权值的乘积；

(3)树的带权路径长度：所有叶子结点的带权路径长度之和，通常记作

$$WPL = \sum_{i=1}^{n} w_i l_i$$

其中，w_i为第 i 个叶子结点的权值，l_i为该叶子结点到根的路径长度。

(4)哈夫曼树：含有 n 个带权叶子结点的二叉树中，带权路径长度 WPL 最小的二叉树称为哈夫曼树，又称最优二叉树。

2. 哈夫曼树的构造

假设有 n 个叶子结点，其权值分别为 $w_i(i=1, 2, \cdots, n)$，则构造哈夫曼树方法如下：

(1)根据给定的 n 个权值构成 n 棵二叉树的集合 $F=\{T_1, T_2, \cdots, T_n\}$，其中每棵二叉树 T_i中只有一个权为 w_i的根结点，其左右子树均空；

(2)在 F 中选取两棵根结点的权值最小的树作为左右子树构造一棵新的二叉树，且置新的二叉树的根结点的权值为其左、右子树上根结点的权值之和；

(3)将这两棵树从 F 中删除，并将新得到的二叉树加入 F 中；

(4)重复(2)和(3)，直到 F 只含一棵树即成功构造出了哈夫曼树。

3. 哈夫曼编码

(1)前缀编码：没有一个编码是另外一个编码的前缀。

(2)哈夫曼编码：利用二叉树设计二进制的前缀编码，并根据构造的哈夫曼树得到的二进制前缀编码称为哈夫曼编码。前缀编码示例如图 6-10 所示。

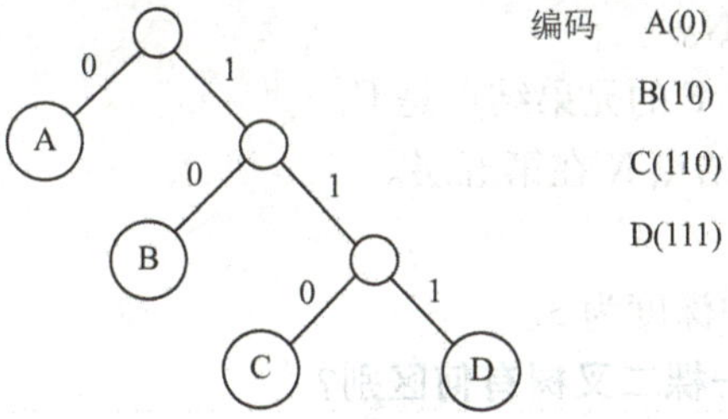

图 6-10 前缀编码示例

七、回溯法与树的遍历

回溯法是一个先序遍历一棵“状态树”的过程，但这棵树不是遍历前预先建立的，而是隐含在遍历过程中的。它是设计递归过程的一种重要方法。

八、树的计数

1. 二叉树的相似

称二叉树 T 和 T' 相似：二者都为空树或者二者均不为空树，且它们的左右子树分别相似。

2. 二叉树的等价

称二叉树 T 和 T' 等价：二者不仅相似，而且所有对应结点上的数据元素均相同。

3. 二叉树的计数问题

二叉树的计数问题就是讨论具有 n 个结点、互不相似的二叉树的数目 b_n。

6.2 强化习题详解

1. 已知一棵树边的集合为{<I, M>, <I, N>, <E, I>, <B, E>, <B, D>, <A, B>, <G, J>, <G, K>, <C, G>, <C, F>, <A, C>}，请画出这棵树，并回答下列问题：

(1)哪个是根结点？

(2)哪些是叶子结点？

(3)哪个是结点 G 的双亲？

(4)哪些是结点 G 的祖先？

(5)哪些是结点 G 的孩子？

(6)哪些是结点 E 的子孙？

(7)哪些是结点 E 的兄弟？哪些是结点 F 的兄弟？

(8)结点 B 和 N 的层次号分别是什么？

(9)树的深度是多少？

(10)以结点 C 为根的子树的深度是多少？

答： 根据题设画出树的结构如图 6-11 所示。

(1) A 是根结点。

(2) M，N，D，J，K，F 是叶子结点。

(3) C 是 G 的双亲。

(4) A，C 是 G 的祖先。

(5) G 的孩子是 J，K。

(6) E 的子孙是 I，M，N。

(7) E 的兄弟结点是 D，F 的兄弟结点是 G。

(8) 结点 B 在第二层，结点 N 在第五层。

(9) 树的深度为 5。

(10) 以 C 为根的子树的深度为 3。

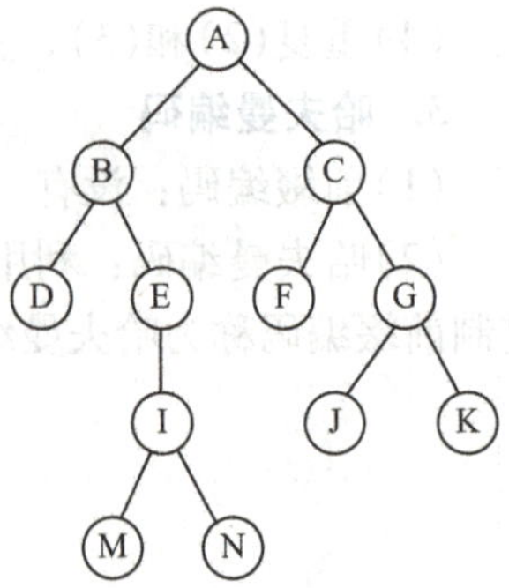

图 6-11　树的结构

2. 一棵度为 2 的树与一棵二叉树有何区别？

答： 度为 2 的树和二叉树的区别：

(1) 度为 2 的树至少有 3 个结点，而二叉树可以为空；

(2) 度为 2 的树的孩子结点左右次序是相对的，而二叉树孩子结点左右次序是确定且不能任意更改的。

3. 试分别画出具有 3 个结点的树和 3 个结点的二叉树的所有不同形态。

答： 含有 3 个结点的树有两种形态，如图 6-12 所示。

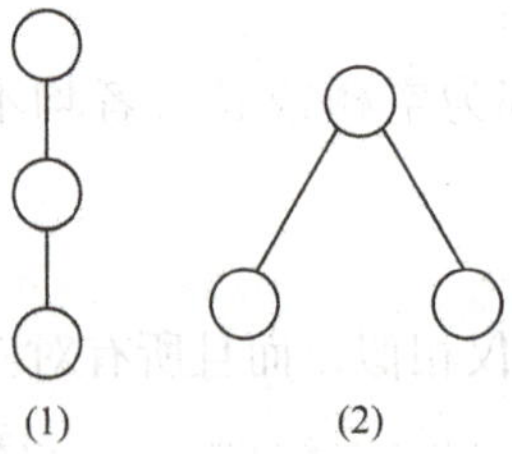

图 6-12　含 3 个结点的树

而含有 3 个结点的二叉树可能有下列 5 种形态，如图 6-13 所示。

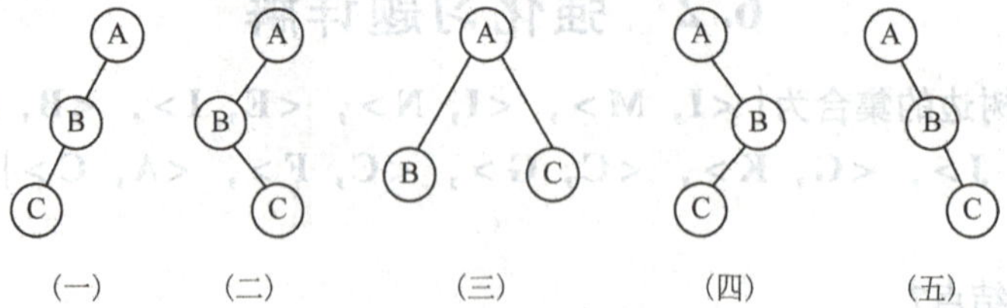

图 6-13　含 3 个结点的二叉树

4. 一棵深度为 H 的满 k 叉树有如下性质：第 H 层上的结点都是叶子结点，其余各层上每个结点都有 k 棵非空子树。如果按层次顺序从 1 开始对全部结点编号，问：

(1) 各层的结点数目是多少？

(2) 编号为 p 的结点的父结点(若存在)的编号是多少？

(3) 编号为 p 的结点的第 i 个儿子结点(若存在)的编号是多少？

(4) 编号为 p 的结点有右兄弟的条件是什么？其右兄弟的编号是多少？

答： (1) 第一层得结点数目为 1，第二层的结点数目为 k，第三层得结点数目为 k^2，第四层的结点数目为 k^3，递推可知第 H 层的结点为 k^{H-1}。

(2)分两种情况。

①$p=1$ 时，则该结点没有父结点。

②$p\neq 1$ 时，如果 p 是其双亲的最小的孩子(右孩子)，则 p 减去根结点的一个结点，应是 k 的整数倍，该整数即为所在的组数，每一组为一棵满 k 叉树，正好为双亲结点的编号。

如果 p 是其双亲的最大的孩子(左孩子)，则 $p+k-1$ 为其最小的弟弟，再减去一个根结点 $p+k-2$，除以 k，即为其双亲结点的编号。

p 结点的父结点编号用 i 表示，综合来说，对于 p 是左孩子的情况，$i=(p+k-2)/k$；对于 p 是右孩子的情况，$i=(p-1)/k$。如果左孩子的编号为 p，则其右孩子编号必为 $p+k-1$，所以，其双亲结点的编号为

$$i=\lfloor\frac{p+k-2}{k}\rfloor\quad(k\geqslant 2)$$

(3)结点 p 的第 $k-1$ 个儿子的编号为 $p*k$，若第 i 个孩子存在，编号为 $pk+(i-(k-1))$。

(4)当 $(p-1)\%k\neq 0$ 时，结点 p 有右兄弟，其右兄弟的编号为 $p+1$。

5. 已知一棵度为 k 的树中有 n_1 个度为 1 的结点，n_2 个度为 2 的结点，…，n_k 个度为 k 的结点，问该树中有多少个叶子结点？

答： 根据树的定义，除树根结点之外的结点数等于所有结点的分支数(度数)，现假设 n_0 为叶子结点的个数，n 为树的结点总数，则有以下关系：$n=n_0+n_1+\cdots+n_k$，$n-1=n_1+2n_2+\cdots+kn_k$；解得：

$$n_0=1+\sum_{i=1}^{k}(i-1)n_i$$

6. 已知在一棵含有 n 个结点的树中，只有度为 k 的分支结点和度为 0 的叶子结点。试求该树含有的叶子结点数目。

答： 设度为 k 的结点个数为 n_k，叶子结点的个数为 n_0，则 $n=1+kn_k$，且 $n=n_0+n_k$，解得：

$$n_0=n-\frac{n-1}{k}$$

7. 一棵含有 n 个结点的 k 叉树，可能达到的最大深度和最小深度各为多少？

答： 能达到最大深度的树是单支树，其深度为结点数 n。

满 k 叉树的深度最小，其深度为 $\lceil\log_k(n(k-1)+1)\rceil$。

证明：设具有 n 个结点的 k 叉树的深度为 h，若在该树中前 $h-1$ 层都是满的，即每一层的结点数都等于 $k^{i-1}(1\leqslant i\leqslant h-1)$ 个，第 h 层(即最后一层)的结点数可能满，也可能不满，则该树具有最小的深度。其深度 h 的计算公式为

$$\frac{k^{h-1}-1}{k-1}<n\leqslant\frac{k^h-1}{k-1}$$

可变换为 $k^{h-1}<n(k-1)+1\leqslant k^h$，以 k 为底取对数后得 $h-1<\log_k(n(k-1)+1)\leqslant h$，即 $\log_k(n(k-1)+1)\leqslant h<\log_k(n(k-1)+1)+1$。

因此得到具有 n 个结点的一般 k 叉树的最小深度为 $h=\lceil\log_k(n(k-1)+1)\rceil$。

8. 证明：一棵满 k 叉树上的叶子结点数 n_0 和非叶子结点数 n_1 之间满足以下关系：$n_0=(k-1)n_1+1$。

答： 证明如下：

设该树总结点数为 n，则有以下关系：

$n=n_0+n_1$，$n-1=kn_1$

解得 $n_0=(k-1)n_1+1$。

9. 试分别推导含有 n 个结点的完全三叉树和含 n_0 个叶子结点的满三叉树的深度 H。

答：(1)根据完全 k 叉树的定义

$$\frac{k^{H-1}-1}{k-1}<n\leqslant\frac{k^{H}-1}{k-1}$$

当 $k=3$，$3^{H-1}<2n\leqslant 3^{H}-1$，即：$2n+1\leqslant 3^{H}<3(2n+1)$，对不等式取对数：$\log_3(2n+1)\leqslant H<1+\log_3(2n+1)$，因为 H 只能取整数，$H=\lceil\log_3(2n+1)\rceil$。

(2)由第8题可推导得：含有 n_0 个叶子结点的满三叉树结点数为 $(3n_0-1)/2$，再由(1)的结论可得：$H=1+\lceil\log_3 n_0\rceil$。

10. 对于那些所有非叶子结点均含有左右子数的二叉树：

(1)试问：有 n 个叶子结点的树中共有多少个结点？

(2)试证明：

$$\sum_{i=1}^{n}2^{-(l_i-1)}=1$$

其中 n 为叶子结点的个数，l_i 表示第 i 个叶子结点所在的层次(设根结点所在层次为1)。

答：(1)设 n_1 为结点总数，n_2 为度为2的结点数，则在二叉树中有：$n_1=n+n_2$，$n_1-1=2n_2$，则 $n_1=2n-1$。

(2)用归纳法证明：

①当 $n=1$ 时，$i=1$，二叉树只有一个叶子结点，则整棵树只有一个根结点，$l_1=1$，$2^{-(1-1)}=1$，结论成立；

②设当 $n=k(k>1)$ 时，结论成立，即

$$2^{-(l_1-1)}+2^{-(l_2-1)}+\cdots+2^{-(l_p-1)}+\cdots+2^{-(l_k-1)}=1$$

③则当 $n=k+1$ 时，树的总结点数增2，叶子结点数增1(新增结点的父亲结点不再是叶子结点)。由此，

$$2^{-(l_1-1)}+2^{-(l_2-1)}+\cdots+2^{-(l_{p-1}-1)}+2^{-(l_{p+1}-1)}+\cdots+2^{-(l_k-1)}+2^{-(l_p+1-1)}+2^{-(l_p+1-1)}$$
$$=2^{-(l_1-1)}+2^{-(l_2-1)}+\cdots+2^{-(l_p-1)}+\cdots+2^{-(l_k-1)}=1$$

则当 $n=k+1$ 时，结论成立。

综上：$\sum_{i=1}^{n}2^{-(l_i-1)}=1$ 成立。

11. 在二叉树的顺序存储结构中，实际上隐含着双亲的信息，因此可和三叉链表对应。假设每个指针域占4个字节的存储，每个信息域占 k 个字节的存储。试问：对于一棵有 n 个结点的二叉树，且在顺序存储结构中最后一个结点的下标为 m，在什么条件下顺序存储结构比三叉链表更节省空间？

答：采用三叉链表结构，需要 $n+(k+4\times3)$ 即 $n(k+12)$ 个字节的存储空间。采用顺序存储结构，需要 mk 个字节的存储空间，则当 $mk<n(k+12)$ 时，即 $k<12n/(m-n)$ 时，采用顺序存储比采用三叉链表更节省空间。

12．对题 3 所得各种形态的二叉树，分别写出前序、中序和后序遍历的序列。

答：对题 3 所得二叉树，其遍历结果如表 6-3 所示。

表 6-3　二叉树遍历结果表

	（一）	（二）	（三）	（四）	（五）
前序	ABC	ABC	ABC	ABC	ABC
中序	CBA	BCA	BAC	ACB	ABC
后序	CBA	CBA	BCA	CBA	CBA

13．假设 n 和 m 为二叉树中两结点，用“1”“0”或“Φ”（分别表示肯定、恰恰相反或者不一定）填写下表：

已知 \ 问	前序遍历时 n 在 m 前?	中序遍历时 n 在 m 前?	后序遍历时 n 在 m 前?
n 在 m 左方			
n 在 m 右方			
n 是 m 祖先			
n 是 m 子孙			

注：如果（1）离 a 和 b 最近的共同祖先 p 存在，且（2）a 在 p 的左子树中，b 在 p 的右子树中，则称 a 在 b 的左方（即 b 在 a 的右方）。

答：根据题意，填写的结果如表 6-4 所示。

表 6-4　结果表

已知 \ 问	前序遍历时 n 在 m 前?	中序遍历时 n 在 m 前?	后序遍历时 n 在 m 前?
n 在 m 左方	1	1	1
n 在 m 右方	0	0	0
n 是 m 祖先	1	Φ	0
n 是 m 子孙	0	Φ	1

14．找出所有满足下列条件的二叉树：

（a）它们在先序遍历和中序遍历时，得到的结点访问序列相同；

（b）它们在后序遍历和中序遍历时，得到的结点访问序列相同；

（c）它们在先序遍历和后序遍历时，得到的结点访问序列相同。

答：（a）不含左子树的二叉树。

（b）不含右子树的二叉树。

（c）只有根结点（即不含左子树，也不含右子树的二叉树）的二叉树。

15．请对图 6-14 所示的二叉树进行后序线索化，为每个空指针建立相应的前驱或后继线索。

答：图中所给的二叉树后序遍历序列为：GDBEHFCA，后序线索化结果如图 6-15 所示。

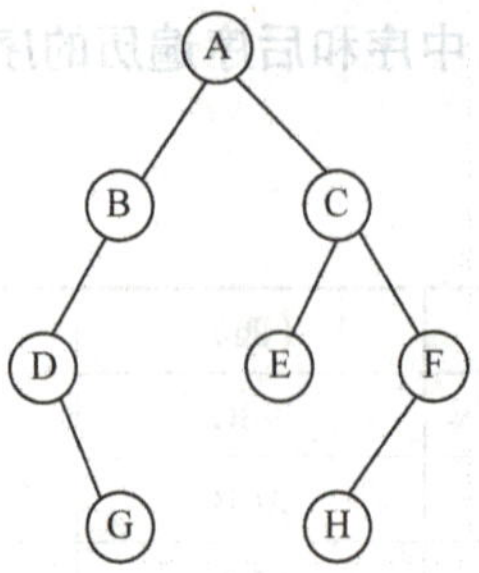

图 6-14　二叉树结构图

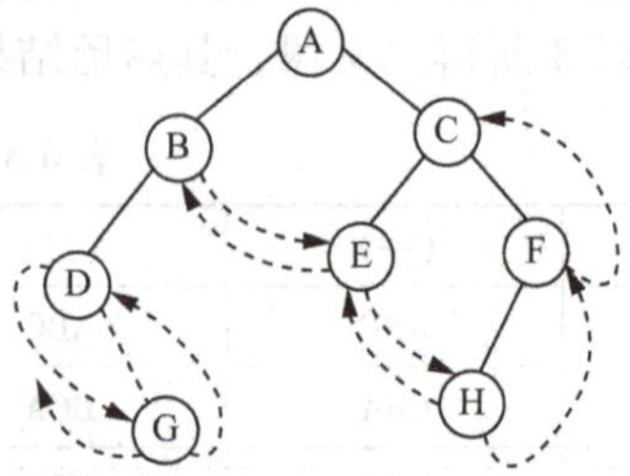

图 6-15　后序线索图

16. 将如图 6-16 所示的二叉链表改为先序线索链表（不画出树的形态）。

	1	2	3	4	5	6	7	8	9	10	11	12	13	14
Info	A	B	C	D	E	F	G	H	I	J	K	L	M	N
Ltag														
Lchild	2	4	6	0	7	0	10	0	12	13	0	0	0	0
Rtag														
Rchild	3	5	0	0	8	9	11	0	0	0	14	0	0	0

图 6-16　二叉链表

答：将图 6-16 所示的二叉链表改为先序线索链表结果如图 6-17 所示。

	1	2	3	4	5	6	7	8	9	10	11	12	13	14
Info	A	B	C	D	E	F	G	H	I	J	K	L	M	N
Ltag	0	0	0	1	0	1	0	1	0	0	1	1	1	1
Lchild	2	4	6	2	7	3	10	14	12	13	13	9	10	11
Rtag	0	0	1	1	0	0	0	1	1	1	0	1	1	1
Rchild	3	5	6	5	8	9	11	3	12	13	14	0	11	8

图 6-17　先序线索链表

17. 阅读下列算法，若有错，则改正之。

BiTree InSucc(BiTree q)

//已知 q 是指向中序线索二叉树上某个结点的指针，本函数返回指向 * q 的后继的指针。

```
{
  r = q -> rchild;
  if( ! r -> rtag)
    while( ! r -> rtag)
      r = r -> rchild;
    return r;
} //InSucc
```

答：其错误在于中序遍历应先访问其左子树，可做如下修改：

BiTree InSucc(BiTree q)

//已知 q 是指向中序线索二叉树上某个结点的指针，本函数返回指向 * q 的后继的指针。

```
{
  r = q -> rchild;
  if( ! r -> ltag)
    while( ! r -> ltag)
      r = r -> lchild;    //此处先访问其左子树
  return r;
} //InSucc
```

18. 试讨论，能否在一棵中序全线索二叉树上查找给定结点 * p 在后序序列中的后继。

答：(1)若 p 是根结点，则其后继为空；

(2)若 p 不是根结点，遍历 p 的双亲结点，从 p 结点开始中序线索遍历：

①如果某结点的左指针域等于 p，说明该结点是 p 的双亲结点，且 p 是它的左孩子；

②如果某结点的右指针域等于 p，说明该结点是 p 的双亲结点，且 p 是它的右孩子；

如此即可确定访问次序：

①若 p 是右孩子，则在后序序列中其后继是双亲结点；

②若 p 是左孩子，则在后序序列中其后继是其兄弟最左下的子孙，如果兄弟不存在，其后继是其双亲结点。

因此，在一棵中序全线索二叉树上可以查找到给定结点在后序序列中的后继。

19. 分别画出和图 6-18 所示的树对应的各个二叉树：

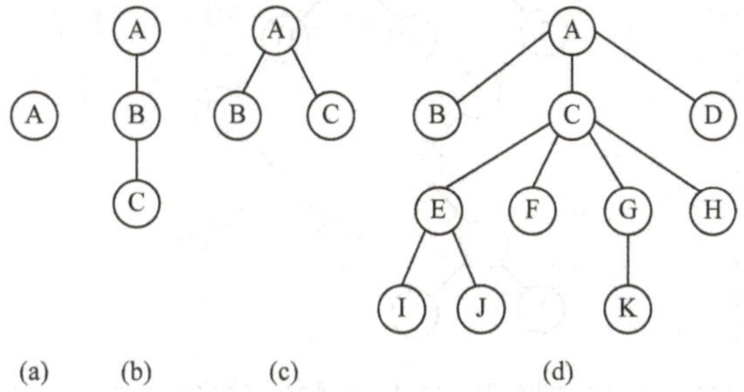

图 6-18 树结构图

答：根据二叉树和树的转化规则，可以画出图中所给的树对应的二叉树形态。结果如图 6-19 所示。

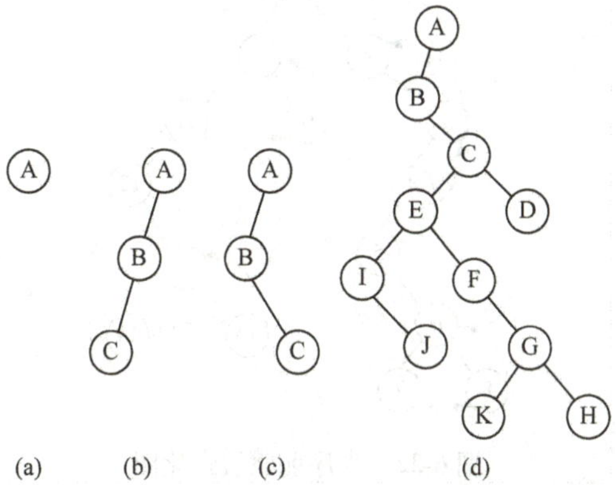

图 6-19 二叉树结构图

20. 将如图 6-20 所示森林转换为相应的二叉树，并分别按以下说明进行线索化。

(1)先序前驱线索化；

(2)中序全线索化；

(3)后序后继线索化。

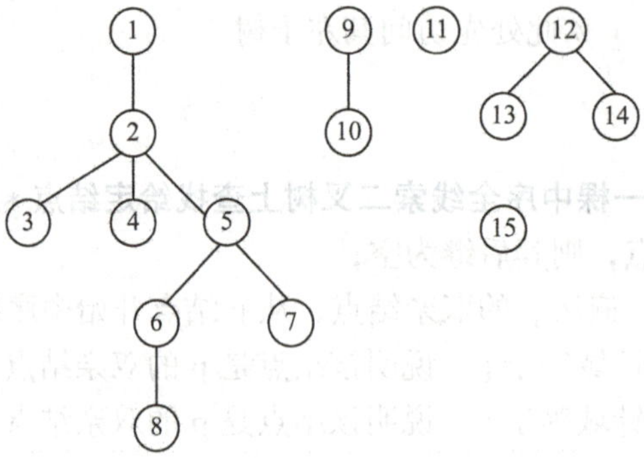

图 6-20 20 题图

答：根据森林与二叉树的转换规则，先将图中的森林转换为二叉树，其结构如图 6-21 所示。

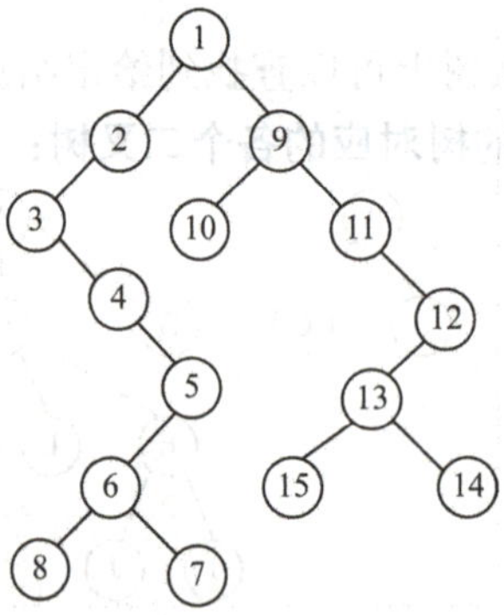

图 6-21 对应二叉树结构图

(1)先序序列：1，2，3，4，5，6，8，7，9，10，11，12，13，15，14；先序前驱线索化如图 6-22 所示。

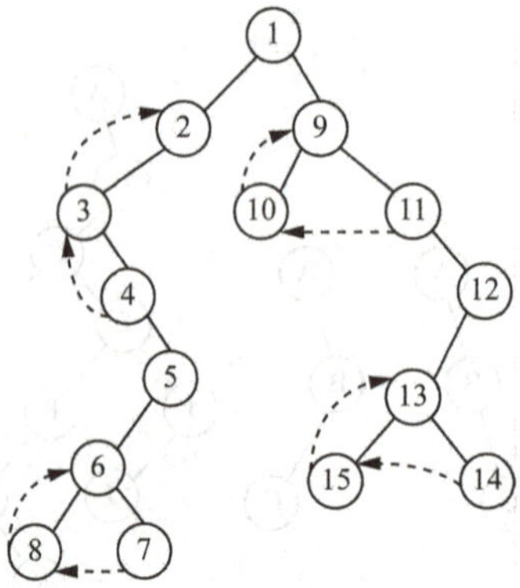

图 6-22 先序前驱线索化图

(2)中序序列：3，4，8，6，7，5，2，1，10，9，11，15，13，14，12；中序全线索化图如图 6-23 所示。

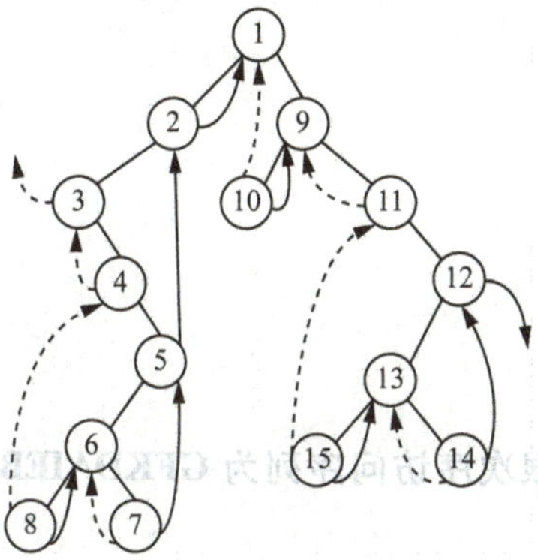

图 6-23　中序全线索化图

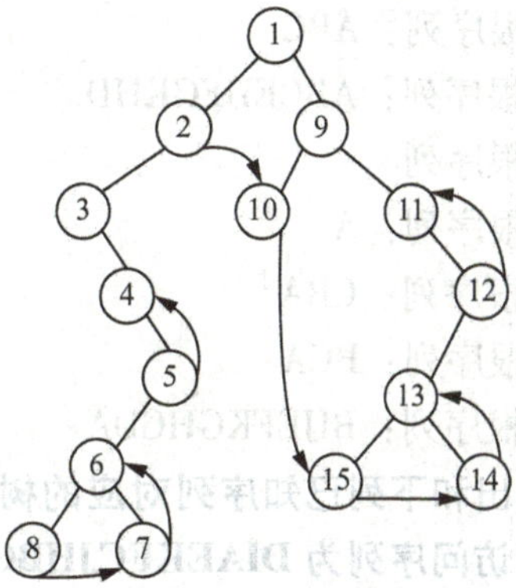

图 6-24　后序后继线索化图

(3)后序序列：8，7，6，5，4，3，2，10，15，14，13，12，11，9，1；后序后继线索化如图 6-24 所示。

21. 画出如图 6-25 所示的二叉树对应的森林：

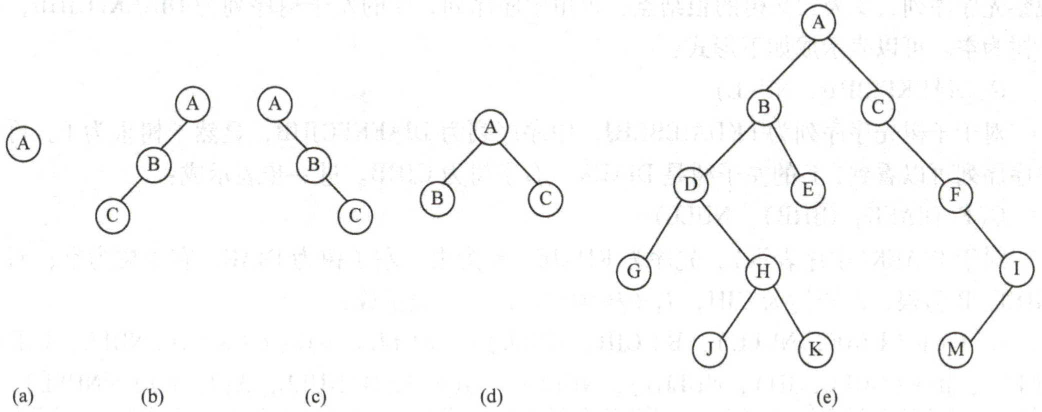

图 6-25　21 题图

答：根据二叉树和森林的转换规则，6－25 图中二叉树对应的森林如图 6-26 所示。

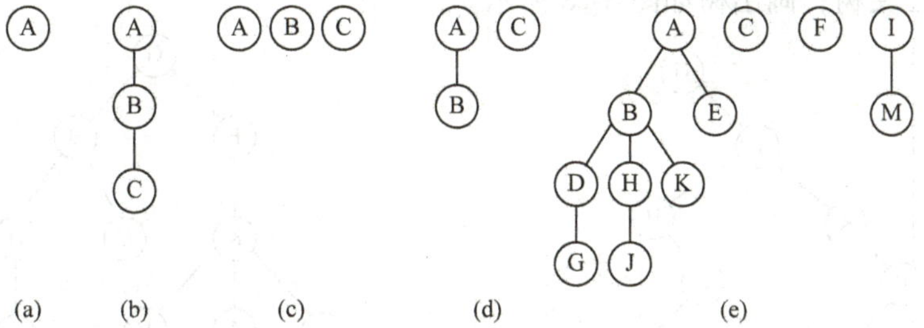

图 6-26　对应森林的结构图

22. 对于 19 题中所给出的各树分别求出以下遍历序列：

(1)先根序列；

(2)后根序列。

答：(1)先根序列

(a)先根序列：A

(b)先根序列：ABC

(c)先根序列：ABC

(d)先根序列：ABCEIJFGKHD

(2)后根序列

(a)后根序列：A

(b)后根序列：CBA

(c)后根序列：BCA

(d)后根序列：BIJEFKGHCDA

23. 画出和下列已知序列对应的树 T：树的先根次序访问序列为 GFKDAIEBCHJ；树的后根次序访问序列为 DIAEKFCJHBG。

答：树的先根序列为 GFKDAIEBCHJ，后根序列为 DIAEKFCJHBG，可以先转化成二叉树，再通过二叉树转换成树。注意二叉树的先序序列与等价树的先根序列相同，二叉树的中序序列对应着树的后根序列。

GFKDAIEBCHJ 为所求二叉树的先序序列，DIAEKFCJHBG 为二叉树的中序序列。通过观察先序序列，G 为二叉树的根结点，再由中序序列，G 的左子树序列为 DIAEKFCJHB，右子树为空。可以表示成如下形式：

G(DIAEKFCJHB，NULL)

对于子树先序序列为 FKDAIEBCHJ，中序序列为 DIAEKFCJHB，显然子树根为 F。再由中序序列可以看到，F 的左子树是 DIAEK，右子树为 CJHB。进一步表示成：

G(F(DIAEK，CJHB)，NULL)

对于 DIAEK(中序表示)，先序为 KDAIE，K 为根，左子树为 DIAE，右子树为空；对于 CJHB，B 为根，左子树为 CJH，右子树为空。进一步表示成：

G(F(K(DIAE，NULL)，B(CJH，NULL))，NULL)→G(F(K(D(NULL，IAE)，NULL)，B(C(NULL，JH)，NULL))，NULL)→G(F(K(D(NULL，A(I，E))，NULL)，B(C(NULL，H(J，NULL))，NULL))，NULL)

由此画出二叉树如图 6-27 所示。

根据以上二叉树，画出树如图 6-28 所示。

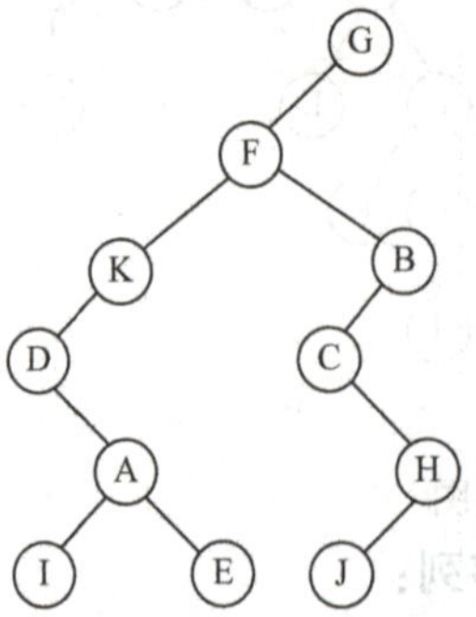

图 6-27　二叉树结构图

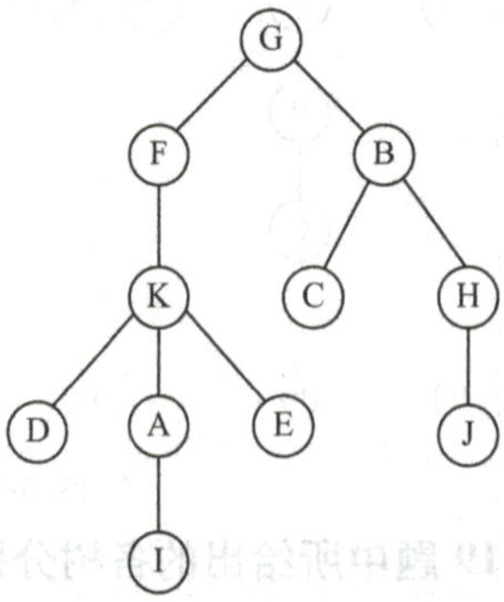

图 6-28　对应森林的结构图

24. 画出和下列已知序列对应的森林 F：森林的先序次序访问序列为 ABCDEFGHIJKL；森林的中序次序访问序列为 CBEFDGAJIKLH；

答：森林的先序序列相当于二叉树的先序序列，森林的中序序列相当于二叉树的中序序列，其画出的森林 F 如图 6-29 所示。

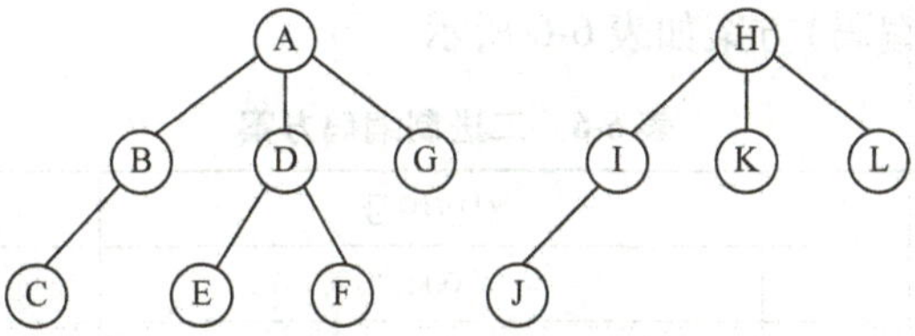

图 6-29　森林结构图

25. 证明：在结点数多于 1 的哈夫曼树中不存在度为 1 的结点。

答：用归纳法证明如下：

(1)当 $n=2$ 时，要使其成为最优二叉树，必须使两个结点都成为叶子结点，满足条件；

(2)设 $n=k(k>2)$ 时，结论成立；

(3)则当 $n=k+1$ 时，要使其成为最优二叉树，必须用 k 个结点的哈夫曼树与第 $k+1$ 个结点组成一个新的最优二叉树，所以 $n=k+1$ 时也成立。

综上所述，在结点数多于 1 的哈夫曼树中不存在度为 1 的结点。

26. 假设用于通信的电文仅由 8 个字母组成，字母在电文中出现的频率分别为 0.07，0.19，0.02，0.06，0.32，0.03，0.21，0.10。试为这 8 个字母设计哈夫曼编码。使用 0～7 的二进制表示形式是另一种编码方案。对于上述实例，比较两种方案的优缺点。

答：采用哈夫曼编码：不妨设这 8 个结点为 A、B、C、D、E、F、G、H，其相应的权为 7、19、2、6、32、3、21、10。

如图 6-30 所示为构造成的哈夫曼树。

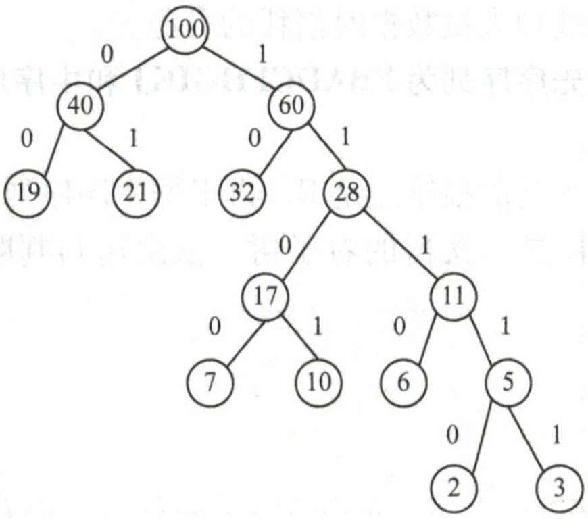

图 6-30　哈夫曼树结构图

方案 1(哈夫曼编码)方案如表 6-5 所示。

表 6-5　哈夫曼编码方案

字母编号	对应编号	出现频率
A	1100	0.07
B	00	0.19
C	11110	0.02
D	1110	0.06
E	10	0.32
F	11111	0.03
G	01	0.21
H	1101	0.10

方案 2(普通二进制编码)方案如表 6-6 所示。

表 6-6 二进制编码方案

字母编号	对应编号	出现频率
A	000	0.07
B	001	0.19
C	010	0.02
D	011	0.06
E	100	0.32
F	101	0.03
G	110	0.21
H	111	0.10

方案 1：$WPL=2(0.19+0.32+0.21)+4(0.07+0.06+0.10)+5(0.02+0.03)=1.44+0.92+0.25=2.61$

方案 2：$WPL=3(0.19+0.32+0.21+0.07+0.06+0.10+0.02+0.03)=3$

结论：哈夫曼编码优于等长二进制编码。

采用哈夫曼编码的优点是，编码的总长度为最小，数据处理时消耗的资源少。缺点是，编码过程中需要构造哈夫曼树。

采用二进制表示的编码优点是：编码简单，直接将数值转换为对应的二进制表示。缺点是，编码的数据比较长，在处理大量数据时消耗的资源多。

27. 假设一颗二叉树的先序序列为 EBADCFHGIKJ 和中序序列为 ABCDEFGHIJK。请画出该树。

答：由先序序列可知二叉树的根结点是 E，再根据中序序列，从而得到序列 ABCD 是二叉树的左子树，序列 FGHIJK 是二叉树的右子树，依次递归判断，可画出整棵二叉树如图 6-31所示。

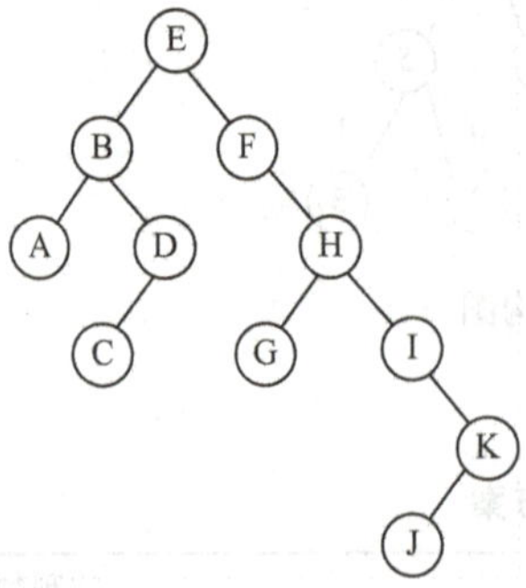

图 6-31 二叉树结构图

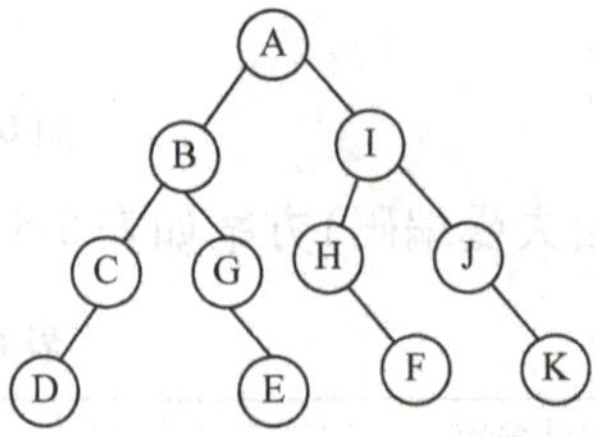

图 6-32 二叉树结构图

28. 假设一棵二叉树的中序序列为 DCBGEAHFIJK 和后序序列 DCEGBFHKJIA。请画出该树。

答：根据后序序列可知，二叉树的根结点是 A，再根据中序序列，从而得到序列DCBGE 在二叉树的左子树中，序列 HFIJK 在二叉树的右子树中，依次递归判断，可以画出整棵二叉树如图 6-32 所示。

29. 假设一棵二叉树的层序序列 ABCDEFGHIJ 和中序序列 DBGEHJACIF。请画出该树。

答：根据层序序列和中序序列的遍历规则，该二叉树如图 6-33 所示。

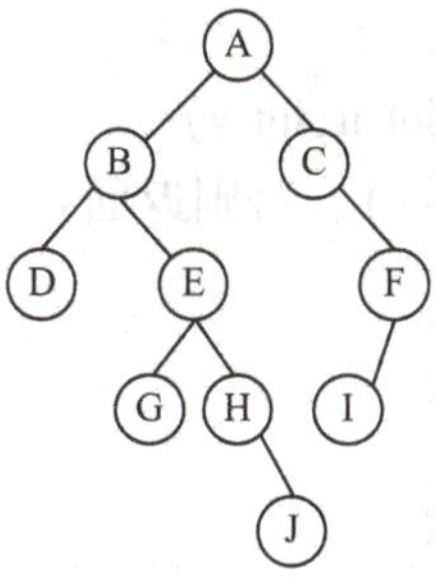

图 6-33　二叉树结构图

30. 证明：树中结点 *u* 是结点 *v* 的祖先，当且仅当在先序序列中 *u* 在 *v* 之前，且在后序序列中 *u* 在 *v* 之后。

答：证明如下：由先序遍历和后序遍历可得

(1)先序序列的遍历顺序是：根结点、左孩子、右孩子；

(2)后序序列的遍历顺序是：左孩子、右孩子、根结点。

证其充分性：

若 u 要在 v 之前，必须保证先访问根节点，再访问其子树，即采用先序遍历；若 u 要在 v 之后，则要保证子树的遍历在根之前，即采用后序遍历；显然，树中结点 u 需是 v 的祖先；

证其必要性：

由于 u 是结点 v 的祖先，则在先序序列中 u 在 v 之前，且在后序序列中 u 在 v 之后。

31. 证明：由一棵二叉树的先序序列和中序序列可唯一确定这棵二叉树。

答：由二叉树的遍历顺序：

(1)先序序列的遍历顺序是：根结点、左孩子、右孩子；

(2)中序序列的遍历顺序是：左孩子、根节点、右孩子。

现证明如下：

(1)不管采用哪种遍历方式，其结点的父亲结点要么不存在(根节点)，要么唯一；

(2)从先序遍历中找根节点，由根结点在中序序列中将根节点前后一分为二，分别为其左子树和右子树，再同样的方法操作左右子树，从而能够确定其树的结构。

32. 证明：如果一棵二叉树的先序序列是 u_1，u_2，…，u_n，中序序列是 u_{p1}，u_{p2}，…，u_{pn}，则序列 1，2，…，*n* 可以通过一个栈得到序列 p_1，p_2，…，p_n；反之，若以上述中的结论作为前提，则存在一棵二叉树，若其前序序列是 u_1，u_2，…，u_n，则其中序序列为 u_{p1}，u_{p2}，…，u_{pn}。

答：与 6.31 类似，由先序序列可以首先确定整棵二叉树的根结点，然后在中序序列里根结点将它分为两个部分，根结点左边部分为左子树结点，根结点右边部分为右子树结点。根结点的两棵子树的根也会唯一确定，依次递归判断，所有子树的根都唯一确定，整棵二叉树就是唯一的。

一棵二叉树的先序序列和中序序列可唯一确定这棵二叉树，因此序列 1，2，…，n 可以通过一个栈得到序列 p_1，p_2，…，p_n，其逆命题也成立。

33. 假定用两个一维数组 $L[n+1]$ 和 $R[n+1]$ 作为有 n 个结点的二叉树的存储结构，$L[i]$ 和 $R[i]$ 分别指示结点 $i(i=1, 2, \cdots, n)$ 的左孩子和右孩子，0 表示空。试写一个算法判别结点 u 是否为结点 v 的子孙。

答：递归求解如下：

```
int Descendant(int L[ ],int R[ ],int u,int v)
//判断 u 是否 v 的子孙，是则返回 1，否则返回 0
{
  if(u == L[v] || u == R[v])
    return 1;
  else
  {  //递归
    if(L[v]&& Descendant(L,R,L[v],u))
      return 1;
    if(R[v]&& Descendant(L,R,R[v],u))
      return 1;
  }
  return 0;
}
```

非递归求解如下：

```
int Descendant(int L[ ],int R[ ],int u,int v)
//判断 u 是否 v 的子孙，是则返回 1，否则返回 0
{
  if(u == v)
    return 0;
  if(L[v] ==0)
  {  //左子树不存在
    if(R[v] ==0)  //右子树也不存在
      return 0;
  else
  {  //右子树存在，继续访问右子树
    if(Visit(u,R[v]))
      return 1;   //这是个递归算法，右子树中存在目标
    else
      return 0;
    }
  }
  else  //左子树存在
  {
    if(Visit(u,L[v]))  //左子树中存在目标
      return 1;
```

```
    else
    { //左子树中没有目标,需访问右子树
      if(R[v] ==0)//没有右子树
        return 0;
      else
      { //右子树存在,继续访问右子树
        if(Visit(u,R[v]))
          return 1;
        else
        return 0;
      }
    }
  }
}
```

34. 同 33 题的条件。先由 *L* 和 *R* 建立一维数组 *T*[*n*+1]，使 *T* 中第 *i*(*i*=1, 2, …, *n*) 个分量指示结点 *i* 的双亲，然后写判别结点 *u* 是否为结点 *v* 的子孙的算法。

答：递归求解如下：

```
int Descendant(int T[ ],int u,int v)
//判断 u 是否 v 的子孙，是则返回 1，否则返回 0
{
  if(v ==T[u])
    return 1;
  else
  { //递归
    if(T[u]&&Descendant(T,T[u],v))
      return 1;
  }
  return 0;
}
```

非递归求解类似于 33 题。

35. 假设二叉树中左分支的标号为“0”，右分支的标号为“1”，并对二叉树增设一个头结点，令根结点为其右孩子，则从头结点到树中任一结点所经分支的序列为一个二进制序列，可认作是某个十进制数的二进制表示。例如，如图 6-34 所示二叉树中，和结点 A 对应的二进制序列为“10”，即十进制整数 6 的二进制表示。已知一棵非空二叉树以顺序存储结构表示，试写一尽可能简单的算法，求出与在树的顺序存储结构中下标值为 i 的结点对应的十进制整数。

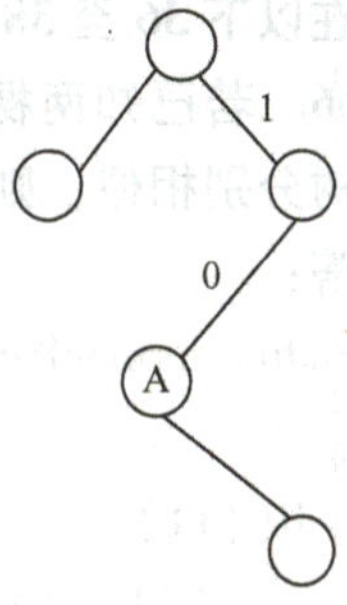

图 6-34 二叉树结构图

答：

int NumTree(char T[ ],int i)//求结点在树中的编号，i 表示待求结点的下标

```
{
  char c = T[i];
  int n = 0;
  int Code[N];    //存放结点下标为 i 的结点的二进制形式
  int k = i;   //结点的下标
  if(k == -1)
    return -1;   //结点不存在，退出
  while(k)
  {
  //如果 k 为偶数，记录一个代码 1
    if(k%2 ==1)
      Code[n] =1;
    else
      Code[n] =0;
    k = k/2;
    n ++ ;
  }
  int x =0;
  for(int j =0;j < n;j ++ )
    x = x + Code[j] * Exp(2,j);   //将二进制转换为对应的十进制整数
  return x;
}
int Exp(int a,int b)
{  //返回值为 a 的 b 次方
  int i;
  int x =1;
  for(i =0;i < b;i ++ )
    x = x * a;
  return x;
}
```

在以下 36 至 38 和 41 至 53 题中，均以二叉链表作为二叉树的存储结构。

36. 若已知两棵二叉树 B1 和 B2 皆为空，或者皆不空且 B1 的左、右子树和 B2 的左、右子树分别相似，则称二叉树 B1 和 B2 相似。试编写算法，判别给定两棵二叉树是否相似。

答：

```
Status SimilarTree(BiTree * T1,BiTree * T2)
{
  if( !T1)
  {  //T1 是空树
    if( !T2)
```

```
      return TRUE; //T2是空树
    else
      return FALSE;
  }
  else{  //T1是非空树
    if(!T2)
      return FALSE;
    else{  //T2是非空树
      if(SimilarTree(T1->lchild,T2->lchild)&&SimilarTree(T1->rchild,T2->rchild))  //递归判断左右子树
        return TRUE;
      else
        return FALSE;
    }
  }
}
```

37. 试利用栈的基本操作写出先序遍历的非递归形式的算法。

答: 利用栈的后进先出特点。

```
void PreOrder_Nonrecursive(Bitree *T)  //先序遍历二叉树的非递归算法
{
  BTNode *p;
  Stack S;
  InitStack(S);
  Push(S,T);  //根指针进栈
  while(!StackEmpty(S))
  {
    while(Gettop(S,p)&&p)
    {
      visit(p->data);
      push(S,p->lchild);
    }  //向左走到尽头，遍历左子树
    pop(S,p);
    if(!StackEmpty(S))
    {
      pop(S,p);
      push(S,p->rchild);  //向右一步
    }
  }  //while
}  //PreOrder_Nonrecursive
```

38. 同37题条件，写出后序遍历的非递归算法(提示：为分辨后序遍历时两次进栈的不同返回点，需在指针进栈时同时将一个标志进栈)。

答：

```
typedef struct
{
    BTNode * ptr;
    enum {0,1,2} mark;
}PMType;   //有 mark 域的结点指针类型
voidPostOrder_Stack(BiTree T)  //后续遍历二叉树的非递归算法，用栈
{
    PMType a;
    InitStack(S);     //S 的元素为 PMType 类型
    Push (S,{T,0});   //根结点入栈
    while(!StackEmpty(S))
    {
        Pop(S,a);
        switch(a.mark)
        {
            case 0:
                Push(S,{a.ptr,1});   //修改 mark 域
                if(a.ptr->lchild)
                    Push(S,{a.ptr->lchild,0});   //访问左子树
                break;
            case 1:
                Push(S,{a.ptr,2});   //修改 mark 域
                if(a.ptr->rchild)
                    Push(S,{a.ptr->rchild,0});   //访问右子树
                break;
            case 2:
                visit(a.ptr);   //访问结点,返回
                break;
            default:
                break;
        }
    }  //while
}  //PostOrder_Stack
```

分析：根据提示，为了区分两次进栈的不同返回点，在栈中增加一个 mark 域，mark =0 表示刚刚访问此结点；mark =1 表示左子树处理结束返回；mark =2 表示右子树处理结束返回。每次根据栈顶元素的 mark 域值决定做何种动作。

39. 假设在二叉链表的结点中增设两个域：双亲域(parent)以指示其双亲结点；标志域(mark 取值 0、1、2)以区分在遍历过程中达到该结点时应继续向左或向右或访问该结点。试以此存储结构编写不用栈进行后序遍历的递推形式的算法。

答：

```
void PostOrder(BiTree * root)
{
  //二叉树结点有四个域：mark,parent,lchild,rchild
  //其中，mark 初始值为 0，指针 root 指向根节点，后序遍历此二叉树
  BTNode * p = root;
  while(p)
    switch(p -> mark)
    {
      case 0:
        p -> mark = 1;
        if(p -> lchild)
          p = p -> lchild;
        break;
      case 1:
        p -> mark = 2;
        if(p -> rchild)
          p = p -> next;
        break;
      case 2:
        p -> mark = 0;
        visit( * p);
        p = p -> parent;
        break;
      default:
        break;
    }
}  //PostOrder
```

分析：本题思路与上一题完全相同，只不过结点的 mark 值是储存在结点中的，而不是暂存在堆栈中，所以访问完毕后要将 mark 域恢复为 0，以备下一次遍历。

40. 若在二叉链表的结点中增设一个双亲域以指示其双亲结点，则在遍历过程中能否不设栈？试以此存储结构编写不设栈进行中序遍历的递推形式的算法。

答：

```
typedef struct
{
  int data;
  PBTNode * lchild;
```

```
    PBTNode * rchild;
    PBTNode * parent;
  }PBTNode,PBitree;    //有双亲指针域的二叉树结点类型
  void InOrder(PBitree * T)
  {
    PBTNode * p = T;
    while(p)
    {
      if(p -> lchild)   //一直向左找到第一个待访问的结点
        p = p -> lchild;
      else
      {
        visit( * p);
        while(!(p -> rchild))   //p 结点右子树为空时，向上根据不同情况进行访问结点
        {
          while(p -> parent&&p -> parent -> rchild == p)
            p = p - parent;
          if(p -> parent)
          {
            if(p -> parent -> lchild == p)
            {
              p = p -> parent;
              visit( * p);
            }
          }
          else
            return;
        }
        p = p -> rchild;    //p 结点存在右子树的时候直接指向右子树
      }
    }
  }
```

41. 编写递归算法，在二叉树中求位于先序序列中第 *k* 个位置的结点的值。

答：

```
Status PostNodeK(TElemType &e,int &i,int k,BiTree * T)
//求先序序列中第 k 个位置的结点的值，e 中存放结点的返回值，i 为计数器
{
  if( !T)
    return false;
  if(T)  //二叉树非空
```

```
{
  i++;
  if(i==k)
    e=T->data;
  else
  {
    PostNodeK (e,i,k,T->lchild); //递归判断左子树
    PostNodeK (e,i,k,T->rchild);  //递归判断右子树
  }
} //if
return OK;
}
```

42. 编写递归算法，计算二叉树中叶子结点的数目。

答：

```
Status POLeafNodeNum(int &i,BiTree * T) //i记录二叉树中叶子结点的个数
{
  if(T) //二叉树非空
  {
    if(!T->lchild&&!T->rchild)
      i++;
    POLeafNodeNum(i,T->lchild);  //递归判断左子树
    POLeafNodeNum(i,T->rchild);  //递归判断右子树
  }
  return OK;
}
```

43. 编写递归算法，将二叉树中所有结点的左右子树相互交换。

答：

```
Status ExchangeBiTree(BiTree * T)  //按先序交换二叉树的左右子树
{
  BiTree * p;   //交换操作的中间变量
  if(T)
  {  //二叉树非空，交换左右子树
    p=T->lchild;
    T->lchild=T->rchild;
    T->rchild=p;
    ExchangeBiTree(T->lchild);   //递归交换左子树中的左右子树
    ExchangeBiTree(T->rchild);   //递归交换右子树中的左右子树
  }
  return  OK;
}
```

44. 编写递归算法：求二叉树中以元素值为 *x* 的结点为根的子树的深度。

答：

```
Status ChildTreeDepth(BiTree * T,TElemType x,int &depth)
//求二叉树中以元素值为 x 的结点为根的子树的深度
{
  BiTree * T1;
  if(PreOrderLocate(T,x,T1))  //找到二叉树中以元素值为 x 的结点为根的子树 T1
  {
    depth = BiTDepth(T1);  //求出 T1 的深度
    return OK;
  }
  else
    return ERROR;
}
Status PreOrderLocate(BiTree * T,TElemType x,BiTree * T1)
//按先序在树中查找根为 x 的子树，T1 为指向子树根的指针
{
  if(T)
  {
    if(T -> data == x)
    {
      T1 = T;
      return OK;
    }
    else
    {
      if(PreOrderLocate(T -> lchild,x,T1))  //递归判断左子树
        return OK;
      else
      {
        if(PreOrderLocate(T -> rchild,x,T1))  //递归判断右子树
          return OK;
        else
          return ERROR;
      }
    }
  }
  else
  return ERROR;
}
```

```
int BiTDepth(BiTree * T)    //求二叉树的深度
{
  int ldep,rdep;
  if(!T)
    return 0;
  else
  {
    ldep = BiTDepth(T->lchild);    //左子树的深度
    rdep = BiTDepth(T->rchild);    //右子树的深度
    return 1 + (ldep > rdep?ldep:rdep);    //其中 1 表示根结点
  }
}
```

45. 编写递归算法：对于二叉树中每一个元素值为 *x* 的结点，删去以它为根的子树，并释放相应的空间。

答：

```
Status DelChildTree(BiTree * T,TElemType x)    //删除以元素值为 x 的结点为根的子树
{
  if(T)
  {
    if(T->data == x)    //在树 T 中找到元素值为 x 的结点
    {
      DelBTree(T);    //删除二叉树
      T = NULL;
      return OK;
    }
    else    //没找到元素值为 x 的结点
    {
      if(DelChildTree(T->lchild,x))    //递归删除左子树中元素值为 x 的结点为根的子树
        return OK;
      else    //递归删除右子树中元素值为 x 的结点为根的子树
      {
        if(DelChildTree(T->rchild,x))
          return OK;
        else
          return ERROR;
      }
    }
  }
  else
```

```
    return ERROR;
}
Status DelBTree(BiTree * T)   //删除二叉树
{
  if(T)   //二叉树非空，递归删除左子树和右子树
  {
    DelBTree(T -> lchild);
    DelBTree(T -> rchild);
    delete T;
    return OK;
  }
  else
    return ERROR;
}
```

46. 编写复制一棵二叉树的非递归算法。

答：

```
void BTCopy(BiTree * Tx,BiTree T)   //将 T 复制到 Tx
{
  Stack ST,STx;
  TreeElemType e;
  BiTree p,q;
  if(!BiTreeEmpty(T))
  {
    //初始化栈，并将 T 的第一个结点复制到 Tx，并入栈
    InitStack_Sq(&ST);
    InitStack_Sq(&STx);
    Push_Sq(&ST,T);
    p = (BiTree)malloc(sizeof(BiTNode));
    if(!p)
      exit(OVERFLOW);
    p -> data = T -> data;
     * Tx = p;
    Push_Sq(&STx, * Tx);
    while(!StackEmpty_Sq(ST))   //当 ST 栈不为空时
    {
      GetTop_Sq(ST,&e);   //取 ST 栈顶 e
      GetTop_Sq(STx,&q);   //取 STx 栈顶 q
      if(e -> lchild)   //对 T 向左访问
      {
        Push_Sq(&ST,e -> lchild);
```

```
        p = (BiTree)malloc(sizeof(BiTNode));
        if(!p)
          exit(OVERFLOW);
        p->data = e->lchild->data;
        q->lchild = p;   //将当前结点 p 链接到新树上
        Push_Sq(&STx,q->lchild);
      }
      else  //向右访问并回退
      {
        q->lchild = NULL;   //不存在左子树的时候将新树 Tx 左指针置空
        while(!StackEmpty_Sq(ST))
        {
          Pop_Sq(&ST,&e);
          Pop_Sq(&STx,&q);
          if(e->rchild)
          {
            Push_Sq(&ST,e->rchild);
            p = (BiTree)malloc(sizeof(BiTNode));
            if(!p)
              exit(OVERFLOW);
            p->data = e->rchild->data;
            q->rchild = p;
            Push_Sq(&STx,q->rchild);
            break;
          }
          else
            q->rchild = NULL;
        }
      }
    }
  }
}
```

47. 编写按层次顺序(同一层自左至右)遍历二叉树的算法。

答: 借助队列先进先出的特点对二叉树进行层次遍历。

```
void LeverTraverse(BiTree T)
{
  BiTree p[100];   //用数组模拟队列
  int i = 0;
  int j = 0;
  if(T)  //树不为空
```

```
    p[j++]=T;    //入队
  while(i<j)
  {
    printf("%c",p[i]->data);    //访问结点
    if(p[i]->lchild)  //结点有左孩子
      p[j++]=p[i]->lchild;
    if(p[i]->rchild)  //结点有右孩子
      p[j++]=p[i]->rchild;
    i++;    //左右孩子均入队后加1
  }
}
```

48. 已知在二叉树中，*root 为根结点，*p 和 *q 为二叉树中两个结点，试编写求距离它们最近的共同祖先的算法。

答：

```
Status FindTreePath(BiTree T,TElemType p,BiTree path[100])
//寻找从根节点到结点p的路径，并将其路径保存到path中
{
  BiTNode node[100];
  int i=0;
  if(T==NULL)  //空树直接失败
    return ERROR;
  path[i]=T;
  node[i]=*T;
  while(i>=0)
  {
    while(node[i]->lchild || path[i]->data==p)
    {
      if(path[i]->data==p)  //寻路成功
        return OK;
      else
      {
        path[i+1]=node[i]->lchild;
        node[i+1]=*(node[i]->lchild);
        node[i]->lchild=NULL;
        i++;
      }
    }
    if(node[i]->rchild)
    {
      path[i+1]=node[i]->rchild;
```

```
            node[i+1] = *(node[i]->rchild);
            node[i]->rchild = NULL;
            i++;
        }
        else
        {
            path[i] = NULL;
            i--;
        }
    }
    if(i<0)   //寻路失败
        return ERROR;
}
BiTree FindComAncestor(BiTree T,TElemType p,TElemType q)   //找距离 p、q 最近的共同祖先
{
    BiTree path_1[100] = {};
    BiTree path_2[100] = {};
    int k,x;
    if(FindTreePath(T,p,path_1)&&FindTreePath(T,q,path_2))   //从根节点依次找到到 p 和 q 的相应路径
    {
        k = 0;
        if(path_1[k]->data! = p&&path_2[k]->data! = q)   //如果有共同祖先则往下操作
        {
            while(path_1[k]->data == path_2[k]->data)   //当该结点是 p、q 的共同祖先时
                k++;
            return path_1[k-1];     //返回结果
        }
    }
    return NULL;
}
```

49. 编写算法判别给定二叉树是否为完全二叉树。

答：

```
Status IsCompleteBiTree(BiTree T)
{
    if(T == NULL)
        return TRUE;    //空树是满二叉树
```

```
    //用层次遍历判断
    Queue Q;
    InitQueue(Q);    //初始化队列
    EnQueue(Q, T);
    BiTree p;
    while(!isEmpty(Q))
    {
      DeQueue(Q,p);
      if(p)
      {
        EnQueue(Q,p->lchild);   //左子树入队
        EnQueue(Q,p->rchild);   //右子树入队
      }
      else
        while(!isEmpty(Q))
        {
          DeQueue(Q,p);
          if(p)
            return FALSE;
        }
    }
    return TRUE;
}
```

50. 假设以三元组(F，C，L/R)的形式输入一棵二叉树的边(其中F表示双亲结点的标识，C表示孩子结点标识，L/R表示C为F的左孩子或右孩子)，且在输入的三元组序列中，C是按层次顺序出现的。设结点的标识是字符类型。F='^'时C为根结点标识，若C也为'^'，则表示输入结束。例如，15题所示二叉树的三元组序列输入格式为：

^AL

ABL

ACR

BDL

CEL

CFR

DGR

FHL

^^L

试编写算法，由输入的三元组序列建立二叉树的二叉链表。

答：

```
Status CreateBitree_Triplet(Bitree *T)   //输入三元组建立二叉树
{
```

```
    if(getchar()!='^')
      return ERROR;  //需要先有根节点
    T=(BTNode *)malloc(sizeof(BTNode));  //动态创建根结点
    p=T;
    p->data=getchar();
    getchar();  //滤去多余的回车字符
    InitQueue(Q);
    EnQueue(Q,T);
    while((parent=getchar())!='^'&&(child=getchar())&&(side=getchar()))
    {
      while(QueueHead(Q)!=parent&&!QueueEmpty(Q))
        DeQueue(Q,e);
      if(QueueEmpty(Q))
        return ERROR;  //未按层次顺序输入
      p=QueueHead(Q);
      q=(BTNode *)malloc(sizeof(BTNode));  //动态申请结点
      if(side=='L')
        p->lchild=q;
      else
        if(side=='R')
          p->rchild=q;
        else
          return ERROR;  //格式不正确
      q->data=child;
      EnQueue(Q,q);
    }
    return OK;
}  //CreateBitree_Triplet
```

51. 编写一个算法，输出以二叉树表示的算术表达式，若该表达式中含有括号，则在输出时应添上。

答：使用中序遍历，输出表达式。

```
Status ShowBiTExpress(BiTree *T)
{
    if(T)
    {
      if(T->lchild)
      {  //访问左子树
        if(Low(T->lchild->data,T->data))
        {
          printf("(");
```

```
            ShowBiTExpress(T -> lchild);
            printf(")");
         }
         else ShowBiTExpress(T -> lchild);
      }
      printf("%c",T -> data);   //访问结点
      if(T -> rchild)
      {  //访问右子树
         if(Low(T -> rchild -> data,T -> data))
         {
            printf("(");
            ShowBiTExpress(T -> rchild);
            printf(")");
         }
         else
            ShowBiTExpress(T -> rchild);
      }
   }
   return   OK;
}
Status Low(char a,char b)   //运算符的判断
{
   if((a == '+' || a == '-')&&(b == '*' || b == '/'))
      return TRUE;
   else
      return FALSE;
}
```

52. 一棵二叉树的繁茂度定义为各层结点数的最大值与树的高度的乘积。试写一算法，求二叉树的繁茂度。

答：

```
int BiTreeThrive(BiTree * T)
{
   int i,d,m[20];
   d = BiTDepth(T);      //树的深度，即高度
   BiTree * p = T;
   Stack s1,s2;
   InitStack(s1);     //初始化栈 s1 存储第 i 层的结点
   InitStack(s2);     //初始化 s2 存储第 i+1 层的结点
   for(i = 0;i < 20;i ++)
   {
```

```
    m[i] =0;    //每层结点个数
  }
  if(p)
    Push(s1,p);
  else
    return 0;
  for(i =0;i < d;i ++ )
  {
    if( !StackEmpty(s1)&&StackEmpty(s2))
    {
      while( !StackEmpty(s1))
      {
        Pop(s1,p);
        m[i] ++;  //s1 中存放第 i 层的结点
        if(p -> lchild)
          Push(s2,p -> lchild);  //s2 中存放第 i +1 层结点
        if(p -> rchild)
          Push(s2,p -> rchild);
      }
    }
    else
    {
      if(StackEmpty(s1)&&!StackEmpty(s2))
      {
        while( !StackEmpty(s2))
        {
          Pop(s2,p);
          m[i] ++;
          if(p -> lchild)
            Push(s1,p -> lchild);
          if(p -> rchild)
            Push(s1,p -> rchild);
        }
      }
    }
  }
  int max = m[0];
  for(i =0;i < d;i ++ )
    if(max < m[i])
      max = m[i];
```

```
    return max * d;
}
```

53. 试编写算法，求给定二叉树上从根结点到叶子结点的一条其路径长度等于树的深度减一的路径(即列出从根结点到该叶子结点的结点序列)，若这样的路径存在多条，则输出路径终点(叶子结点)在“最左”的一条。

答:

```
Status LMaxPath(BiTree T,int way[100])
{
  int path[100][100] = {};  //二维数组保存路径与路径长度
  BiTNode node[100];  //保存遍历过程中的结点
  int count =0;  //count 记录路径总数
  int max_length =0;  //max_length 记录路径最大长度
  int i =0;
  if(!T)
    return ERROR;
  node[i] = *T;
  while(i >=0)
  {
    while(node[i].lchild)  //向左遍历
    {
      node[i +1] = *(node[i].lchild);
      node[i].lchild = NULL;
      i ++;
    }
    if(node[i].rchild)  //当左子树为空时,开始遍历右子树
    {
      node[i +1] = *(node[i].rchild);
      node[i].rchild = NULL;
      i ++;
    }
    else  //遍历到叶子结点时候 count ++
    {
      count ++;
      path[count -1][0] =i;  //用 0 列存储路径长度
      for(int k =0;k <=i;k ++)
        path[count -1][k +1] =node[k].data;
      if(max_length <i)  //将最大路径长度记录到 max_length 中
        max_length =i;
      i --;
    }
```

```
}//至此全部路径已找出
for(k =0;k < count;k ++ )
{
  if(path[k][0] == max_length)
  {
    for(i =0;i <= max_length +1;i ++ )
      way[i] = path[k][i];    //将最左边的一条存储在 way 里面
    break;
  }
}
return OK;
}
```

54. 假设以顺序表 sa 表示一棵完全二叉树，sa. elem[1.. sa. last]中存放树中各结点的数据元素。试编写算法由此顺序存储结构建立该二叉树的二叉链表。

答：

```
Status CreateCompleteBiTree(BiTree * T,TElemType sa[])
//利用数组大小为 n 的 sa 数组创建完全二叉链表树
{
  int len = sa[0];  //下标为 0 的位置存储二叉树长度
  BiTree * p;
  BiTree * node[100];  //存放遍历中各结点指针
  int i;
  int j;
  for(i =1,k =1;i <= sa[0];i ++ )
  {
    if(sa[i] =='^')  //当树组存储的二叉树为空时
      p = NULL;
    else
    {
      p = (BiTree)malloc(sizeof(BiTNode));
      //将数组存储的结点信息保存到指针 p 中
      p -> data = sa[i];
      p -> lchild = p -> rchild = NULL;
    }
    if(i ==1)//第一个结点
      * T = p;
    else
    {  //分别判断数组存储的结点是父节点的左孩子还是右孩子
      while(i/2 != k)
        k ++ ;
```

```
        if(i==2*k)
          node[k]->lchild=p;
        if(i==2*k+1)
          node[k]->rchild=p;
      }
      node[i]=p;
    }
  return OK;
}
```

55. 为二叉链表的结点增加 DescNum 域。试写一算法，求二叉树的每个结点的子孙数目并存入其 DescNum 域。请给出算法的时间复杂度。

答：

```
Status PreOrderTraverse(BiTree *T)
{
if(T)
  {
    T->DescNum=DescendNum(T);
    PreOrderTraverse(T->lchild);    //递归处理左子树中每个结点的 DescNum 域
    PreOrderTraverse(T->rchild);    //递归处理右子树中每个结点的 DescNum 域
  }
  return OK;
}
int DescendNum(BiTree *T)   //递归求结点的子孙数目
{
  if(!T)
    return 0;
  if(!T->lchild)
  {  //左子树空
    if(!T->rchild)
      return 0;
    else
      return DescendNum(T->rchild)+1;
  }
  else  //左子树不空
  {
    if(!T->rchild)
      return DescendNum(T->lchild)+1;
    else  //左、右子树都不为空
      return DescendNum(T->rchild)+DescendNum(T->lchild)+2;
  }
```

}

56. 试写一个算法，在先序后继线索二叉树中，查找给定结点 * p 在先序序列中的后继（假设二叉树的根结点未知）。并讨论实现此算法对存储结构有何要求？

答：

```
ThrBiTree FindPreOrderThreadSuccessor(ThreadBiTree * p)
{
  if(p -> rtag == 1)   //若 p 的右线索标志位为 1，其直接指向后继
    p = p -> rchild;
  else
  {
    if(p -> lchild)
      p = p -> lchild;
    else
      p = p -> rchild;
  }
  if(p -> data)   //后继结点不为空时返回该结点
    return p;
  else
    return NULL;    //最后一个结点无后继
}
```

此算法用到数据域和指针域，二叉树采用链式存储结构较为合适。

57. 试写一个算法，在后序后继线索二叉树中，查找给定结点 * p 在后序序列中的后继（二叉树的根结点指针并未给出）。并讨论实现算法对存储结构有何要求？

答：

```
ThrBiTree FindPostOrderThreadSuccessor(ThrBiTree * p)
{
  if(p -> parent == NULL)   //根结点无后继
    return NULL;
  else
  {
    if(p -> rtag == 1)   //若 p 的右线索标志位为 1，其直接指向后继
      return p -> rchild;
    else
    {
      if(p == p -> parent -> rchild)   //若当前结点是右孩子
        return p -> parent;
      else
      {
        if(p -> parent -> rtag != 0)   //若双亲没有右孩子
        p = p -> parent;
```

```
    else
    {
        p = p -> parent -> rchild;  //若双亲有右孩子则指向该节点的右兄弟
        //从当前结点寻找下一个应该遍历的结点，则为其原结点的后继
        while( p -> lchild)
            p = p -> lchild;
        if( p -> rchild&&p -> rtag! = 1 )
            p = p -> rchild;
        }
        return p;
    }
  }
 }
}
```

此算法用到数据域和指针域，二叉树采用链式存储结构较为合适。

58. 试写一个算法，在中序全线索二叉树的结点 * p 之下，插入一棵以结点 * x 为根、只有左子树的中序全线索二叉树，使 * x 为根的二叉树成为 * p 的左子树。若 * p 原来有左子树，则令它为 * x 的右子树。完成插入之后的二叉树应保持全线索化特性。

答：

```
Status InsertThreadBiTree( ThrBiTree * p, ThrBiTree * x)
//按题设方法将 x 插入树 p 中
{
  ThrBiTree * pre_p, * x_first;
  if( p -> ltag! = 0)   //p 结点无左子树，x 插入为左子树
  {
    pre_p = p -> lchild;  //pre_p 标记为 p 的前驱
    p -> ltag = 0;  //修改标记
    p -> lchild = x;
    x_first = x;
    while( x_first -> lchild&&x_first -> ltag! = 1)  //寻找 x 树最左结点
       x_first = x_first -> lchild;
    x_first -> lchild = pre_p;  //修改树 x 最左结点前驱
    x -> rchild = p;  //修改 x 的后继
  }
  else  //p 结点有左子树
  {
    ThrBiTree * lp = p -> lchild;
    x -> rchild = lp;  //将左子树作为 x 的右子树
    pre_p = p -> lchild;  //pre_p 标记为 p 的前驱
    p -> ltag = 0;  //修改标记
```

```
    p -> lchild = x;
    x_first = x;
    while(x_first -> lchild&&x_first -> ltag! = 1)  //寻找 x 树最左结点
      x_first = x_first -> lchild;
    x_first -> lchild = pre_p;  //修改树 x 最左结点前驱
    x -> rchild = p;   //修改 x 的后继
  }
  return OK;
}
```

59. 编写算法完成下列操作：无重复地输出以孩子兄弟－链表存储的树 *T* 中所有的边。输出的形式为(k_1，k_2)，…，(k_i，k_j)，…，其中 k_i和 k_j为树结点中的结点标识。

答：

```
void Print_CSTree(CSTree T)  //输出孩子兄弟链表表示的树 T 的各边
{
  for(child = T -> firstchild;child;child = child -> nextsib)  //采用循环递归输出
  {
    printf("(%c,%c),",T -> data,child -> data);
    Print_CSTree(child);
  }
}  //Print_CSTree
```

60. 试编写算法，对一棵以孩子－兄弟链表表示的树统计叶子结点的个数。

答：

```
int LeafNum(CSTree T)
{
  if(T)
  {
    if(!T -> firstchild)
    //结点 T 的第一个孩子不空，返回的叶子个数为该孩子兄弟子树上叶子个数加 1
      return 1 + LeafNum(T -> nextsibling);
    else
    //结点 T 第一个孩子为空，返回的叶子个数为结点 T 第一个孩子子树上的叶子个数
    //加上结点 T 兄弟子树上的叶子个数
      return LeafNum(T -> firstchild) + LeafNum(T -> nextsibling);
  }
  else
    return 0;
}
```

61. 试编写算法，求一棵以孩子－兄弟链表表示的树的度。

答：

```
int DegreeNum(CSTree T)
```

```
{
  int d,dl,dr;
  if(T)
  {
    if(!T->firstchild)
      d=0;
    else  //结点T的第一个孩子不空，则树的度为该孩子兄弟结点的个数加1
      d=1+RSiblingNum(T->firstchild);
    dl=DegreeNum(T->firstchild);    //递归计算结点T第一个孩子子树的度
    dr=DegreeNum(T->nextsibling);  //递归计算结点T兄弟子树的度
    return  Max(d,dl,dr);  //三数中求最大者
  }
  else
    return 0;
}
int RSiblingNum(CSTree T)  //返回当前结点的兄弟数
{
  int i=0;
  while(T->nextsibling)
  {
    i++;
    T=T->nextsibling;
  }
  return i;
}
```

62. 对以孩子－兄弟链表表示的树编写计算树的深度的算法。

答：递归求结点第一个孩子子树的深度和兄弟子树的度，然后求最大值即可。

```
int Depth(CSTree T)  //树的深度
{
  int d1,d2;
  if(T)
  {
    d1=1+Depth(T->firstchild);
    d2=Depth(T->nextsibling);
    return d1>d2?d1:d2;
  }
  else
    return 0;
}
```

63. 对以孩子链表表示的树编写计算树的深度的算法。

答:

```
int GetDepth_CTree(CTree A)   //求孩子链表表示的树 A 的深度
{
  return SubDepth(A.r);   //A.r 表示根的位置
}  //GetDepth_CTree
int SubDepth(int T)   //求子树 T 的深度
{
  if(!A.nodes[T].firstchild)
    return 1;
  int sd;   //表示树的深度
  for(sd=1, p=A.nodes[T].firstchild; p; p=p->next)
    if((d=SubDepth(p->child))>sd)
      sd=d+1;
  return sd;
}  //SubDepth
```

64. 对以双亲表表示的树编写计算树的深度的算法。

答:

```
int GetDepth_PTree(PTree T)   //求双亲表表示的树 T 的深度
{
  maxdep=0;
  for(i=0;i<T.n;i++)
  {
    dep=0;
    for(j=i;j>=0;j=T.nodes[j].parent)
      dep++;   //循环，求每一个结点的深度
    if(dep>maxdep)
      maxdep=dep;   //树的深度为所有结点度的最大值
  }
  return maxdep;
}  //GetDepth_PTree
```

65. 已知一棵二叉树的前序序列和中序序列分别存于两个一维数组中，试编写算法建立该二叉树的二叉链表。

答:

```
//假设前序序列和中序序列已经分别储存在数组 Pre 和 In 中
Bitree Build_Sub(int Pre_Start,int Pre_End,int In_Start,int In_End)
//由子树的前序和中序序列建立其二叉链表
{
  sroot=(BTNode*)malloc(sizeof(BTNode));   //动态创建根结点
  sroot->data=Pre[Pre_Start];   //根结点的数据域即前序序列数组的第一个值
```

```
    for(i = In_Start;In[i]!= sroot->data;i++);  //在中序序列中查找子树根
    leftlen = i - In_Start;
    rightlen = In_End - i;  //计算左右子树的大小
    if(leftlen)   //建左子树,注意参数表的计算
    {
      lroot = Build_Sub(Pre_Start + 1,Pre_Start + leftlen,In_Start,In_Start + leftlen - 1);
      sroot->lchild = lroot;
    }
    if(rightlen)   //建右子树,注意参数表的计算
    {
      rroot = Build_Sub(Pre_End - rightlen + 1,Pre_End,In_End - rightlen + 1,In_End);
      sroot->rchild = rroot;
    }
    return sroot;   //返回子树根
}  //Build_Sub
```

分析：本算法利用了这样一个性质，一棵子树在前序和中序序列中所占的位置总是连续的。因此，就可以用起始下标和终止下标来确定一棵子树。Pre_Start，Pre_End，In_Start 和 In_End 分别指示子树在前序子序列里的起始下标，终止下标，和在中序子序列里的起始和终止下标。

66. 假设有 *n* 个结点的树 T 采用了双亲表示法，写出由此建立树的孩子－兄弟链表的算法。

答：

```
typedef struct PTNode
{
  char data;
  int parent;
}PTNode;     //双亲结点
typedef struct
{
  PTNode nodes[MAX_SIZE];
  int r,n;   //树的根节点位置和树的结点数
}PTree;  //双亲表示法树结构
CSTree Build_CSTree_PTree(PTree T)   //由树的双亲结构创建创建树的孩子-兄弟链表
{
  int i,j,k;
  CSTree p,q;
  CSTree Node_tmp[100];
  for(i =0,j =0;i < T. n;i ++ )   //双亲表按层序存储
  {
    k = T. nodes[r]. parent;
```

```
    p = (CSTree)malloc(sizeof(CSNode));
    p -> data = T.nodes[i].data;
    p -> firstchild = p -> nextsibling = NULL;
    if(k != -1)
    {
      if(Node_tmp[k] -> firstchild == NULL)
        //若 Node_tmp[k]后面没有孩子，结点 p 作为 Node_tmp[k]的第一个孩子
        Node_tmp[k] -> firstchild = p;
      else  //若 Node_tmp[k]后面没有孩子
      {
        q = Node_tmp[k] -> firstchild;  //寻找孩子链表的末端再进行链接
        while(q -> nextsibling)
          q = q -> nextsibling;
        q -> nextsibling = p;
      }
    }
    Node_tmp[j++] = p;
  }
  if(j)
    return Node_tmp[0];
  else
    return NULL;
}
```

67. 假设以二元组(F，C)的形式输入一棵树的诸边(其中 F 表示双亲结点的标识，C 表示孩子结点标识)，且在输入的二元组序列中，C 是按层次顺序出现的。F = '^'时 C 为根结点标识，若 C 也为'^'，则表示输入结束。例如，如图 6-35 所示树的输入序列为：

^A
AB
AC
AD
CE
CF
^^

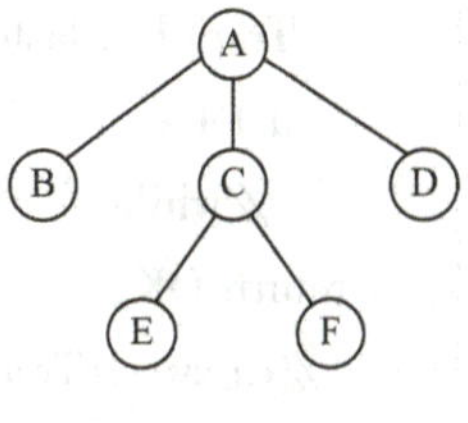

图 6-35　树形结构图

试编写算法，由输入的二元组序列建立树的孩子 - 兄弟链表。

答：

```
typedef struct  //定义结点数据类型
{
  char data;
  CSNode * ptr;    //结点指针
  CSNode * lastchild;
```

```
}NodeInfo;
Status CreateCSTree_Duplet(CSTree T)   //输入二元组建立树的孩子兄弟链表
{
  NodeInfo Treed;
  n = 1;
  k = 0;
  if(getchar()! = '^')
    return ERROR;   //未按格式输入
  if((c = getchar()) == '^')
    T = NULL;   //连续两次输入该符号则为空树
  Tree[0].ptr = (CSNode *)malloc(sizeof(CSNode));   //动态创建结点指针
  //存储根节点
  Tree[0].data = c;
  Tree[0].ptr -> data = c;
  while((p = getchar())! = '^'&&(c = getchar())! = '^')   //未到输出结束标记
  {
    Tree[n].ptr = (CSNode *)malloc(sizeof(CSNode));
    Tree[n].data = c;
    Tree[n].ptr -> data = c;
    for(k = 0; Tree[k].data! = p; k ++);   //查找当前边的双亲结点
    if(Tree[k].data! = p)
      return ERROR;   //未找到：未按层序输入
    r = Tree[k].ptr;
    if(!r -> firstchild)
      r -> firstchild = Tree[n].ptr;
    else
      Tree[k].lastchild -> nextsib = Tree[n].ptr;
    Tree[k].lastchild = Tree[n].ptr;
    n ++;
  } //while
  return OK;
} //CreateCSTree_Duplet
```

68. 已知一棵树的由根至叶子结点按层次输入的结点序列及每个结点的度(每层中自左至右输入)，试写出构造此树的孩子-兄弟链表的算法。

答：

```
Status CreateCSTree_Degree(char node[ ],int degree[ ])
//由结点的层序序列和各结点的度构造树的孩子兄弟链表
{
  CSNode * ptr[MAXSIZE];   //树结点指针的辅助存储
  ptr[0] = (CSNode *)malloc(sizeof(CSNode));
```

```
    i = 0;    // i 为当前结点序号
    k = 1;    //k 为当前孩子的序号
    while( node[ i ] )
    {
      ptr[ i ] -> data = node[ i ] ;
      d = degree[ i ] ;
      if( d)
      {
        ptr[ k ] = ( CSNode * ) malloc( sizeof( CSNode) ) ;    //k 为当前孩子的序号
        ptr[ i ] -> firstchild = ptr[ k ] ;    //建立 i 与第一个孩子 k 之间的联系
        for( j = 2; j <= d; j ++ )
        {
          ptr[ k ] = ( CSNode * ) malloc( sizeof( CSNode) ) ;
          ptr[ k - 1 ] -> nextsib = ptr[ k ] ;    //当结点的度大于 1 时，为其孩子建立兄弟链表
          k ++ ;
        }  //for
        ptr[ k - 1 ] -> nextsib = NULL;
      }  //if
      i ++ ;    //结点序号加 1，继续循环构造表中的结点
    }//while
}  //CreateCSTree_Degree
```

69. 假设以二叉链表存储的二叉树中，每个结点所含数据元素均为单字母，试编写算法，按树状打印二叉树的算法。例如：如图 6-36 所示，左下二叉树印为右下形状。

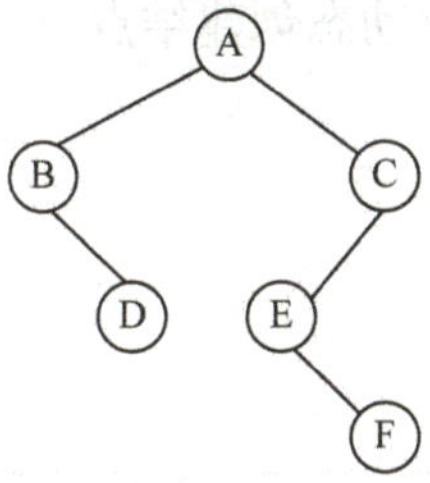

	C		
			F
		E	
A			
		D	
	B		

图 6-36　69 题图

答：

```
void Print_BiTree( BiTree T, int i)
//按树状打印输出二叉树的元素，i 表示结点所在层次，初次调用时 i = 0
{
  if( T -> rchild)
    Print_BiTree( T -> rchild, i + 1 ) ;    //递归打印右子树
  for( j = 1; j <= i; j ++ )
    printf( " " ) ;    //打印 i 个空格以表示出层次
  printf( "%c\ n", T -> data) ;    //打印 T 元素，换行
  if( T -> lchild)
```

```
    Print_BiTree(T->lchild,i+1);   //递归打印左子树
} //Print_BiTree
```

分析：该递归算法实际上是带层次信息的中序遍历，只不过按照题目要求，顺序为先右后左。

70. 如果用大写字母标识二叉树结点，则一棵二叉树可以用符合下面语法图的字符序列表示。试写一个递归算法，由这种形式的字符序列，建立相应的二叉树的二叉链表存储结构。

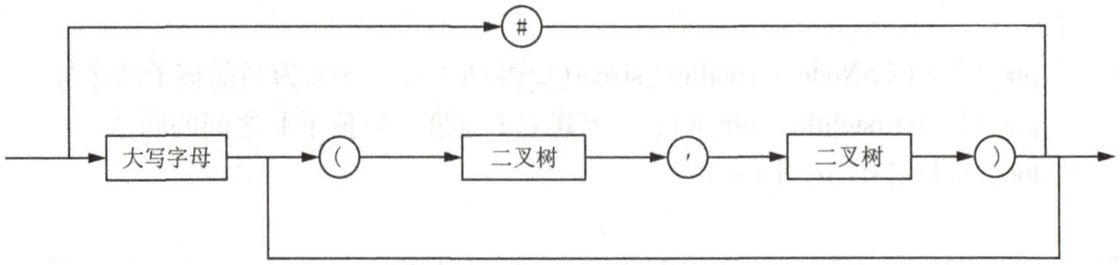

图 6-37　70 题图

例如：69 题所示二叉树的输入形式为 A(B(#, D), C(E(#, F), #))。

答：

```
Status CreateBiTree_GList(BiTree T)   //由广义表形式的输入建立二叉链表
{
  c=getchar();
  if(c=='#')
    T=NULL;     //空子树
  else
   {
    T=(CSNode *)malloc(sizeof(CSNode));    //动态创建结点
    T->data=c;
    if(getchar()!='(')
      return ERROR;
    if(!CreateBiTree_GList(pl))
      return ERROR;
    T->lchild=pl;
    if(getchar()!=',')
      return ERROR;
    if(!CreateBiTree_GList(pr))
      return ERROR;
    T->rchild=pr;
    if(getchar()!=')')
      return ERROR;  //这些语句是为了保证输入符合 A(B,C)的格式
   }
  return OK;
} //CreateBiTree_GList
```

71. 假设树上每个结点所含的数据元素为一个字母，并且以孩子－兄弟链表为树的存储结构，试写一个按凹入表方式打印一棵树的算法。例如：如图 6-38 所示，左下所示树印为右下形状。

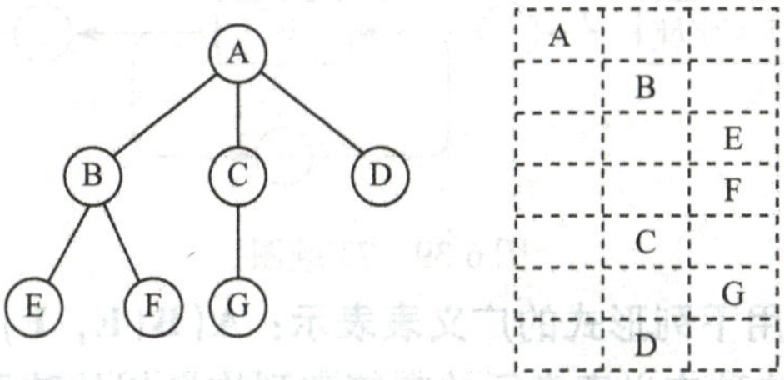

图 6-38　71 题图

答：

```
void PrintTree(CSTree T,int i)   //凹入法打印树，i 初始设为 0
{
  int j;
  if(T)
  {
    for(j =1;j <=2 * i;j ++)
      printf(" ");
    printf("%c\n",T -> data);
    PrintTree(T -> firstchild,i +1);
    PrintTree(T -> nextsibling,i);   //此处为 i
  }
}
```

72. 以孩子链表为树的存储结构，重做 71 题。

答：

```
void PrintTree(CTree T,int order,int i) //i 初始设为 0
{
  int j,k;
  if(T. n)
  {
    for(j =1;j <=2 * i;j ++)
      printf(" ");
    printf("%c\n",T. nodes[order]. data);
    if(T. nodes[order]. firstchild)   //访问孩子结点
      PrintTree(T,T. nodes[order]. firstchild -> child,i +1);
    k = Sibling_C_2(T,order,1);   //返回结点 order 的右结点所在位置
    if(k >=0) //访问右兄弟
      PrintTree(T,k,i);
  }
}
```

73. 若用大写字母标识树的结点，则可用带标号的广义表形式表示一棵树，其语法图如下所示：

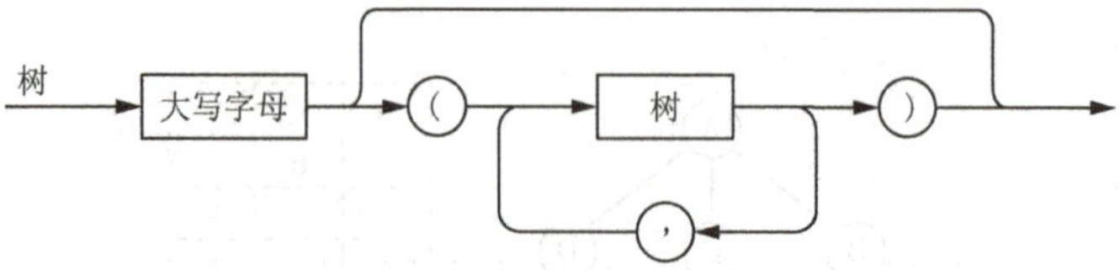

图 6-39　73 题图

例如，71 题中的树可用下列形式的广义表表示：A(B(E，F)，C(G)，D)。

试写一递归算法，由这种广义表表示的字符序列构造树的孩子-兄弟链表(提示：按照森林和树相互递归的定义写两个互相递归调用的算法，语法图中一对圆括号内的部分可看成森林的语法图)。

答：

```
Status CreateTree(String * s,CSTree * T)
{
  char c;
  while(1)
  {
    scanf(s,"%c",&c);   //读入 s 到 c
    if(c>='A'&&c<='Z')
    {
      * T=(CSTree)malloc(sizeof(CSNode));   //分配根结点空间
      (* T)->data=c;
      (* T)->firstchild=(* T)->nextsibling=NULL;
    }
    else if(c=='(')
      CreateTree(s,&(* T)->firstchild);
    else if(c==',')
    {
      CreateTree(s,&(* T)->nextsibling);
      break;   //注意此处应该跳出循环
    }
    else
      break;
  }
  return OK;
}
```

74. 试写一递归算法，以 73 题给定的树的广义表表示法的字符序列形式输出以孩子-兄弟链表表示的树。

答：

```
void PrintTree(CSTree T)   //按广义表表示法输出以孩子-兄弟链表表示的树
```

```
{
  int i;
  CSTree p;
  if(T)
  {
    printf("%c",T->data);
    if(T->firstchild)
    {
      printf("(");
      for(p=T->firstchild;p;p=p->nextsibling)
      {
        PrintTree(p);
        if(p->nextsibling)  //若不是最后一个兄弟，加","
          printf(",");
      }  //for
      printf(")");
    }  //if
  }  //if
}  //PrintTree
```

75. 试写一递归算法，由 73 题定义的广义表表示法的字符序列，构造树的孩子链表。

答：

```
void CreateTree(String *s,int parent)
//以广义表构造树的孩子链表，parent 标记当前位置结点的双亲结点位置
{
  char c;
  ChildPtr p,q;
  while(1)
  {
    scanf(s,"%c",&c);  //读入 s 中的数据到 c
    if(c>='A'&&c<='Z')
    {
      H.nodes[H.n].data=c;  //H.n 用来追踪结点个数
      if(parent!=-1)
      {
        p=(ChildPtr)malloc(sizeof(CTNode));
        p->child=H.n;
        p->next=NULL;
        q=H.nodes[parent].firstchild;
        if(!q)
          H.nodes[parent].firstchild=p;
```

```
        else
        {
          while(q->next)
            q=q->next;
          q->next=p;
        }
      }
      H.n++;
    }
    else if(c=='(')
      CreateTree(s,H.n-1);  //第一个孩子
    else if(c==',')  //创建兄弟结点
    {
      CreateTree(s,parent);
      break;
    }
    else
      break;
  } //while
} //CreateTree
```

76. 试写一递归算法，以 73 题给定的树的广义表表示法的字符序列形式输出以孩子链表表示的树。

答：

```
void PrintTree(CTree H,int i)  //按广义表方式输出孩子链表
{
  ChildPtr p;
  if(H.n)
  {
    printf("%c",H.nodes[i].data);  //打印双亲结点
    if(H.nodes[i].firstchild)
    {
      printf("(");
      p=H.nodes[i].firstchild;
      while(p)  //递归打印各孩子结点
      {
        PrintTree(H,p->child);
        p=p->next;  //遍历各孩子结点
        if(p)
          printf(",");
        else
```

```
            printf(")");
        } //while
      }  //if
    }  //if
}  //PrintTree
```

6.3 考研真题与典型题详解

一、选择题

1. 若将一棵树 T 转化为对应的二叉树 BT，则下列二叉树 BT 的遍历中，其遍历序列与 T 的后根遍历序列相同的是(　　)。[2019 年 408 统考]

A. 先序遍历　　B. 中序遍历　　C. 后序遍历　　D. 按层遍历

【答案】B

【解析】将树转换成相应的二叉树：①在所有兄弟结点之间加一连线。②对每个结点，除了保留与其长子的连线外，去掉该结点与其它孩子的连线。后根遍历：若树非空，则按从左到右的顺序遍历根结点的每一棵子树，之后再访问根结点。所以后根遍历时，最先访问树最后一层最左边结点，最后访问树的根结点。对树符合构造的二叉树，进行中序遍历，举例如图 6-40 所示。

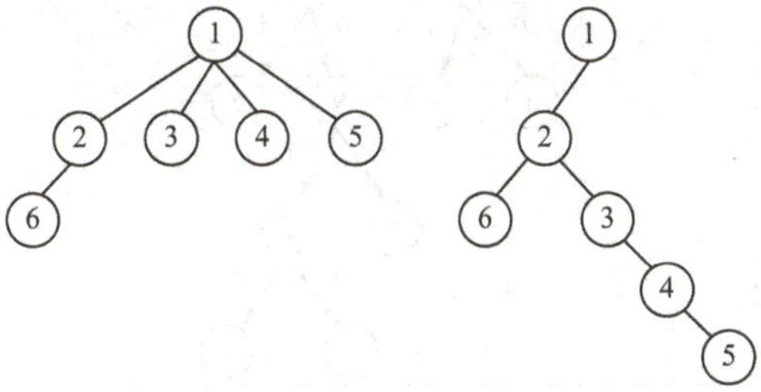

图 6-40

其中图 6-40 左侧树的后根遍历为 623451，图 6-40 右侧二叉树的前序遍历为 126345，中序遍历为 623451，后序遍历为 654321，可知树的后根遍历序列与对应二叉树的中序遍历序列相同。故选择 B。

2. 对 n 个互不相同的符号进行哈夫曼编码。若生成的哈夫曼树共有 115 个结点，则 n 的值是(　　)。[2019 年 408 统考]

A. 56　　B. 57　　C. 58　　D. 60

【答案】C

【解析】由哈夫曼树的构造过程可知，哈夫曼树的每一个分支节点都是由两棵子树合并产生的新节点，其度为 2，叶子节点度为 0，所以哈夫曼树只有度为 0 和度为 2 的结点，不存在度为 1 的节点，且由 $n0=n2+1$，$n=n0+n2$，解方程得到，$n0=(n+1)/2=58$，故选择 C。

3. 已知字符集{a，b，c，d，e，f}，若各字符出现的次数分别为 6，3，8，2，10，4，则对应字符集中各字符的哈夫曼编码可能是(　　)。[2018 年 408 统考]

A. 00，1011，01，1010，11，100　　B. 00，100，110，000，0010，01

C. 10，1011，11，0011，00，010　　D. 0011，10，11，0010，01，000

【答案】A

【解析】构造哈夫曼树：经过哈夫曼树的调整，得到的哈夫曼编码可能是 A：00，1011，01，1010，11，100，如图所示。

(1)构造哈夫曼树

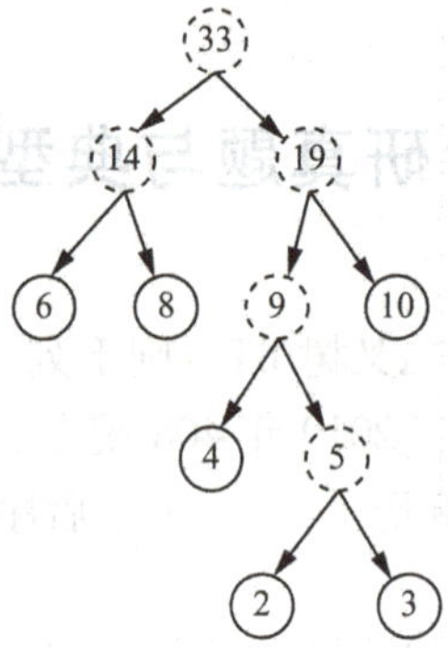

图 6-41

(2)得到哈夫曼树后，进行哈夫曼编码

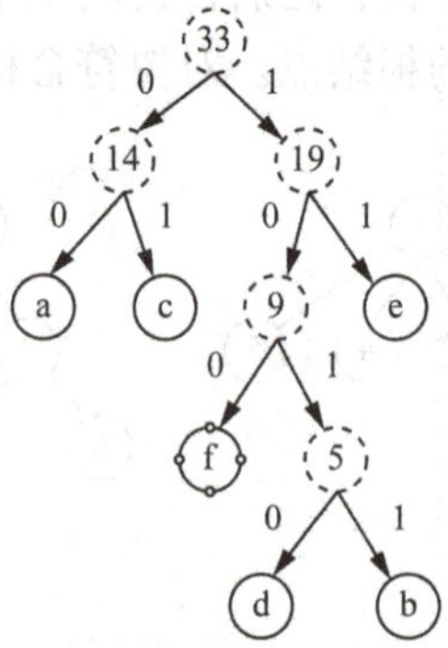

图 6-42

4. 已知二叉排序树如下图所示，元素之间应满足的大小关系是(　　)。[2018 年 408 统考]

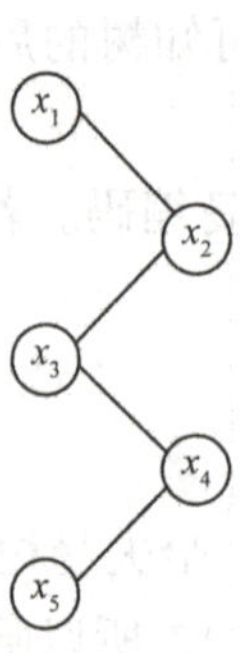

图 6-43

A. $x_1 < x_2 < x_5$　　B. $x_1 < x_4 < x_5$　　C. $x_3 < x_5 < x_4$　　D. $x_4 < x_3 < x_5$

【答案】C

【解析】由于题目中所给的树为二叉排序树，因此元素之间的大小关系为：左子树 < 根 < 右子树，得到，$x_1 < \{[x_3 < (x_5 < x_4)] < x_2\}$，对照选项匹配，选择 C。

5. 要使一棵非空二叉树的先序序列与中序序列相同，其所有非叶结点需满足的条件是

(　　)。[2017 年 408 统考]

A. 只有左子树　　B. 只有右子树

C. 结点的度均为 1　　D. 结点的度均为 2

【答案】B

【解析】先序序列是先遍历父结点，接着左子树，然后右子树。中序序列是先遍历左子树，接着父结点，然后右子树，递归进行。如果所有非叶结点只有右子树，先序序列和中序序列都是先遍历父节点，然后右子树，递归进行，故选择 B。

6. 5 个字符有如下 4 种编码方案，不是前缀编码的是(　　)。[2014 年 408 统考]

A. 01，0000，0001，001，1　　B. 011，000，001，010，1

C. 000，001，010，011，100　　D. 0，100，110，1110，1100

【答案】D

【解析】前缀编码的定义是在一个字符集中，任何一个字符的编码都不是另一个字符编码的前缀。约定左分支表示字符'0'，右分支表示字符'1'，则可以用从根结点到叶子结点的路径上的分支字符串作为该叶子结点字符的编码。如此得到的编码必是前缀编码。D 选项中，编码 110 是编码 1100 的前缀，故不符合前缀编码的定义。

7. 设森林 F 对应的二叉树为 B，它有 m 个结点，B 的根为 P，P 的右子树结点个数为 n，森林 F 中第一棵树的结点个数是(　　)。[南京理工大学研]

A. $m-n$　　B. $m-n-1$

C. $n+1$　　D. 条件不足，无法确定

【答案】A

【解析】森林转换成二叉树的原则：

①将森林中每棵树分别转换成二叉树；

②将第一棵树的根作为结果二叉树的根，第一棵树的左子树作为结果二叉树的左子树，从第二棵树开始，依次将其连接到前一棵树的右孩子位置。

所以森林 F 中第一棵树的结点个数是二叉树总的结点数减去根的右子树的结点数，即 $m-n$。

8. 一棵左子树为空的二叉树在前序线索化后，其中空的链域的个数是(　　)。[重庆邮电大学 2022 研]

A. 不确定　　B. 0　　C. 1　　D. 2

【答案】D

【解析】左子树为空的二叉树的根结点的左线索为空(无前驱)，先序序列的最后结点的右线索为空(无后继)，共 2 个空链域。

9. 深度为 h 的满 m 叉树的第 k 层有(　　)个结点($1\leqslant k\leqslant h$)。[北京航空航天大学研]

A. m^{k-1}　　B. m^k-1　　C. m^{h-1}　　D. m^h-1

【答案】A

【解析】满 m 叉树第 k 层必有 m^{k-1} 个结点。

10. 高度为 $h(h>0)$ 的满二叉树对应的森林由(　　)棵树构成。[北京交通大学研]

A. 1　　B. $\log_2 h$　　C. $h/2$　　D. h

【答案】D

【解析】满二叉树最右边的右结点有 $h-1$ 个，所以其对应的森林由 h 棵树组成。

11. 一棵有 n 个结点的二叉树，按层次从上到下，同一层从左到右顺序存储在一维数组 $A[1..n]$ 中，则二叉树中第 i 个结点（i 从 1 开始用上述方法编号）的右孩子在数组 A 中的位置是（　　）。［南京理工大学研］

A. $A[2i](2i \leqslant n)$　　　　B. $A[2i+1](2i+1 \leqslant n)$

C. $A[i-2]$　　　　D. 条件不充分，无法确定

【答案】D

【解析】题目并未明确所给二叉树的形状，因此不能根据第 i 个结点在数组 A 中的存储位置确定其右孩子在数组 A 中的位置。

二、填空题

1. 二叉树由______，______，______三个基本单元组成。

【答案】根结点；左子树；右子树

【解析】考查二叉树的基本概念。

2. 深度为 H 的完全二叉树至少有______个结点；至多有______个结点；H 和结点总数 N 之间的关系是______。

【答案】2^{H-1}；2^H-1；$H=\lfloor \log_2 N \rfloor +1$

【解析】考查完全二叉树的基本性质。

3. 设只含根结点的二叉树的高度为 0，则高度为 k 的二叉树的最大结点数为______，最小结点数为______。

【答案】$2^{k+1}-1$；$k+1$

【解析】当二叉树是满二叉树时，结点数最多；当二叉树退化成线性表，即只有左子树或者只有右子树时结点数最小。

4. 一个深度为 k 的具有最少结点数的完全二叉树按层次（同层次从左到右），用自然数依次对结点编号，则编号最小的叶子的序号是______；编号是 i 的结点所在的层次号是______（根所在的层次号规定为 1 层）。［南京理工大学研］

【答案】$2^{k-2}+1$（第 k 层 1 个结点，总结点个数是 2^{k-1}，其双亲是 $2^{k-1}/2=2^{k-2}$）；$\lfloor \log_2 i \rfloor +1$

【解析】考查完全二叉树的基本性质。

5. $n(n>1)$ 个结点的各棵树中，其中，深度最小的那棵树的深度是______，它共有______个叶结点和______个非叶结点；深度最大的那棵树的深度是______，它共有______个叶结点和______个非叶结点。

【答案】2；$n-1$；1；n；1；$n-1$

【解析】考查树的基本性质。

三、综合题

1. 二叉树的带权路径长度（*WPL*）是二叉树中所有叶结点的带权路径长度之和，给定一棵二叉树 T，采用二叉链表存储，节点结构为：

left	weight	right

其中叶节点的 weight 域保存该结点的非负权值。设 root 为指向 T 的根节点的指针，设计求 T 的 WPL 的算法。要求：

（1）给出算法的基本设计思想；

(2)使用 C 或 C++语言，给出二叉树结点的数据类型定义；

(3)根据设计思想，采用 C 或 C++语言描述算法，关键之处给出注释。[2014 年 408 统考]

答：

(1)算法的基本思路是利用递归的思想来求解二叉树的带权路径长度，如果当前节点不是叶子节点，那么以当前节点为根的树的带权路径长度等于它的子树的带权路径长度之和，对于此函数要传入一个当前节点的树高的形参，那么递归调用孩子节点时只需要将这个形参加一即可。

(2)二叉树结点的数据类型定义如下：

```
typedef struct BiNode
{
  int weight; //权值
  struct BiNode * left; //左孩子指针
  struct BiNode * right; //右孩子指针
} BiNode, * BiTree;
```

(3)具体算法实现如下：

```
int CalcWPL(BiTree BT,int height)
{
  if(BT == NULL) //如果当前节点为空节点
    return 0;
  //如果当前节点的左右孩子节点都为空，即当前节点为叶子节点，直接返回当前节点的 WPL
  if( !BT -> left && !BT -> right)
    return BT. weight * height;
  //如果当前节点不是叶子节点，则对当前节点的左右子树进行递归，返回左右子树 WPL 之和
  else
    return CalcWPL(BT -> left,height + 1) + CalcWPL(BT -> right,height + 1);
}
```

2. 证明任一结点个数为 n 的二叉树的高度至少为 $O(\log n)$。[浙江大学研]

答：证明：含有 n 个结点的二叉树，当其为完全二叉树时，树高最低。设 n 个结点的二叉树的最低高度是 h，则 n 应满足 $2^{h-1} < n \leq 2^h - 1$。解此不等式，并考虑 h 是整数，则有 $h = \lfloor \log_2 n \rfloor + 1$，即任一结点个数为 n 的二叉树的高度至少为 $O(\log_2 n)$。

3. 已知 A[1..N]是一棵顺序存储的完全二叉树，如何求出 A[i]和 A[j]的最近的共同祖先？[中国人民大学研]

答：根据顺序存储的完全二叉树的性质，编号为 i 的结点的双亲的编号是⌊i/2⌋，故 A[i]和 A[j]的最近公共祖先可如下求出：

```
while(i/2 != j/2)
  if(i > j)
    i = i/2;
```

```
else
    j = j/2;
```

退出 while 后，若 i/2 =0，则最近公共祖先为根结点，否则最近公共祖先是 i/2。

4. 假设一个仅包含二元运算符的算术表达式以链表形式存储在二叉树 BT 中，写出计算该算术表达式值的算法。[东北大学研]

答：

```
typedef struct node
{
  ElemType data;
  char optr;   //只取'+','-','*','/'
  struct node *lchild, *rchild;
}BiNode, *BiTree;
float PostEval(BiTree bt)   //以后序遍历算法求以二叉树表示的算术表达式的值
{
  float lv,rv;
  if(bt!=NULL)
  {
    lv = PostEval(bt->lchild);     //求左子树表示的子表达式的值
    rv = PostEval(bt->rchild);     //求右子树表示的子表达式的值
    switch(bt->optr)
    {
      case '+':
        value = lv + rv;
        break;
      case '-':
        value = lv - rv;
        break;
      case '*':
        value = lv * rv;
        break;
      case '/':
        value = lv/rv;
        break;
    }
  }
  return (value);
}
```

第7章 图

7.1 复习笔记

一、图的定义和术语

1. 图的定义

图 G 由顶点集 V 和边集 E 组成，记做 $G=(V, E)$。

其中，$V=\{v_1, v_2, \cdots, v_n\}$，$|V|$ 表示图 G 中顶点的个数；$E=\{(u, v) \mid u\in V, v\in V\}$，$|E|$ 表示图 G 中边的数目。

2. 图的基本术语(见表7-1)

表7-1 图的基本术语

概念	主要内容
顶点集和边集	顶点的有穷非空集合为顶点集 V；两个顶点之间关系的集合为边集 E
有向图	若 E 是有向边(弧)的有限集合时，图 G 为有向图；弧 $<x, y>$ 中，x 称为弧尾，y 称弧头
无向图	若 E 是无向边的有限集合时，图 G 为无向图；边 (x, y) 为无序对，x，y 为顶点
简单图与多重图	不存在顶点到自身的边且不存在重复边的图为简单图；多重图定义与简单图相反
完全图	无向图中存在 $n(n-1)/2$ 条边的图称为无向完全图；有向图中存在 $n(n-1)$ 条弧的图称为有向完全图
稀疏图和稠密图	稠密图的边的条数 $\|E\|$ 接近 $\|V\|^2$，而有很少条边或弧的图称为稀疏图
子图	假设有两个图 $G=(V, E)$ 和 $G'=(V', E')$，如果 $V'\subseteq V$ 且 $E'\subseteq E$，则称 G' 为 G 的子图
连通图和连通分量	无向图 G 中，顶点 u 到顶点 v 有路径存在，则称 u，v 是连通的；若图 G 中任意两个顶点都是连通的，则称 G 为连通图；无向图的极大连通子图称为连通分量，其中极大连通子图是指其子图中包含了有关于图 G 的顶点的所有边
强连通图和强连通分量	有向图 G 中，顶点 u 和 v 存在两条方向相异的边的图是强连通的，若图中任意两个顶点都是强连通的，则称 G 为强连通图；有向图中的极大强连通子图称为 G 的强连通分量
权和网	与图的边或弧相关的数称作权，这些权可以表示从一个顶点到另一个顶点的距离或耗费；这种带权的图通常称为网
度、出度和入度	图的度是指以某一顶点为端点的边的条数；在有向图中，以顶点 u 为终点的有向边的条数称为顶点 u 的入度，以顶点 u 为起点的边的条数称为顶点 u 的出度
路径、路径长度和回路	顶点 u 到顶点 v 经过的一系列顶点序列称为 u 到 v 的路径；路径中边的条数称为路径长度；第一个顶点和最后一个顶点相同的路径称为回路或环
简单路径和简单回路	在路径序列中顶点不重复出现的路径称为简单路径；除了第一个顶点和最后一个顶点之外，其余顶点不重复出现的回路，称为简单回路或简单环
生成树和生成森林	一个连通图的生成树是一个极小连通子图，它含有图中全部的 n 个顶点，但只有足以构成一棵树的 $n-1$ 条边；如果在一棵生成树上添加一条边，必定构成一个环；注意有 $n-1$ 条边的图不一定是生成树；在非连通图中，连通分量的生成树构成了非连通图的生成森林
有向树	有一个顶点的入度为0，其余顶点的入度为1的树称为有向树

二、图的存储结构

1. 数组表示法

数组表示法是用一个一维数组存储顶点信息，一个二维数组存储边的信息，又叫邻接矩阵法。

假设图 $G=(V, E)$，$|V|$ 为其结点数，$V=\{v_1, v_2, \cdots, v_n\}$，当 $(v_i, v_j)\in E$ 或者 $<v_i,v_j>\in E$ 时，用邻接矩阵存储时满足以下关系：

$$A[i][j]=\begin{cases}1 & 当(v_i, v_j)或<v_i, v_j>是E(G)的边\\0 & 当(v_i, v_j)或<v_i, v_j>不是E(G)的边\end{cases}$$

对于带权有向图则有以下关系（式中 w_{ij} 为边的权值）：

$$A[i][j]=\begin{cases}w_{ij} & 当(v_i, v_j)或<v_i, v_j>是E(G)的边\\0\ 或\infty & 当(v_i, v_j)或<v_i, v_j>不是E(G)的边\end{cases}$$

用邻接矩阵表示法要注意以下几点：

(1)无向图的邻接矩阵是对称矩阵；

(2)图 G 的顶点个数为 $|V|$ 时，邻接矩阵表示法实现的算法时间复杂度为 $O(|V|^2)$；

(3)无向图中邻接矩阵的第 i 行非零元素的个数是第 i 个顶点的度；有向图中邻接矩阵的第 i 行（或第 i 列）非零元素或非 ∞ 元素的个数为第 i 个顶点的出度（或入度）。

2. 邻接表

在邻接表中，对图中每个顶点建立一个单链表，第 i 个单链表中的结点表示依附于点 v_i 的边，该单链表称为顶点 v_i 的边表。

表中的每个结点由三个域组成，其中邻接点域（adjvex）指示与顶点 v_i 邻接的点在图中的位置；链域（nextarc）指示下一条边或弧的结点；数据域（info）存储和边或弧相关的信息，如权值等；表结点结构如下所示：

表结点

adjvex	nextarc	info

每个链表上附设一个头结点，设置数据域（data）存储相关信息，设置链域（firstarc）指向链表中第一个结点，头结点结构如下所示：

头结点

data	firstarc

用邻接表存储要注意以下几点：

(1)用邻接表存储图时，若图 G 为无向图，则需存储空间为 $O(|V|+2|E|)$；若图 G 为有向图，则需存储空间为 $O(|V|+|E|)$；

(2)在邻接表存储方式中，较为容易找到某一顶点的所有邻边；

(3)无向图的邻接表中，顶点 v_i 的度为第 i 个链表中结点的个数；

(4)有向图的邻接表中，顶点 v_i 的出度为第 i 个链表中结点的个数，求其入度则需遍历整个邻接表；

(5)逆邻接表：任一表头结点下的边结点的数量是有向图中该结点入度的弧的数量，与邻接表相反；

(6)稀疏图采用邻接表更为节省空间。

3. 十字链表

十字链表是有向图的一种链式存储结构，十字链表中，对应于有向图中的每一条弧有一个结点，每个顶点也有一个结点。弧结点中 tailvex(尾域)和 headvex(头域)分别指示弧尾和弧头两个顶点的位置，hlink 指向弧头相同的下一条弧，tlink 指向弧尾相同的下一条弧，弧结点的结构如下所示：

弧结点

tailvex	headvex	hlink	tlink

顶点结点中 data 存放顶点相关的信息，firstin 和 firstout 分别指向以该顶点为弧头或弧尾的第一个弧结点，顶点结点结构如下所示：

顶点结点

data	firstin	firstout

只要输入 n 个顶点信息和 e 条弧的信息，便可建立该有向图的十字链表，有向图 7-1(a)的十字链表如图 7-1(b)所示。

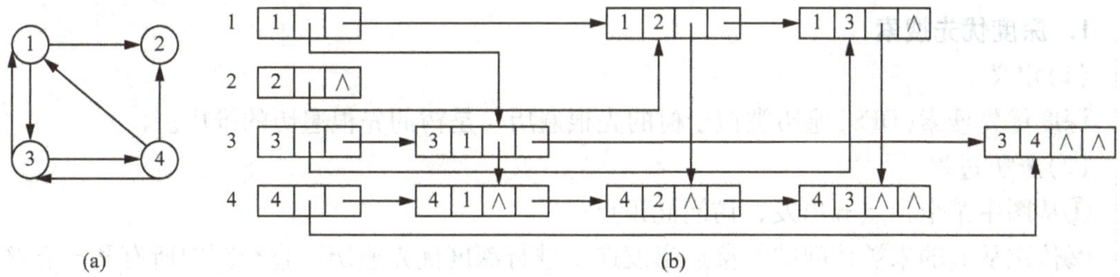

图 7-1　有向图的十字链表示例

用十字链表表示法要注意以下几点：

(1)建立十字链表和邻接表的时间复杂度是相同的；

(2)十字链表容易直接求出顶点 v_i 的出度和入度；

(3)图的十字链表不唯一，但确定的十字链表可以画出唯一图。

4. 邻接多重表

邻接多重表是无向图的一种链式存储结构。在邻接多重表中，每一条边用一个结点表示，其中，mark 标记该边是否被访问过，ivex 和 jvex 表示该边依附的两个顶点在图中的位置，ilink 和 jlink 分别指向下一条依附于顶点 ivex 和 jvex 的边；每一个顶点也用一个结点表示，data 域存储该顶点的相关信息，firstedge 域指示第一条依附于顶点的边，两者结构如下所示：

边结点

mark	ivex	lilnk	jvex	jlink

顶点结点

data	firstedge

图 7-2(a)的邻接多重表如图 7-2(b)所示。

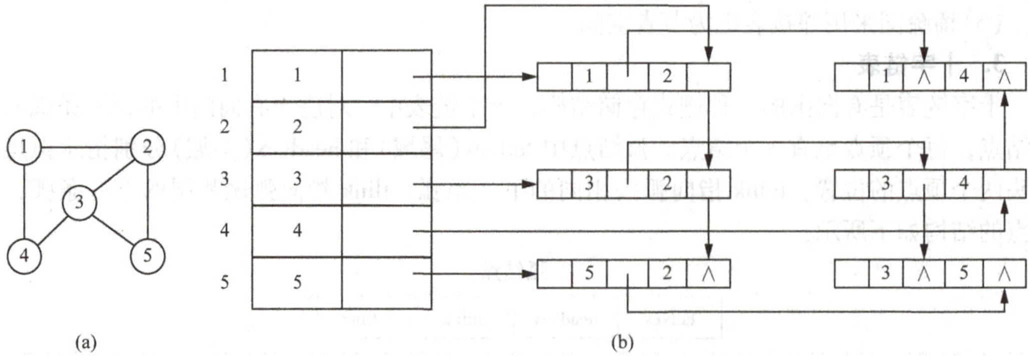

图 7-2　邻接多重表示例

对无向图而言，其邻接多重表和邻接表的差别在于同一条边在邻接表中用两个结点表示，而在邻接多重表中只有一个结点。

三、图的遍历

从图中某一顶点出发访问图中其余顶点，且使每一个顶点仅被访问一次的过程称作图的遍历。

1. 深度优先搜索

(1)定义

深度优先搜索(DFS)遍历类似于树的先根遍历，是树的先根遍历的推广。

(2)遍历过程

①从图中某个顶点 v_0 出发，访问此顶点；

②依次从 v_0 的未被访问的邻接点出发递归进行深度优先遍历，直至图中所有和 v_0 有路径相通的顶点都被访问到。此时，图中 v_0 所在的连通分量遍历完毕；

③若图中尚有顶点未被访问，依次退回到最近被访问的顶点，若它还有邻接顶点未被访问，则从该点继续上述遍历过程，直至图中所有顶点都被访问到为止。

(3)时空复杂度

①时间复杂度：当用二维数组表示邻接矩阵作图的存储结构时，查找每个顶点的邻接点所需时间为 $O(|V|^2)$；当以邻接表作图的存储结构时，查找邻接点所需时间为 $O(|E|)$，则深度优先搜索遍历图的时间复杂度为 $O(|E|+|V|)$；

②空间复杂度：DFS 算法借助一个递归工作栈，空间复杂度为 $O(|V|)$。

2. 广度优先搜索

(1)定义

广度优先搜索(BFS)遍历类似于树的层次遍历的过程，是树的层次遍历的推广。

(2)遍历过程

①从图中某顶点 v_0 出发，访问此顶点；

②依次访问 v_0 的各个未曾访问过的邻接点 v_1，v_2，…，v_n；

③依次分别访问 v_1，v_2，…，v_n 的所有未被访问过的邻接顶点，以此类推，递归进行广度优先搜索，直至图中所有顶点均被访问。

(3)时空复杂度

①时间复杂度：和深度优先搜索遍历相同，即使用二维数组表示邻接矩阵存储图时，时间复杂度为 $O(|V|^2)$；使用邻接表存储图时，时间复杂度为 $O(|E|+|V|)$，两者不

同之处仅仅在于对顶点访问的顺序不同；

②空间复杂度：BFS 需要借助一个辅助队列，最坏情况下 $|V|$ 个顶点均需入队，则空间复杂度为 $O(|V|)$。

四、图的连通性问题

1. 图的遍历与图的连通性问题

可用图的遍历来判断图的连通性。

在无向图中，若图是连通的，则从任一结点出发，仅需一次遍历就能访问图中所有顶点。

在有向图中，若从顶点 v_0 到图中每个顶点都有路径，则能够遍历访问图中的所有顶点。

2. 最小生成树

(1)定义

①生成树：一个连通图的生成树是该图的极小连通子图，包含了图中所有的顶点及尽可能少的边；

②最小生成树：对于一个带权连通无向图 G，树集 R 中包含了权值不同的 n 棵生成树，其中权值最小的那一棵称为最小生成树。

(2)最小生成树的构造

①普里姆(Prim)算法：

假设 $N=(V, E)$ 是连通网，TE 是 N 上最小生成树中边的集合。

算法从 $U=\{u_0\}(u_0 \in V)$，$TE=\{\}$ 开始，重复执行下述操作：在所有 $u \in U$，$v \in (V-U)$ 的边 $(u, v) \in E$ 中找一条代价最小的边 (u_0, v_0) 并入集合 TE，同时 v_0 并入 U，直至 $U=V$ 为止。此时 TE 中必有 $n-1$ 条边，则 $T=(V, TE)$ 为 N 的最小生成树。

算法的时间复杂度：用邻接矩阵存储时，算法的时间复杂度为 $O(|V|^2)$，用邻接表存储时，算法的时间复杂度为 $O(|E|\log_2|V|)$，适用于求边稠密的网的最小生成树。

②克鲁斯卡尔(Kruskal)算法：

假设 $N=(V, E)$ 是连通网，$T=(TV, TE)$ 是 N 上的最小生成树。

算法从 $TV=V$，$TE=\{\}$ 开始，按 G 的边的权值递增次序依次从 $E-TE$ 中选择一条边，若该边加入 T 后不构成回路，则将其加入 TE，否则舍弃，直到 TE 中含有 $n-1$ 条边。

算法的时间复杂度：该算法的时间复杂度为 $O(|E|\log_2|E|)$，适合于求边稀疏的网的最小生成树。

五、有向无环图及其应用

1. 有向无环图

一个无环的有向图称做有向无环图，简称 DAG 图。

若一个图为无向图，在深度优先遍历的过程中遇到了指向已访问过的顶点的边，则必定存在环。

若一个图为有向图，从某个顶点 v 出发的遍历，在 $dfs(v)$ 结束前出现一条从顶点 u 到顶点 v 的回边(即指向已访问的顶点 v 的边)，由于在生成树上 u 是 v 的子孙，则有向图中必定存在包含顶点 v 和 u 的环。

2. AOV－网

用顶点表示活动，用弧表示活动间的优先关系的有向图称为顶点表示活动的网，简称 AOV－网。在 AOV－网中不应该出现有向环。对一个给定的 AOV－网首先要判断是否存在环，判断的方法是对 AOV－网中所有顶点构造其拓扑有序序列，若网中所有顶点都在它的拓扑有序序列中，则该 AOV－网不存在环。

3. 拓扑排序

(1)定义

拓扑排序是在有向无环图 G 中，如果存在有向边 $<v_1, v_2>$，则序列中必须满足：…，v_1，…，v_2，…。

(2)拓扑排序的步骤

①在有向图中选一个没有前驱的顶点且输出之；

②从图中删除该顶点和所有以它为尾的弧；

③重复①②，直至全部顶点均已输出，或者当前图中不存在无前驱的顶点为止；后一种情况则说明有向图中存在环。

4. 关键路径

(1)AOE－网

AOE－网即边表示活动的网。AOE－网是一个带权的有向无环图，其中，顶点表示事件，弧表示活动，权表示活动持续的时间，AOE－网可用来估算工程的完成时间。

正常的情况(无环)下，AOE－网中只有一个入度为零的点(称作源点)和一个出度为零的点(称作汇点)。

(2)关键路径的定义

从源点到汇点的所有路径中，具有最大路径长度的路径叫关键路径；关键路径上的活动叫关键活动。

(3)求关键路径的算法

①从源点开始，求所有顶点最早发生时间 $ve[0..n-1]$；

②从汇点开始，求所有顶点最迟发生时间 $vl[0..n-1]$；

③根据 $ve[0..n-1]$求每条弧的最早开始时间 $e[0..n-1]$；

④根据 $vl[0..n-1]$和弧的权值求每条弧的最迟开始时间 $l[0..n-1]$；

⑤求 $d[i]=l[i]-e[i](0\leqslant i\leqslant n-1)$，当 $d[i]=0$ 时，则为关键活动。

六、最短路径

1. Dijkstra 算法求单源最短路径问题

给定带权有向图 D 和源点 v，求从 v 到 D 中其余各顶点的最短路径：

引进一个辅助数组 dist[ ]，它的每个分量 dist[i]表示当前所找到的从始点 v 到每个终点 v_i 的最短路径的长度；集合 S 表示已求得的最短路径的顶点集；

设从顶点 $v=0$ 出发，用带权的邻接矩阵 cost 来表示带权有向图，cost[i，j]表示弧 $<v_i, v_j>$上的权值(不存在时用∞表示)。

迪杰斯特拉算法的步骤如下：

(1)初始化：$S=\{0\}$，dist[i]=cost[0][j]，其中 $i=1, 2, \cdots, n-1$；

(2)选择 v_j，使得 dist[j]=Min{dist[i]，$v_i\in(V-S)$}，v_j 就是当前求得的一条从 $v=0$ 出发的最短路径的终点。且令 $S=S\cup\{j\}$；

(3)修改从 $v=0$ 出发到集合 $V-S$ 上任一顶点 v_k 的最短路径长度。如果 dist[j]+cost[j，k]<dist[k]，则修改 dist[k]为 dist[k]=dist[j]+cost[j，k]；

(4)重复操作②③共 $n-1$ 次，由此求得从 $v=0$ 到图上其余各顶点的最短路径是依路径长度递增的序列。

算法的时间复杂度：

(1)用邻接矩阵或带权邻接表存储图时，Dijkstra 算法时间复杂度为 $O(|V|^2)$；

(2)每次以一个顶点为源点，重复执行迪杰斯特拉算法 $|V|$ 次，这样便可求得每一对顶点之间的最短路径，时间复杂度为 $O(|V|^3)$。

2. Floyd 算法求每一对顶点之间最短路径问题

任意节点 i 到任意节点 j 的最短路径存在以下 2 种可能情况：

(1)直接从 i 到 j；

(2)从 i 经过若干个节点 k 到 j。

假设求从顶点 v_i 到 v_j 的最短路径，$A^{(k)}[i][j]$ 表示从顶点 v_i 到 v_j 绕行中间顶点序号不大于 k 时最短路径长度，弗洛伊德算法仍从图的带权邻接矩阵 cost 出发，其基本思想是：

(1)初始化：$A^{(-1)}[i][j]=\text{cost}[i][j]$；

(2)$A^{(k)}[i][j]=\text{Min}\{A^{(k-1)}[i][j], A^{(k-1)}[i][k]+A^{(k-1)}[k][j]\}$，其中 $k=0, 1, \cdots, n-1$；

(3)经 n 次迭代后，$A^{(n-1)}[i][j]$ 就是 v_i 到 v_j 的最短路径长度。

Floyd 算法的时间复杂度为 $O(|V|^3)$。

7.2 强化习题详解

1. 已知如图 7-3 所示的有向图，请给出该图的

(1)每个顶点的入/出度；

(2)邻接矩阵；

(3)邻接表；

(4)逆邻接表；

(5)强连通分量。

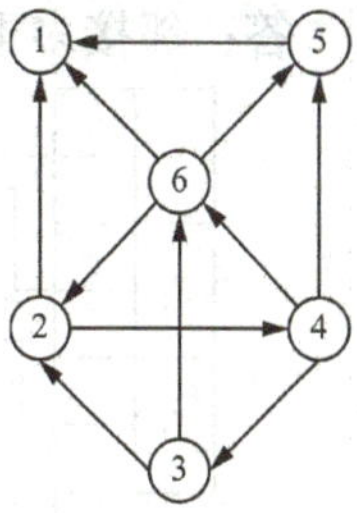

图 7-3　1 题图

答：(1)每个顶点的出度和入度如表 7-2 所示。

表 7-2　顶点出度入度表

顶点	1	2	3	4	5	6
入度	3	2	1	1	2	2
出度	0	2	2	3	1	3

(2)邻接矩阵

$$\begin{bmatrix} 0 & 0 & 0 & 0 & 0 & 0 \\ 1 & 0 & 0 & 1 & 0 & 0 \\ 0 & 1 & 0 & 0 & 0 & 1 \\ 0 & 0 & 1 & 0 & 1 & 1 \\ 1 & 0 & 0 & 0 & 0 & 0 \\ 1 & 1 & 0 & 0 & 1 & 0 \end{bmatrix}$$

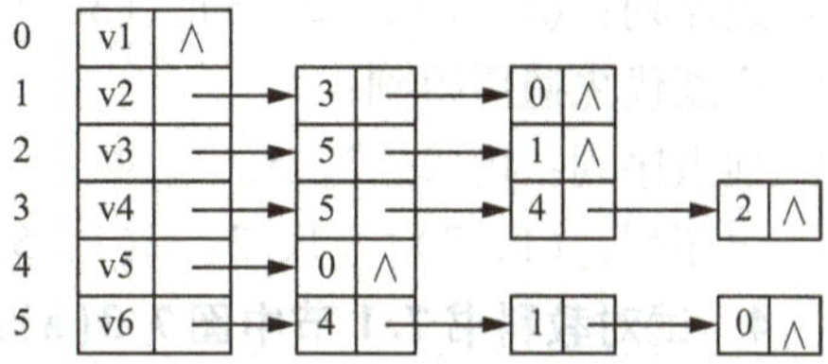

图 7-4　邻接表结构图

(3)邻接表结构如图 7-4 所示。

(4)逆邻接表结构如图 7-5 所示。

(5)该有向图有 3 个强连通分量。如图 7-6 所示。

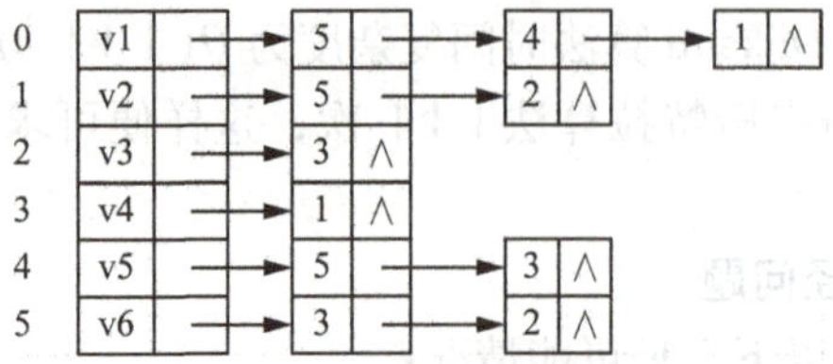

图 7-5　逆邻接表结构图

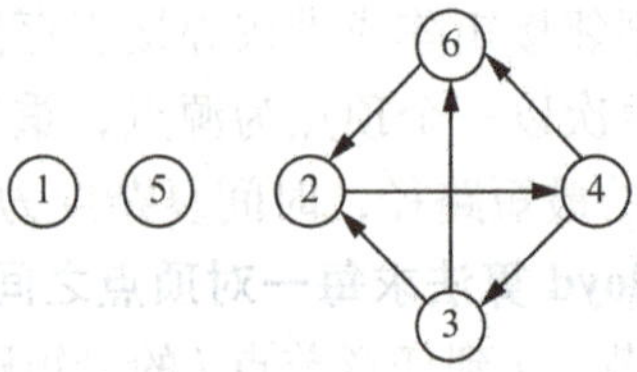

图 7-6　强连通分量图

2. 已知有向图的邻接矩阵为 $A_{n\times n}$，试问每一个 $A_{n\times n}^{(k)}$ ($k=1, 2, \cdots, n$)(各具有何种实际含义?

答：任取一对顶点 $<i, j>$，$A^{(k)}<i, j>=0$ 代表从 i 顶点经过 k 步无法绕回 j 顶点；$A^{(k)}<i, j>=x(x!=0)$ 代表从 i 顶点经过 k 步可以绕回 j 顶点，且有 x 种路线可选。简单地说，$A^{(k)}<i, j>$ 的值代表从顶点 i 到顶点 j 的长度为 k 的路径数。

3. 画出如图 7-7 所示的无向图的邻接多重表，使得其中每个无向边结点中第一个顶点号小于第二个顶点号，且每个顶点的各邻接边的链接顺序，为它所邻接到的顶点序号由小到大的顺序。列出深度优先和广度优先搜索遍历该图所得顶点序列和边的序列。

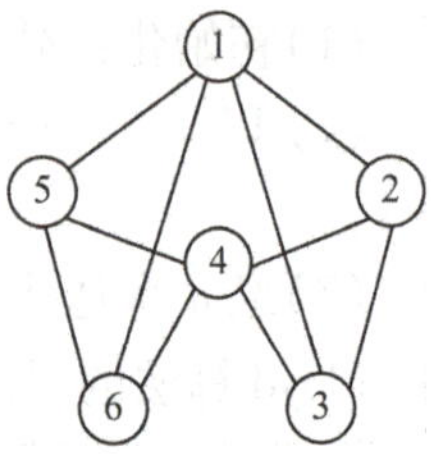

图 7-7　3 题图

答：邻接多重表如图 7-8 所示。

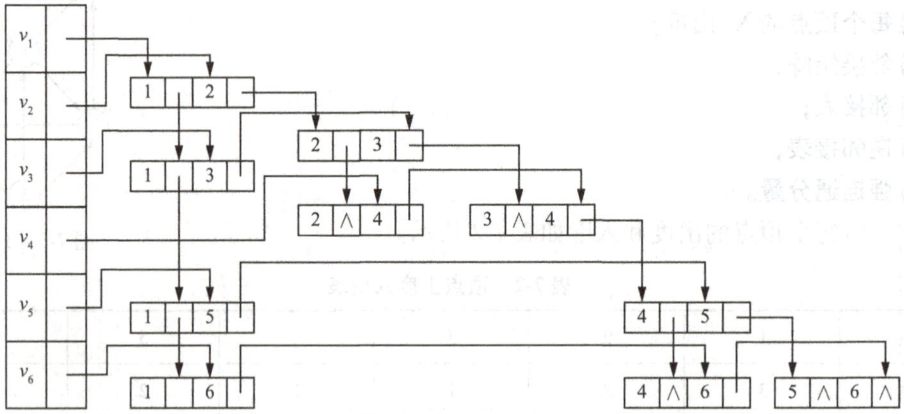

图 7-8　邻接多重表结构图

深度优先遍历得到：

顶点序列：1，2，3，4，5，6

边序列：(1，2)，(2，3)，(3，4)，(4，5)，(5，6)

广度优先遍历得到：

顶点序列：1，2，3，5，6，4

边序列：(1，2)，(1，3)，(1，5)，(1，6)，(2，4)

4. 试对教科书 7.1 节中图 7.3(a)所示的无向图，画出其广度优先生成森林。

答：从顶点 A 出发进行广度优先遍历得到的广度优先生成森林如图 7-9 所示。

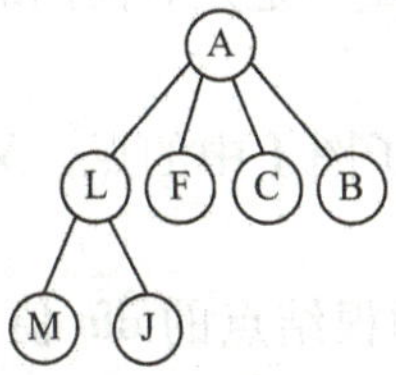

图 7-9　广度优先生成森林结构图

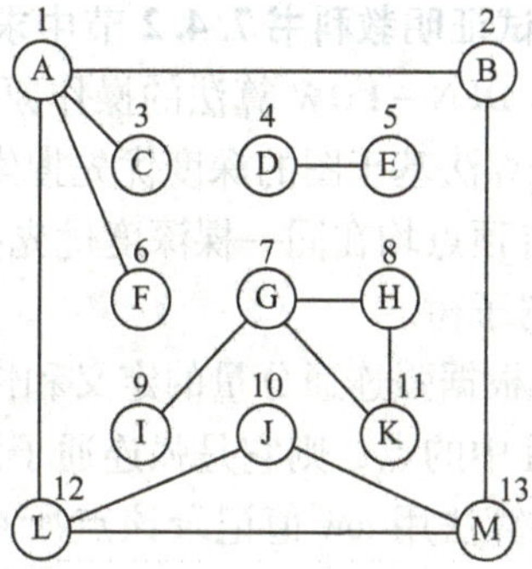

图 7-10　4 题图

教科书 7.1 节中图 7.3(a)如图 7-10 所示。

5. 已知以二维数组表示的图的邻接矩阵如图 7-11 所示。试分别画出自顶点 1 出发进行遍历所得的深度优先生成树和广度优先生成树。

	1	2	3	4	5	6	7	8	9	10
1	0	0	0	0	0	0	1	0	1	0
2	0	0	1	0	0	0	1	0	0	0
3	0	0	0	1	0	0	0	1	0	0
4	0	0	0	0	1	0	0	0	1	0
5	0	0	0	0	0	1	0	0	0	1
6	1	1	0	0	0	0	0	0	0	0
7	0	0	1	0	0	0	0	0	0	1
8	1	0	0	1	0	0	0	0	1	0
9	0	0	0	0	1	0	1	0	0	1
10	1	0	0	0	0	1	0	0	0	0

图 7-11　5 题图

答：遍历所得深度优先生成树和广度优先生成树如图 7-12 所示。

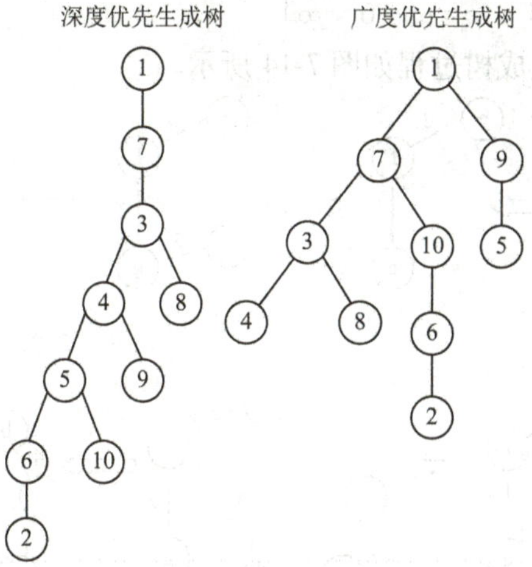

图 7-12　5 题结果图

6. 试证明教科书 7.4.2 节中求强连通分量的算法的正确性。

答：DFN－LOW 算法的操作原理：

(1)算法基于图的深度优先搜索，基于定理：在任何深度优先搜索中，同一强连通分量内的所有顶点均在同一棵深度优先搜索树中。也就是说，强连通分量一定是有向图的某个深度搜索树子树。

(2)根据强连通分量的定义和性质可知，当一个点既是强连通子图Ⅰ中的点，又是强连通子图Ⅱ中的点，则它是强连通子图Ⅰ∪Ⅱ中的点。

(3)算法用 low 值记录该点所在强连通子图对应的搜索子树的根结点的 dfn 值。注意，该子树中的元素在栈中一定是相邻的，且根结点在栈中一定位于所有子树元素的最下方。

(4)强连通分量是由若干个环组成的，当有环形成时(也就是搜索的下一个点已在栈中)，算法将这一条路径的 low 值统一，即这条路径上的点属于同一个强连通分量。

(5)如果遍历完整个搜索树后某个点的 dfn 值等于 low 值，则该点是该搜索子树的根。此时，该点以上(包括该点)一直到栈顶的所有元素组成一个强连通分量。

综上，算法得证。

7. 请对如图 7-13 所示的无向带权图。

(1)写出它的邻接矩阵，并按普里姆算法求其最小生成树；

(2)写出它的邻接表，并按克鲁斯卡尔算法求其最小生成树。

答：(1)邻接矩阵为

	a	b	c	d	e	f	g	h
a	∞	4	3	∞	∞	∞	∞	∞
b	4	∞	5	5	9	∞	∞	∞
c	3	5	∞	5	∞	∞	∞	5
d	∞	5	5	∞	7	6	5	4
e	∞	9	∞	7	∞	3	∞	∞
f	∞	∞	∞	6	3	∞	2	∞
g	∞	∞	∞	5	∞	2	∞	6
h	∞	∞	5	4	∞	∞	6	∞

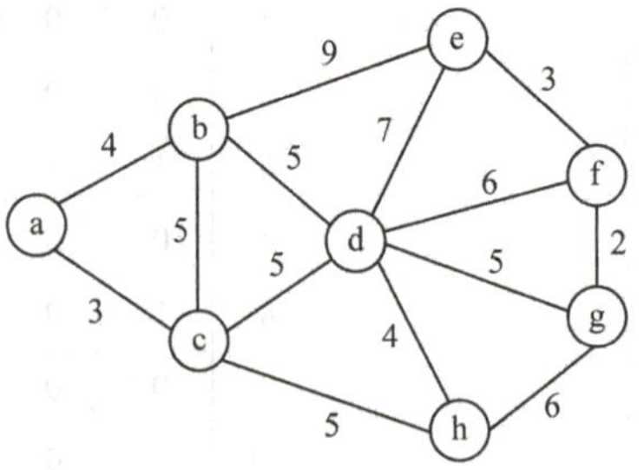

图 7-13　7 题图

按普里姆算法求最小生成树过程如图 7-14 所示。

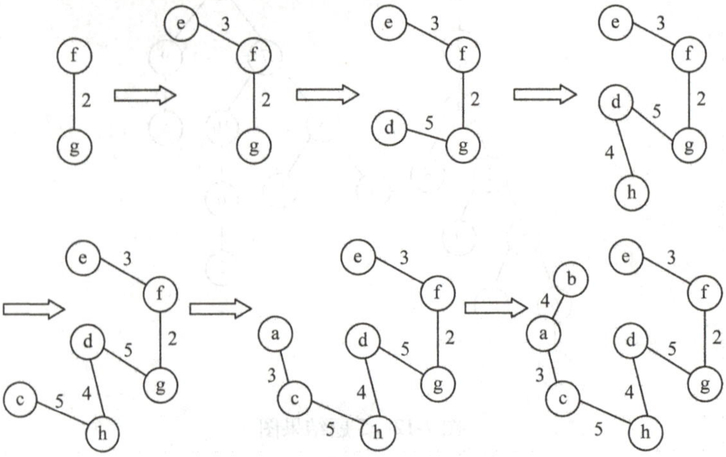

图 7-14　Prim 求最小生成树过程图

(2)邻接表结构图如图 7-15 所示。

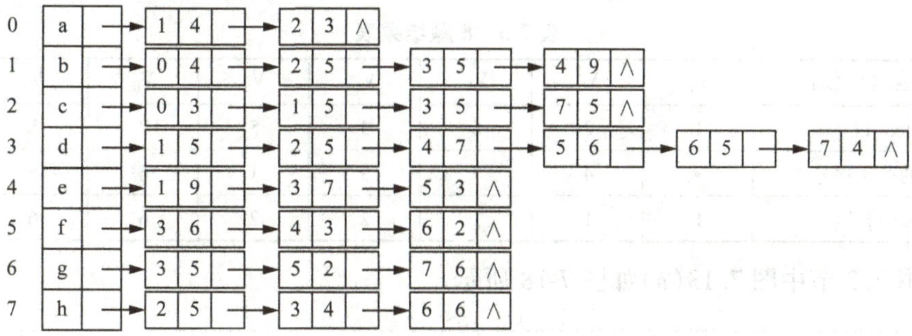

图 7-15　邻接表结构图

按克鲁斯卡尔算法求最小生成树过程如图 7-16 所示。

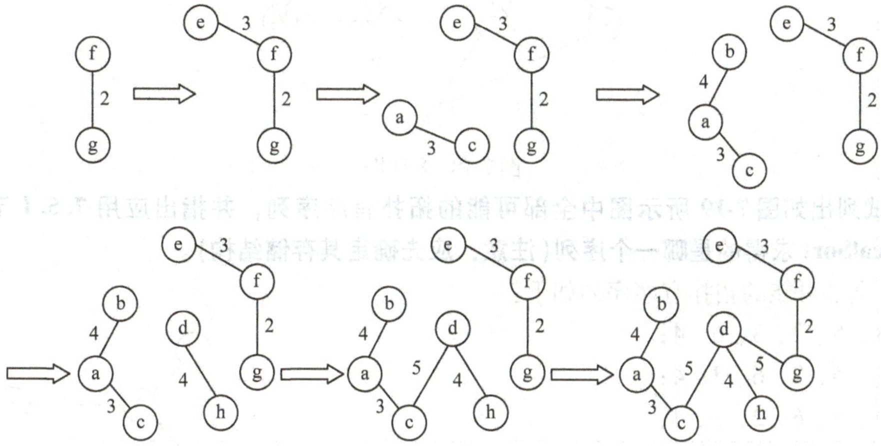

图 7-16　Kruskal 求最小生成树过程图

8. 试对教科书 7.3 节中图 7.13(a)所示无向图执行求关结点的算法，分别求出每个顶点的 visited[i]和 low[i]值，i＝1，2，…，vexnum。

答：关节点就是在一个连通图中删除某个顶点及其附属的边，原图就变为非连通图；

visited[ ]表示访问的顺序，low[v] = min{visit[v]，low[w]，visit[k]}，其中，w 是顶点 v 在深度优先生成树上的孩子结点；k 是顶点 v 在深度优先生成树上由回边联结的祖先结点；(v，k)，(v，w)都是图 G 的边。

首先画出该图的深度优先生成树(虚线表示回边，即不在生成树上的边)，如图 7-17 所示。

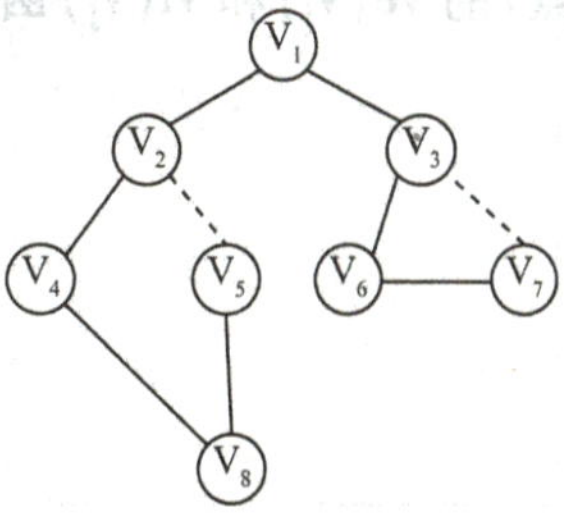

图 7-17　深度优先生成树结构图

对树中任一顶点 v 而言，其孩子结点为在它之后搜索到的邻接点，而其双亲结点和由回边联结的祖先结点是在它之前搜索到的邻接点。由深度优先生成树可得出两类关节点的特性：

(1)若生成树的根有两棵或两棵以上的子树，则此根顶点必为关节点。因为图中不存在联结不同子树中顶点的边，因此，若删去根顶点，生成树便变成生成森林。

(2)若生成树中某个非叶子顶点 v，其某棵子树的根和子树中的其他结点均没有指向 v 的祖先的回边，则 v 为关节点。

综上，结果如表7-3所示。

表7-3　8题结果表

G. vertices[i]. data	V_1	V_2	V_3	V_4	V_5	V_6	V_7	V_8
visited[i]	1	2	6	3	5	7	8	4
low[i]的产生序号	*	4	7	3	1	6	5	2
low[i]	1	1	1	2	2	6	6	2

教科书7.3节中图7.13(a)如图7-18所示。

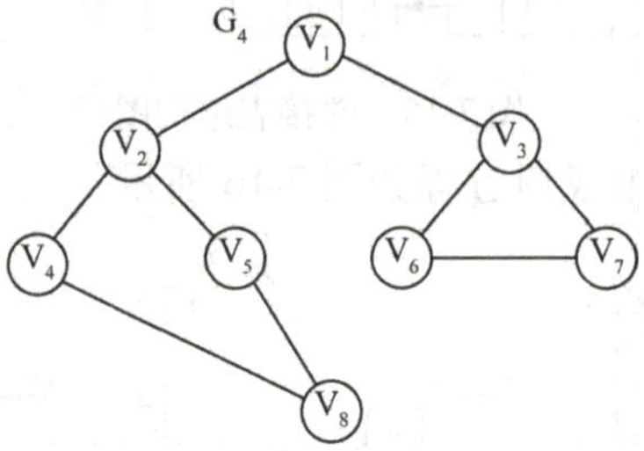

图7-18　8题图

9. 试列出如图7-19所示图中全部可能的拓扑有序序列，并指出应用7.5.1节中算法TopologicalSort求得的是哪一个序列(注意：应先确定其存储结构)。

答：全部可能的拓扑有序序列如下：

(1)1、5、2、3、6、4；

(2)1、5、2、6、3、4；

(3)1、5、6、2、3、4；

(4)5、1、2、3、6、4；

(5)5、1、2、6、3、4；

(6)5、1、6、2、3、4；

(7)5、6、1、2、3、4；

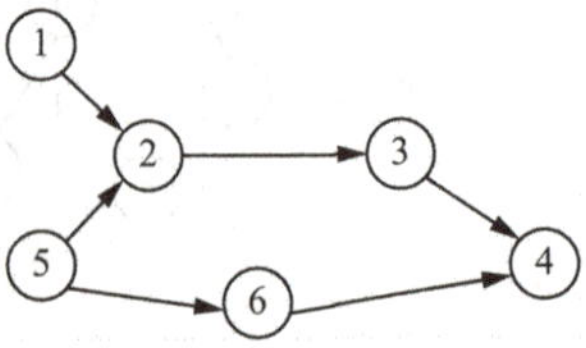

图7-19　9题图

应用7.5.1节中算法TopologicalSort求得的是第(7)个序列。

10. 对于如图7-20所示的AOE网络，计算各活动弧的$e(a_i)$和$l(a_j)$函数值、各事件(顶点)的$ve(v_i)$和$vl(v_j)$函数值；列出各条关键路径。

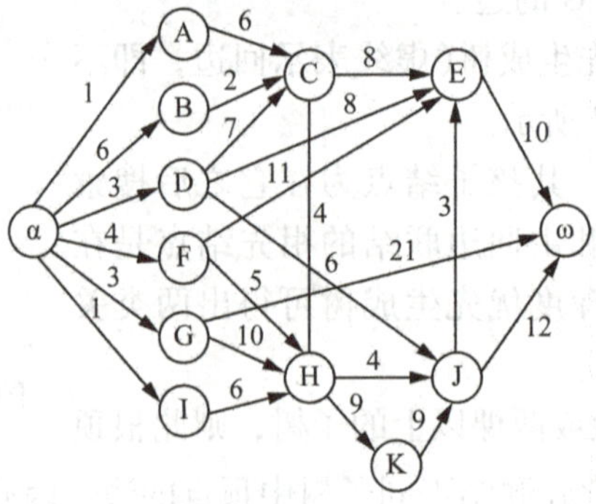

图7-20　10题图

答：计算可得ve和vi结果如表7-4所示。

表 7-4　ve 和 vi 结果表

顶点	ve	vi
α	0	0
A	1	20
B	6	24
C	17	26
D	3	19
E	34	34
F	4	8
G	3	3
H	13	13
I	1	7
J	31	31
K	22	22
ω	44	44

计算可得 e，l 和 l－e 结果如表 7-5 所示。

表 7-5　e，l 和 l－e 结果表

边	e	l	l－e
(α，A)	0	19	19
(α，B)	0	18	18
(α，D)	0	16	16
(α，F)	0	4	4
(α，G)	0	0	0
(α，I)	0	6	6
(A，C)	1	20	19
(B，C)	6	24	18
(D，C)	3	19	16
(D，E)	3	26	23
(D，J)	3	25	22
(F，E)	4	23	19
(F，H)	4	8	4
(G，ω)	3	23	20
(G，H)	3	3	0
(I，H)	1	7	6
(C，E)	17	26	9
(H，C)	13	22	9
(H，J)	13	27	14
(H，K)	13	13	0
(K，J)	22	22	0
(J，E)	31	31	0
(J，ω)	31	32	1
(E，ω)	34	34	0

关键路径只有一条：(α，G，H，K，J，E，ω)

11. 试利用 Dijkstra 算法求图 7-21 中从顶点 a 到其他各顶点间的最短路径，写出执行算法过程中各步的状态。

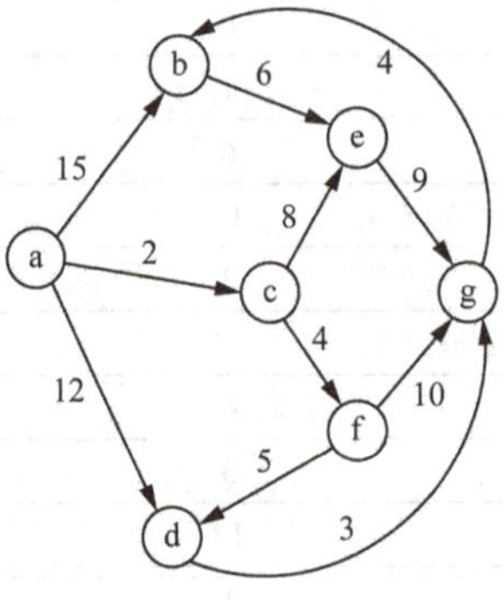

图 7-21　11 题图

答： 从顶点 a 到其他各点的最短路径的求解过程如图 7-22 所示。

终点 / Dist	b	c	d	e	f	g	S（终点集）
K = 1	15 <a,b>	2 <a,c>	12 <a,d>	∞	∞	∞	{a,c}
K = 2	15 <a,b>	∞	12 <a,d>	10 <a,c,e>	6 <a,c,f>	∞	{a,c,f}
K = 3	15 <a,b>	∞	11 <a,c,f,d>	10 <a,c,e>	∞	16 <a,c,f,g>	{a,c,f,e}
K = 4	15 <a,b>	∞	11 <a,c,f,d>	∞	∞	16 <a,c,f,g>	{a,c,f,e,d}
K = 5	15 <a,b>	∞	∞	∞	∞	14 <a,c,f,d,g>	{a,c,f,e,d,g}
K = 6	15 <a,b>	∞	∞	∞	∞	∞	{a,c,f,e,d,g,b}

图 7-22　最短路径求解过程图

12. 试证明求最短路径的 Dijkstra 算法的正确性。

答： Dijkstra 算法给出了从单源点 S 到图 G 的各个顶点的最短路径长度。

假设 G 中的每个顶点 V 都被赋予了一个标记 $L(V)$，它要么是一个有限数，要么是∞。假设 P 是 G 的顶点的集合，P 包含 S，满足：

(1) 如果 V 属于 P，则 $L(V)$ 是从 S 到 V 的最短通路的长度，并且存在这样的从 S 到 V 的最短通路：通路上的顶点都在 P 中；

(2) 如果 V 不属于 P，则 $L(V)$ 是从 S 到 V 的满足下面限制的最短通路的长度：V 是通路中唯一一个不属于 P 的顶点。

可以用归纳假设法证明 Dijkstra 算法中的 P 符合上述定义的集合：

(1) 当 P 中元素个数为 1 时，P 对应算法中的第一步，$P = \{S\}$，显然满足；

(2) 假设 P 中元素个数为 $K(K>1)$ 时，P 满足上述定义，下面看算法的的第三步；

(3)先找出不在 P 中且带有最小标记的顶点 U，标记为 $L(U)$，可以证明从 S 到 U 的最短通路中除 U 外不包含不属于 P 的元素。

因为若存在除 U 外其他顶点，则最短通路为 $SP_1P_2\cdots P_nQ_1Q_2\cdots Q_nU$($P_1$，$P_2$，…，$Pn$ 属于 P，Q_1，Q_2，…，Q_n不属于 P)，则最短通路长度为 $L(Q_1)+\mathrm{PATH}(Q_1, U)>L(U)$，从而大于 $SP_1P_2\cdots P_nU$ 的通路长度 $L(U)$，不是最短通路，所以从 S 到 U 的最短通路中除 U 外不包含不属于 P 的元素，从而从 S 到 U 的最短通路长度由 $L(U)$ 给出。现把 U 加入 P 中构成 P'，显然 P'满足其性质。

取 V 不属于 P'，显然 V 也不属于 P，那么从 S 到 V 的最短通路且满足除 V 外所有顶点都在 P'中的通路有两种可能，(1)包含 U，(2)不包含 U。

对(1)$SP_1P_2\cdots P_nUV=L(U)+W(U, V)$

对(2)$SP_1P_2\cdots PnV=L(V)$

显然二者中的最小值给出了从 S 到 V 的最短通路且满足除 V 外所有顶点都在 P' 中的长度。

从而算法中(3)给出的 P'含 $K+1$ 个元素且满足(1)和(2)。又归纳，命题得证。

13. 试利用 Floyd 算法求图 7-23 所示有向图中各对顶点之间的最短路径。

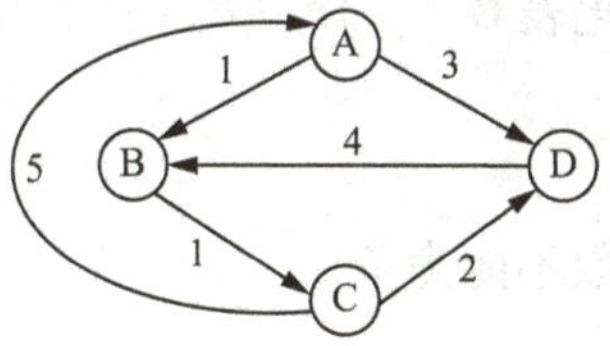

图 7-23　13 题图

答： 利用 Floyd 算法求题图中各定点间的最短路径过程如表 7-6 所示。

表 7-6　Floyd 算法求解过程表

A	$A^{(0)}$				$A^{(1)}$			
	1	2	3	4	1	2	3	4
1	0	1	∞	3	0	1	∞	3
2	∞	0	1	∞	∞	0	1	∞
3	5	∞	0	2	5	6	0	2
4	∞	4	∞	0	∞	4	∞	0
PATH	$PATH^{(0)}$				$PATH^{(1)}$			
	1	2	3	4	1	2	3	4
1		AB		AD		AB		AD
2			BC				BC	
3	CA			CD	CA	CAB		CD
4		DB				DB		
A	$A^{(2)}$				$A^{(3)}$			
	1	2	3	4	1	2	3	4
1	0	1	2	3	0	1	2	3
2	∞	0	1	∞	6	0	1	3
3	5	6	0	2	5	6	0	2
4	∞	4	5	0	10	4	5	0

续表

PATH	$PATH^{(2)}$				$PATH^{(3)}$			
	1	2	3	4	1	2	3	4
1		AB	ABC	AD		AB	ABC	AD
2			BC		BCA		BC	BCD
3	CA	CAB		CD	CA	CAB		CD
4		DB	DBC		DBCA	DB	DBC	

注：$A^{(4)}$和$A^{(3)}$相同；$PATH^{(4)}$和$PATH^{(3)}$相同。

14. 编写算法，由依次输入的顶点数目、弧的数目、各顶点的信息和各条弧的信息建立有向图的邻接表。

答：

```
//由顶点数，边数，顶点信息和边的信息建立有向图的邻接表
Status Build_AdjList(ALGraph &G)
{
  InitALGraph(G);  //初始化表 G
  scanf("%d",&v);
  if(v<0)
    return ERROR;  //顶点数不能为负
  G.vexnum=v;
  scanf("%d",&a);
  if(a<0)
    return ERROR;  //边数不能为负
  G.arcnum=a;
  for(m=0;m<v;m++)
    G.vertices[m].data=getchar();  //输入各顶点的符号
  for(m=1;m<=a;m++)
  {
    t=getchar();
    h=getchar();  //t 为弧尾,h 为弧头
    if((i=LocateVex(G,t))<0)
      return ERROR;
    if((j=LocateVex(G,h))<0)
      return ERROR;  //顶点未找到
    p=(ArcNode *)malloc(sizeof(ArcNode));  //动态创建顶点
    if(! G.vertices.[i].firstarc)
      G.vertices[i].firstarc=p;
  else
  {
    for(q=G.vertices[i].firstarc;q->nextarc;q=q->nextarc);
```

```
        q -> nextarc = p;   //邻接点
      }
      p -> adjvex = j;
      p -> nextarc = NULL;
    }  //while
    return OK;
}  //Build_AdjList
```

15. 试在邻接矩阵存储结构上实现图的基本操作：InsertVex(G,v)，InsertArc(G,v,w)，DeleteVex(G,v)和DeleteArc(G,v,w)。

答：

```
Status InsertVex(MGraph &G,char v)  //在邻接矩阵表示的图G上插入顶点v
{
    if((G.vexnum+1)>MAX_VERTEX_NUM)
      return INFEASIBLE;   //顶点数达到最大，无法插入新顶点
    G.vexs[++G.vexnum]=v;   //加入邻接矩阵
    return OK;
}  //InsertVex
Status InsertArc(MGraph &G,char v,char w)  //在邻接矩阵表示的图G上插入边(v,w)
{
    if((i=LocateVex(G,v))<0)
      return ERROR;
    if((j=LocateVex(G,w))<0)
      return ERROR;   //检查G中是否有顶点v、w
    if(i==j)
      return ERROR;
    if(!G.arcs[i][j].adj)   //边(v,w)是否已存在
    {
      G.arcs[i][j].adj=1;   //邻接矩阵插入位置置1
      G.arcnum++;   //边数加1
    }
    return OK;
}  //InsertArc
Status DeleteVex(MGraph &G,char v)  //在邻接矩阵表示的图G上删除顶点v
{
    n=G.vexnum;
    if((m=LocateVex(G,v))<0)
      return ERROR;
    //将待删除顶点交换到最后一个顶点
    char temp;
    temp= G.vexs[m];
```

```
  G.vexs[m] = G.vexs[n];
  G.vexs[n] = temp;
  for(i=0;i<n;i++)
  {
    G.arcs[i][m] = G.arcs[i][n];
    G.arcs[m][i] = G.arcs[n][i];  //将边的关系随之交换
  }
  G.vexnum--;  //顶点个数减1
  for(i=0;i<n;i++)  //删除该顶点相关的边
  {
    if(G.arcs[n][i])
    {
      G.arcs[n][i] = 0;  //去除相应的边
      G.arcnum--;  //边数减1
    }
    if(G.arcs[i][n])
    {
      G.arcs[i][n] = 0;  //去除相应的边
      G.arcnum--;  //边数减1
    }
  return OK;
}  //DeleteVex
Status Delete_Arc(MGraph &G,char v,char w)  //在邻接矩阵表示的图G上删除边(v,w)
{
  if((i=LocateVex(G,v))<0)
    return ERROR;
  if((j=LocateVex(G,w))<0)
    return ERROR;
  if(G.arcs[i][j].adj)
  {
    G.arcs[i][j].adj = 0;  //将邻接矩阵待删除的边的位置置0
    G.arcnum--;  //边数减1
  }
  return OK;
}  //DeleteArc
```

16. 试对邻接表存储结构重做15题。

答:

```
//本题和上题解法大同小异，现给出InsertArc算法示例
Status InsertArc(ALGraph &G,char v,char w)  //在邻接表表示的图G上插入边(v,w)
{
```

```
    if((i = LocateVex(G,v)) <0)
        return ERROR;
    if((j = LocateVex(G,w)) <0)
        return ERROR;
    p = (ArcNode * )malloc(sizeof(ArcNode));    //动态创建表结点
    p -> adjvex = j;
    p -> nextarc = NULL;
    if(! G. vertices[i]. firstarc)
        G. vertices[i]. firstarc = p;
    else
    {
        for(q = G. vertices[i]. firstarc;q -> q -> nextarc;q = q -> nextarc)
            if(q -> adjvex == j)
                return ERROR;    //边已经存在
            q -> nextarc = p;
    }
    G. arcnum ++ ;
    return OK;
} //InsertArc
```

17. 试对十字链表存储结构重做 15 题。

答:

```
//本题和前两题解法大同小异,给出较为复杂的 DeleteVex 算法
Status DeleteVex(OLGraph &G,char v)    //在十字链表表示的图 G 上删除顶点 v
{
    if((m = LocateVex(G,v)) <0)
        return ERROR;
    n = G. vexnum;
    for(i =0;i <n;i ++ )    //删除所有以 v 为头的边
    {
        if(G. xlist[i]. firstin -> tailvex == m)    //如果待删除的边是十字链表头链上的第一
个结点
        {
            q = G. xlist[i]. firstin;
            G. xlist[i]. firstin = q -> hlink;
            free(q);
            G. arcnum -- ;    //删除结点,边数减 1
        }
        else    //否则,循环删除所有以 v 为弧头的边
        {
            for(p = G. xlist[i]. firstin;p&&p -> hlink -> tailvex! = m;p = p -> hlink);
```

```
            if(p)
            {
              q = p -> hlink;
              p -> hlink = q -> hlink;
              free(q);
              G. arcnum -- ;
            }
          }  //else
        }  //for
        for(i = 0;i < n;i ++ )  //删除所有以 v 为尾的边
        {
          if(G. xlist[i]. firstout -> headvex == m)  //如果待删除的边是十字链表尾链上的第一个结点
          {
            q = G. xlist[i]. firstout;
            G. xlist[i]. firstout = q -> tlink;
            free(q);
            G. arcnum -- ;
          }
          else  //否则,通过循环删除所有以 v 为弧尾的边
          {
            for(p = G. xlist[i]. firstout;p&&p -> tlink -> headvex! = m;p = p -> tlink);
            if(p)
            {
              q = p -> tlink;
              p -> tlink = q -> tlink;
              free(q);
              G. arcnum -- ;
            }
          }  //else
        }  //for
        for(i = m;i < n;i ++ )  //顺次用结点 m 之后的顶点取代前一个顶点
        {
          G. xlist[i] = G. xlist[i + 1];  //修改表头向量
          for(p = G. xlist[i]. firstin;p;p = p -> hlink)
            p -> headvex -- ;
          for(p = G. xlist[i]. firstout;p;p = p -> tlink)
            p -> tailvex -- ;      //修改各链中的顶点序号
        }
        G. vexnum -- ;
```

```
  return OK;
} //DeleteVex
```

18. 试对邻接多重表存储结构重做15题。

答:

```
//本题和前三题解法大同小异，给出DeleteArc算法
Status DeleteArc(AMLGraph &G,char v,char w)  //在邻接多重表表示的图G上删除边(v,w)
{
  if((i=LocateVex(G,v))<0)
    return ERROR;
  if((j=LocateVex(G,w))<0)
    return ERROR;
  if(G.adjmulist[i].firstedge->jvex==j)  //如果边(v,w)是i链表的第一条边
    G.adjmulist[i].firstedge=G.adjmulist[i].firstedge->ilink;
  else
  { //在i链表上查找边(v,w)
    for(p=G.adjmulist[i].firstedge;p&&p->ilink->jvex!=j;p=p->ilink);
    if(!p)
      return ERROR;  //未找到
    p->ilink=p->ilink->ilink;
  } //在i链表中删除该边
  if(G.adjmulist[j].firstedge->ivex==i)
    G.adjmulist[j].firstedge=G.adjmulist[j].firstedge->jlink;
  else
  { //在j链表上查找边(v,w)
    for(p=G.adjmulist[j].firstedge;p&&p->jlink->ivex!=i;p=p->jlink);
    if (!p)
      return ERROR;  //未找到
    q=p->jlink;
    p->jlink=q->jlink;
    free(q);
  } //在j链表中删除该边
  G.arcnum--;
  return OK;
} //DeleteArc
```

19. 编写算法，由依次输入的顶点数目、边的数目、各顶点的信息和各条边的信息建立无向图的邻接多重表。

答:

```
//输入顶点数，边数，顶点信息和边的信息建立无向图的邻接多重表
Status Build_AdjMulist(AMLGraph &G)
```

```
{
    InitAMLGraph(G);    //初始化无向图
    scanf("%d",&v);
    if(v<0)
        return ERROR;    //顶点数不能为负
    G.vexnum=v;
    scanf(%d",&a);
    if(a<0)
        return ERROR;    //边数不能为负
    G.arcnum=a;
    for(m=0;m<v;m++)
        G.adjmulist[m].data=getchar();    //输入表示各顶点的符号
    for(m=1;m<=a;m++)
    {
        t=getchar();
        h=getchar();    //t、h 为一条边的两个邻接点
        if((i=LocateVex(G,t))<0)
            return ERROR;
        if((j=LocateVex(G,h))<0)
            return ERROR;    //顶点未找到
        p=(EBox*)malloc(sizeof(EBox));
        p->ivex=i;
        p->jvex=j;
        p->ilink=NULL;
        p->jlink=NULL;    //边结点赋初值
        if(!G.adjmulist[i].firstedge)
            G.adjmulist[i].firstedge=p;
        else
        {
            q=G.adjmulist[i].firstedge;
            while(q)
            {
                r=q;
                if(q->ivex==i)
                    q=q->ilink;
                else
                    q=q->jlink;
            }
            if(r->ivex==i)
                r->ilink=p;    //注意 i 值既可能出现在边结点的 ivex 域中
```

```
        else
          r->jlink = p;     //又可能出现在边结点的jvex域中
      } //else，插入i链表尾部
      if(!G.adjmulist[j].firstedge)
        G.adjmulist[j].firstedge = p;
      else
      {
        q = G.adjmulist[i].firstedge;
        while(q)
        {
          r = q;
          if(q->jvex == j)
            q = q->jlink;
          else
            q = q->ilink;
        }
        if(r->jvex == j)
          r->jlink = p;
        else
          r->ilink = p;
      } //else，插入j链表尾部
    } //for
    return OK;
  } // Build_AdjMulist
```

20. 下面的算法段可以测定图 $G=(V, E)$ 是否可传递：

```
trans = TRUE;
for(V 中的每个 x)
  for(N(x)中的每个 y)
    for(N(y)中不等于 x 的每个 z)
      if(z 不在 N(x)中)
        trans = FALSE;
```

其中 $N(x)$ 表示 x 邻接到的所有顶点的集合。试以邻接矩阵存储结构实现判定一个图的可传递性的算法，并通过 $n=|V|$，$m=|E|$ 和 $d=$ 结点度数的均值，估计执行时间。

答：

```
int Pass_MGraph(MGraph G)  //判断一个邻接矩阵存储的有向图是不是可传递的，是则返回1，否则返回0
{
  for(x=0;x<G.vexnum;x++)
  {
    for(y=0;y<G.vexnum;y++)
```

```
    {
      if(G.arcs[x][y])
      {
        for(z=0;z<G.vexnum;z++)
          if(z!=x&&G.arcs[y][z]&&!G.arcs[x][z])  //图不可传递的条件
            return 0;
      }  //if
    }  //内层 for
  }  //外层 for
  return 1;
}  //Pass_MGraph
```

分析：本算法的时间复杂度是 $O(d*n^2)$。

21. 试对邻接表存储结构重做 20 题。

答：

```
int Pass_ALGraph(ALGraph G)  //判断一个邻接表存储的有向图是不是可传递的，是则返回1，否则返回0
{
  for(x=0;x<G.vexnum;x++)
    for(p=G.vertices[x].firstarc;p;p=p->nextarc)
    {
      y=p->adjvex;
      for(q=G.vertices[y].firstarc;q;q=q->nextarc)
      {
        z=q->adjvex;
        if(z!=x&&!is_adj(G,x,z))  //有向图不可传递的条件
          return 0;
      }  //for
    }  //for
}  //Pass_ALGraph
int is_adj(ALGraph G,int m,int n)  //判断有向图 G 中是否存在边(m,n)，是则返回1，否则返回0
{
  for(p=G.vertices[m].firstarc;p;p=p->nextarc)
    if(p->adjvex==n)
      return 1;  //G 中存在边(m,n)
  return 0;
}  //is_adj
```

22. 试基于图的深度优先搜索策略写一算法，判别以邻接表方式存储的有向图中是否存在由顶点 v_i 到顶点 v_j 的路径($i \neq j$)。注意：算法中涉及的图的基本操作必须在此存储结构上实现。

答：

```
int visited[MAXSIZE];    //指示顶点是否在当前路径上，在当前路径上值为1，否则值为0
int exist_path_DFS(ALGraph G,int i,int j)
//深度优先判断有向图G中顶点i到顶点j是否有路径，有则返回1，否则返回0
{
  if(i==j)
    return 1;    //顶点i与顶点j是一个同一个顶点
  else
  {
    visited[i]=1;
    for(p=G.vertices[i].firstarc;p;p=p->nextarc)
    {
      k=p->adjvex;
      if(!visited[k]&&exist_path_DFS(G,k,j))
        return 1;  //i下游的顶点到j有路径
    }  //for
  }  //else
}  //exist_path_DFS
```

23. 同22题要求。试基于图的广度优先搜索策略写一算法。

答：

```
int exist_path_BFS(ALGraph G,int i,int j)
//广度优先判断有向图G中顶点i到顶点j是否有路径，有则返回1，否则返回0
{
  int visited[MAXSIZE];    //指示顶点是否在当前路径上，在当前路径上值为1，否则值为0
  InitQueue(Q);    //使用队列
  EnQueue(Q,i);  //先将顶点i入列
  while(!QueueEmpty(Q))
  {
    DeQueue(Q,u);
    visited[u]=1;  //出列的顶点在当前路径上
    for(p=G.vertices[i].firstarc;p;p=p->nextarc)
    {
      k=p->adjvex;
      if(k==j)
        return 1;    //达到顶点j，说明i到j有路径
      if(!visited[k])
        EnQueue(Q,k);  //不在路径上的剩余顶点入列
    }  //for
```

```
} //while
return 0;
} //exist_path_BFS
```

24. 试利用栈的基本操作编写，按深度优先搜索策略遍历一个强连通图的非递归形式的算法。算法中不规定具体的存储结构，而将图 Graph 看成是一种抽象的数据类型。

答:

```
void STraverse_Nonrecursive(Graph G)  //非递归深度优先搜索遍历强连通图 G
{
  int visited[MAXSIZE];    //指示顶点是否在当前路径上，在则为 1，不在则为 0
  InitStack(S);    //借助栈
  Push(S,GetVex(S,1));  //将第一个顶点入栈
  visit(1);   //遍历第一个顶点
  visited[1] =1;    //第一个顶点在当前路径上，指示标记为 1
  while(!StackEmpty(S))
  {
    while(Gettop(S,i)&&i)  //出栈
    {
      j = FirstAdjVex(G,i);
      if(j&&!visited[j])
      {
        visit(j);
        visited[j] =1;    //遍历过的顶点，指示标记为 1，在当前路径上
        Push(S,j);  //向左走到尽头
      }
    } //while
    if(!StackEmpty(S))
    {
      Pop(S,j);
      Gettop(S,i);
      k = NextAdjVex(G,i,j);  //向右走一步
      if(k&&!visited[k])
      {
        visit(k);
        visited[k] =1;
        Push(S,k);  //遍历过的顶点入栈
      }
    } //if
  } //while
} //STraverse_Nonrecursive
```

25. 假设对有向图中 n 个顶点进行自然编号，并以三个数组 s[1..max]，fst[1..n]和 lst[1..n]表示之。其中数组 s 存放每个顶点的后继顶点的信息，第 i 个顶点的后继顶点存放在 s 中下标从 fst[i]起到 lst[i]的分量中($i=1, 2, \cdots, n$)。若 fst[i] > lst[i]，则第 i 个顶点无后继顶点。试编写判别该有向图中是否存在回路的算法。

答：

```
void PathDFS(Graph &G,vexindex v)
{
  //在G中找以当前路径为前缀的、到达满足条件P的结点的、所有满足条件Q的简单路径并打印。
  //v为当前考察的顶点
  if(!OnCurrentPath[v])
  {
    OnCurrentPath[v] = TRUE;
    EnCurrentPath(v,CurrentPath);
    //将当前访问的结点v置为当前路径上的一个新的结点
    //初始时，数组OnCurrentPath[vexindex]为全"假"
    // EnCurrentPath表示往路径中加入结点
    if(P(v)&&Q(CurrentPath))
      print(CurrentPath);
    else
    {
      w = FirstAdjVex(G,v);
      while(w)
      {
        PathDFS(G,w);
        w = NextAdjVex(G,v,w);
      }
    }  //visit(w)
    OnCurrentPath[v] = FALSE;
    DeCurrentPath(v,Current);  //把当前结点v从路径上删除
  }
}  // PathDFS
```

26. 试证明，对有向图中顶点适当地编号，可使其邻接矩阵为下三角形且主对角线为全零的充要条件是：该有向图不含回路。然后写一算法对无环有向图的顶点重新编号，使其邻接矩阵变为下三角形，并输出新旧编号对照表。

答：证明如下：

证明充分性：

该有向图顶点的编号规律应满足弧尾顶点的编号大于弧头顶点的编号；由于不允许出现回路，则邻接矩阵主对角线元素全为0，又由于弧尾顶点的编号大于弧头顶点的编号，则邻接矩阵中非零元素落在下三角形中，充分性得证；

证明必要性：

由于该有向图邻接矩阵为下三角形且主对角线为全0，即不存在弧头顶点编号大于弧尾顶点的编号，则有向图不含回路，必要性得证。

算法如下：

```
Status TopoNo(ALGraph G)  //重排有向图中的顶点，使其邻接矩阵变为下三角形
{
  int new[MAXSIZE],indegree[MAXSIZE];    //数组 new[ ]储存结点的新序号，数组
indegree[ ]储存结点的入度
  n = G. vexnum;
  FindInDegree(G,indegree);
  InitStack(S);  //借助栈来实现
  for(i =1;i < G. vexnum;i ++)
    if( !indegree[i])
      Push(S,i);  //零入度结点入栈
  count =0;
  while(! StackEmpty(S))
  {
    Pop(S,i);
    new[i] =n --;  //记录结点的逆拓扑序号
    count ++;
    for(p = G. vertices[i]. firstarc;p;p = p -> nextarc)
    {
      k =p -> adjvex;
      if( !( --indegree[k]))
        Push(S,k);
    }  //for
  }  //while
  if(count < G. vexnum)
    return ERROR;  //图中存在环
  for(i =1;i <=n;i ++)
    printf("Old No:%d New No:%d\n",i,new[i]);
  return OK;
}  //TopoNo
```

分析：只要按拓扑逆序对顶点编号，就可以使邻接矩阵成为下三角矩阵。

27. 采用邻接表存储结构，编写一个判别无向图中任意给定的两个顶点之间是否存在一条长度为 *k* 的简单路径的算法。

答：

```
int visited[MAXSIZE];    //指示顶点是在当前路径上，在则为1，否则为0
int exist_path_len(ALGraph G,int i,int j,int k)
//判断邻接表方式存储的有向图 G 的顶点 i 到 j 是否存在长度为 k 的简单路径
```

```
{
  if(i==j&&k==0)
    return 1;    //找到了一条路径，且长度符合要求
  else if(k>0)
  {
    visited[i]=1;
    for(p=G.vertices[i].firstarc;p;p=p->nextarc)
    {
      m=p->adjvex;
      if(!visited[m])  //顶点未被访问过
        if(exist_path_len(G,m,j,k-1))  //剩余路径长度减1
          return 1;
    }  //for
    visited[i]=0;  //本题允许曾经被访问过的结点出现在另一条路径中
  }  //else
  return 0;  //没找到
}  //exist_path_len
```

28. 已知有向图和图中两个顶点 u 和 v，试编写算法求有向图中从 u 到 v 的所有简单路径，并以图 7-24 为例手工执行你的算法，画出相应的搜索过程图。

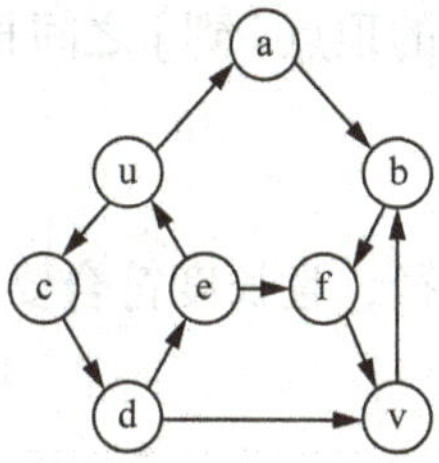

图 7-24 28 题图

答：

```
int path[MAXSIZE],visited[MAXSIZE];
//数组 path[]暂存遍历过程中的路径，数组 visited[]存储顶点的访问状态，1 表示已访问，0 表示未访问
int Find_All_Path(ALGraph G,int u,int v,int k)
//求有向图 G 中顶点 u 到 v 之间的所有简单路径，k 表示当前路径长度(初始为 0)
{
  path[k]=u;    //加入当前路径中
  visited[u]=1;
  if(u==v)  //找到了一条简单路径
  {
    printf("Found one path!\n");
    for(i=0;path[i];i++)
      printf("%d",path[i]);  //打印输出
```

```
    }
  else
    for(p = G.vertices[u].firstarc;p;p = p -> nextarc)
    {
      m = p -> adjvex;
      if( !visited[m])
        Find_All_Path(G,m,v,k+1);    //继续寻找
    }
  visited[u] =0;
  path[k] =0;   //回溯
}  //Find_All_Path
```

图中 u 到 v 的简单路径有：

u→a→b→f→v；

u→c→d→e→f→v；

u→c→d→v。

29．试写一个算法，在以邻接矩阵方式存储的有向图 *G* 中求顶点 *i* 到顶点 *j* 的不含回路的、长度为 *k* 的路径数。

答：

```
int GetPathNum_Len(ALGraph G,int i,int j,int k)
//求邻接表方式存储的有向图 G 的顶点 i 到 j 之间长度为 k 的简单路径条数
{
  if(i ==j&&k ==0)
    return 1;    //找到了一条路径，且长度符合要求
  else if(k >0)
  {
    sum =0;    //sum 表示满足条件的路径数
    visited[i] =1;
    for(p = G.vertices[i].firstarc;p;p = p -> nextarc)
    {
      m = p -> adjvex;
      if( !visited[m])    //如果顶点未被访问
        sum += GetPathNum_Len(G,m,j,k -1)   //剩余路径长度减 1
    }  //for
    visited[i] =0;   //本题允许曾经被访问过的结点出现在另一条路径中
  }  //else
  return sum;
}  //GetPathNum_Len
```

30．试写一个求有向图 *G* 中所有简单回路的算法。

答：

```
int visited[MAXSIZE];     //存储顶点的访问状态
```

```
int path[MAXSIZE];    //暂存当前路径
int cycles[MAXSIZE][MAXSIZE];  //储存发现的回路所包含的结点
int thiscycle[MAXSIZE];    //储存当前发现的一个回路
int cycount = 0;    //已发现的回路个数
void GetAllCycle(ALGraph G)   //求有向图中所有的简单回路
{
  for(v = 0;v < G.vexnum;v ++)
    visited[v] = 0;
  for(v = 0;v < G.vexnum;v ++)
    if(!visited[v])
      DFS(G,v,0);  //深度优先遍历
} //GetAllCycle
void DFS(ALGraph G,int v,int k)  //k 表示当前结点在路径上的序号
{
  visited[v] = 1;
  path[k] = v;  //记录当前路径
  for(p = G.vertices[v].firstarc;p;p = p -> nextarc)
  {
    w = p -> adjvex;
    if(!visited[w])
      DFS(G,w,k + 1);
    else  //发现了一条回路
    {
      for(i = 0;path[i]!= w;i ++);  //找到回路的起点
      for(j = 0;path[i + j];i ++)
        thiscycle[j] = path[i + j];  //把回路复制下来
      if(! exist_cycle())
        cycles[cycount ++] = thiscycle;  //如果该回路尚未被记录过，就添加到记
录中
      for(i = 0;i < G.vexnum;i ++)
        thiscycle[i] = 0;   //清空目前回路数组
    }  //else
  }  //for
  path[k] = 0;
  visited[k] = 0;
//只有当前路径上的结点 visited 为 1，因此一旦遍历中发现当前结点 visited 为 1，即表
示发现了一条回路
} //DFS
int exist_cycle()  //判断 thiscycle 数组中记录的回路在 cycles 的记录中是否已经存在
{
```

```
    int temp[MAXSIZE];
    for(i=0;i<cycount;i++) //判断已有的回路与 thiscycle 是否相同，即所有结点和它
们的顺序都相同
    {
      j=0;
      c=thiscycle[0];   //例如，142857 和 857142 是相同的回路
      //在 cycles 的一个行向量中寻找等于 thiscycle 第一个结点的元素
      for(k=0;cycles[i][k]!=c&&cycles[i][k]!=0;k++);
      if(cycles[i][k])  //有与之相同的一个元素
      {
        for(m=0;cycles[i][k+m];m++)
          temp[m]=cycles[i][k+m];
        for(n=0;n<k;n++,m++)
          temp[m]=cycles[i][n];  //调整 cycles 中的当前记录的循环相位并放入 temp
数组中
        if(!StrCompare(temp,thiscycle))  //与 thiscycle 比较
          return 1;  //完全相等
        for(m=0;m<G.vexnum;m++)
          temp[m]=0;  //清空这个数组
      }
    }  //for
  return 0;  //所有现存回路都不与 thiscycle 完全相等
}  //exist_cycle
```

31. 试完成求有向图的强连通分量的算法，并分析算法的时间复杂度。

答：

```
int visited[MAXSIZE];
int finished[MAXSIZE];
int count;  //count 在第一次深度优先遍历中用于指示 finished 数组的填充位置
void Get_SGraph(OLGraph G)  //求十字链表结构储存的有向图 G 的强连通分量
{
  count=0;
  for(v=0;v<G.vexnum;v++)
    visited[v]=0;  //初始化所有结点均未被访问
  for(v=0;v<G.vexnum;v++)  //第一次深度优先遍历建立 finished 数组
    if(!visited[v])
      DFS1(G,v);  //第一次深度优先遍历
  for(v=0;v<G.vexnum;v++)
    visited[v]=0;  //清空 visited 数组
  for(i=G.vexnum-1;i>=0;i--)  //第二次逆向的深度优先遍历
  {
```

```
        v = finished(i);
        if(!visited[v])
        {
          printf("\n");   //不同的强连通分量在不同的行输出
          DFS2(G,v);   //第二次深度优先遍历
        }
    }   //for
}   //Get_SGraph
void DFS1(OLGraph G,int v)   //第一次深度优先遍历的算法
{
    visited[v] = 1;
    for(p = G.xlist[v].firstout;p;p = p -> tlink)
    {
        w = p -> headvex;
        if(!visited[w])
          DFS1(G,w);   //如果顶点未被访问过,递归进行第一次深度优先遍历
    }   //for
    finished[ ++ count] = v;   //在第一次遍历中建立 finished 数组
}   //DFS1
void DFS2(OLGraph G,int v)   //第二次逆向的深度优先遍历的算法
{
    visited[v] = 1;
    printf("%d",v);   //在第二次遍历中输出结点序号
    for(p = G.xlist[v].firstin;p;p = p -> hlink)
    {
        w = p -> tailvex;
        if(!visited[w])
          DFS2(G,w);   //如果顶点未被访问过，递归进行第二次深度优先遍历
    }   //for
}   //DFS2
```

分析：求有向图的强连通分量的算法的时间复杂度和深度优先遍历相同，也为 $O(n+e)$。

32. 试修改普里姆算法，使之能在邻接表存储结构上实现求图的最小生成森林，并分析其时间复杂度(森林的存储结构为孩子－兄弟链表)。

答：

```
void Forest_Prim(ALGraph G,int k,CSTree &T)
//从顶点 k 出发，构造邻接表结构的有向图 G 的最小生成森林 T，用孩子兄弟链表存储
{
    //记录代价最小的边的辅助数组为 closedge[]
    for(j = 0;j < G.vexnum;j ++ )   //以下在 Prim 算法基础上稍作改动
```

```
    if(j!=k)
    {
      closedge[j] = {k,Max_int};
      for(p=G.vertices[j].firstarc;p;p=p->nextarc)
        if(p->adjvex==k)
          closedge[j].lowcost=p->cost;  //最小代价
    }  //if
  closedge[k].lowcost=0;
  for(i=1;i<G.vexnum;i++)
  {
    k=minimum(closedge);
    if(closedge[k].lowcost<Max_int)  //找到代价最小的边
    {
      Addto_Forest(T,closedge[k].adjvex,k);  //把这条边加入生成森林中
      closedge[k].lowcost=0;
      for(p=G.vertices[k].firstarc;p;p=p->nextarc)
        if(p->cost<closedge[p->adjvex].lowcost)
          closedge[p->adjvex] = {k,p->cost};
    }  //if
    else
      Forest_Prim(G,k);  //递归对另外一个连通分量执行算法
  }  //for
}  //Forest_Prim
void Addto_Forest(CSTree &T,int i,int j)  //把边(i,j)添加到孩子兄弟链表表示的树T中
{
  p=Locate(T,i);  //找到结点i对应的指针p,过程略
  q=(CSTNode *)malloc(sizeof(CSTNode));  //动态创建表结点
  q->data=j;
  if(!p)  //起始顶点不属于森林中已有的任何一棵树
  {
    p=(CSTNode *)malloc(sizeof(CSTNode));
    p->data=i;
    for(r=T;r->nextsib;r=r->nextsib);  //指向最后一个兄弟结点
    r->nextsib=p;
    p->firstchild=q;
  }//作为新树插入到最右侧
  else if(!p->firstchild)  //双亲还没有孩子
    p->firstchild=q;  //作为双亲的第一个孩子
  else  //双亲已经有了孩子
```

```
    {
      for(r = p -> firstchild;r -> nextsib;r = r -> nextsib);
      r -> nextsib = q;  //作为双亲最后一个孩子的兄弟
    }
} //Addto_Forest
```

分析：这个算法是在 Prim 算法的基础上添加了非连通图支持和孩子兄弟链表构建模块而得到的，其时间复杂度为 $O(n^2)$。

33. 已知无向图的边集存放在某个类型为 EdgeSetType 的数据结构 EdgeSet 中（没有端点相重的环边），并在此结构上已定义两种基本运算：

（1）函数 GetMinEdge（EdgeSet，u，v）：若 EdgeSet 非空，则必存在最小边，变参 u 和 v 分别含最小边上两顶点，并返回 true；否则返回 false；

（2）过程 DelMinEdge（EdgeSet，u，v）：从 EdgeSet 中删除依附于顶点 u 和 v 的最小边。

试在上述结构上实现求最小生成树（以孩子－兄弟链表表示）的克鲁斯卡尔算法。

答：

```
typedef struct{
  int vex;    //顶点序号
  int ecno;    //顶点所属的连通分量号
}VexInfo;   //定义结点的抽象数据类型
void MinSpanTree_Kruscal(Graph G,EdgeSetType &EdgeSet,CSTree &T)
//求图的最小生成树的克鲁斯卡尔算法
{
  Init_VexInfo(vexs,G.vexnum);
  ecnum = G.vexnum;   //连通分量个数
  while(ecnum >1)
  {
    GetMinEdge(EdgeSet,u,v);  //选出最短边
    if(! is_ec(vexs,u,v))  //u 和 v 属于不同连通分量
    {
      Addto_CSTree(T,u,v);  //加入到生成树中
      merge_ec(vexs,vexs[u].ecno,vexs[v].ecno);  //合并连通分量
      ecnum --;
    }
    DelMinEdge(EdgeSet,u,v);  //从边集中删除
  }  //while
} //MinSpanTree_Kruscal
VexInfo vexs[MAXSIZE];  //记录顶点所属连通分量号的数组
void Init_VexInfo(VexInfo vexs[],int vexnum)  //初始化
{
  for(i =0;i < vexnum;i ++)
```

```
    vexs[i] = {i,i}; //初始状态:每一个顶点都属于不同的连通分量
} //Init_VexInfo
int is_ec(VexInfo vexs[],int i,int j) //判断顶点 i 和顶点 j 是否属于同一个连通分量
{
  if(vexs[i]. ecno == vexs[j]. ecno)
    return 1;
  else
    return 0;
} //is_ec
void merge_ec(VexInfo vexs[],int ec1,int ec2) //合并连通分量 ec1 和 ec2
{
  for(i=0;vexs[i]. vex;i++)
    if(vexs[i]. ecno == ec2)
      vexs[i]. ecno == ec1;
} //merge_ec
void Addto_CSTree(CSTree &T,int i,int j) //把边(i,j)添加到孩子兄弟链表表示的树T中
{
  p = Locate(T,i); //找到结点 i 对应的指针 p
  q = (CSTNode *)malloc(sizeof(CSTNode)); //动态创建顶点
  q -> data = j;
  if(!p -> firstchild) //双亲还没有孩子
    p -> firstchild = q; //作为双亲的第一个孩子
  else //双亲已经有了孩子
  {
    for(r = p -> firstchild;r -> nextsib;r = r -> nextsib);
    r -> nextsib = q; //作为双亲最后一个孩子的兄弟
  }
} //Addto_CSTree
```

分析：本算法使用一维结构体变量数组来表示等价类，每个连通分量所包含的所有结点属于一个等价类。在这个结构上实现了初始化、判断元素是否等价(两个结点是否属于同一个连通分量)、合并等价类(连通分量)的操作。

34. 试编写一个算法，给有向无环图 G 中每个顶点赋以一个整数序号，并满足以下条件：若从顶点 i 至顶点 j 有一条弧，则应使 i<j。

答：

```
//本算法就是拓扑排序
Status TopoSeq(ALGraph G,int new[]) //按照题目要求给有向无环图的结点编号，并存入数组 new 中
{
  int indegree[MAXSIZE];
```

```
    FindIndegree(G,indegree);   //找到图 G 中每个顶点的入度
    Initstack(S);  //初始化栈操作
    for(i=0;i<G.vexnum;i++)
      if(!indegree[i])
        Push(S,i);   //入度为 0,进栈
    count=0;
    while(!stackempty(S))
    {
      Pop(S,i);
      new[i] = ++count;  //把拓扑顺序存入数组的对应分量中
      for(p=G.vertices[i].firstarc;p;p=p->nextarc)
      {
        k=p->adjvex;
        if(!(--indegree[k]))
          Push(S,k);
      }
    }  //while
    if(count<G.vexnum)
      return ERROR;
    return OK;
  }  //TopoSeq
```

35. 若在 DAG 图中存在一个顶点 r，在 r 和图中所有其他顶点之间均存在由 r 出发的有向路径，则称该 DAG 图有根。试编写求 DAG 图的根的算法。

答：

```
  int visited[MAXSIZE];
  void Get_Root(ALGraph G)   //求有向无环图的根
  {
    for(v=0;v<G.vexnum;v++)
    {
      for(w=0;w<G.vexnum;w++)
        visited[w]=0;   //每次都要将访问数组清零
      DFS(G,v);   //从顶点 v 出发进行深度优先遍历
      for(flag=1,w=0;w<G.vexnum;w++)
        if(!visited[w])
          flag=0;    //如果 v 是根，则深度优先遍历可以访问到所有结点，否则不是
      if(flag)
        printf("Found a root vertex:%d\n",v);  //如果有的话，找到有向无环图的根
    }  //for
  }  //Get_Root，这个算法要求图中不能有环，否则会发生误判
  void DFS(ALGraph G,int v)
```

```
{
  visited[v] =1;
  for(p=G.vertices[v].firstarc;p;p=p->nextarc)
  {
    w=p->adjvex;
    if(!visited[w])
      DFS(G,w);  //递归进行深度优先搜索遍历
  }
} //DFS
```

36. 在图的邻接表存储结构中，为每个顶点增加一个 MPL 域。试写一算法，求有向无环图 *G* 的每个顶点出发的最长路径的长度，并存入其 MPL 域。请给出算法的时间复杂度。

答：

```
void Fill_MPL(ALGraph &G)  //为有向无环图 G 添加 MPL 域
{
  FindIndegree(G,indegree);  //图 G 中所有顶点的入度
  for(i=0;i<G.vexnum;i++)
    if(!indegree[i])
      Get_MPL(G,i);  //从每一个零入度顶点出发构建 MPL 域
} //Fill_MPL
int Get_MPL(ALGraph &G,int i)  //从一个顶点出发构建 MPL 域并返回其 MPL 值
{
  if(!G.vertices[i].firstarc)
  {
    G.vertices[i].MPL=0;
    return 0;  //零出度顶点
  }
  else
  {
    max=0;
    for(p=G.vertices[i].firstarc;p;p=p->nextarc)
    {
      j=p->adjvex;
      if(G.vertices[j].MPL==0)
        k=Get_MPL(G,j);
      if(k>max)
        max=k;  //求其直接后继顶点 MPL 的最大者
    }
    G.vertices[i]=max+1;  //再加 1，就是当前顶点的 MPL
    return max+1;
  } //else
```

```
} //Get_MPL
```

分析可得，其时间复杂度为 $O(n^2)$。

37. 试设计一个求有向无环图中最长路径的算法，并估计其时间复杂度。

答：

```
int maxlen, path[MAXSIZE];  //数组 path 用于存储当前路径
int mlp[MAXSIZE];    //数组 mlp 用于存储已发现的最长路径
void Get_Longest_Path(ALGraph G)  //求一个有向无环图中最长的路径
{
  maxlen =0;
  FindIndegree(G,indegree);
  for(i =0;i < G. vexnum;i ++)
  {
    for(j =0;j < G. vexnum;j ++)
      visited[j] =0;  //每次都将访问数组清零
    if( !indegree[i])
      DFS(G,i,0);  //从每一个零入度结点开始深度优先遍历
  }
  printf("Longest Path:");
  for(i =0;mlp[i];i ++)
    printf("%d",mlp[i]);  //输出最长路径
} //Get_Longest_Path
void DFS(ALGraph G,int i,int len)  //深度优先搜索
{
  visited[i] =1;
  path[len] =i;
  if(len >maxlen&&!G. vertices[i]. firstarc)   //新的最长路径
  {
    for(j =0;j <=len;j ++)
      mlp[j] =path[j];  //保存下来
    maxlen =len;
  }
  else
  {
    for(p =G. vertices[i]. firstarc;p;p =p ->nextarc)
    {
      j =p ->adjvex;
      if( !visited[j])
        DFS(G,j,len +1);  //如果顶点未被访问过，递归进行深度优先搜索遍历
    }
  } //else
```

```
    path[i] = 0;
    visited[i] = 0;
} //DFS
```

核心操作是进行深度优先搜索，其时间复杂度为 $O(n^2)$。

38. 一个四则运算算术表达式以有向无环图的邻接表方式存储，每个操作数原子都由单个字母表示。写一个算法输出其逆波兰表达式。

答：

```
void NiBoLan_DAG(ALGraph G) //输出有向无环图形式表示的表达式的逆波兰式,即后缀表达式
{
    FindIndegree(G,indegree);
    for(i = 0;i < G.vexnum;i ++)
      if(!indegree[i])
        r = i; //找到有向无环图的根
    PrintNiBoLan_DAG(G,i); //打印逆波兰式
} //NiBoLan_DAG
void PrintNiBoLan_DAG(ALGraph G,int i) //打印输出以顶点 i 为根的表达式的逆波兰式
{
    c = G.vertices[i].data;
    if(!G.vertices[i].firstarc) //c 是原子，直接输出
      printf("%c",c);
    else //子表达式
    {
      p = G.vertices[i].firstarc;
      PrintNiBoLan_DAG(G,p -> adjvex); //递归输出
      PrintNiBoLan_DAG(G,p -> nexarc -> adjvex);
      printf("%c",c);
    }
} //PrintNiBoLan_DAG
```

39. 把存储结构改为二叉链表，重做 38 题。

答：

```
void PrintNiBoLan_Bitree(Bitree T) //使用二叉链表存储结构输出逆波兰式
{
    if(T -> lchild)
PrintNiBoLan_Bitree(T -> lchild); //输出左子树的逆波兰式
    if(T -> rchild)
PrintNiBoLan_Bitree(T -> rchild); //输出右子树的逆波兰式
    printf("%c",T -> data); //输出结点
} //PrintNiBoLan_Bitree
```

40. 若38题的运算符和操作数原子分别由字符和整数表示，请设计邻接表的结点类型，并且写一个表达式求值的算法。

答：本题中，邻接表的 vertices 向量的元素类型修改如下：

```
struct
{
  enum tag{NUM,OPTR};
  union
  {
    int value;
    char optr;
  };
  ArcNode * firstarc;
}Elemtype;
int Evaluate_DAG(ALGraph G)  //有向无环图表示的表达式求值
{
  FindIndegree(G,indegree);  //查找图 G 中顶点的入度
  for(i=0;i<G.vexnum;i++)
    if(!indegree[i])
      r=i;  //找到有向无环图的根
  return Evaluate_imp(G,i);  //求表达式的值
}  // Evaluate_DAG
int Evaluate_imp(ALGraph G,int i)  //求子表达式的值
{
  if(G.vertices[i].tag==NUM)
    return G.vertices[i].value;    //顶点 i 如果是数字，返回其值
  else
  {  //顶点 i 是字符则分别对其领边结点进行运算
    p=G.vertices[i].firstarc;    //顶点 i 的第一个邻边
    v1=Evaluate_imp(G,p->adjvex);
    v2=Evaluate_imp(G,p->nextarc->adjvex);
    return calculate(v1,G.vertices[i].optr,v2);
  }
}  //Evaluate_imp
```

41. 试编写利用深度优先遍历有向图实现求关键路径的算法。

答：

```
//找到并输出关键路径
void Find_Key_Path(ALGraph G)
{
  int i,j,start;
  int max=0;
```

```
    for(i=0;i<=G.vexnum;i++)  //初始化路径数组 path
    {
      for(j=0;j<=G.vexnum;j++)
        path[i][j]=0;
    }
    step=0;
    start=FindSourcePoint(G);  //找到源点并存储到 start 中
    InitStack_Sq(&S);  //初始化栈
    DFS(G,start);  //从源点开始遍历，深度查找从源点到汇点的路径
    for(i=1;i<=path[0][0];i++)  //确定最长的路径长度
    {
      if(path[i][0]>max)
        max=path[i][0];
    }
    for(i=1;i<=path[0][0];i++)
    {
      if(path[i][0]==max)
      {
        for(j=1;path[i][j]&&j<=MAX_VERTEX_NUM;j++)
          printf("%c ", G.vertices[path[i][j]].data);  //输出关键路径
        printf("\n");
      }
    }
  }  //End Find_Key_Path
//深搜找出源点到汇点的各条路径
void DFS(ALGraph G,int w)
{
  ArcNode *r;
  SElemType_Sq e;
  int *p;
  int count;
  Push_Sq(&S,w);  //入栈(从源点开始)
  for(r=G.vertices[w].firstarc;r;r=r->nextarc)
  {
    step+=r->info.in;
    DFS(G,r->adjvex);  //深度搜索的递归操作
    step-=r->info.in;
  }
  if(!r)
  {
```

```
        if(G. vertices[w]. firstarc == NULL)    //找到汇点
        {
            path[0][0] ++;
            path[path[0][0]][0] = step;
            for(p = S. base,count = 1;p < S. top;p ++,count ++)
                path[path[0][0]][count] = *p;
        }
        Pop_Sq(&S,&e);   //出栈
    }
}   //End DFS
//寻找关键路径的源点，源点的入度为0
int FindSourcePoint(ALGraph G)
{
    int k;
    ArcNode *r;
    int mark[G. vexnum + 1];
    for(k = 1;k <= G. vexnum;k ++)
        mark[k] =0;
    for(k = 1;k <= G. vexnum;k ++)
    {
        r = G. vertices[k]. firstarc;
        while(r)
        {
            mark[r -> adjvex] =1;
            r = r -> nextarc;
        }
    }
    for(k = 1;k <= G. vexnum;k ++)
    {
        if( !mark[k])
            return k;
    }
    return 0;
}   //End FindSourcePoint
```

42. 以邻接表作存储结构实现求从源点到其余各顶点的最短路径的 Diikstra 算法。

答：

```
//Dijkstra 算法求最短路径
//dist[]记录源点 v0 到其他各顶点的最短路径长度
//path[i]表示从源点到顶点 i 之间最短路径的前驱结点
void Dijkstra(ALGraph G,int v0,int path[],int dist[])
```

```
{
    int set[MAX_VERTEX_NUM+1];
    int min,i,j,v;
    int tmp[MAX_VERTEX_NUM+1],k;
    for(i=1;i<=G.vexnum;i++)  //初始化数组 dist、set 和 path
    {
      dist[i]=GetWeight(G,v0,i);  //dist[i]：v0 到 i 的最短路径长度，保存权值
      set[i]=0;   //set[i]：标记各顶点是否已加入路径，i=1 开始均还未加入
      if(GetWeight(G,v0,i)<INT_MAX)//当权值不为无穷大时
        path[i]=v0;  //path[i]:保存从 v0 到 vi 路径上 vi 的前一个顶点
      else
        path[i]=-1;  //表示 v0 到 vi 中间不经过任何顶点
    }
    set[v0]=1;  //源点加入已经访问结点
    path[v0]=-1;
    for(i=1;i<=G.vexnum;i++)  //判断其余 G.vexnum-1 个顶点
    {
      min = INT_MAX;
      for(j=1;j<=G.vexnum;j++)  //选出 v0 到剩余顶点中最短的一条路径
      {
        if(!set[j]&&dist[j]<min)
        {
          v=j;
          min=dist[j];  //v0 到剩余顶点的最短路径<v0,v>
        }
      }
      set[v]=1;  //将顶点 v 加入最短路径
      for(j=1;j<=G.vexnum;j++)  //判断加入 v 后是否会使 v0 到剩余顶点的路径
更短
      {
        if(!set[j]&&min<INT_MAX&&GetWeight(G,v,j)<INT_MAX&&(min+Get-
Weight(G,v,j))<dist[j])
        {  //若路径更短
          dist[j]=min+GetWeight(G,v,j);
          path[j]=v;
        }
      }
    }
    //输出最短路径
    for(i=1;i<=G.vexnum;i++)
```

```
    {
      if(v0! =i)
      {
        printf("%c 到 %c 的路径为:",G. vertices[v0]. data,G. vertices[i]. data);
        if(path[i] == -1)
          printf("Not Found!");
        else
        {
          tmp[0] =0;//存储最短路径上顶点的个数
          if(v0! =i)
          {
            k =i;
            do
            {
              tmp[0] ++;
              tmp[tmp[0]] =k;
              k =path[k];
            }while(path[k]! = -1);
          }
          printf("%c ",G. vertices[v0]. data);  //输出源点
          if(tmp[0])
          {
            for(j =tmp[0];j >=1;j --)  //输出最短路径中的点
              printf("%c ",G. vertices[tmp[j]]. data);
          }
        }
      }
    }
  } //End Dijkstra
//取出边的权值
int GetWeight(ALGraph G,int i,int j)
{
  ArcNode *r;
  r =G. vertices[i]. firstarc;
  while(r&&r -> adjvex! =j)
    r =r -> nextarc;
  if(r&&r -> adjvex ==j)
    return r -> info. in;  //返回边 <i,j >的权值
  return INT_MAX;  //边的权值均大于0，当 <i,j >不存在时返回无穷大
} //End GetWeight
```

7.3 考研真题与典型题详解

一、选择题

1. 下图所示的 AOE 网表示一项包含 8 个活动的工程。活动 d 的最早开始时间和最迟开始时间分别是(　　)。[2019 年 408 统考]

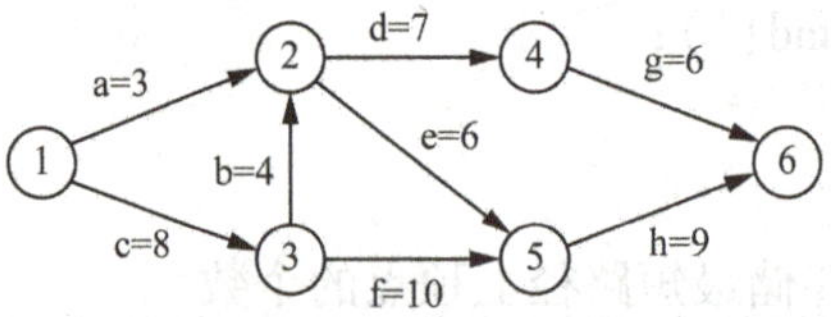

图 7-25

A. 3 和 7　　B. 12 和 12　　C. 12 和 14　　D. 15 和 15

【答案】C

【解析】每一个结点都需前面的流程完成才能开始，先从前往后，得到 d 的最早开始时间，为 12，最终得到 6 的最早完成时间为：27，然后从后往前，得到 d 的最晚开始时间为 14，故选择 C。

2. 用有向无环图描述表达式 $(x+y)*((x+y)/x)$，需要的顶点数至少是(　　)。[2019 年 408 统考]

A. 5　　B. 6　　C. 8　　D. 9

【答案】A

【解析】把重复的部分去掉，剩下不重复的个数就是顶点的数目，x，y，+，*，1，一共需要 5 个顶点。

3. 下列选项中，不是如下有向图的拓扑序列的是(　　)。[2018 年 408 统考]

A. 1，5，2，3，6，4

B. 5，1，2，6，3，4

C. 5，1，2，3，6，4

D. 5，2，1，6，3，4

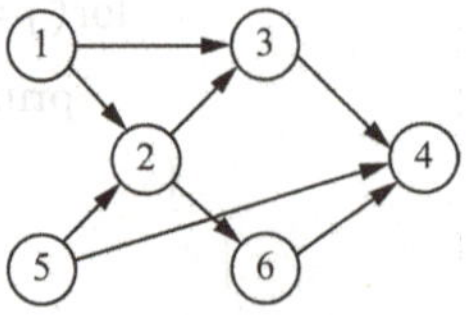

图 7-26

【答案】D

【解析】有向图的拓扑序列：对一个有向无环图 G 进行拓扑排序，是将 G 中所有顶点排成一个线性序列，使得图中任意一对顶点 u 和 v，若边 $<u, v> \in E(G)$，则 u 在线性序列中出现在 v 之前。通常，这样的线性序列称为满足拓扑次序的序列，简称拓扑序列，其中 2 必须在 1 和 5 之后，D 选项不满足拓扑序列的要求，故选择 D。

4. 使用迪杰斯特拉(Dijkstra)算法求下图中从顶点 1 到其他各顶点的最短路径，依次得到的各最短路径的目标顶点是(　　)。[2016 年 408 统考]

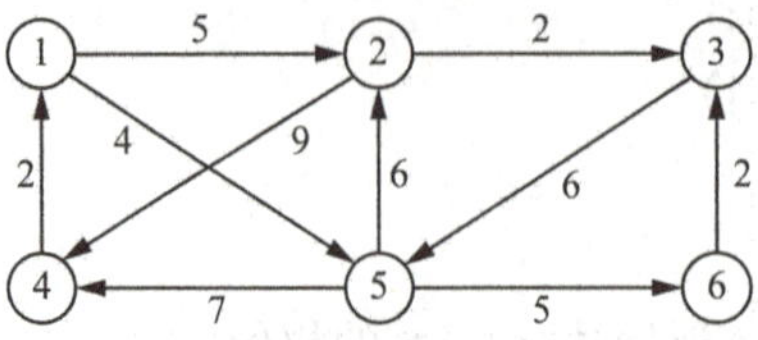

图 7-27

A. 5，2，3，4，6　　　　B. 5，2，3，6，4

C. 5，2，4，3，6　　　　　　　　D. 5，2，6，3，4

【答案】B

【解析】迪杰斯特拉算法主要特点是以起始点为中心向外层层扩展(广度优先搜索思想)，直到扩展到终点为止，此题中，首先从顶点1开始，得到集合{1}的边集合，其中指向别的顶点最小的边为4，故得到新的顶点集合{1，5}，其中指向别的顶点最小的边为5，此时有两条边长为5的边，即可能存在不唯一的解，如下：

①得到顶点集合{1，5，2}，其中指向别的顶点最小的边为2，得到顶点集合{1，5，2，3}，其中指向别的顶点最小的边为5，得到顶点集合{1，5，2，3，6}，最后得到顶点集合{1，5，2，3，6，4}；

②得到顶点集合{1，5，6}，其中指向别的顶点最小的边为2，得到顶点集合{1，5，6，3}，其中指向别的顶点最小的边为5，得到新的顶点集合{1，5，6，3，2}，最后得到顶点集合{1，5，6，3，2，4}

所以此题有两种解，解法(1)匹配选项得到B，故选择B。

5. 求下面图7-28所示的带权图的最小(代价)生成树时，可能是克鲁斯卡尔(Kruskal)算法第2次选中但不是普里姆(Prim)算法(从V4开始)第2次选中的边是(　　)。[2015年408统考]

A. (V1，V3)　　　　　　　　B. (V1，V4)

C. (V2，V3)　　　　　　　　D. (V3，V4)

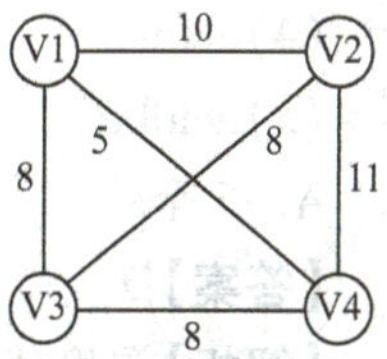

图7-28

【答案】C

【解析】从V4开始，Kruskal算法选中的第一条边一定是权值最小的(V1，V4)，B错误。由于V1和V4已经可达，第二条边含有V1和V4的权值为8的一定符合Prim算法，排除A、D。

6. 图中有关路径的定义是(　　)。[北方交通大学研]

A. 由顶点和相邻顶点构成的边所形成的序列

B. 由不同顶点所形成的序列

C. 由不同边所形成的序列

D. 上述定义都不是

【答案】A

【解析】顶点V_p到顶点V_q之间的一条路径是指顶点序列V_p，V_{i1}，…，V_{im}，V_q。路径上边的数目称为路径的长度。

7. 图G是n个顶点的无向完全图，则下列说法错误的是(　　)。[电子科技大学研]

A. G的邻接多重表需要$n(n-1)$个边结点和n个顶点结点

B. G的连通分量个数最少

C. G为连通图

D. G所有顶点的度的总和为$n(n-1)$

【答案】A

【解析】A项中G的邻接多重表中需要$n(n-1)/2$个边结点和n个顶点结点。此时连通分量最少为1。无向完全图中任意两个顶点之间都存在路径，则G必为连通图。每个顶点的度为$n-1$，则n个结点的度的总和为$n(n-1)$。

8. 下列说法不正确的是(　　)。[青岛大学研]

A. 图的遍历是从给定的源点出发每个顶点仅被访问一次

B. 遍历的基本方法有两种：深度遍历和广度遍历

C. 图的深度遍历不适用于有向图

D. 图的深度遍历是一个递归过程

【答案】C

【解析】图的遍历是指从图中的某一个顶点出发，按照某种搜索算法沿着图中的边访问图中的所有顶点且仅访问一次。图的深度遍历类似于树的先序遍历，不仅适合无向图，也适合于有向图。

9. 设如图 7-29 所示，在下面的 5 个序列中，符合深度优先遍历的序列有(　　)个。[南京理工大学研]

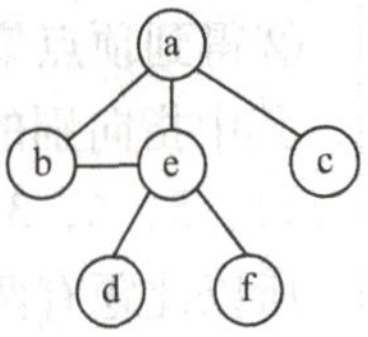

图 7-29　5 题图

(1) aebdfc

(2) acfdeb

(3) aedfcb

(4) aefdcb

(5) aefdbc

A. 5 个　　B. 4 个　　C. 3 个　　D. 2 个

【答案】D

【解析】深度优先遍历过程：从图中某个初始顶点 v 出发，首先访问初始顶点 v，然后选择一个与顶点 v 相邻且没被访问过的顶点 w，再从 w 出发递归进行深度优先搜索，直到图中与当前项点 v 邻接的所有顶点都被访问过为止。深度优先遍历过程是个递归过程。所给 5 个序列中只有(1)和(5)是正确的序列。(2)号序列中 f 不可能在访问 c 后直接被访问；(3)号序列中访问完 f 后下一个待访问结点为 b；(4)号序列中访问完 d 后下一个待访问结点为 b。

10. 在图采用邻接表存储时，求最小生成树的 Prim 算法的时间复杂度为(　　)。[合肥工业大学研]

A. $O(n)$　　B. $O(n+e)$　　C. $O(n^2)$　　D. $O(n^3)$

【答案】B

【解析】邻接表表示法就是对图 G 中的每个顶点 v_i 建立一个单链表，第 i 个单链表中的结点表示依附于顶点 v_i 的边，这个单链表称为顶点 v_i 的边表。

Prim 算法思想：

假设 $N=(V, E)$ 是连通网，TE 是 N 上最小生成树中边的集合。

算法从 $U=\{u_0\}(u_0\in V)$，$TE=\{\}$ 开始，重复执行下述操作：在所有 $u\in U$，$v\in(V-U)$ 的边 $(u, v)\in E$ 中找一条代价最小的边 (u_0, v_0) 并入集合 TE，同时 v_0 并入 U，直至 $U=V$ 为止。此时 TE 中必有 $n-1$ 条边，则 $T=(V, TE)$ 为 N 的最小生成树。

用邻接矩阵存储时，算法的时间复杂度为 $O(|V|^2)$，用邻接表存储时，算法的时间复杂度为 $O(|E|\log_2|V|)$。

根据 Prim 算法思想，对于 n 个结点 e 条边的图，采用邻接表存储时其时间复杂度为 $O(n+e)$。

11. 下列(　　)的邻接矩阵是对称矩阵。[重庆邮电大学 2022 研]

A. AOV 网　　B. AOE 网　　C. 有向图　　D. 无向图

【答案】D

【解析】无向图是没有方向的，所以它的邻接矩阵是对称的。AOV 网是点表示活动的网；AOE 网是边表示活动的网。

12. 下列关于 AOE 网的叙述中，不正确的是(　　)。[哈尔滨工业大学研]

A. 关键活动不按期完成就会影响整个工程的完成时间

B. 任何一个关键活动提前完成，那么整个工程将会提前完成

C. 所有的关键活动提前完成，那么整个工程将会提前完成

D. 某些关键活动若提前完成，那么整个工程将会提前完成

【答案】B

【解析】关键路径是指从有向图的源点到汇点的最长路径。某些关键活动提前完成，那么整个工程将会提前完成，但不是任何一个关键活动提前完成，就能保证整个工程将会提前完成。

二、填空题

1. N 个顶点的连通图的生成树有______条边。[广西科技大学 2022 研]

【答案】N－1

【解析】由生成树的定义可知，生成树是包含连通图中全部 N 个顶点和 N－1 条边的极小连通子图。

2. 具有 10 个顶点的无向图，边的总数最多为______。[华中科技大学研]

【答案】45

【解析】当无向图是无向完全图时，边的条数最多，设顶点的数目为 n，则边最多有 $n(n-1)/2$。

3. G 是一个非连通无向图，共有 28 条边，则该图至少有______个顶点。[西安电子科技大学研]

【答案】9

【解析】求该非连通图的最少顶点数，则该图为一个孤立的顶点和一个完全连通图。即需要一个顶点数为 8 的完全连通图(边为 $8\times(8-1)/2=28$ 条)，和一个孤立结点，一共 9 个结点。

4. 在有 n 个顶点的有向图中，每个顶点的度最大可达______。[中南大学研]

【答案】$2(n-1)$

【解析】当有向图为完全连通图时每个顶点的度达到最大。出度入度均为 $n-1$ 且每个顶点的度＝出度＋入度＝$2(n-1)$。

5. 如果具有 n 个顶点的图是一个环，则它有______棵生成树。[中南大学研]

【答案】n

【解析】任意去掉一条边得到一棵生成树，一共有 n 棵生成树。

6. N 个顶点的连通图用邻接矩阵表示时，该矩阵至少有______个非零元素。

【答案】$2(N-1)$

【解析】连通图指的是无向图，有向图会称作强连通图。连接 N 个顶点，至少需要 $N-1$ 条边。由于无向图的每一条边同时关联了两个顶点。因此用邻接矩阵(是对称矩阵)表示时，该矩阵至少有 $2(N-1)$ 个非零元素。

7. 为了实现图的广度优先搜索，除了一个标志数组标志已访问的图的结点外，还需______以存放被访问的结点以实现遍历。

【答案】队列

【解析】广度优先遍历图使用队列这种数据结构，深度优先遍历图使用栈这种数据结构。

三、综合题

1. 使用 Prim(普里姆)算法求带权连通图的最小(代价)生成树(MST)。请回答下列问题。

(1)对下列图 7-30，从顶点 A 开始求图 7-30 的 MST，依次给出按算法选出的边。

(2)图 7-30 的 MST 是唯一的吗?

(3)对任意的带权连通图，满足什么条件时，其 MST 是唯一的?［2017 年 408 统考］

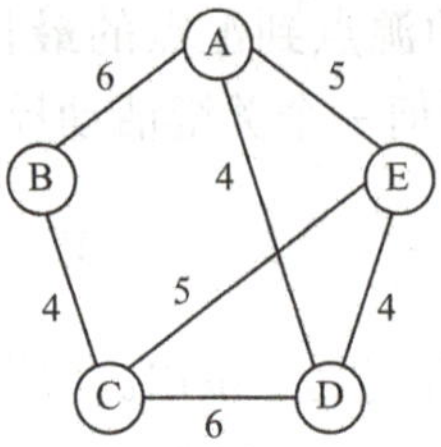

图 7-30

答:

(1)依次选出的边为:

(A，D)(D，E)(C，E)(B，C)

(2)图 7-30 的 MST 是唯一的。使用 prim 算法只能画出唯一的最小生成树，如图 7-31 所示。

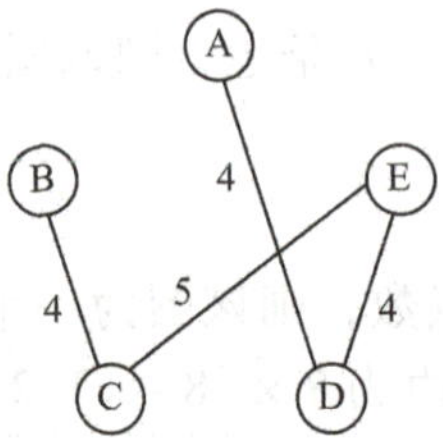

图 7-31

(3)当带权连通图的任意一个环中所包含的边的权值均不相同时，其 MST 是唯一的。

2. 已知有 5 个顶点的图 *G* 如下图 7-32 所示

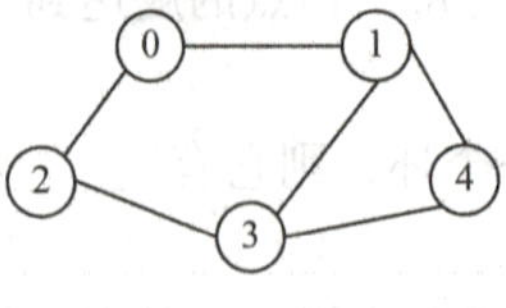

图 7-32　图 G

请回答下列问题

(1)写出图 *G* 的邻接矩阵 *A*(行、列下标从 0 开始)。

(2)求 A^2，矩阵 A^2 中位于 0 行 3 列元素值的含义是什么?

(3)若已知具有 $n(n\geqslant 2)$ 个顶点的邻接矩阵为 *B*，则 $B^m(2\leqslant m\leqslant n)$ 非零元素的含义是什么?［2015 年 408 统考］

答:

(1)邻接矩阵为

$$\begin{bmatrix} 0 & 1 & 1 & 0 & 0 \\ 1 & 0 & 0 & 1 & 1 \\ 1 & 0 & 0 & 1 & 0 \\ 0 & 1 & 1 & 0 & 1 \\ 0 & 1 & 0 & 1 & 0 \end{bmatrix}$$

(2)A^2为：

$$\begin{bmatrix} 2 & 0 & 0 & 2 & 1 \\ 0 & 3 & 2 & 1 & 1 \\ 0 & 2 & 2 & 0 & 1 \\ 2 & 1 & 0 & 3 & 1 \\ 1 & 1 & 1 & 1 & 2 \end{bmatrix}$$

0 行 3 列的元素的含义是顶点 0 到顶点 3 间是相通的，并且路径长度为 2 的路径有 2 条。

(3)B^m中非零元素的含义是：假设此顶点位于 i 行 j 列，表示从 i 结点到 j 结点路径长度为 m 的路径的条数。

3. 证明对有向图的顶点适当地编号，可使其邻接矩阵为下三角形且主对角线为全零的充要条件是该图是无环图。［北京邮电大学研］

解：证明如下：

证明充分性：

该有向图顶点的编号规律应满足弧尾顶点的编号大于弧头顶点的编号；由于不允许出现回路，则邻接矩阵主对角线元素全为 0，又由于弧尾顶点的编号大于弧头顶点的编号，则邻接矩阵中非零元素落在下三角形中，充分性得证；

证明必要性：

由于该有向图邻接矩阵为下三角形且主对角线为全 0，即不存在弧头顶点编号大于弧尾顶点的编号，则有向图不含回路，必要性得证。

第 8 章　动态存储管理

【说明】本章不是考研重点，本书略。

第9章 查 找

9.1 复习笔记

一、静态查找表

1. 相关定义与术语

(1)查找：在数据集合中寻找满足某种条件的数据元素的过程；

(2)查找表：用于查找的数据集合；

(3)关键字：数据元素中起唯一标识作用的某个数据项的值；

(4)平均查找长度：所有查找过程中需要进行关键字比较次数的平均值；

(5)静态查找表：查找过程无需对表进行动态插入或者删除，只需要获取表中信息的一种查找表。

2. 静态查找表的基本操作

(1)Creat(ST, n)：构造静态查找表。

(2)Search(ST, K)：查找操作。

(3)Traverse(ST)：输出操作。

3. 静态查找表的表示与实现

(1)顺序查找

①顺序查找的概念：

顺序查找是从线性表的一端开始，逐个检查关键字是否满足给定条件的过程。

②查找过程：

顺序查找的查找过程为：从表中第1个记录开始，逐个将记录的关键字和给定值进行比较，若某个记录的关键字和给定值相等，则查找成功；反之，若直至最后一个记录，其关键字和给定值都不等，查找失败。

③性能分析：

查找成功时，设对于共有 n 个元素的表，给定关键字 key 与表中第 i 个元素相等，则进行了 $n-i+1$ 次关键字的比较；设 P_i 为查找表中第 i 个记录成功的概率，且每个元素查找概率相同时(即 $P_i=1/n$)，其平均查找长度如下

$$ASL=\sum_{i=1}^{n}P_i(n-i+1)=\frac{n+1}{2}$$

查找不成功时，与表中关键字比较次数为 $n+1$，则查找不成功的平均查找长度为：$n+1$。

(2)折半查找

①折半查找的概念：

折半查找(二分查找)是对有序表进行查找的过程，旨在提高查找效率。

②查找过程：

折半查找的查找过程为：确定查找范围，从该范围中间位置的关键字开始比较，若与给定值相等则查找成功；否则分别对该位置前半部分和后半部分进行同样的操作，若表中未找

到给定元素，则查找失败。

③性能分析：

折半查找法在查找成功或者不成功时进行比较的关键字个数最多均不超过树的深度 $\lfloor \log_2 n \rfloor + 1$，其中 n 表示判定树的结点个数即关键字个数；

则在等概率查找时，有

$$ASL = \frac{1}{n}(1 \times 1 + 2 \times 2 + \cdots + h \times 2^{h-1}) \approx \log_2(n+1) - 1$$

(3)分块查找

①分块查找的概念：

分块查找又称索引顺序查找，是顺序查找的一种改进方法。

②查找过程：

分块查找过程为：将查找表分为若干个子块，块间有序，块内元素可以无序，由此先确定待查记录所在的块(子表)，再确定在子表中的位置。

③性能分析：

由于块间按关键字有序排列，则确定块的查找可以用顺序查找或折半查找，而块内元素无序，因此在块内只能是顺序查找。分块查找的算法即为这两种查找算法的简单合成。

分块查找的平均查找长度为：$ASL = L_b + L_w$，其中，L_b 为查找索引表确定所在块的平均查找长度，L_w 为在块内查找元素的平均查找长度。

二、动态查找表

1. 定义

表结构本身是在查找过程中动态生成的，即对于给定值 K，若表中存在其关键字等于 K 的记录，则查找成功，否则插入关键字等于 K 的记录。

2. 动态查找表的基本操作

(1)Initialize(DT)：初始化操作；

(2)Search(DT, K)：查找操作；

(3)Insert(DT, K)：插入操作；

(4)Delete(DT, K)：删除操作；

(5)Traverse(DT)：输出操作。

3. 动态查找表的表示与实现

(1)二叉排序树

①定义：

二叉排序树或者是一棵空树，或者是具有下列性质的二叉树：

a. 若它的左子树不空，则左子树上所有结点的值均小于它的根结点的值；

b. 若它的右子树不空，则右子树上所有结点的值均大于它的根结点的值；

c. 它的左、右子树也分别为二叉排序树。

②二叉排序树的插入：

二叉排序树插入操作的递归操作如下：

a. 若二叉排序树为空，直接插入结点；

b. 若待插结点的关键字小于根结点，插入其左子树；

c. 若待插结点的关键字大于根结点，插入其右子树。

③二叉排序树的删除：

设待删结点为p，二叉排序树的删除分三种情况：

a. 若待删结点p为叶子结点，直接删除；

b. 若待删结点p只有一棵左子树或右子树，则让p的子树成为p的父亲结点的子树，代替p的位置；

c. 若待删结点p左、右子树均不为空，则让p的直接后继或者直接前驱代替p，再删除p的直接后继或者直接前驱，从而转换成前两种情况。

④二叉排序树的查找性能分析：

对于二叉排序树，其插入和删除平均时间复杂度为 $O(\log_2 n)$，但对于查找对象为有序顺序表的情况，其时间复杂度为 $O(n)$。

(2)平衡二叉树

①定义：

平衡二叉树：又称AVL树，它或者是一棵空树，或者是具有下列性质的二叉树：它的左子树和右子树都是平衡二叉树，且左子树和右子树的深度之差的绝对值不超过1。

平衡因子：二叉树上某一结点左子树的深度减去它右子树的深度。

②平衡二叉树的插入：

假设由于在二叉排序树上插入结点而失去平衡的最小子树的根结点指针为A(即A是离插入结点最近，且平衡因子绝对值超过1的祖先结点)，则失去平衡后进行调整的规律可归纳为下列四种情况：

a. LL型平衡旋转(右单旋转)：由于在A的左子树(L)的左子树(L)上插入结点，使A的平衡因子由1增至2而失去平衡，需进行一次顺时针旋转操作，如图9-1(a)所示；

b. RR型平衡旋转(左单旋转)：由于在A的右子树(R)的右子树(R)上插入结点，使A的平衡因子由-1减至-2而失去平衡，需进行一次逆时针旋转操作，如图9-1(b)所示；

c. LR型平衡旋转：(先左后右双旋转)由于在A的左子树(L)的右子树(R)上插入结点，使A的平衡因子由1增至2而失去平衡，需进行两次旋转操作(先逆时针、后顺时针)，如图9-1(c)所示；

d. RL型平衡旋转(先右后左双旋转)：由于在A的右子树(R)的左子树(L)上插入结点，使A的平衡因子由-1减至-2而失去平衡，需进行两次旋转操作(先顺时针、后逆时针)，如图9-1(d)所示。

③平衡树查找的性能分析：

在查找概率相等的情况下平衡二叉树平均查找时间复杂度为 $O(\log_2 n)$。

(3)B-树

①B-树的定义：

一棵 m 阶的B-树，或为空树，或为满足下列特性的 m 叉树：

a. 树中每个结点至多有 m 棵子树(至多含有 $m-1$ 个关键字)；

b. 若根结点不是叶子结点，则至少有两棵子树；

c. 除根结点之外的所有非叶子结点至少有 $\lceil m/2 \rceil$ 棵子树；

d. 所有的非叶子结点结构如下：

n	A_0	K_1	A_1	…	K_n	A_n

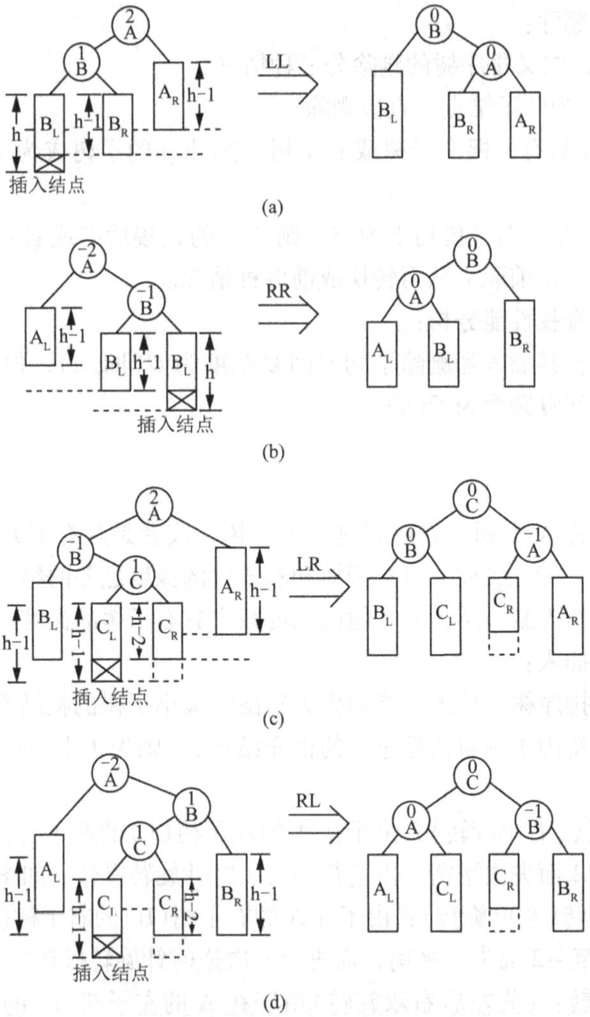

图 9－1　二叉排序树的平衡旋转图例

其中，$K_i(i=1, \cdots, n)$为关键字，且$K_i<K_{i+1}(i=1, \cdots, n-1)$；$A_i(i=0, \cdots, n)$为指向子树根结点的指针，且指针$A_{i-1}$所指子树中所有结点的关键字均小于$K_i(i=1, \cdots, n)$，$A_n$所指子树中所有结点的关键字均大于$K_n$，$n$为结点中关键字的个数，其中$n$的取值范围为$\lceil m/2 \rceil -1 \leqslant n \leqslant m-1$。

e. 所有的叶子结点都出现在同一层次上，并且不带信息。

如图 9－2 所示为一棵 3 阶 B－树，其深度为 4。

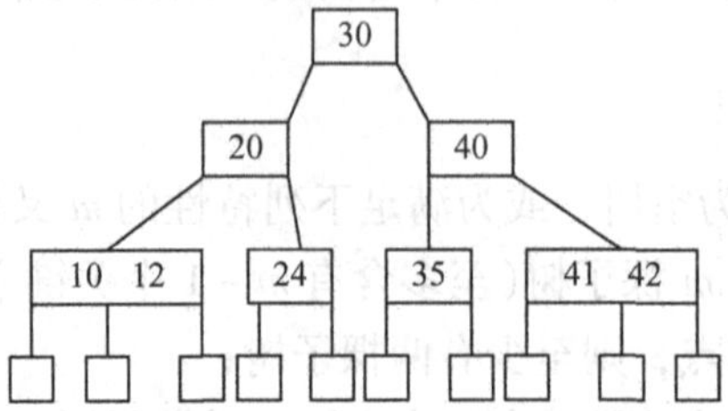

图 9－2　3 阶 B－树示例

②B－树的查找：

在 B－树上进行查找类似于在二叉排序树中的查找，只是在每个结点上是进行多路分支查找。B－树通常存储在磁盘上，则一般分为两种基本操作：

a．在磁盘上查找B－树的结点；

b．在内存中查找结点内的关键字。

③B－树的插入：

在B－树上插入一个关键字，需要以下步骤：

a．首先在最底层的某个非叶子结点中添加该关键字，若该结点的关键字个数不超过 $m-1$，则插入完成，否则要产生结点的“分裂”；

b．假设p结点中已有 $m-1$ 个关键字，当插入一个关键字之后，其分裂过程为：将该关键字插入原结点p，并从中间位置分裂成两部分，左边部分继续存储在原结点p中，右边部分则放置于一个新的结点q中，而中间的那个关键字则插入到p结点的父结点中，递归操作，直到所有结点满足B－树定义。

如图9－3所示为结点“分裂”示意图。

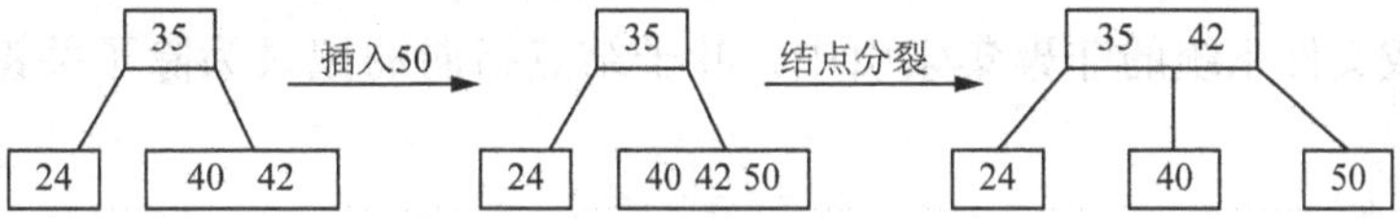

图9－3　结点分裂示意图

④B－树的删除：

若在B－树上删除一个关键字，首先找到关键字所在结点，进行如下操作：

当关键字 k 不在最底层非叶子结点时，分三种情况：

a．若小于关键字 k 的子树结点中关键字个数大于 $\lceil m/2 \rceil-1$，则用 k 的前驱 k' 代替 k，并递归删除 k'；

b．若大于关键字 k 的子树结点中关键字个数大于 $\lceil m/2 \rceil-1$，则用 k 的后继 k' 代替 k，并递归删除 k'；

c．若前后两个子树结点中关键字个数均为 $\lceil m/2 \rceil-1$，直接合并这两个子结点，并删除 k。

当关键字 k 在最底层非叶子结点中时，分两种情况：

a．若关键字 k 所在结点关键字个数大于 $\lceil m/2 \rceil-1$，直接删除；

b．若关键字 k 所在结点关键字个数等于 $\lceil m/2 \rceil-1$，则从与该结点相邻的左兄弟或右兄弟结点中借关键字以使其满足定义，此时若左右兄弟均不够借，则在删除关键字后与左(右)兄弟结点及双亲结点的关键字进行合并，合并时从双亲结点中借关键字。该情况例如图9－4所示。

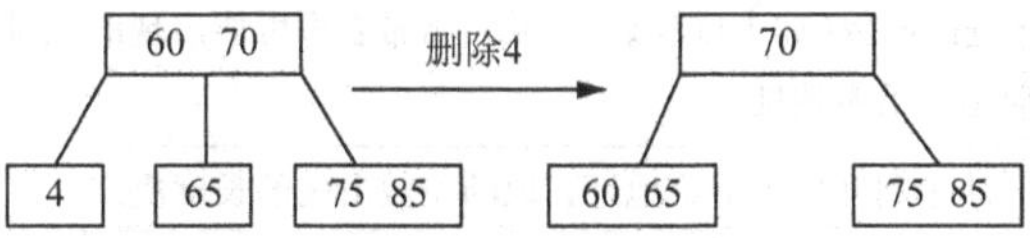

图9－4　兄弟不够借时合并结点示例

(4)B＋树

B＋树是应文件系统所需而出的一种B－树的变型树，一棵 m 阶的B＋树和 m 阶的B－树的差异在于：

①有 n 棵子树的结点中含有 n 个关键字；

②所有的叶子结点中包含了全部关键字的信息及指向含这些关键字记录的指针，且叶子

结点本身依关键字的大小按照自小而大的顺序链接；

③所有的非叶子结点可以看成是索引部分，结点中仅含有其子树(根结点)中的最大(或最小)关键字。

如图9-5所示为一棵三阶B+树示例。

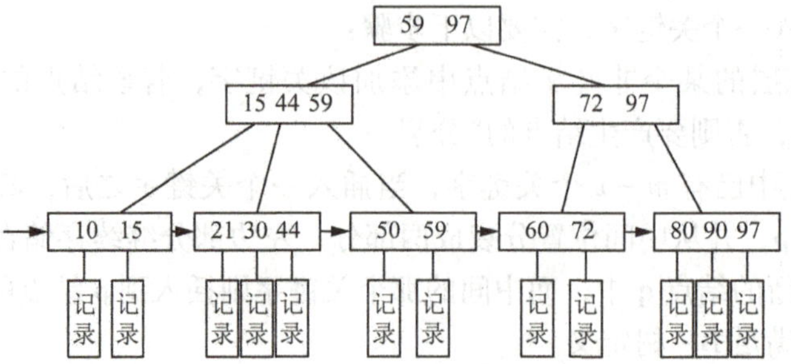

图9-5 三阶B+树示例

在数据库或文件系统的非聚集索引中，叶子结点指向的记录为除了关键字以外的数据(卫星数据)。

三、哈希表

1. 相关概念

(1)哈希函数：一种将查找表中的关键字按函数关系映射成对应地址的函数称为哈希函数，又称散列函数。

(2)哈希表：建立了关键字和存储地址之间的一种直接映射关系的数据结构，又称散列表。

(3)冲突：哈希函数可能会把两个或者两个以上的不同关键字映射到同一地址，这种情况叫"冲突"。

(4)同义词：在发生"冲突"时，其不同的那组关键字称为同义词。

2. 哈希函数的构造方法

为使通过哈希函数计算出的地址能够等概率、均匀地分布在整个地址空间，以减少"冲突"的发生，则一般有以下几种构造哈希函数的方法(见表9-1)

表9-1 构造哈希函数的方法

方法	主要内容
直接定址法	取关键字或关键字的某个线性函数值为哈希地址。即：$H(key)=key$ 或 $H(key)=a*key+b$。其中 a 和 b 为常数(这种哈希函数称作自身函数)，它适合关键字分布基本连续的情况
数字分析法	假设关键字是 r 进制的数(如十进制数)，并且哈希表中可能出现的关键字都是事先知道的，则可取关键字的若干数位组成哈希地址
平方取中法	取关键字平方后的中间几位为哈希地址，取的位数由表的长度决定
折叠法	将关键字分割成位数相同的几部分(最后一部分的位数可以不同)，然后取这几部分的叠加和(舍去进位)作为哈希地址
除留余数法	取关键字被某个不大于哈希表表长 m 的质数 P 除后所得余数为哈希地址。即 $H(key)=key\%p$
随机数法	选择一个随机函数，取关键字的随机函数值为它的哈希地址，即 $H(key)=\text{random}(key)$。其中 random 为随机函数。通常，当关键字长度不等时采用此法构造哈希函数较恰当

3. 处理冲突的方法

构造哈希函数的过程，无法完全避免“冲突”的发生，当发生“冲突”时，应该为该关键字找到下一个“空”地址，现假设选定哈希函数 $H(key)$后，用 H_i表示发生冲突后的第 i 次探测，探测方法有以下几种：

(1)开放定址法

$H_i=(H(key)+d_i)\%m$

其中，$i=1,2,\cdots,k(k\leqslant m-1)$，$H(key)$为哈希函数，$m$ 为哈希表表长；d_i为增量序列，可有下列三种取法：

①$d_i=1,2,3,\cdots,m-1$，称线性探测再散列；

②$d_i=1^2,-1^2,2^2,-2^2,3^2,\cdots,\pm k^2,(k\leqslant m/2)$称平方探测再散列；

②$d_i=$伪随机数序列，称伪随机探测再散列。

(2)链地址法

将所有关键字为同义词的记录存储在同一线性链表中。

4. 哈希查找及其性能分析

(1)哈希表的查找

在哈希表上进行查找的过程和构造哈希表的过程基本一致。

给定 K 值，根据构造哈希表时设定的哈希函数求得哈希地址，之后分两种情况：

①若表中此位置上没有记录，则查找不成功；

②若表中此位置上有记录，则比较关键字，若和给定值相等，则查找成功；否则根据处理冲突的方法找“下一地址”，直至哈希表中某个位置为“空”或者表中所填记录的关键字等于给定值时为止。

(2)性能分析

哈希查找过程中需和给定值进行比较的关键字的个数取决于三个因素：哈希函数，处理冲突的方法和哈希表的装填因子。

其中哈希表的装填因子定义为

$$\alpha=\frac{\text{表中记录数}}{\text{哈希表的长度}}$$

α 标志哈希表的装满程度。α 越小，发生冲突的可能性就越小；α 越大，表中已填入的记录越多，再填记录时，发生冲突的可能性就越大，则查找时，给定值需与之进行比较的关键字的个数也就越多。

9.2 强化习题详解

1. 若对大小均为 n 的有序的顺序表和无序的顺序表进行顺序查找，试在下列三种情况下分别讨论两者在等概率时的平均查找长度是否相同？

(1)查找不成功，即表中没有关键字等于给定值 K 的记录；

(2)查找成功，且表中只有一个关键字等于给定值 K 的记录；

(3)查找成功，且表中有若干个关键字等于给定值 K 的记录，一次查找要求找出所有记录，此时的平均查找长度应考虑找到所有记录时所用的比较次数；

答：(1)相同，平均查找长度均为 $n+1$；

(2)相同，平均查找长度均为$(n+1)/2$；

(3)不同，对于有序顺序表，在第一次查找到与 K 相同的记录时，即可停止查找；对于无序顺序表，则需要一直查找到表尾才能停止查找。

2. 试分别画出在线性表(a，b，c，d，e，f，g)中进行折半查找，以查关键字等于 e，f 和 g 的过程。

答：查找 e、f、g 的过程如图 9-6 所示。

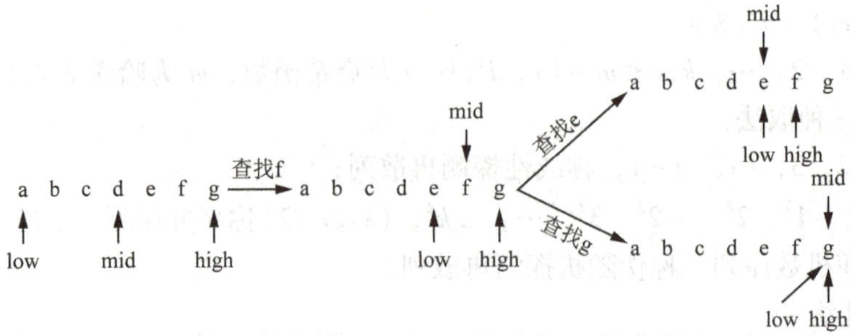

图 9-6　折半查找过程图

3. 画出对长度为 10 的有序表进行折半查找的判定树，并求其等概率时查找成功的平均查找长度。

答：长度为 10 的有序表进行折半查找的判定树如图 9-7 所示。

在等概率下平均查找长度 $ASL_{succ}=(1\times1+2\times2+4\times3+3\times4)/10=2.9$

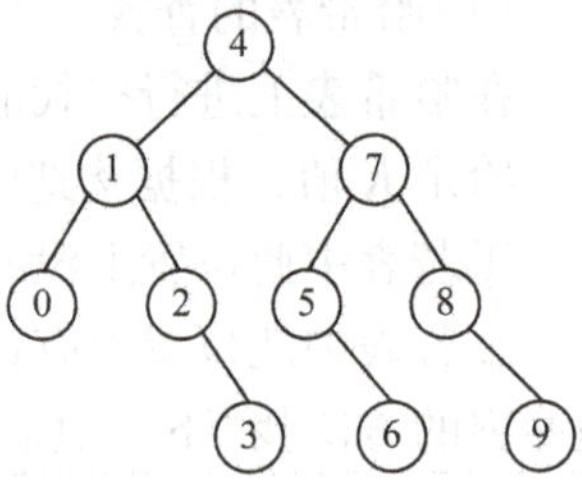

图 9-7　折半查找判定树

4. 假设按下述递归方法进行顺序表的查找：若表长 < = 10，则进行顺序查找，否则进行折半查找。试画出对表长 n = 50 的顺序表进行上述查找时，描述该查找的判定树，并求出在等概率情况下查找成功的平均查找长度。

答：对表长 $n=50$ 的顺序表进行上述查找时，描述该查找的判定树如图 9-8 所示。

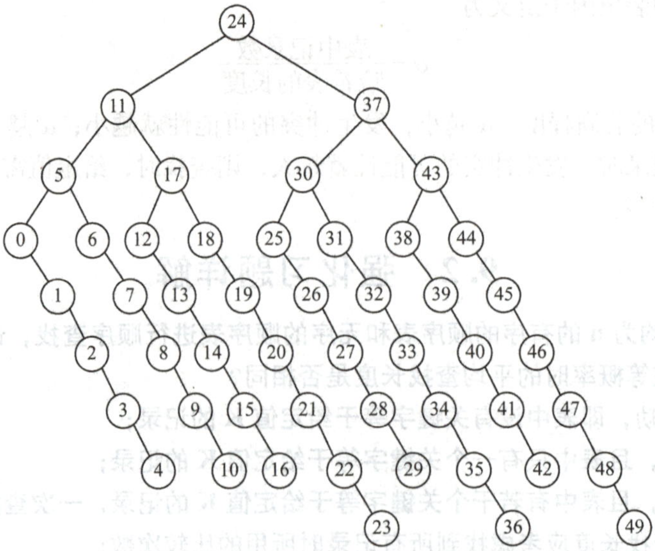

图 9-8　查找判定树

在等概率下查找成功时，$ASL_{succ}=[1\times1+2\times2+4\times3+8\times(4+5+6+7+8)+3\times9]/50=5.68$。

5. 下列算法为斐波那契查找的算法：

```
int FibSearch(SqList r, KeyType K)
{
  j=1;
  while(fib(j) <n+1)
    j=j+1;
  mid=n-fib(j-2)+1;    //若 fib(j)=n+1 则 mid=fib(j-1)
  f1=fib(j-2);
  f2=fib(j-3);
  found=FALSE;
  while((mid< >0)&&! found)
  switch
  {
    case K=r[mid].key:
      found=TRUE;
      break;
    case K<r[mid].key:
      if (!f2)
        mid=0;
      else
      {
        mid=mid-f2;
        t=f1-f2;
        f1=f2;
        f2=t;
      }
      break;
    case K>r[mid].key:
      if(f1=1)
        mid=0;
      else
      {
        mid=mid+f2;
        f1=f1-f2;
        f2=f2-f1;
      }
      break;
  }
```

```
    if(found)
      return mid;
    else
      return 0;
  }  //FibSearch
```

其中 fib(i) 为斐波那契序列(参见 9.1.2 节注)。试画出对长度为 20 的有序表进行斐波那契查找的判定树，并求在等概率时查找成功的平均查找长度。

答：对长度为 20 的有序表进行斐波那契查找的判定树如图 9-9 所示。

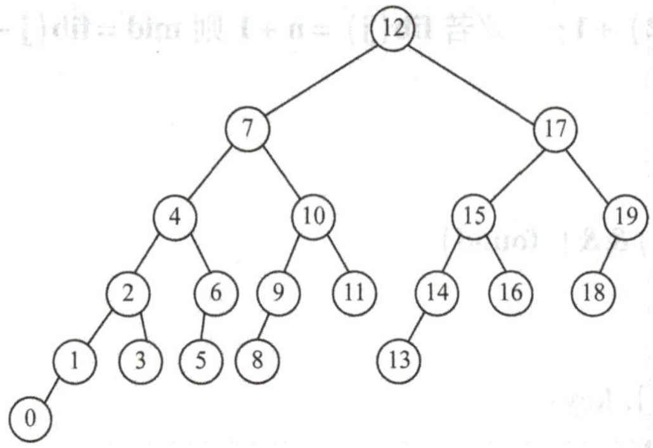

图 9-9　斐波拉契查找判定树

等概率下平均查找长度 $ASL_{succ} = (1\times1+2\times2+4\times3+7\times4+5\times5+1\times6)/20=3.8$。

【注意】斐波那契查找是类似于二分查找的一种查找方法，其核心思想是：

①当 *key* = a[mid]时，查找成功；

②当 *key* < a[mid]时，查找范围是第 low 个到第 mid-1 个，此时范围个数为 F[k-1]-1 个(左边的数组长度)，所以要在[low，F[k-1]-1]范围内查找；

③当 *key* > a[mid]时，查找范围是第 mid+1 个到第 high 个，此时范围个数为 F[k-2]-1 个(右边的数组长度)，所以要在[F[k-2]-1]范围内查找。

6. 假设在某程序中有如下一个 if-then 嵌套的语句

```
if(C1)
  if(C2)
    if(C3)
      …
      if(Cn)
       S;
```

其中 C_i 为布尔表达式。显然只有当所有的 C_i 都为 TRUE 时，语句 S 才能执行

假设 $t(i)$ 为判别 C_i 是否为 TRUE 所须的时间，$p(i)$ 为 C_i 是 TRUE 的概率，试讨论这 n 个布尔表达式 $C_i(i=1, 2, \cdots, n)$ 应如何排列才能使该程序最有效地执行？

答：先列出该语句执行时间的期望值，假设语句 S 的执行时间为 T，则该语句执行时间的期望值为：

$T=(1-p(1))t(1)+p(1)(1-p(2))(t(1)+t(2))+\cdots+p(1)p(2)\cdots p(n-1)(1-p(n))(t(1)+t(2)+\cdots+t(n))+p(1)p(2)+\cdots p(n)(t(1)+t(2)+\cdots+t(n)+t)$

令 $p(0)=1$，则上式可写为

$$T = (\prod_{j=1}^{n} p(j))t + \sum_{j=1}^{n} t(j)(\sum_{i=1}^{n}(\prod_{j=0}^{i-1} p(j))(1-p(i)) + \prod_{j=1}^{n} p(j))$$

$$= (\prod_{j=1}^{n} p(j))t + \sum_{j=0}^{n}(\prod_{j=0}^{i-1} p(j))t(i)$$

可以证明，当这 n 个布尔表达式 C_i 的排列满足下式时，将使 T 达极小值

$$\frac{t(1)}{1-p(1)} < \frac{t(2)}{1-p(2)} < \cdots < \frac{t(n)}{1-p(n)}$$

因此，应按 $\frac{t(i)}{1-p(i)}$ 从小到大的次序来排列，将使该语句的执行最有效。

7. 已知一个有序表的表长为 $8N$，并且表中没有关键字相同的记录。假设按如下所述方法查找一个关键字等于给定值 K 的记录：先在第 8，16，24，…，$8K$，…，$8N$ 个记录中进行顺序查找，或者查找成功，或者由此确定出一个继续进行折半查找的范围，画出描述上述查找过程的判定树，并求等概率查找时查找成功的平均查找长度。

答：根据题意，设 a_i 为第 i 次查找需要比较的关键字次数，则

$$a_1 = 1\times1 + 1\times2 + 2\times3 + 4\times4$$

$$a_2 = 1\times2 + 1\times3 + 2\times4 + 4\times5$$

$$a_n = 1\times n + 1\times(n+1) + 2\times(n+2) + 4\times(n+3) = 8n + 17$$

则总的查找次数为

$$s_N = \sum_{n=1}^{N} a_n = \sum_{n=1}^{N}[8N + 17] = \frac{8N(N+1)}{2} + 17N$$

所以平均查找长度为

$$ASL_{succ} = \frac{N+1}{2} + \frac{17}{8}$$

描述上述查找过程的判定树如图 9－10 所示。

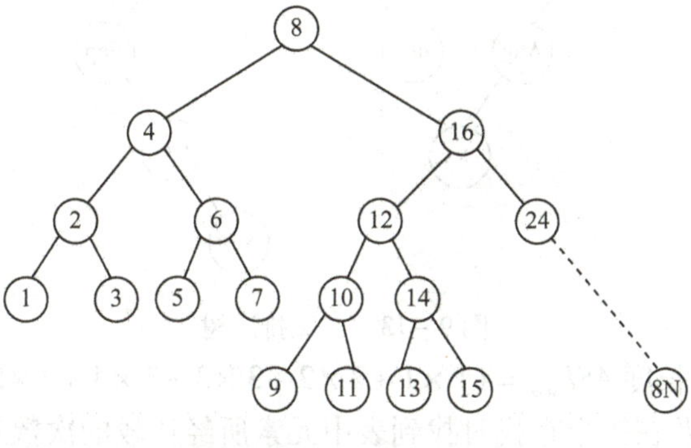

图 9－10　查找判定树

8. 已知含 12 个关键字的有序表及其相应权值为：

关键字	A	B	C	D	E	F	G	H	I	J	K	L
权值	8	2	3	4	9	3	2	6	7	1	1	4

（1）试按次优查找树的构造算法并加适当调整画出由这 12 个关键字构造所得的次优查找树，并计算它的 PH 值；

（2）画出对以上有序表进行折半查找的判定树，并计算它的 PH 值。

答：(1)次优查找树如图 9－11 所示，PH 值为 133；

(2)折半查找的判定树如图 9－12 所示，PH 值为 156。

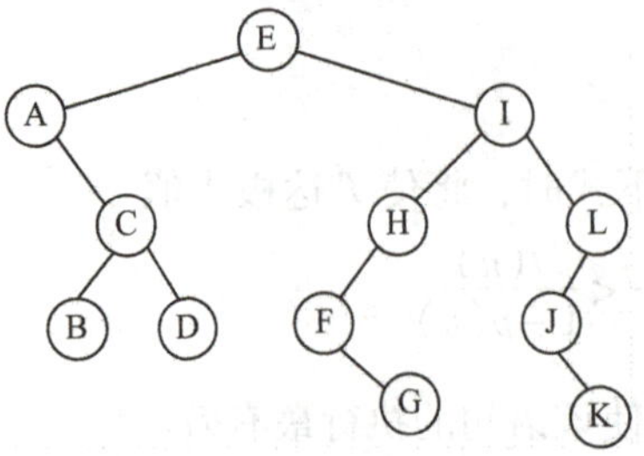

图 9－11　次优先查找树

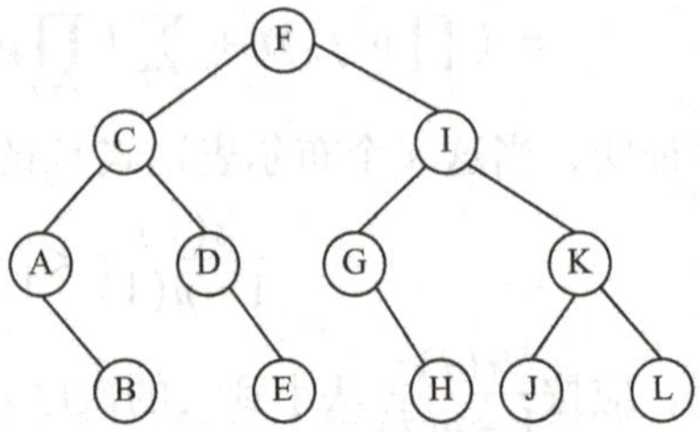

图 9－12　折半查找判定树

9. 已知如下所示长度为 12 的表

(Jan，Feb，Mar，Apr，May，June，July，Aug，Sep，Oct，Nov，Dec)

(1)试按表中元素的顺序依次插入一棵初始为空的二叉排列树，画出插入完成之后的二叉排序树，并求其在等概率的情况下查找成功的平均查找长度。

(2)若对表中元素先进行排序构成有序表，求在等概率的情况下对此有序表进行折半查找时查找成功的平均查找长度。

(3)按表中元素顺序构造一棵平衡二叉排序树，并求其在等概率的情况下查找成功的平均查找长度。

答：(1)如图 9－13 所示为插入完成之后的二叉排序树。

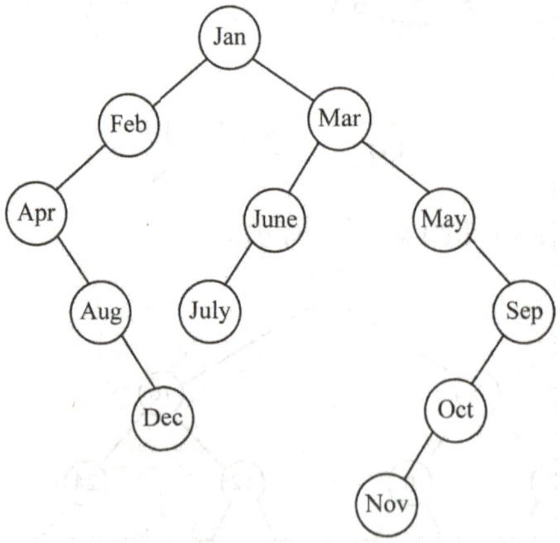

图 9－13　二叉排序树

等概率下平均查找长度 $ASL_{succ}=(1\times1+2\times2+3\times3+3\times4+2\times5+1\times6)/12=3.5$。

(2)经排序后的表及在折半查找时找到表中元素所经比较的次数对照如表 9－2 所示。

表 9－2　9(2)题结果表

Apr	Aug	Dec	Feb	Jan	July	June	Mar	May	Nov	Oet	Sep
3	4	2	3	4	1	3	4	2	4	3	4

等概率情况下查找成功时的平均查找长度为 $ASL_{succ}=(1\times1+2\times2+3\times4+4\times5)/12=3.08$。

(3)求得的平衡二叉树如图 9－14 所示。

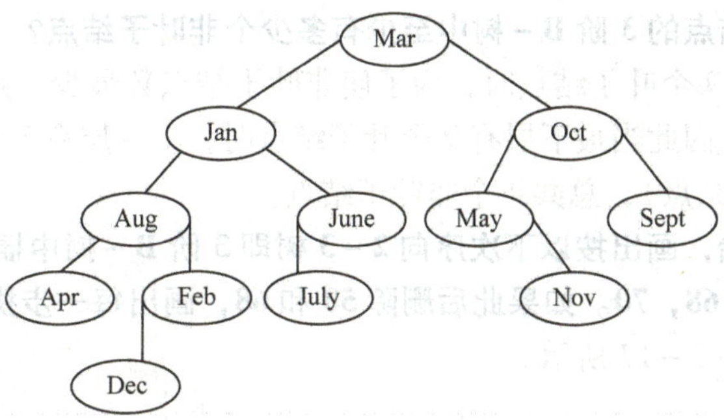

图 9－14　平衡二叉树

它在等概率条件下的平均查找长度为 $ASL_{succ}=(1\times1+2\times2+3\times4+4\times4+4\times5)/12=3.17$。

10. 可以生成如图 9－15 所示的二叉排序树的关键字的初始排列有几种？请写出其中的任意 5 个。

答： 初始排列有 30 种，现给出 5 种：

(1)5、4、7、6、2、3、1；

(2)5、4、7、6、2、1、3；

(3)5、7、4、6、2、3、1；

(4)5、7、4、6、2、1、3；

(5)5、7、6、4、2、3、1。

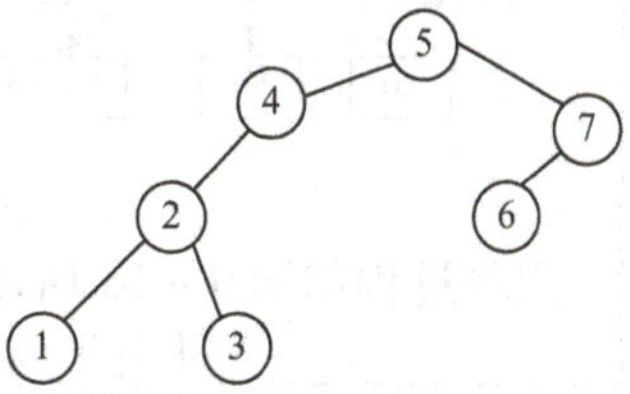

图 9－15　10 题图

11. 试推导含 12 个结点的平衡二叉树的最大深度，并画出一棵这样的树。

答： 令 $F(k)$ 表示含有最少结点的深度为 k 的平衡二叉树的结点数目，则：$F(1)=1$，$F(2)=2$，…，$F(n)=F(n-2)+F(n-1)+1$。因此，含有 12 个结点的平衡二叉树的最大深度为 5，例如图 9－16 所示。

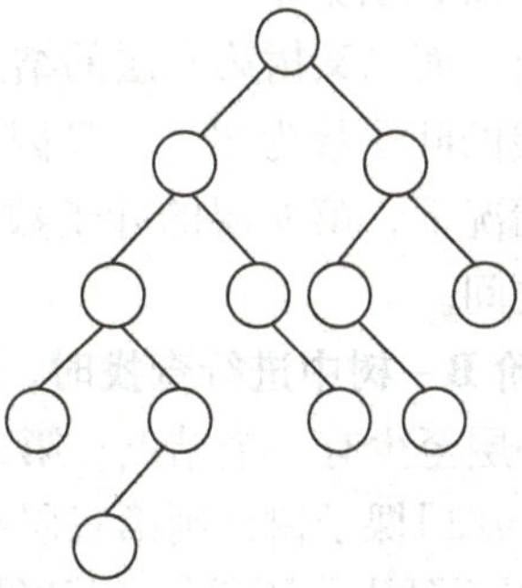

图 9－16　树形结构图

12. 在 B－树定义中，特性(3)的意图是什么？试思考：若把"⌈$m/2$⌉"改为"⌈$2m/3$⌉"或"⌈$m/3$⌉"是否可行？所得到的树结构和 B－树有何区别？

答： 特性(3)的意图在于保证 B－树中结点空间的利用率不低于某个下限。

若改为⌈$2m/3$⌉，当某个结点因插入关键字而使其中关键字数目为 m 时，无法分裂成两个子树个数均大于⌈$2m/3$⌉的结点，则不行；

若改为⌈$m/3$⌉，是可行的，但它的结点空间利用率较低，不过分裂不如 B－树那样频繁。

13. 含 9 个叶子结点的 3 阶 B－树中至少有多少个非叶子结点？

答： 3 阶 B－树有 9 个叶子结点时，为了使非叶子结点数最少，则必须使每个非叶子结点都有 3 个孩子结点，因此当最下层有 9 个叶子结点时，上一层有 3 个非叶子结点，再上一层有 1 个叶子结点(根结点)，总共 4 个非叶子结点。

14. 试从空树开始，画出按以下次序向 2－3 树即 3 阶 B－树中插入关键码的建树过程：20，30，50，52，60，68，70。如果此后删除 50 和 68，画出每一步执行后 2－3 树的状态。

答： 建树过程如图 9－17 所示。

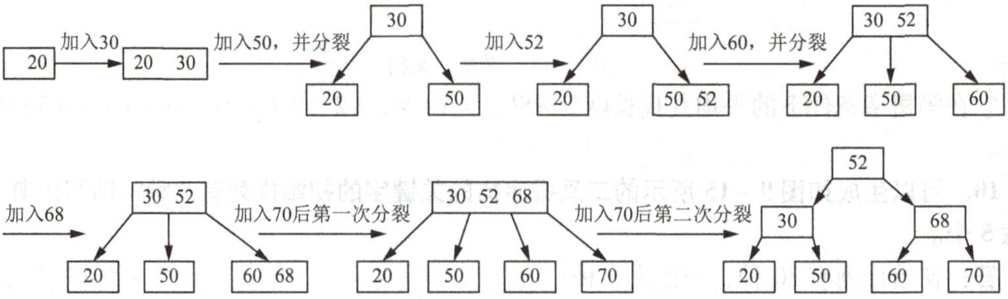

图 9－17 建树过程图

删除过程如图 9－18 所示。

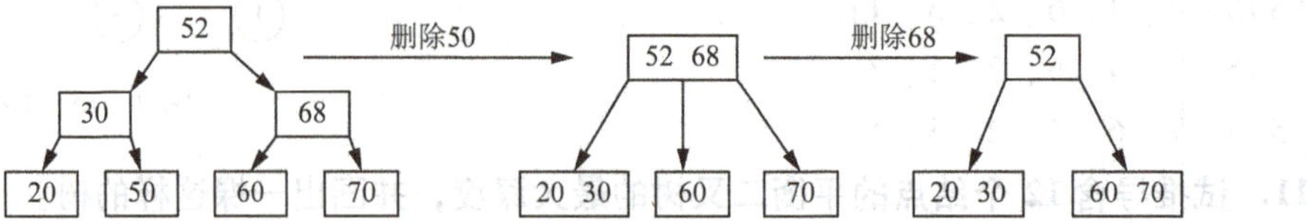

图 9－18 删除过程图

15. 试证明：高度 h 的 2－3 树中叶子结点的数目在 2^{h-1} 与 3^{h-1} 之间。

答： 2－3 树即为 3 阶 B－树，现证明如下：

该树每个结点至少有 2 棵子树，而二叉树第 h 层的结点总数至多为 2^{h-1}，所以在每层的结点数都是最小的情况下，第 h 层的叶子数为 2^{h-1}。又因为 2－3 树每个结点至多有 3 棵子树，所以每层的结点数都是最大情况下，第 h 层的叶子数为 3^{h-1}。所以高度为 h 的 2－3 树中叶子结点的数目在 2^{h-1} 与 3^{h-1} 之间。

16. 在含有 n 个关键码的 m 阶 B－树中进行查找时，最多访问多少个结点？

答： 根据 B－树的定义，第一层至少有一个结点；第二层至少有 2 个结点；由于除根结点之外的每个非终端结点至少有 $\lceil m/2 \rceil$ 棵子树，则第三层至少有 $2(\lceil m/2 \rceil)$ 个结点；依次类推，第 $l+1$ 层至少有 $2(\lceil m/2 \rceil)^{l-1}$ 个结点。而 $l+1$ 层的结点为叶子结点。

若 m 阶 B－树中具有 n 个关键字，则叶子结点即查找不成功的结点为 $n+1$，由此有：

$$n+1 \geq 2\ (\lceil m/2 \rceil) l-1$$

反之

$$l \leq \log_{\lceil m/2 \rceil}\left(\frac{n+1}{2}\right)+1$$

即，在含有 n 个关键字的 B－树上进行查找时，从根结点到关键字所在结点的路径上涉及的结点数不超过

$$\log_{\lceil m/2 \rceil}\left(\frac{n+1}{2}\right)+1$$

17. B+树和B-树的主要差异是什么？

答：这两种处理索引的数据结构的不同之处：

(1)B-树叶子结点不含信息，且B-树中同一键值不会出现多次；B+树叶子结点含有信息，且B+树的键一定会出现在叶结点中，并且有可能在非叶结点中重复出现；

(2)B-树的叶子结点不会指向其兄弟结点，而B+树将其叶子结点链接起来了，叶子结点会指向其兄弟结点；

(3)B-树只能进行分区查找，而B+树能进行分区查找和顺序查找；且在B+树中查找时，总是在叶子结点上才能命中。

18. 试画出一个对应于关键字集{Program，Programmer，Programming，Processor，or}的Trie树，对每个关键字从右向左取样，每次一个字母。

答：构造Trie树，对关键字集作如下分割，首先按最后一个字符不同分成若干子集，然后按倒数第二的字符不同分成若干子集，结果如图9-19所示。

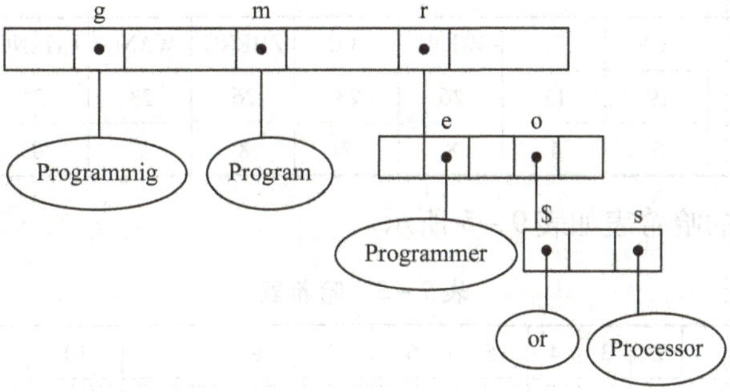

图9-19　Trie树

【注意】字典树，又称单词查找树，Trie树，是哈希树的一种变种；其主要有以下三种性质：

①根节点不包含字符，除根节点外每一个节点都只包含一个字符；

②从根节点到某一节点，路径上经过的字符连接起来，为该节点对应的字符串；

③每个节点的所有子节点包含的字符都不相同。

19. 选取哈希函数$H(k)=(3k)MOD11$。用开放定址法处理冲突，$d=i((7k)MOD10+1)(i=1, 2, 3, \cdots)$。试在0~10的的散列地址空间中对关键字序列(22，41，53，46，30，13，01，67)造哈希表，并求等概率情况下查找成功时的平均查找长度。

答：构建的哈希表如表9-3所示。

表9-3　哈希表

存储位置	0	1	2	3	4	5	6	7	8	9	10
关键序列	22	67	41	30		53	46		13		01
成功次数	1	3	1	2		1	1		2		6

查找成功时的平均查找长度：$ASL_{succ}=(1+1+1+1+2+2+6+3)/8=17/8=2.13$。

20. 试为下列关键字建立一个装载因子不小于0.75的哈希表，并计算你所构造的哈希表的平均查找长度。

(ZHAO，QIAN，SUN，LI，ZHOU，WU，ZHENG，WANG，CHANG，CHAO，YANG，JIN)

答：设计步骤如下：

(1)由装填因子求出表长；

(2)可利用字母序号设计哈希函数；

(3)确定解决冲突的方法。

由装填因子 = 表中填入的记录数/哈希表的长度，可求得哈希表的长度应小于等于16。

设计如下哈希表：

(1)地址空间为0～15；

(2)设哈希函数为 $H(key)=\lfloor i/3 \rfloor$，其中 i 为关键字中第一个字母在字母表中的序号；

(3)用线形探测开放定址法处理冲突：$H_i=(H(x)+d_i)\%m$，其中 $m=16$，$d_i=1$，2，…，15。

经计算，哈希函数值如表9－4所示。

表9－4　哈希函数值表

关键字	ZHAO	QIAN	SUN	LI	ZHOU	WU	ZHENG	WANG	CHANG	CHAO	YANG	JIN
i	26	17	19	12	26	23	26	23	3	3	25	7
H(key)	8	5	6	4	8	7	8	7	0	0	8	2

按上述方法构造的哈希表如表9－5所示。

表9－5　哈希表

存储位置	0	1	2	3	4	5	6	7	8	9	10	11	12	13	14	15
关键序列	CHANG	CHAO	JIN		LI	QIAN	SUN	WU	ZHAO	WANG	ZHOU	ZHENG	YANG			
成功次数	1	2	1		1	1	1	1	1	3	3	4	5			
失败次数	4	3	2	1	2	3	4	5	6	7	8	9	10	1	1	1

查找成功时的平均查找长度：$ASL_{succ}=(1\times7+2\times1+3\times2+1\times4+1\times5)/12=2$；

查找不成功时的平均查找长度：$ASL_{succ}=(4+3+2+1+2+3+4+5+6+7+8+9+10+1+1+1)/16=4.19$。

21．在地址空间为0～16的散列地区中，对以下关键字序列构造两个哈希表：

(Jan，Feb，Mar，Apr，May，June，July，Aug，Sep，Oct，Nov，Dec)

(1)用线形探测开放定址法处理冲突；

(2)用链地址法处理。

并分别求这两个哈希表在等概率情况下查找成功和不成功的平均查找长度。

设哈希函数为 $H(x)=\lfloor i/2 \rfloor$，其中 i 为关键字中第一个字母在字母表中的序号。

答：(1)用线性探测开放定址法处理冲突时哈希表如表9－6所示。

表9－6　哈希表

存储位置	0	1	2	3	4	5	6	7	8	9	10	11	12	13	14	15
关键序列	Apr	Aug	Dec	Feb		Jan	Mar	June	May	July	Sep	Oct	Nov			
成功次数	1	2	1	1		1	1	3	3	5	2	5	6			

查找成功时的平均查找长度：$ASL_{succ}=(1+2+1+1+1+1+3+3+5+2+5+6)/12=2.58$。

当待查字符串哈希值为 0 时，需要与 0，1，2，3，4 比较 5 次，当为 1 时，需要与 1，2，3，4 比较四次，以此类推，查找不成功时的平均查找长度：$ASL_{unsucc}=(5+4+3+2+1+9+8+7+6+5+4+3+2+1)/14=4.29$。

(2) 当用链地址法处理时，如图 9－20 所示。

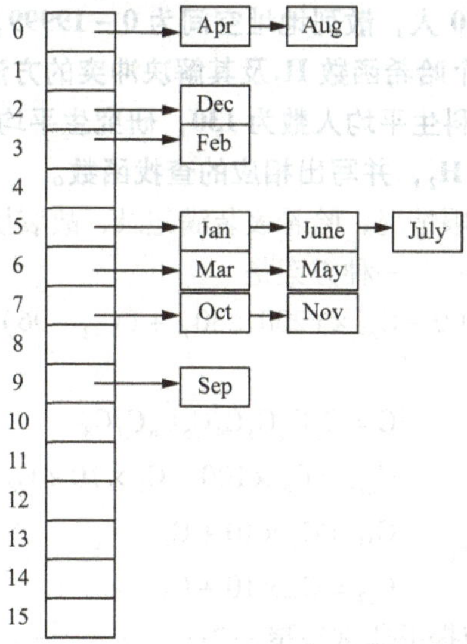

图 9－20　链地址法处理图

查找成功时的平均查找长度：$ASL_{succ}=(1\times7+2\times4+3)/12=1.5$。

查找不成功时的平均查找长度：$ASL_{unsucc}=(2+1+1+3+2+2+1)/14=0.86$。

22. 已知一个含有 1000 个记录的表，关键字为中国人姓氏的拼音，请给出此表的一个哈希表设计方案，要求它在等概率情况下查找成功的平均长度不超过 3。

答：解题思路：

设计哈希表的步骤为：

(1) 根据所选择的处理冲突的方法求出装载因子 a 的上界；

(2) 由 a 值设计哈希表的长度 m；

(3) 根据关键字的特性和表长 m 选定合适的哈希函数。

注意：题目要求 $ASL\leqslant3$，则 m 必然要尽量长，以减少冲突。

23. 设有一个关键字取值范围为正整数的哈希表，空表项的值为 －1，用开放定址法解决冲突。现有两种删除策略：一是将待删表项的关键字置为 －1；二是将探测序列上的关键字顺序递补，即用探测序列上下一个关键字覆盖待删关键字，并将原序列上之后一个关键字置为 －1。这两种方法是否可行？为什么？给出一种可行的方法，并叙述它对查找和插入算法所产生的影响。

答：两种策略都不可行。前者切断了探测链；后者可能移动了非同义词。

一种可行的做法是将待删表项的关键字置为 0，以区别于空表项。该做法对查找和插入算法产生的影响是：查找和插入算法都应相应地进行调整。

24. 某校学生学号由 8 位十进制数字组成：$C_1C_2C_3C_4C_5C_6C_7C_8$。C_1C_2 为入学时年份的后两位；C_3C_4 为系别：00～24 分别代表该校的 25 个系；C_5 为 0 或 1，0 表示本科生，1 表示研究生；$C_6C_7C_8$ 为对某级某系某类学生的顺序编号：对于本科生，它不超过 199，对于研究生，它不超过 049，共有 4 个年级，四年级学生 1996 年入学。

(1) 当在校生人数达极限情况时，将他们的学号散列到 0 ~ 24999 的地址空间，问装载因子是多少？

(2) 求一个无冲突的哈希函数 H_1，它将在校学生学号散列到 0 ~ 24999 的地址空间。其簇族性如何？

(3) 设在校生总数为 15000 人，散列地址空间为 0 ~ 19999，你是否能找到一个 (2) 中要求的 H_1？若不能，试设计一个哈希函数 H_2 及其解决冲突的方法，使得多数学号可只经一次散列得到（可设各系各年级本科生平均人数为 130，研究生平均人数为 20）。

(4) 用算法描述语言表达 H_2，并写出相应的查找函数。

答：(1) 在校生人数达极限情况，哈希表装满记录，故装填因子 $\alpha = 1$；

(2) 这样的哈希函数不唯一，一种方案是

$$H_1(C) = C_{678} + C_5 \times 200 + C_{34} \times (200 + 50) + (C_{12} - 96) \times ((200 + 50) \times 25)$$

其中

$$C = C_1C_2C_3C_4C_5C_6C_7C_8$$

$$C_{678} = C_6 \times 100 + C_7 \times 10 + C_8$$

$$C_{34} = C_3 \times 10 + C_4$$

$$C_{12} = C_1 \times 10 + C_2$$

此哈希函数在无冲突的前提下非常集聚。

(3) 不能（虽然 $\alpha < 1$）。哈希函数可设计为

$$H_2(C) = (1 - 2C_5)C_{678} + C_5(l - 1) + C_{34}l + (C_{12} - 96) \times 25 \times l$$

其中，$C_{678} = C_6 \times 100 + C_7 \times 10 + C_8$，其余类推。

方案一：$l = 150$，最后 5000 个表项作为公共溢出区；

方案二：$l = 200$，用开放定址处理冲突。也可有其他折中方案。

(4) $H_2(C) = (1 - 2C_5)C_{678} + C_5(l - 1) + C_{34}l + (C_{12} - 96) \times 25 \times l$

25. 假设顺序表按关键字自大至小有序，试改写教科书 9.1.1 中的顺序查找算法，将监视哨设在高下标端。然后画出描述此查找过程的判定树，分别求出等概率情况下查找成功和不成功时的平均查找长度。

答：

```
int Search_Sq(SSTable ST,int key)  //在有序表上顺序查找的算法，监视哨设在高下标端
{
  ST.elem[ST.length+1].key=key;  //监视哨
  for(i=1;ST.elem[i].key!=key;i++);  //即便表中无 key 也能到监视哨处退出循环
  if(i>ST.length)
    return ERROR;
  return i;
} //Search_Sq
```

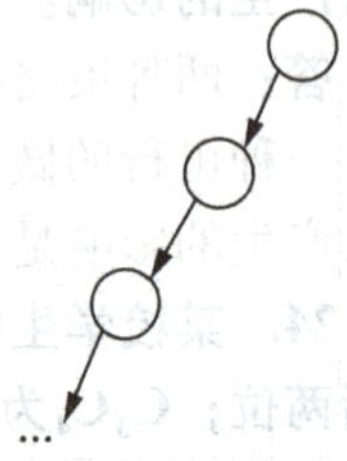

图 9-21 查找判定树

分析：本算法查找成功情况下的平均查找长度为 ST.length/2，不成功情况下为 ST.length。其查找过程的判定树结构如图 9-21 所示。

26. 试将折半查找的算法改写成递归算法。

答：

```
int Search_Bin_Recursive(SSTable ST,int key,int low,int high)  //折半查找的递归算法
{
  if(low > high)
    return 0;    //未查找到时返回 0
  mid = (low + high)/2;
  if(ST. elem[mid]. key == key)
    return mid;    //查找到关键字 key，返回位置
  else if(ST. elem[mid]. key > key)  //待查元素的关键字大于中间结点的关键字，则去左半部分递归查找
    return Search_Bin_Recursive(ST,key,low,mid - 1);
  else  //否则,去右半部分递归查找
    return Search_Bin_Recursive(ST,key,mid + 1,high);
}//Search_Bin_Recursive
```

27. 试改教科书 9.1.2 节的折半查找的算法，当 $r[i].key \leqslant K < r[i+1].key$ ($i=1,2,\cdots,n-1$) 时，返回 i；当 $K < r[1].key$ 时，返回 0；当 $K \geqslant r[n].key$ 时，返回 n。

答：

```
int Locate_Bin(SSTable ST,int key)  //折半查找，返回小于或等于待查元素的最后一个结点号
{
  int * r;
  r = ST. elem;
  if(key < r. key)
    return 0;
  else if(key >= r[ST. length]. key)
    return ST. length;
  low = 1;
  high = ST. length;
  while(low <= high)
  {
    mid = (low + high)/2;
    if(key >= r[mid]. key&&key < r[mid + 1]. key)   //查找结束的条件
      return mid;
    else if(key < r[mid]. key)
      high = mid;
    else
      low = mid;
  }  //本算法不存在查找失败的情况，不需要 return 0;
}  //Locate_Bin
```

28. 试编写利用折半查找确定记录所在块的分块查找算法。并讨论在块中进行顺序查找时使用“监视哨”的优缺点，以及必要时如何在分块查找的算法中实现设置“监视哨”的技巧。

答：

```
typedef struct
{
    int maxkey;
    int firstloc;
}Index;
typedef struct{
    int * elem;
    int length;
    Index idx[MAXBLOCK];    //每块起始位置和最大元素
    int blknum;    //块的数目
}IdxSqList;    //索引顺序表类型
int Search_IdxSeq(IdxSqList L,int key)    //分块查找，块间折半查找，块内顺序查找
{
    if(key >L.idx[L.blknum].maxkey)
        return ERROR;    //待查元素超过最大值
    //开始块间的折半查找
    low =1;
    high =L.blknum;
    found =0;    //标记块查找结果
    while(low <=high&&! found)    //折半查找记录所在块号 mid
    {
        mid =(low +high)/2;
        if(key <=L.idx[mid].maxkey&&key >L.idx[mid -1].maxkey)
            found =1;    //找到 key 所在的块
        else if(key >L.idx[mid].maxkey)    //key 大于 mid 块内最大值
            low =mid +1;
        else
            high =mid -1;
    }
    //进行块内顺序查找
    i =L.idx[mid].firstloc;    //块的下界
    j =i +blksize -1;    //块的上界
    temp =L.elem[i -1];    //保存相邻元素
    L.elem[i -1] =key;    //设置监视哨
    for(k =j; L.elem[k]! =key; k --);    //顺序查找
    L.elem[i -1] =temp;    //恢复元素
    if(k <i)
```

```
  return ERROR; //未找到
 return k;
} //Search_IdxSeq
```

分析：监视哨优点：监视哨不仅能够存储关键字元素，还能在每一次不必比较 k 是否大于0，使得比较次数减少，提高了效率。缺点：增加了代码复杂度。

在块内进行顺序查找时，如果需要设置监视哨，则必须先保存相邻块的相邻元素，以免数据丢失。

29. 已知一非空有序表，表中记录按关键字递增排列，以不带头结点的单循环链表作存储结构，外设两个指针 *h* 和 *t*，其中 *h* 始终指向关键字最小的结点，*t* 则在表中浮动，其初始位置和 *h* 相同，在每次查找之后指向刚查到的结点。查找算法的策略是：首先将给定值 *K* 和 *t->key* 进行比较，若相等，则查找成功；否则因 *K* 小于或大于 *t->key* 而从 *h* 所指结点或 *t* 所指结点的后继结点起进行查找。

(1)按上述查找过程编写查找算法；

(2)画出描述此查找过程的判定树，并分析在等概率查找时查找成功的平均查找长度(假设表长为 *n*，待查关键码 *K* 等于每个结点关键码的概率为 1/*n*，每次查找都是成功的，因此在查找时，*t* 指向每个结点的概率也为 1/*n*)。

答：(1)算法如下：

```
typedef struct
{
  LNode * h;    //h 指向最小元素
  LNode * t;    //t 指向上次查找的结点
}CSList;
LNode * Search_CSList(CSList &L,int key)
 //在有序单循环链表存储结构上的查找算法，假定每次查找都成功
{
  if(L.t->data == key)
    return L.t;    //查找到
  else if(L.t->data > key)  //未查找到，更新指针
    for(p = L.h,i = 1;p->data! = key;p = p->next,i ++);
  else
    for(p = L.t,i = L.tpos;p->data! = key;p = p->next,i ++);
  L.t = p;  //更新 t 指针
  return p;
} //Search_CSList
```

(2)判定树根据不同情况而不同，略，由于题目中假定每次查找都是成功的，所以本算法中没有关于查找失败的处理，由微积分知识可得，等概率情况下，平均查找长度约为 $n/3$。

30. 将 29 题的存储结构改为双向循环链表，且只外设一个指针 *sp*，其初始位置指向关键字最小的结点，在每次查找之后指向刚查到的结点。查找算法的策略是：首先将给定值 *K* 和 *sp->key* 进行比较，若相等，则查找成功；否则依 *K* 小于或大于 *sp->key* 继续从 * *sp*

的前驱或后继结点起进行查找。编写查找算法并分析等概率查找时查找成功的平均查找长度。

答:

```
typedef struct
{
  DLNode * pre;  //结点前驱
  int data;
  DLNode * next;  //结点后继
} DLNode;  //定义结点的数据类型
typedef struct
{
  DLNode * sp;
  int length;
} DSList;  //供查找的双向循环链表类型
DLNode * Search_DSList(DSList &L,int key)
//在有序双向循环链表存储结构上的查找算法，假定每次查找都成功
{
  p = L. sp;
  if(p -> data > key)  //当前结点大于待查关键字
  {
    while(p -> data > key)  //直到找到 key
      p = p -> pre;
    L. sp = p;
  }
  else if(p -> data < key)  //当前结点小于待查关键字
  {
    while(p -> data < key)  //直到找到 key
      p = p -> next;
    L. sp = p;
  }
  return p;
}  //Search_DSList
```

分析：本题的平均查找长度与上一题相同，也是 n/3。

31. 试写一个判别给定二叉树是否为二叉排序树的算法，设此二叉树以二叉链表作存储结构。且树中结点的关键字均不同。

答:

```
int last =0,flag = 1;  //全局变量，last 记录中序前驱的值，flag 记录是否为二叉排序树
int Is_BSTree(Bitree T)  //判断二叉树 T 是否二叉排序树，是则返回 1，否则返回 0
{
  if(T -> lchild&&flag)
```

```
    Is_BSTree(T->lchild);  //递归判断左子树
  if(T->data<last)
    flag=0;  //与其中序的前驱结点相比较
  last=T->data;
  if(T->rchild&&flag)
    Is_BSTree(T->rchild);  //递归判断右子树
  return flag;
}  //Is_BSTree
```

32. 已知一棵二叉排序树上所有关键字中的最小值为 -max，最大值为 max，-max < x < max。编写递归算法，求该二叉排序树上的小于 x 且最靠近 x 的值 a 和大于 x 且最靠近 x 的值 b。

答：

```
//本算法借助中序遍历来实现
int last=0;  //全局变量，保存中序前驱的值
void MaxLT_MinGT(BiTree T,int x)  //找到二叉排序树 T 中小于 x 的最大元素和大于 x 的最小元素
{
  if(T->lchild)
    MaxLT_MinGT(T->lchild,x);  //递归判断左子树
  if(last<x&&T->data>=x)  //找到了小于 x 的最大元素
    printf("a=%d\n",last);
  if(last<=x&&T->data>x)  //找到了大于 x 的最小元素
    printf("b=%d\n",T->data);
  last=T->data;
  if(T->rchild)
    MaxLT_MinGT(T->rchild,x);  //递归判断右子树
}  //MaxLT_MinGT
```

33. 编写递归算法，从大到小输出给定二叉排序树中所有关键字不小于 *x* 的数据元素。

答：

```
void Print_NLT(BiTree T,int x)  //从大到小输出二叉排序树 T 中所有不小于 x 的元素
{  //先右后左的中序遍历
  if(T->rchild)
    Print_NLT(T->rchild,x);  //递归处理右子树
  if(T->data<x)
    exit();  //当遇到小于 x 的元素时立即结束运行
  printf("%d\n",T->data);
  if(T->lchild)
    Print_NLT(T->lchild,x);
}  //Print_NLT
```

34. 试写一时间复杂度为 $O(\log_2 n+m)$ 的算法，删除二叉排序树中所有关键字不小于 x 的结点，并释放结点空间。其中 n 为树中所含结点数，m 为被删除的结点个数。

答：

```
void Delete_NLT(BiTree &T,int x)  //删除二叉排序树 T 中所有不小于 x 元素结点，并释放空间
{
  if(T->rchild)
    Delete_NLT(T->rchild,x);  //递归遍历右子树中所有不小于 x 元素的结点
  if(T->data<x)
    exit();  //当遇到小于 x 的元素时立即结束运行
  q=T;
  T=T->lchild;
  free(q);   //如果树根不小于 x，则删除树根，并以左子树的根作为新的树根
  if(T)
    Delete_NLT(T,x);  //继续在左子树中执行算法
}  //Delete_NLT
```

35. 假设二叉排序树以后继线索链表作存储结构，编写输出该二叉排序树中所有大于 a 且小于 b 的关键字的算法。

答：

```
void Print_Between(BiTree T,int a,int b)  //打印输出后继线索二叉排序树 T 中所有大于 a 且小于 b 的元素
{
  p=T;
  while(!p->ltag)
    p=p->lchild;  //找到最小元素
  while(p&&p->data<b)  //对关键字小于 b 的元素进行操作
  {
    if(p->data>a)//关键字大于 a
      printf("%d\n",p->data);  //输出符合条件的元素
    if(p->rtag)
      p=p->rtag;
    else
    {
      p=p->rchild;
      while(!p->ltag)
        p=p->lchild;
    } //转到中序后继
  }  //while
}  //Print_Between
```

36. 同35题的结构，编写在二叉排序树中插入一个关键字的算法。

答：

```
void BSTree_Insert_Key(BiThrTree &T,int x)  //在后继线索二叉排序树 T 中插入元素 x
{
  if(T->data<x)  //插入到右侧
  {
    if(T->rtag)  //T 没有右子树时，作为右孩子插入，并修改相关线索
    {
      p=T->rchild;
      q=(BiThrNode *)malloc(sizeof(BiThrNode));   //动态创建结点
      q->data=x;
      T->rchild=q;
      T->rtag=0;
      q->rtag=1;
      q->rchild=p;
    }
    else
      BSTree_Insert_Key(T->rchild,x);  //T 有右子树时，递归插入右子树中
  }  //if
  else if(T->data>x)  //插入到左子树中
  {
    if(!T->lchild)  //T 没有左子树时，作为左孩子插入，并修改相关线索
    {
      q=(BiThrNode *)malloc(sizeof(BiThrNode));  //动态创建结点
      q->data=x;
      T->lchild=q;
      q->rtag=1;
      q->rchild=T;   //修改自身的线索
    }
    else
      BSTree_Insert_Key(T->lchild,x);  //T 有左子树时，插入左子树中
  }  //if
}  //BSTree_Insert_Key
```

37. 同35题的结构，编写从二叉排序树中删除一个关键字的算法。

答：

```
Status BSTree_Delete_key(BiThrTree &T,int x)  //在后继线索二叉排序树 T 中删除元素 x
{
  BTNode *pre,*ptr,*suc;  //ptr 为元素 x 所在的结点，指针 pre 和 suc 分别指向 ptr
的前驱和后继
  p=T;
```

```
last = NULL;    //last 始终指向当前结点 p 的前驱结点
while( !p -> ltag)
  p = p -> lchild;    //找到中序起始元素，即最左边的结点
while(p)
{
  if(p -> data == x)   //找到元素为 x 的结点
  {
    pre = last;
    ptr = p;
  }
  else if(last&&last -> data == x)
    suc = p;     //找到了 x 的后继
  if(p -> rtag)
    p = p -> rtag;
  else
  {
    p = p -> rchild;
    while( !p -> ltag)
      p = p -> lchild;
  }  //转到中序后继
  last = p;
}  //while，借助中序遍历找到元素 x 及其前驱和后继结点
if( !ptr)
  return ERROR;  //未找到待删结点
Delete_BSTree(ptr);   //删除 x 结点
if(pre&&pre -> rtag)
  pre -> rchild = suc;   //修改线索
return OK;
}  //BSTree_Delete_key
```

分析：本算法采用了先求出 x 结点的前驱和后继，再删除 x 结点的办法，这样修改线索时会比较简单，直接让前驱的线索指向后继就行了。如果试图在删除 x 结点的同时修改线索，则问题反而复杂化了。

38. 试写一算法，将两棵二叉排序树合并为一棵二叉排序树。

答：

```
void BSTree_Merge(BiTree &T,BiTree &S)  //把二叉排序树 S 合并到 T 中
{
  if(S -> lchild)
    BSTree_Merge(T,S -> lchild);   //递归合并左子树
  if(S -> rchild)
    BSTree_Merge(T,S -> rchild);   //递归合并右子树
```

```
    Insert_Key(T,S);  //插入元素
} //BSTree_Merge
void Insert_Node(BiTree &T,BTNode * S)  //把树结点 S 插入到 T 的合适位置上
{
    if(S->data>T->data)  //待插结点大于当前结点的元素值
    {
        if(!T->rchild)  //当前结点无右孩子，直接将待插结点插入到右孩子位置
            T->rchild=S;
        else
            Insert_Node(T->rchild,S);  //有右孩子，则递归插入到右子树中
    }
    else if(S->data<T->data)  //待插结点小于当前结点的元素值
    {
        if(!T->lchild)  //当前结点无左孩子，直接将待插结点插入到左孩子位置
            T->lchild=S;
        else
            Insert_Node(T->lchild,S);  //有左孩子，则递归插入到左子树中
    }
    S->lchild=NULL;  //插入的新结点必须和原来的左右子树断绝关系
    S->rchild=NULL;  //否则会导致树结构的混乱
} //Insert_Node
```

分析：这是一个与课本上不同的插入算法，在合并过程中，并不释放或新建任何结点，而是采取修改指针的方式来完成合并。这样就必须按照后序序列把一棵树中的元素逐个连接到另一棵树上，否则将会导致树的结构的混乱。

39. 试写一算法，将一棵二叉排序树分裂为两棵二叉排序树，使得其中一棵树的所有结点的关键字都小于或等于 *x*，另一棵树的任一结点的关键字均大于 *x*。

答：

```
void BSTree_Split(BiTree &T,BiTree &A,BiTree &B,int x)
//把二叉排序树 T 分裂为两棵二叉排序树 A 和 B，其中 A 的元素全部小于等于 x，B 的元素全部大于 x
{
    if(T->lchild)
        BSTree_Split(T->lchild,A,B,x);  //递归分裂左子树
    if(T->rchild)
        BSTree_Split(T->rchild,A,B,x);  //递归分裂右子树
    if(T->data<=x)  //当前结点数据域值小于等于 x 则插入到 A 中
        Insert_Node(A,T);
    else  //否则插入到 B 中
        Insert_Node(B,T);
} //BSTree_Split
```

```
void Insert_Node(BiTree &T,BTNode * S)  //把树结点S插入到T的合适位置上
{
  if(!T)
    T=S;  //考虑到刚开始分裂时树A和树B为空的情况
  else if(S->data>T->data)  //其余部分逻辑与上一题类似
  {
    if(!T->rchild)
      T->rchild=S;
    else
      Insert_Node(T->rchild,S);
  }
  else if(S->data<T->data)
  {
    if(!T->lchild)
      T->lchild=S;
    else
      Insert_Node(T->lchild,S);
  }
  S->lchild=NULL;
  S->rchild=NULL;
}  // Insert_Node
```

40. 在平衡二叉排序树的每个结点中增设一个 lsize 域，其值为它的左子树中的结点数加 1。试写一时间复杂度为 $O(\log n)$ 的算法，确定树中第 k 小的结点的位置。

答：

```
typedef struct
{
  int data;
  int bf;
  int lsize;  //lsize域表示该结点的左子树的结点总数加1
  BlcNode * lchild, * rchild;
}BlcNode, * BlcTree;  //含lsize域的平衡二叉排序树类型
BTNode * Locate_BlcTree(BlcTree T,int k)  //在含lsize域的平衡二叉排序树T中确定第k小的结点指针
{
  if(!T || k<1)
    return NULL;  //k小于1或树空
  if(T->lsize==k)  //在平衡二叉树排序树中，lsize的大小与k相同即找到目标结点
    return T;  //找到结点并返回
  else if(T->lsize>k)  //当前结点lsize大于k
    return Locate_BlcTree(T->lchild,k);  //在左子树中寻找
```

```
    else
        return Locate_BlcTree(T->rchild,k-T->lsize);  //在右子树中寻找，注意要修改k的值
}//Locate_BlcTree
```

41. 为B+树设计结点类型并写出算法，随机(而不是顺序)地查找给定的关键字*K*，求得它所在的叶子结点指针和它在该结点中的位置(提示：B+树中有两种类型的指针，结点结构也不尽相同，考虑利用记录的变体)。

答：

```
typedef struct
{
    enum {LEAF,BRANCH} tag;  //结点类型标识，叶子结点和分支结点
    int keynum;     //关键字个数
    BPLink parent;     //双亲指针
    int key[MAXCHILD];     //关键字
    union
    {
        BPLink child[MAXCHILD];     //非叶结点的孩子指针
        struct
        {
            rectype * info[MAXCHILD];     //叶子结点的信息指针
            BPNode * next;     //指向下一个叶子结点的链接
        }leaf;
    }
}BPNode, * BPLink, * BPTree;    //B+树及其结点的数据类型
Status BPTree_Search(BPTree T,int key,BPNode * ptr,int pos)
//B+树关键字随机查找的算法,返回包含关键字的叶子结点的指针ptr以及关键字在叶子结点中的位置pos
{
    p=T;
    while(p.tag==BRANCH)  //沿分支向下查找
    {
        for(i=0;i<p->keynum&&key>p->key[i];i++);   //确定关键字所在子树
        if(i==p->keynum)
            return ERROR;   //i等于关键字个数时返回错误
        p=p->child[i];   //i小于关键字个数时沿孩子结点向下查找
    }
    for(i=0;i<p->keynum&&key!=p->key[i];i++);   //在叶子结点中查找
    if(i==p->keynum)   //因为B+树叶子结点包含了所有关键字
        return ERROR;   //未找到关键字
    ptr=p;
```

```
    pos = i;  //找到关键字
    return OK;
  }  //BPTree_Search
```

42. 假设 Trie 树上叶子结点的最大层次为 *h*，同义词放在同一叶子结点中，试写在 Trie 树中插入一个关键字的算法。

答：

```
void TrieTree_Insert_Key(TrieTree &T,StringType key)
//在 Trie 树 T 中插入字符串 key(StringType 的结构见教材第四章)
{
  q = (TrieNode * )malloc(sizeof(TrieNode));   //动态创建结点
  q -> kind = LEAF;
  q -> lf. k = key;   //建叶子结点，lf 表叶子
  klen = key[0];
  p = T;
  i = 1;
  while(p&&i <= klen&&p -> bh. ptr[ord(key[i])])  //ord()函数返回字符在 ASCII 码中的序号，bh 表分支
  {  //自上而下查找
    last = p;
    p = p -> bh. ptr[ord(key[i])];
    i ++ ;
  }
  if(p -> kind == BRANCH)  //如果最后落到分支结点(无同义词)
  {
    p -> bh. ptr[ord(key[i])] = q;   //直接连上叶子
    p -> bh. num ++ ;
  }
  else  //如果最后落到叶子结点(有同义词)
  {
    r = (TrieNode * )malloc(sizeof(TrieNode));   //建立新的分支结点
    last -> bh. ptr[ord(key[i - 1])] = r;   //用新分支结点取代老叶子结点和上一层的联系
    r -> kind = BRANCH;
    r -> bh. num = 2;
    r -> bh. ptr[ord(key[i])] = q;
    r -> bh. ptr[ord(p -> lf. k[i])] = p;   //新分支结点与新老两个叶子结点相连
  }
}  //TrieTree_Insert_Key
```

分析：当自上而下的查找结束时，存在两种情况：

(1)树中没有待插入关键字的同义词，此时只要新建一个叶子结点并连到分支结点上

即可；

(2)有同义词，此时要把同义词的叶子结点与树断开，在断开的部位新建一个下一层的分支结点，再把同义词和新关键字的叶子结点连到新分支结点的下一层。

43. 同 42 的假设，试写在 Trie 树中删除一个关键字的算法。

答：

```
Status TrieTree_Delete_Key(TrieTree &T,StringType key)  //在 Trie 树 T 中删除字符串 key
{
  p = T;
  i = 1;
  while(p&&p->kind == BRANCH&&i <= key[0])  //查找待删除元素
  {
    last = p;
    p = p->bh.ptr[ord(key[i])];
    i++;
  }
  if(p&&p->kind == LEAF&&p->lf.k == key)  //查找到待删除元素
  {
    last->bh.ptr[ord(key[i-1])] = NULL;
    free(p);    //删除元素
    return OK;
  }
  else
    return ERROR;   //未找到待删除元素
}  //TrieTree_Delete_Key
```

44. 已知某哈希表的装载因子小于 *l*，哈希函数 *H*(*key*)为关键字(标识符)的第一个字母在字母表中的序号，处理冲突的方法为线性探测开放定址法。试编写一个按第一个字母的顺序输出哈希表中所有关键字的算法。

答：

```
void Print_Hash(HashTable H)
//按第一个字母顺序输出 Hash 表中的所有关键字，其中处理冲突采用线性探测开放定址法
{
  for(i = 1;i <= 26;i++)
    for(j = i;H.elem[j].key;j = (j+1)%hashsize[sizeindex])  //线性探测
      if(H(H.elem[j].key) == i)
        printf("%s\n",H.elem[j]);
}  //Print_Hash
int H(char *s)  //构造 Hash 函数
{
  if(s)
```

```
    return s[0]-96;    //求关键字第一个字母的小写字母序号
  else
    return 0;
} //H
```

45. 假设哈希表长为 m，哈希函数为 $H(x)$，用链地址法处理冲突。试编写输入一组关键字并建造哈希表的算法。

答：

```
typedef *LNode[MAXSIZE] CHashTable;    //链地址 Hash 表类型
//本算法不考虑排序问题
Status Build_Hash(CHashTable &T,int m)
//输入一组关键字，建立 Hash 表，表长为 m，用链地址法处理冲突
{
  if(m<1)  //表长小于 1 返回错误
    return ERROR;
  T=malloc(m*sizeof(WORD));    //建立表头指针向量
  for(i=0;i<m;i++)
    T[i]=NULL;
  while((key=getchars())!=NULL)  //getchars 函数用于从键盘输入关键字
  {
    q=(LNode*)malloc(sizeof(LNode)); //动态创建包含关键字的结点
    q->data=key;
    q->next=NULL;
    n=H(key);
    if(!T[n])
      T[n]=q;  //作为链表的第一个结点
    else
    {
      for(p=T[n]; p->next; p=p->next);
      p->next=q;    //插入链表尾部
    }
  } //while
  return OK;
} //Build_Hash
```

46. 假设有一个 1000×1000 的稀疏矩阵，其中 1%的元素为非零元素，现要求用哈希表作存储结构。试设计一个哈希表并编写相应算法，对给定的行值和列值确定矩阵元素在哈希表上的位置。请将你的算法与在稀疏矩阵的三元组表存储结构上存取元素的算法进行时间复杂度的比较。

答：

```
Status Locate_Hash(HashTable H,int row,int col,KeyType key,int &k)
//根据行列值在 Hash 表表示的稀疏矩阵中确定元素 key 的位置 k
```

```
{
    h = 2 * (100 * (row/10) + col/10);  //构造 Hash 函数
    while(H.elem[h].key&&! EQ(H.elem[h].key,key))  //EQ()函数判断两参数是否
相等
        h = (h + 1) % 20000;  //处理冲突
    if(EQ(H.elem[h].key,key))
        k = h;
    else
        k = NULL;
} //Locate_Hash
```

分析：本算法所使用的 Hash 表长 20000，装填因子为 50%，Hash 函数为行数前两位和列数前两位所组成的四位数再乘以二，用线性探测法处理冲突，当矩阵的元素是随机分布时，查找的时间复杂度为 $O(1)$。而采用三元组表存储稀疏矩阵时，最好情况下时间复杂度为 $O(1)$，最坏情况下为 $O(n)$。

9.3 考研真题与典型题详解

一、选择题

1. 现有长度为 11 且初始为空的散列表 HT，散列函数是 $H(key) = key\%7$，采用线性探查(线性探测再散列)法解决冲突，将关键字序列 87，40，30，6，11，22，98，20 依次插入到 HT 后，HT 查找失败的平均查找长度是(　　)。[2019 年 408 统考]

A. 4　　B. 5.25　　C. 6　　D. 6.29

【答案】C

【解析】根据哈希函数地址为 MOD7，因此任何一个数经过散列函数计算以后的初始地址只可能在 0 ~ 6 的位置，如图 9 - 22 所示，故 HT 查找失败的平均查找长度是 L = (9 + 8 + 7 + 6 + 5 + 4 + 3)/7 = 6，故选择 C。

	0	1	2	3	4	5	6	7	8	9	10	11
	98	22	30	87	11	40	6	20				
比较次数	9	8	7	6	5	4	3	7以后的位置不比较				

图 9 - 22

2. 二分查找要求被查找的表是(　　)。[广西科技大学 2022 研]

A. 键值有序的链接表　　B. 链接表但键值不一定有序

C. 键值有序的顺序表　　D. 顺序表但键值不一定有序

【答案】C

【解析】相比顺序查找而言，二分查找要求表元素是排好序的。当采用的存储结构不是顺序表，或者顺序表中元素未按键值的次序(递增或递减)排列时，则不能进行二分查找。

3. 现有长度为 7、初始为空的散列表 HT，散列函数 $H(k) = k\%7$，用线性探测再散列法解决冲突。将关键字 22，43，15 依次插入到 HT 后，查找成功的平均查找长度是(　　)。[2018 年 408 统考]

A. 1.5　　B. 1.6　　C. 2　　D. 3

【答案】C

【解析】如图 9 - 23 所示，成功查找的平均长度 = 查找次数总和/关键字总个数：(1 + 2 + 3)/3 = 2。

地址	0	1	2	3	4	5	6
数据		22	43	15			
成功查找长度		1	2	3			

图 9 - 23

4. 在任意一棵非空平衡二叉树(AVL 树)T1 中，删除某结点 v 之后形成平衡二叉树 T2，再将 w 插入 T2 形成平衡二叉树 T3。下列关于 T1 与 T3 的叙述中，正确的是(　　)。[2019 年 408 统考]

Ⅰ. 若 v 是 T1 的叶结点，则 T1 与 T3 可能不相同

Ⅱ. 若 v 不是 T1 的叶结点，则 T1 与 T3 一定不相同

Ⅲ. 若 v 不是 T1 的叶结点，则 T1 与 T3 一定相同

A. 仅Ⅰ　　B. 仅Ⅱ　　C. 仅Ⅰ、Ⅱ　　D. 仅Ⅰ、Ⅲ

【答案】A

【解析】无论 v 是不是 T1 的叶子结点，T1 和 T3 都可能相同，也可能不同。故选择 A。

5. 现在有一棵无重复关键字的平衡二叉树(AVL 树)，对其进行中序遍历可得到一个降序序列。下列关于该平衡二叉树的叙述中，正确的是(　　)。[2015 年 408 统考]

A. 根节点的度一定为 2　　B. 树中最小元素一定是叶节点

C. 最后插入的元素一定是叶节点　　D. 树中最大元素一定无左子树

【答案】D

【解析】二叉树的中序遍历定义是“若二叉树为空，则空操作；否则：①中序遍历左子树；②访问根节点；③中序遍历右子树”。A 项错误，当树中仅有一个或者两个结点时，根节点的度就可能不为 2；B 项错误，树中最小元素是中序遍历时最后访问的节点，当没有右子树时，最后访问的节点是根节点；C 项错误，当最后插入的元素破坏树的平衡后，树会进行调整，使其成为中间节点；D 项正确，由中序遍历的特点可知，左子树的值大于根节点，所以最大元素一定没有左子树。

6. 下列排序算法中元素的移动次数和关键字的初始排列次序无关的是(　　)。[2015 年 408 统考]

A. 直接插入排序　　B. 起泡排序

C. 基数排序　　D. 快速排序

【答案】C

【解析】C 项，基数排序是采用分配和收集实现的，不需要进行关键字的比较。ABD 三项都依赖关键字的比较，不同的初始排列次序下元素移动的次数有很大变化，最好情况元素正序，则不用移动，最坏情况元素逆序，则需要移动 $n(n-1)/2$ 次(n 为元素个数)。

7. 已知小根堆为 8，15，10，21，34，16，12，删除关键字 8 之后需重建堆，在此过程中，关键字之间的比较次数是(　　)。[2015 年 408 统考]

A. 1　　B. 2　　C. 3　　D. 4

【答案】C

【解析】堆排序中，依次输出堆顶的最小值，然后重新调整堆，如此反复执行，便得到一个有序序列。本题中，删除堆顶元素 8 后将最后一个元素 12 置于堆顶，然后调整堆：首先与 15 比较，12 小于 15，所以不用交换；然后与 10 比较，因为 10 小于 12，所以交换 10 和 12 的位置；调整后 12 再与 16 比较，12 小于 16，调整堆过程结束。因此 12 共与 15、10、16 进行了三次比较。

8．希尔排序的组内排序采用的是(　　)。［2015 年 408 统考］

A．直接插入排序　　B．折半插入排序

C．快速排序　　D．归并排序

【答案】A

【解析】希尔排序又称缩小增量排序，其基本思想是：先将整个待排元素序列按某个增量分割成若干个子序列，在子序列内进行直接插入排序，然后依次缩减增量再进行排序，待整个序列中的元素基本有序（增量足够小）时，再对全体元素进行一次直接插入排序。（即增量为 1 的希尔排序）

9．若查找每个记录的概率均等，则在具有 n 个记录的连续顺序文件中采用顺序查找法查找一个记录，其平均查找长度 ASL 为(　　)。［北京航空航天大学研］

A．$(n-1)/2$　　B．$n/2$　　C．$(n+1)/2$　　D．n

【答案】C

【解析】最快查找 1 次成功，最慢查找 n 次成功。平均查找次数为 $(1+2+3+\cdots+n)/n$，那么 $ASL=(n+1)/2$。

10．对线性表进行折半查找时，要求线性表必须(　　)。［燕山大学研］

A．以顺序方式存储　　B．以顺序方式存储，且数据元素有序

C．以链接方式存储　　D．以链接方式存储，且数据元素有序

【答案】B

【解析】二分查找又称折半查找，优点是比较次数少，查找速度快，平均性能好；其缺点是要求待查表为有序表，且插入删除操作困难。因此，折半查找方法适用于不经常变动且查找频繁的有序列表。折半查找方法适用于对以顺序方式存储的有序表的查找，查找效率较高。

11．下列二叉排序树中查找效率最高的是(　　)。［中南大学研］

A．平衡二叉树　　B．二叉查找树

C．没有左子树的二叉排序树　　D．没有右子树的二叉排序树

【答案】A

【解析】平衡二叉树的左子树和右子树的深度之差的绝对值不超过 1。这就保证了二叉树的深度是 $\log_2 n$ 级别的。二叉排序树或者是一颗空树；或者是具有下列性质的二叉树：

①若左子树不空，则左子树上所有结点的值均小于它的根结点的值；

②若右子树不空，则右子树上所有结点的值均大于它的根结点的值；

③左、右子树也分别为二叉排序树。

BCD 三项均不能保证左子树和右子树的深度之差的绝对值不超过 1，甚至很大，因此查找效率低。

12．哈希表中影响平均查找效率的是(　　)。［2022 年 408 统考］

Ⅰ. 装填因子　　　Ⅱ. 散列函数　　　Ⅲ. 处理冲突的方式

A. Ⅱ、Ⅲ　　B. Ⅰ、Ⅱ　　C. Ⅰ、Ⅲ　　D. Ⅰ、Ⅱ、Ⅲ

【答案】D

【解析】查找过程中需和给定值进行比较的关键字的个数取决于下列三个因素：哈希函数，处理冲突的方法和哈希表的装填因子。

13. 分别以下列序列构造二叉排序树，与用其他三个序列所构造的结果不同的是(　　)。[合肥工业大学研]

A.（100，80，90，60，120，110，130）

B.（100，120，110，130，80，60，90）

C.（100，60，80，90，120，110，130）

D.（100，80，60，90，120，130，110）

【答案】C

【解析】A、B、D 构造的二叉排序树如图 9－24(a)，C 构造的二叉排序树如图 9－24(b)。

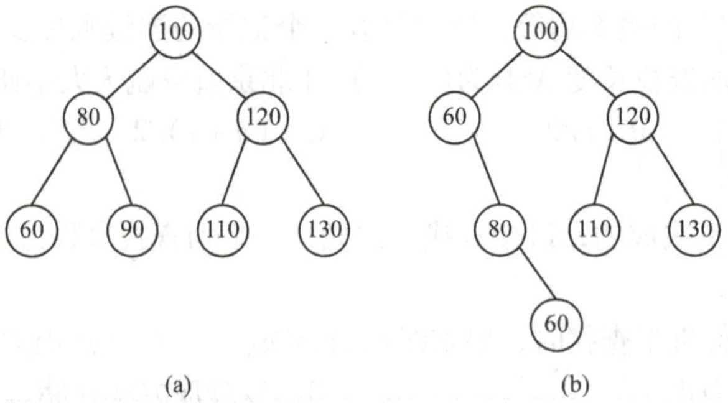

图 9－24　二叉排序树结构图

二、填空题

1. 在各种查找方法中，平均查找长度与结点个数 n 无关的查找方法是______。[中南大学研]

【答案】哈希查找

【解析】哈希查找中，平均查找长度分为成功平均查找长度和不成功平均查找长度，在计算过程中平均查找长度均与结点个数 n 无关。

2. 在有序表 A[1..20]中，按折半查找方法进行查找，查找长度为 4 的元素的下标从小到大依次是______。[合肥工业大学研]

【答案】1，3，6，8，11，13，16，19

【解析】如表 9－7 所示是 1～20 元素需要的查找次数表。

表 9－7　查找次数表

1	2	3	4	5	6	7	8	9	10	11	12	13	14	15	16	17	18	19	20
4	3	4	5	2	4	3	4	5	1	4	3	4	5	2	4	5	3	4	5

3. 假定有 k 个关键字互为同义词，若用线性探测再哈希法把这 k 个关键字存入哈希表中，至少要进行______次探测。[西安电子科技大学研]

【答案】$k(k+1)/2$

【解析】当该关键字发生冲突时，用线性探测不会遇到别的关键字冲突，这个时候需要探测的次数最小。总次数为 $1+2+3+\cdots+k=k(k+1)/2$。

4. 在含有 n 个结点的二叉排序树中查找一个关键字，进行关键字比较次数最大值是______。[北京交通大学研]

【答案】n

【解析】当二叉排序树是单枝树时，高度最高，此时二叉排序树的高度为 n，这时关键字比较次数可能达到最大，最大值是 n。

5. 高度为 5 的平衡二叉树；其结点数最多可以有______个；最少可以是______个。

【答案】31；12

【解析】最多的情况是满二叉树 $2^5-1=31$。最少的情况是第五层只有一个元素，其他的只要满足两子树之间高度之差不会超过 1 即可。例如图 9 - 25 所示。

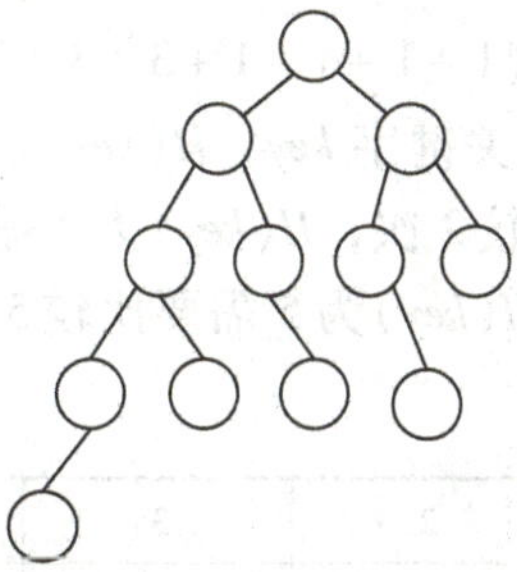

图 9 - 25　满足 5 题条件的示例

6. 一棵含有 15 个关键字的 4 阶 B 树，其非叶结点数最少不能少于______个，最多可以为______个。

【答案】5；15

【解析】4 阶 B 树每个结点至多包含 3 个关键字，则非叶结点应至少为 5 个；除根结点外，4 阶 B 树每个非叶结点至少有 $\lceil m/2 \rceil-1=1$ 个关键字，则每个结点相当于有两个分支，相当于排序二叉树，则 15 个结点刚好构造一个 4 阶 B 树，使得叶子结点在同一层。

7. 已知二叉排序树的左右子树均不为空，则______上所有结点的值均小于它的根结点值，______上所有结点的值均大于它的根结点的值。

【答案】左子树；右子树

【解析】二叉排序树或者是一棵空树，或者是具有下列性质的二叉树：

①若它的左子树不空，则左子树上所有结点的值均小于它的根结点的值；

②若它的右子树不空，则右子树上所有结点的值均大于它的根结点的值；

③它的左、右子树也分别为二叉排序树。

三、综合题

1. 将关键字序列(7，8，30，11，18，9，14)散列存储到散列表中，散列表的存储空间是一个下标从 0 开始的一维数组。散列函数是：$H(key)=(key\times 3)\ MOD\ 7$，处理冲突采用线性探测再散列法，要求装填(载)因子为 0.7。

(1)请画出所构造的散列表。

(2)分别计算等概率情况下查找成功和查找不成功的平均查找长度。[408 统考]

答：(1)由装填因子为 0.7，数据总数为 7，得一维数组的长度应该为 $7/0.7=10$，数组下标为 0～9。各关键字的散列函数值如下表：

key	7	8	30	11	18	9	14
H(key)	0	3	6	5	5	6	0

采用线性探测法再散列法处理冲突，所构造的散列表为：

地址	0	1	2	3	4	5	6	7	8	9
关键字	7	14		8		11	30	18	9	

(2)查找成功时，在等概率情况下，查找表中每个元素的概率是相等的，因此是根据表中元素个数来计算平均查找长度，各关键字的比较次数如下表所示：

关键字	7	8	30	11	18	9	14
次数	1	1	1	1	3	3	2

故查找成功的平均查找长度为(1+1+1+1+3+3+2)/7=12/7。

在不成功的情况下，由于任意关键字 *key*，*H*(*key*)的值只能是0~6之间，*H*(*key*)为0需要比较3次，*H*(*key*)为1需要比较2次，*H*(*key*)为2需要比较1次，*H*(*key*)为3需要比较2次，*H*(*key*)为4需要比较1次，*H*(*key*)为5需要比较5次，*H*(*key*)为6需要比较4次，共7种情况，如下表所示：

H(hey)	0	1	2	3	4	5	6
次数	3	2	1	2	1	5	4

所以，在等概率下，查找失败的平均查找长度为：(3+2+1+2+1+5+4)/7=18/7。

2. 哈希方法的平均查找长度取决于什么？是否与结点个数有关？处理冲突的方法主要有哪些？［中国人民大学研］

答：哈希方法的平均查找长度主要取决于负载因子(表中实有元素数与表长之比)，与结点个数无直接关系，它反映了哈希表的装填程度，该值一般取0.65~0.9。解决冲突的方法主要有：开放地址法、再哈希法、链地址法、建立一个公共溢出区。

3. 对下面的关键字集{30，15，21，40，25，26，36，37}，若查找表的装填因子为0.8，采用线性探测再哈希方法解决冲突，做：

(1)设计哈希函数；

(2)画出哈希表；

(3)计算查找成功和查找失败的平均查找长度；

(4)写出将哈希表中某个数据元素删除的算法。［东北大学研］

答：由于装填因子为0.8，关键字有8个，所以表长为8/0.8=10。

(1)用除留余数法，哈希函数为 $H(key)=key\%7$。

(2)如表9-8所示为所求哈希表。

表9-8　哈希表

哈希地址	0	1	2	3	4	5	6	7	8	9
关键字	21	15	30	36	25	40	26	37		
比较次数	1	1	1	3	1	1	2	6		

(3)计算查找失败时的平均查找长度，必须计算不在表中的关键字，当其哈希地址为

$i(0 \leqslant i \leqslant m-1)$时的查找次数。本例中 $m=10$。故查找失败和查找成功时的平均查找长度分别为：

$ASL_{unsucc}=(9+8+7+6+5+4+3+2+1+1)/10=4.6$

$ASL_{succ}=(1+1+1+3+1+1+2+6)/8=2$

(4)其删除算法如下：

```
int Delete(int h[n], int k)
//从哈希表h[n]中删除元素k，若删除成功返回1，否则返回0
{
  i=k%7;    //哈希函数用H(key)=key%7
  if(h[i]==maxint)  //maxint解释为空地址
  {
    printf("无关键字%d\n", k);
    return (0);
  }
  if(h[i]==k)
  {
    h[i]=-maxint;     //被删元素换成最大机器数的负数
    return (1);
  }
  else  //采用线性探测再散列解决冲突
  {
    j=i;
    for(d=1; d<=n-1; d++)
    {
      i=(j+d)%n;    //n为表长，此处为10
      if(h[i]==maxint)
        return (0);    //maxint解释成空地址
      if(h[i]==k)
      {
        h[i]==-maxint;
        return (1);
      }
    }  //for
  }
  printf("无关键字%d\n", k);
  return (0);
}
```

4. 设排序二叉树中结点的结构为下述三个域构成：data：给出结点数据的值；left：给出本结点的左儿子结点的地址；right：给出本结点的右儿子结点的地址。设data域为正整数，该二叉树根结点地址为T。现给出一个正整数x。请编写非递归程序，实现将data域之

值小于等于 x 的结点全部删除掉。

答： 利用二叉排序树的性质，从根结点开始查找，若根结点的值小于等于 x，则根结点及其左子树均应删除，然后以右子树的根结点为树根，重新开始查找。若根结点的值大于 x，则顺左子树向下查找，直到某结点的值小于等于 x，则该结点及其左子树均应删除。算法设计如下：

```
typedef struct node
{
  int data;
  struct node * left, * right;
} BiTNode, * BSTrcc;
void DelTree(BSTree r)  //非递归删除以 r 为根的二叉排序树
{
  BSTree S[ ];    //栈，容量足够大，栈中元素是二叉排序树节点的指针
  top = 0;
  while(r! = NULL || top > 0)
  {
    while(r! = NULL)
    {
      S[ ++ top] = r;
      r = r -> left;    //沿左分支向下
    }
    if(top > 0)  //出栈，沿栈顶结点的右子树向下删除，释放被删除结点空间
    {
      p = S[top -- ];
      r = r -> right;
      free(p);
    }
  }  //while
}  // DelTree
void DeleteAllx(BSTree T, int x)  //在二叉排序树 T 中删除所有小于等于 x 的结点
{
  BSTree p = T, q;
  while(T&&T -> data <= x)  //根节点的值小于等于 x
  {
    p = T;
    T = T -> right;
    p -> right = NULL;
    DelTree(p); //删除二叉树 p，删除持续到"根"结点值大于所有小于等于 x 的
结点
  }
```

```
    if(T)
    {
      q = T;
      p = T -> left;
      while( p&&p -> data > x)  //沿根节点左分支向下，查小于等于 x 的结点
      {
        while( p&&p -> data > x)
        {
          q = p;
          p = p -> left;    //q 记 p 的双亲
        }
        if(p)  //p 结点的值小于等于 x
        {
          q -> left = p -> right;
          p -> right = NULL;
          DelTree(p);
        }
        p = q -> left;    //再查原 p 的右子树中小于等于 x 的结点
      } //while
    } //if
} //DeleteAllx
```

第 10 章　内部排序

10.1　复习笔记

一、概述

1. 排序的相关概念

(1)排序：重新排列表中元素，使其按照关键字递增或递减排列的过程。

(2)内部排序：待排序记录存放在计算机的随机存储器中进行排序的过程。

(3)外部排序：待排序记录数据量大，内存不能一次性容纳全部记录，排序时需对外存进行访问的过程。

2. 排序算法的评价

(1)时间复杂度

(2)空间复杂度

(3)稳定性

在设计排序算法时，除了考虑算法的时间和空间复杂度外，还需考虑算法的稳定性，稳定性定义如下：

待排序列中两个元素 R_i，R_j对应的关键字 $K_i=K_j$，且排序前 R_i在 R_j前面，若选择某一种算法对该序列排序后，R_i仍在 R_j前面，则称该排序算法是稳定的，否则是不稳定的。

二、插入排序

1. 直接插入排序

(1)算法分析

将待排序记录分为有序子序列和无序子序列两部分，每次将无序序列中的元素插入到有序序列中的正确位置上。即：先将序列中的第 1 个记录看成是一个有序的子序列，然后从第 2 个记录起逐个进行插入，直至整个序列变成按关键字非递减的有序序列为止，整个排序过程进行 n－1 趟插入。其算法实现如下：

```
void InsertSort(SqList L[ ], int n)  //直接插入排序，n 为表长
{
  for(int i=2; i<=n; i++)
    if(L[i].key<L[i-1].key)  //L[i]小于其前驱，需将其插入
    {
      L[0]=L[i];    //假设 L[0]不存元素，设置位哨兵
      int j;
      for(j=i-1; L[0].key<L[j].key; j--)  //从后往前找待插位置
        L[j+1]=L[j];    //元素后移
      L[j+1]=L[0];    //插入
    }
```

}

(2)算法评价

①时间复杂度：平均情况下，考虑待排序列是随机的，其时间复杂度为 $O(n^2)$。

②空间复杂度：仅使用常数个辅助单元，空间复杂度为 $O(1)$。

③稳定性：每次插入元素都是从后向前先比较再插入，不存在相同元素位置交换，所以算法是稳定的。

2. 折半插入排序

(1)算法分析

当排序表顺序存储时，可以先折半查找出待插位置，再对该位置后的元素统一后移，并完成插入操作。其算法实现如下：

```
void BInsertSort(SqList L[ ],int n)   //折半插入排序，n 为表长
{
  for(int i =2;i <=n;i ++ )   //将 L[2] - L[n]插入
  {
    L[0] =L[i];    //将 L[i]存放到 L[0]
    int low =1;
    int high =i -1;
    while(low <=high)  //折半查找
    {
      int mid =(low +high)/2;    //取中间点
      if(L[mid]. key >L[0]. key)
        high =mid -1;    //查找左半子表
      else
        low =mid +1;    //查找右半子表
    }  //while
    for(int j =i -1; j >=high +1; j -- )
      L[j +1] =L[j];    //后移元素
    L[high +1] =L[0];    //插入
  }
}
```

(2)算法评价

①时间复杂度：折半插入排序只是减少了元素比较次数，其他的均与直接插入排序相同，因此时间复杂度仍为 $O(n^2)$。

②空间复杂度：与直接插入排序相同，为 $O(1)$。

③稳定性：与直接插入排序相同，是稳定的算法。

3. 希尔排序

(1)算法分析

先将整个待排记录序列分割成为若干子序列(形如 L[i, $i+d$, $i+2d$, …, $i+kd$])，分别进行直接插入排序，待整个序列中的记录“基本有序”时，再对全体记录进行一次直接插入排序。希尔排序示例如图 10 - 1 所示。

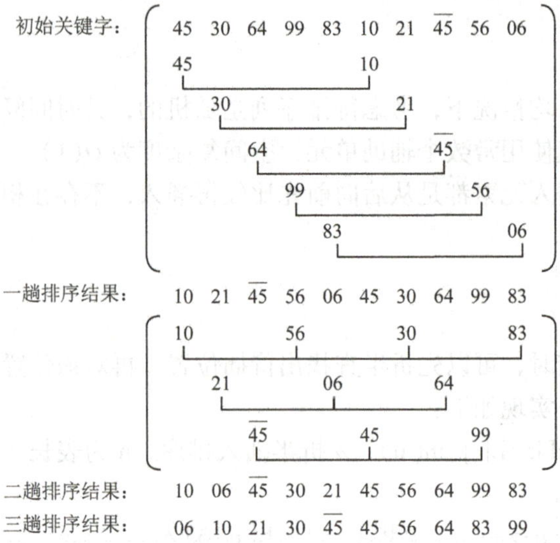

图 10－1　希尔排序示例

算法实现如下：

```
void ShellSort(SqList L[ ],int n)  //希尔排序，n 为表长
{
  for(d = n/2; d >= 1; d = d/2)  //d 为步长，即每次排序的元素间隔
    for(int i = d + 1;i <= n;i ++ )
      if(L[i].key < L[i - d].key)
      {
        L[0] = L[i];
        for(int j = i - d;j > 0&&L[0].key < L[i].key;j = j - d)
          L[j + d] = L[j];    //元素后移
        L[j + d] = L[0];    //插入
      }
}
```

(2)算法评价

①时间复杂度：希尔排序依赖于增量序列的函数，难以分析具体的时间复杂度，在一定范围内，其时间复杂度为 $O(n^{1.3})$。

②空间复杂度：仅使用常数个辅助单元，空间复杂度为 $O(1)$。

③稳定性：相同的关键字可能被划分到不同的子表，可能造成相对次序的交换，因此希尔排序是不稳定的。

三、快速排序

1. 起泡排序

(1)算法分析

对于待排序列从后往前进行两两比较相邻关键字的值，若为逆序，则交换它们，直到整个序列比较完，将最小(或最大)元素交换到待排序列的第一个位置，称为一次冒泡；再对尚未有序的序列进行同样的操作，直到整个序列有序为止，算法实现如下：

```
void BubbleSort(SqList L[ ],int n)  //起泡排序，n 为表长
```

```
{
  for(int i =0;i<n-1;i++)
  {
    int flag =0;   //标志本次冒泡是否交换元素，0 为未交换，1 为交换
    for(int j = n-1;j>i;j--)
      if(L[j-1].key>L[j].key)
      {  //交换
        temp =L[j-1];
        L[j-1] =L[j];
        L[j] =temp;
        flag =1;
      }
    if(!flag)  //不再发生交换，即已经成为有序序列
      return;
  }
}
```

(2)算法评价

①时间复杂度：初始序列有序时，时间复杂度为 $O(n)$，平均时间复杂度为 $O(n^2)$。

②空间复杂度：仅使用常数个辅助单元，空间复杂度为 $O(1)$。

③稳定性：起泡排序是一个稳定的算法。

2. 快速排序

(1)算法分析

快速排序是对起泡排序的一种改进，通过一趟排序将待排记录分割成独立的两部分，其中一部分记录的关键字均比另一部分记录的关键字小，则可分别对这两部分记录继续进行排序，以达到整个序列有序。

一趟快速排序的过程如图 10-2(a)所示，整个快速排序的过程可递归进行。若待排序列中只有一个记录，显然序列已经有序，否则进行一趟快速排序后再分别对分割所得的两个子序列进行快速排序，如图 10-2(b)所示。

其算法实现如下：

```
int Partition(Sqlist L[],int low,int high)  //划分算法
{
  int pivot =L[low];    //从当前表中的第一个元素起进行划分
  while(low<high)
  {
    while(low<high&&L[high]>=pivot)
      high--;
    L[low] =L[high];    //比枢纽值 pivot 小的移到左端
    while(low<high&&L[low]<=pivot)
      ++low;
    L[high] =L[low];    //比枢纽值 pivot 大的移到右端
```

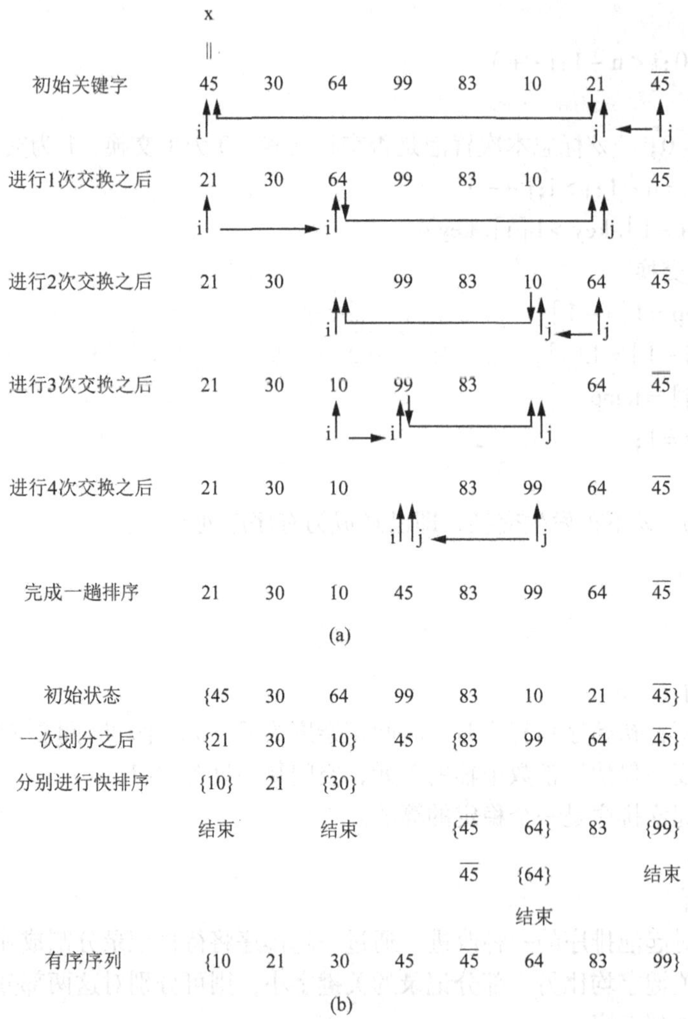

(a)一趟快排过程 (b)排序的全过程

图 10-2 快速排序示例

```
    }
    L[low] = pivot;    //将枢纽值存放到最终位置
    return low;    //返回枢纽值的位置
  }  // Partition
void QuickSort(Sqlist L[],int low,int high)   //快速排序
  {
    if(low < high)
    {
      int pos = Partition(L,low,high);
      QuickSort(L,low,pos - 1);
      QuickSort(L,pos + 1,high);
    }
  }  //QuickSort
```

(2)算法评价

①时间复杂度：快速排序平均情况下的运行时间与最好情况下的相近，为 $O(n\log_2 n)$，是所有内部排序算法中平均性能最优的排序算法。

②空间复杂度：由于快速排序是递归的，需要借助一个递归工作栈保存递归时的必要信息，其平均情况下的空间复杂度为 $O(\log_2 n)$。

③稳定性：当划分成两部分时，若右端区域存在两个均小于划分标准的元素，在它们交换到左端区域时相对位置会发生变化，则该算法是不稳定的。

四、选择排序

1. 简单选择排序

(1)算法分析

一趟简单选择排序的操作为：通过 $n-i$ 次关键字间的比较，从 $n-i+1$ 个记录中选出关键字最小的记录，并和第 $i(1\leqslant i\leqslant n)$ 个记录交换之。其算法实现如下：

```
void SelectSort(SqList L[ ],int n)  //简单选择排序，n 为表长
{
  for(int i=0;i<n-1;i++)
  {
    int min=i;  //记录最小元素位置
    for(j=i+1;j<n;j++)
      if(L[j]<L[min])
        min=j;    //更新最小元素的位置
    if(min!=i)
    {  //交换
      temp=L[i];
      L[i]=L[min];
      L[min]=temp;
    }
  }
}
```

(2)算法评价

①时间复杂度：平均时间复杂度为 $O(n^2)$。

②空间复杂度：仅使用常数个辅助单元，空间复杂度为 $O(1)$。

③稳定性：在第 i 趟找到最小元素后，和第 i 个元素交换时可能会导致第 i 个元素和与它相等的元素相对位置发生变化，因此不稳定。

2. 堆排序

(1)算法分析

堆排序是一种树形选择排序的方法，通过构造一棵完全二叉树，再根据完全二叉树中结点大小关系进行排序的过程。堆排序算法重在构造堆，其主要有两种类型的堆(设关键字序列为 $L[1..n]$)：

①大根堆：满足 $L(i)\geqslant L(2i)$ 且 $L(i)\geqslant L(2i+1)$，其中 $1\leqslant i\leqslant\lfloor n/2\rfloor$；

②小根堆：满足 $L(i)\leqslant L(2i)$ 且 $L(i)\leqslant L(2i+1)$，其中 $1\leqslant i\leqslant\lfloor n/2\rfloor$。

堆的构造过程实际上是对代表堆的树不断调整的过程，如图 10－3 为自下往上调整为大根堆的过程。

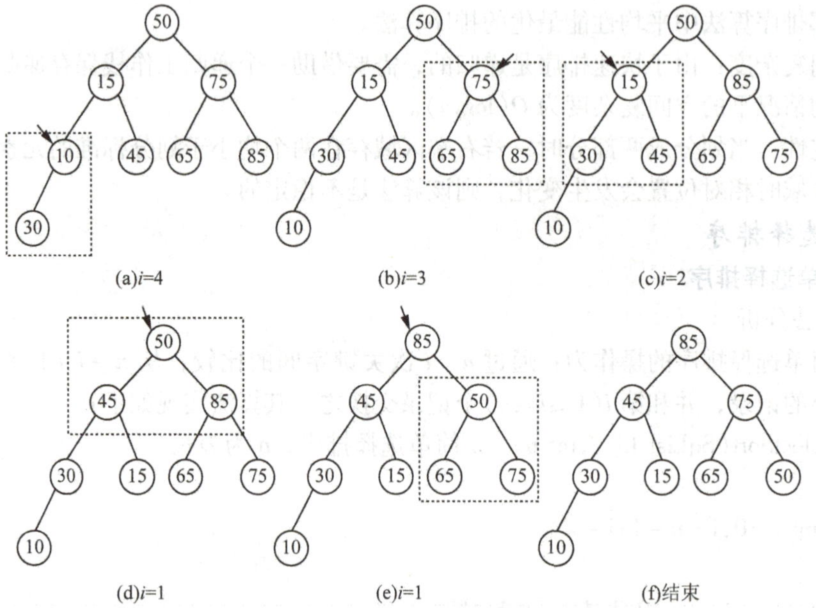

图 10－3　自下往上调整大根堆过程

在成功构造好堆后，现对小根堆排序过程进行说明：输出堆顶元素，将堆底元素放入堆顶，再调整堆的结构使其满足小根堆定义，再重复同样的过程，输出有序序列。

(2)算法评价

①时间复杂度：建堆时间为 $O(n)$，每次调整的时间为 $O(\log_2 n)$，则平均时间复杂度为 $O(n\log_2 n)$。

②空间复杂度：仅使用常数个辅助单元，空间复杂度为 $O(1)$。

③稳定性：在进行筛选时，可能把后面的相同关键字调整到前面，因此算法不稳定。

五、归并排序

1. 算法分析

假设待排序列含有 n 个记录，可看成是 n 个有序的子序列，每个子序列的长度为 1，然后两两归并，得到$\lceil n/2 \rceil$个长度为 2 或 1 的有序子序列；再两两归并，如此重复，直至得到一个长度为 n 的有序序列为止，这种排序方法称为 2－路归并排序。如图 10－4 为 2－路归并示例。

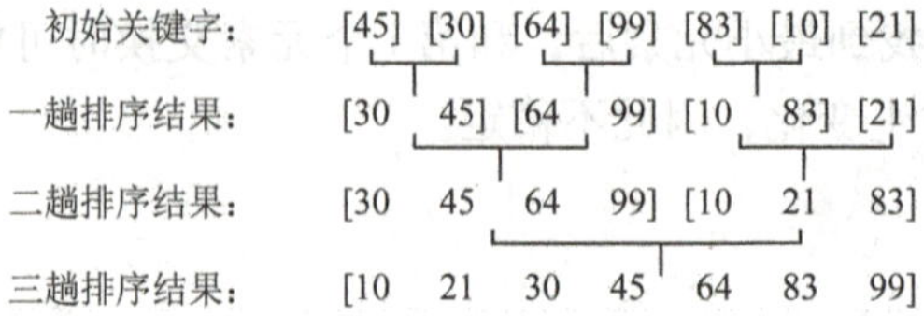

图 10－4　2－路归并示例

2－路归并算法实现如下：

```
void Merge(SqList L[ ],int low,int mid,int high)  //归并操作
{
```

```
  for(int k = low;k <= high;k ++ )   //将 L 中所有元素复制到辅助数组 L_Temp 中
    L_Temp[k] = L[k];
  for(i = low,j = mid + 1,k = i;i <= mid&&j <= high;k ++ )
  {  //比较 L_Temp 左右两段元素，将较小的复制到 L 中
    if(L_Temp[i] <= L_Temp[j])
      L[k] = L_Temp[i ++ ];
    else
      L[k] = L_Temp[j ++ ];
  }  //for
  //将剩余元素复制到 L 中
  while(i <= mid)
    L[k ++ ] = L_Temp[i ++ ];
  while(j <= high)
    L[k ++ ] = L_Temp[j ++ ];
} //Merge
void MergeSort(SqList L[ ],int low, int high)   //2 - 路归并排序
{
  if(low < high)
  {
    int mid = (low + high)/2;   //划分序列
    MergeSort(L,low,mid);   //对左侧序列递归操作
    MergeSort(L,mid + 1,high);   //对右侧序列递归操作
    Merge(L,low,mid,high);   //归并
  }  //if
}
```

2. 算法评价

(1)时间复杂度：每一趟归并时间为 $O(n)$，需要进行$\lceil \log_2 n \rceil$趟归并，时间复杂度为 $O(n\log_2 n)$。

(2)空间复杂度：借助 n 个单元的辅助空间，空间复杂度为 $O(n)$。

(3)稳定性：归并过程不改变相同值的元素的相对位置，则该算法是一个稳定的算法。

六、基数排序

1. 算法分析

基数排序是应用多关键字排序思想，应用“分配”和“收集”两种操作对关键字进行排序。为了实现多关键字排序，通常有两种方法：最高位优先法(MSD)和最低位优先法(LSD)。现对序列 900，12，120，25，333，52，454，78，688，899 按最低位优先法进行基数排序的过程如图 10-5所示，该图中，按照个位到百位的顺序，从小到大分配元素，分配后对其进行收集(图中蓝色标记标识按照哪一位进行收集)，最终的结果即基数排序后的结果。

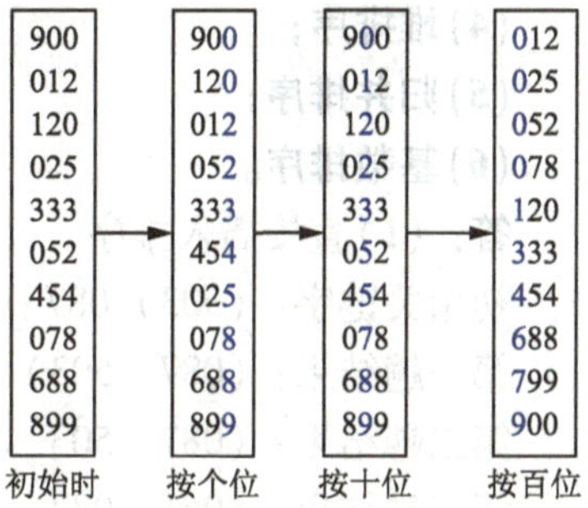

图 10 - 5　基数排序过程示意图

2. 算法评价

(1)时间复杂度：设关键字由 d 元组组成，设基数为 r(上例中 $r=10$)，则基数排序需要进行 d 趟分配和收集，一趟分配用时为 $O(n)$，一趟收集用时 $O(r)$，则时间复杂度为 $O(d(n+r))$。

(2)空间复杂度：一趟排序需要借助 r 个存储空间，则空间复杂度为 $O(r)$。

(3)稳定性：基数排序的按位排序必须是稳定的，则该算法是一个稳定的算法。

七、排序方法比较

综合比较各种内部排序方法如表 10－1 所示。

表 10－1 内部排序算法比较

算法种类	时间复杂度			空间复杂度	是否稳定
	最好情况	最坏情况	平均情况		
直接插入排序	$O(n)$	$O(n^2)$	$O(n^2)$	$O(1)$	是
希尔排序		$O(n^2)$	$O(n^{1.3})$	$O(1)$	否
起泡排序	$O(n)$	$O(n^2)$	$O(n^2)$	$O(1)$	是
快速排序	$O(n\log_2 n)$	$O(n^2)$	$O(n\log_2 n)$	$O(\log_2 n)$	否
简单选择排序	$O(n^2)$	$O(n^2)$	$O(n^2)$	$O(1)$	否
堆排序	$O(n\log_2 n)$	$O(n\log_2 n)$	$O(n\log_2 n)$	$O(1)$	否
2－路归并排序	$O(n\log_2 n)$	$O(n\log_2 n)$	$O(n\log_2 n)$	$O(n)$	是
基数排序	$O(d(n+r))$	$O(d(n+r))$	$O(d(n+r))$	$O(r)$	是

希尔排序由于时间复杂度依赖于增量序列的函数，使其求解困难，只有当 n 在某个特定范围时，其平均时间复杂度才为 $O(n^{1.3})$。

10.2 强化习题详解

1. 以关键码序列(503，087，512，061，908，170，897，275，653，426)为例，手工执行以下排序算法，写出每一趟排序结束的关键码状态：

(1)直接插入排序；

(2)希尔排序(增量 $d[1]=5$)；

(3)快速排序；

(4)堆排序；

(5)归并排序；

(6)基数排序。

答：(1)直接插入排序

初始关键字：(503) 087 512 061 908 170 897 275 653 426

第一趟结果：(087 503) 512 061 908 170 897 275 653 426

第二趟结果：(087 503 512) 061 908 170 897 275 653 426

第三趟结果：(061 087 503 512) 908 170 897 275 653 426

第四趟结果：(061 087 503 512 908) 170 897 275 653 426

第五趟结果：(061 087 170 503 512 908) 897 275 653 426
第六趟结果：(061 087 170 503 512 897 908) 275 653 426
第七趟结果：(061 087 170 275 503 512 897 908) 653 426
第八趟结果：(061 087 170 275 503 512 653 897 908) 426
第九趟结果：(061 087 170 275 426 503 512 653 897 908)

(2)希尔排序

初始关键字： 503 087 512 061 908 170 897 275 653 426
第一趟结果：d[1]=5 170 087 275 061 426 503 897 512 653 908
第二趟结果：d[2]=3 061 087 275 170 426 503 897 512 653 908
第三趟结果：d[3]=1 061 087 170 275 426 503 512 653 897 908

(3)快速排序(元素交换用蓝色部分表示)：

初始关键字：503 087 512 061 908 170 897 275 653 426
第一次交换：426 087 512 061 908 170 897 275 653 503
第二次交换：426 087 503 061 908 170 897 275 653 512
第三次交换：426 087 275 061 908 170 897 503 653 512
第四次交换：426 087 275 061 503 170 897 908 653 512
第五次交换：426 087 275 061 170 503 897 908 653 512

第一趟结果：426 087 275 061 170 503 897 908 653 512
将关键码序列从503处分开，前半部分和后半部分分别进行快速排序：
前半部分： 426 087 275 061 170
第一次交换：170 087 275 061 426

后半部分： 897 908 653 512
第一次交换：512 908 653 897
第二次交换：512 897 653 908
第三次交换：512 653 897 908

第二趟结果：170 087 275 061 426 503 512 653 897 908
将关键码序列从426处分开，前半部分和后半部分分别进行快速排序：
前半部分： 170 087 275 061
第一次交换：061 087 275 170
第二次交换：061 087 170 275

后半部分已经有序，不必进行交换操作。
第三趟结果即最后结果：061 087 170 275 426 503 512 653 897 908

(4)堆排序

初始序列为(503, 087, 512, 061, 908, 170, 897, 275, 653, 426)，借助小根堆排序如图10-6所示。

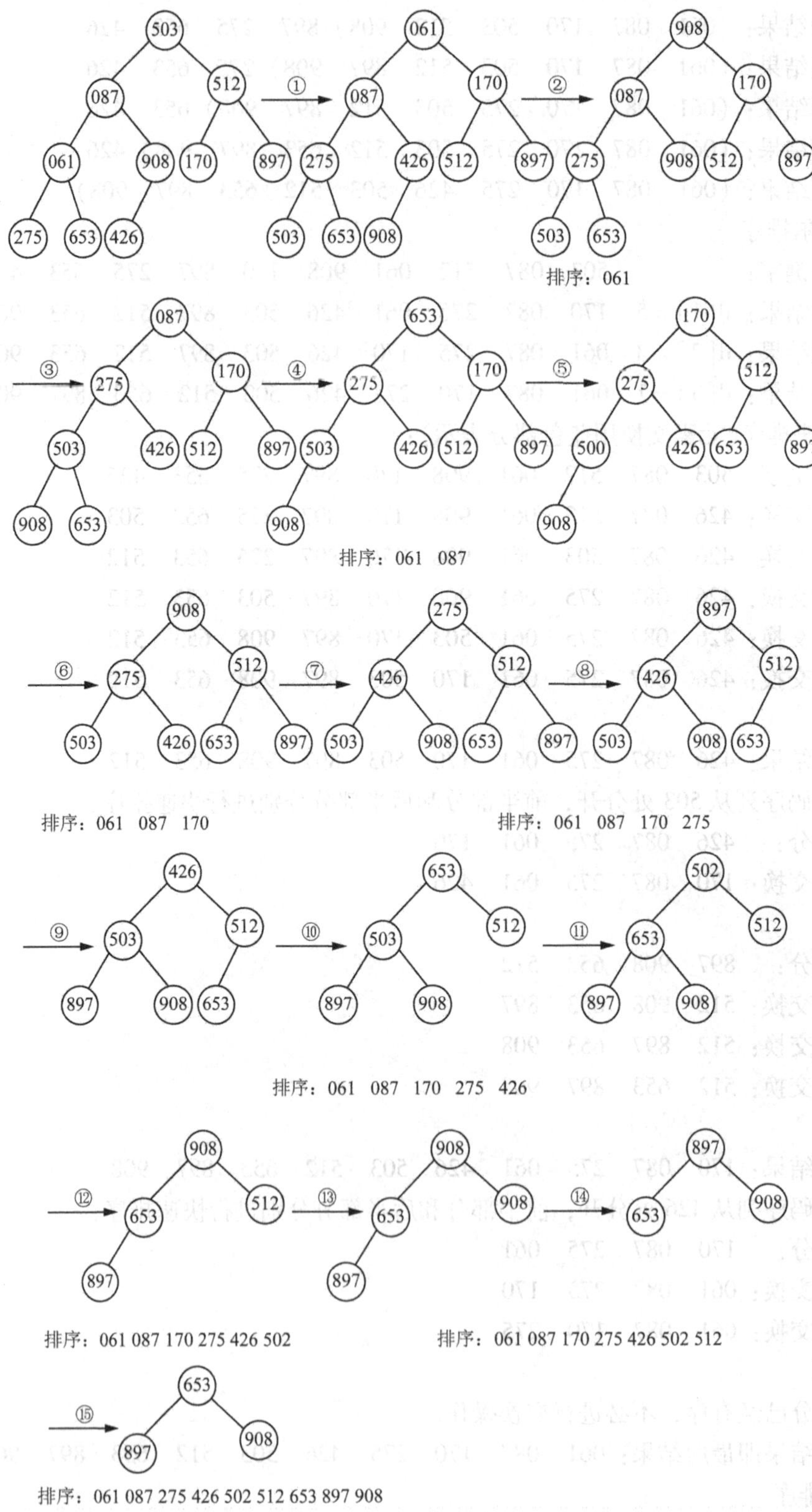

图 10－6　小根堆排序过程图

(5)归并排序

初始关键字：503　087　512　061　908　170　897　275　653　426

第一趟结果：(087　503)(061　512)(170　908)(275　897)(426　653)

第二趟结果：(061　087　503　512)(170　275　897　908)(426　653)

第三趟结果：(061　087　170　275　503　512　897　908)(426　653)

第四趟结果：(061　087　170　275　426　503　512　653　897　908)

(6)基数排序

基数排序过程如图 10－7 所示。

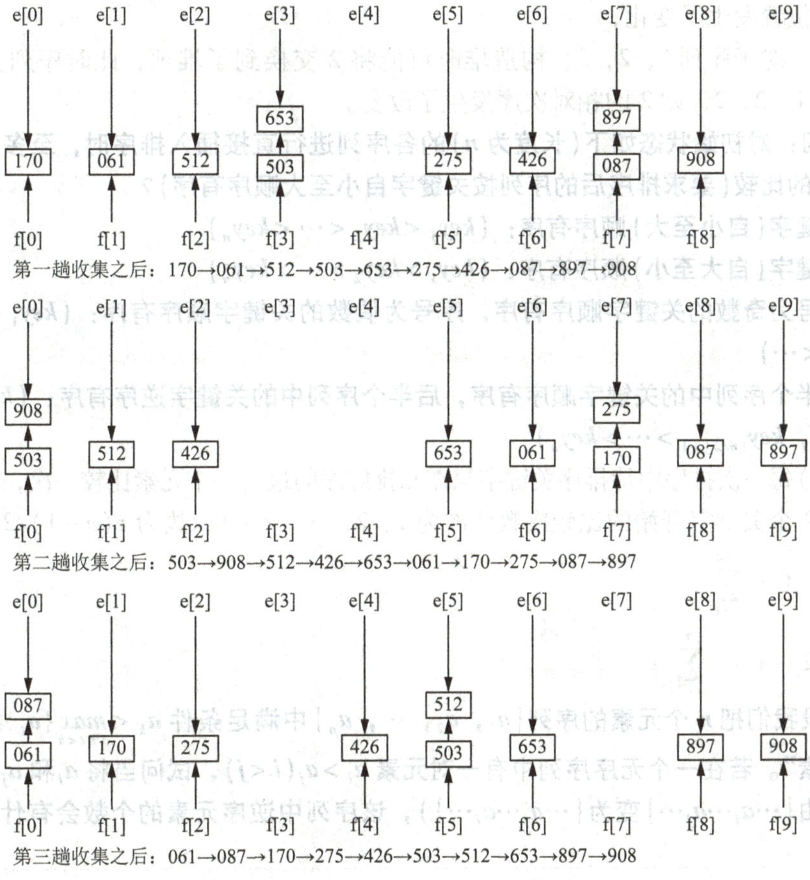

图 10－7　基数排序过程图

2. 若对下列关键字序列按教科书 10.3 节和 10.5 节中所列算法进行快速排序和归并排序，分别写出三次调用过程 Partition 和过程 Merge 后的结果。

(Tim，Kay，Eva，Roy，Dot，Jon，Kim，Ann，Tom，Jim，Guy，Amy)

答：进行三次调用过程 Partition 如下：

(Amy，Kay，Eva，Roy，Dot，Jon，Kim，Ann，Guy，Jim)Tim(Tom)；

Amy(Kay，Eva，Roy，Dot，Jon，Kim，Ann，Guy，Jim)Tim(Tom)；

Amy(Jim，Eva，Guy，Dot，Jon，Ann)Kay(Kim，Roy)Tim(Tom)。

进行三次调用过程 Merge 如下：

(Kay，Tim，Eva，Roy，Dot，Jon，Ann，Kim，Jim，Tom，Amy，Guy)；

(Eva，Kay，Roy，Tim，Ann，Dot，Jon，Kim，Amy，Guy，Jim，Tom)；

(Ann，Dot，Eva，Jon，Kay，Kim，Roy，Tim，Amy，Guy，Jim，Tom)。

3. 试问在1题所列各种排序方法中，哪些是稳定的？哪些是不稳定的？并为每一种不稳定的排序方法举出一个不稳定的实例。

答：题1中稳定的算法有：直接插入排序、归并排序、基数排序；不稳定的排序及其实例如下：

希尔排序：对于序列3，1，1经过一趟排序后1，1，3，最终序列也为1，1，3，则两个1的相应位置发生了变化；

快速排序：对于序列2，1，1经过一趟排序后1，1，2，最终序列也为1，1，2，则两个1的相对位置发生了变化；

堆排序：对于序列1，2，2，构造堆时可能将2交换到了堆项，此时序列为2，1，2，最终序列为1，2，2，则2的相对次序发生了改变。

4. 试问：对初始状态如下(长度为 n)的各序列进行直接插入排序时，至多需进行多少次关键字间的比较(要求排序后的序列按关键字自小至大顺序有序)？

(1)关键字(自小至大)顺序有序：($key_1 < key_2 < \cdots < key_n$)

(2)关键字(自大至小)顺序有序：($key_1 > key_2 > \cdots > key_n$)

(3)序号为奇数的关键字顺序有序，序号为偶数的关键字顺序有序：($key_1 < key_3 < \cdots$，$key_2 < key_4 < \cdots$)

(4)前半个序列中的关键字顺序有序，后半个序列中的关键字逆序有序：($key_1 < key_2 < \cdots < key_{\lfloor n/2 \rfloor}$，$key_{\lfloor n/2 \rfloor + 1} > \cdots > key_n$)

答：(1)每一次排序中待排序关键字只需和排好序的最后一个元素比较一次，故为 $n-1$；

(2)第2个关键字开始的比较次数依次为1，2，…，$n-1$，故为 $n(n-1)/2$；

(3) $n-1+\sum\limits_{i=1}^{n/2} i$

(4) $n/2-1+\sum\limits_{i=n/2+1}^{n} i$

5. 假设我们把 n 个元素的序列$\{a_1, a_2, \cdots, a_n\}$中满足条件 $a_k < \max\limits_{1 \le t < k}\{a_t\}$的元素 a_k 称为“逆序元素”。若在一个无序序列中有一对元素 $a_i > a_j (i < j)$，试问当将 a_i 和 a_j 相互交换之后(即序列由$\{\cdots a_i \cdots a_j \cdots\}$变为$\{\cdots a_j \cdots a_i \cdots\}$)，该序列中逆序元素的个数会有什么变化？为什么？

答：考虑序列中位于 a_i 和 a_j 之间的元素 $a_k (i < k < j)$ 的几种情况，当 $a_k > a_i > a_j$ 时，有可能使 a_i 由非逆序元素变为逆序元素，但整个序列的“逆序对”不变，即该序列中逆序元素的个数不会发生改变。

6. 奇偶交换排序如下所述：第一趟对所有奇数 i，将 $a[i]$ 和 $a[i+1]$ 进行比较；第二趟对所有的偶数 i，将 $a[i]$ 和 $a[i+1]$ 进行比较，若 $a[i] > a[i+1]$，则将两者交换；第三趟对奇数 i；第四趟对偶数 i，…，依次类推直至整个序列有序为止。

(1)试问这种排序方法的结束条件是什么？

(2)分析当初始序列为正序或逆序两种情况下，奇偶交换排序过程中所需进行的关键字比较的次数。

答：(1)设有一个布尔变量 exchange，判断在每一次做过一趟奇数项扫描和一趟偶数项扫描后是否有过交换。若 exchange = 1，表示刚才有交换，还需继续做下一趟奇数项扫描和偶数项扫描；若 exchange = 0，表示刚才没有交换，可以结束排序。

(2)设待排序元素序列中有 n 个元素，序列中的元素序号从 0 开始。当所有待排元素序列中的元素按关键码从大到小初始排列时，执行 $m = \lfloor (n+1)/2 \rfloor$ 次奇偶排序。当所有待排元素序列中的元素按关键码从小到大初始排列时，执行 1 趟奇偶排序。

在一趟奇偶排序过程中，若 n 为奇数，对所有的奇数项和所有偶数项扫描一遍，关键码比较次数都是 $m = \lfloor n/2 \rfloor$ 次，总比较次数为 $2 \times \lfloor n/2 \rfloor = n-1$；若 n 为偶数，对所有奇数项扫描一遍，关键码比较 $n/2$ 次，再对所有偶数项扫描一遍，排序码比较 $n/2-1$ 次。关键码总比较次数为 $n/2 + n/2 - 1 = n - 1$。

总之，当序列各元素按关键码值从小到大有序时，元素比较次数为 $n-1$，移动次数为 0；当序列各元素按关键码值从大到小逆序时，元素比较次数为 $\lfloor (n+1)/2 \rfloor \times (n-1)$，移动次数为 $3 \times \lfloor (n+1)/2 \rfloor \times (n-1)$。

7. 不难看出，对长度为 n 的记录序列进行快速排序时，所需进行的比较次数依赖于这 n 个元素的初始排列。

(1) $n=7$ 时在最好的情况下需进行多少次比较？请说明理由。

(2)对 $n=7$ 给出一个最好情况的初始排列实例。

答：(1)快速排序的最好情况是指排序所需的“关键字间的比较次数”和“记录的移动次数”最少的情况，在 $n=7$ 时，至少需进行 2 趟排序。

(2)例如：初始排列为 4、1、3、2、6、5、7 时，只需进行 10 次比较，2 趟排序即可完成，为最好情况。

8. 试证明：当输入序列已经呈现为有序状态时，快速排序的时间复杂度为 $O(n^2)$。

答：证明如下：

当初始记录序列按关键字有序或基本有序时，快速排序将退化为起泡排序。

若初始序列为“正序”序列，则只需进行一趟排序，在排序过程中进行 $n-1$ 次关键字间的比较，且不移动记录；反之，若初始序列为“逆序”时，则需进行 $n-1$ 趟排序，需进行 $\sum_{i=2}^{n}(i-1) = n(n-1)/2$ 次比较，并作等数量级的记录移动。因此，总的时间复杂度为 $O(n^2)$。

9. 若将快速排序的一次划分改写为如下形式，重写快速排序的算法，并讨论对长度为 N 的记录序列进行快速排序时在最好的情况下所需进行的关键字间比较的次数(包括三者求中)。

```
int partition(SqList&L,int low,int high,bool ci,bool cj)
{
  int i,j,m;
  KeyType x;
  i=s;
  j=t;
    m=(s+t)%2;
  x=Midkey(s,m,t);   //三者取中值
  ci=cj=FALSE;
  while(i<j)
  {
```

```
        while((i<j)&&(R[i].key<=x))
        {
          i=i+1;
          if(r[i].key<r[i-1].key)
            r[i]↔r[i-1];
          c[i]=TRUE;
        }  //while
        while((j>i)&&(r[j].key>x))
        {
          j=j-1;
          if(r[j].key>r[j+1].key)
          {
            r[j]↔r[j+1];
            cj=TRUE;
          }  //if
          if(i<j)
          {
            r[i]↔r[j];
            if((i>s)&&(r[i].key<r[i+1].key))
              ci=TRUE;
            if((j<t)&&(r[j].key>r[j+1].key))
              cj=TRUE;
          }  //if
        }  //while
      }  //while
    return i;
  }  // partition
```

答: 重写快速排序的算法如下:

```
void QuickSort(Sqlist &L,int low,int high)
{
  if(low<high)
  {
    pivot=partition(L,low,high);   //对待排序列进行划分
    temp=L.r[low];
    L.r[low]=L.r[pivot];
    L.r[pivot]=temp;
    if(ci)
      QuickSort(L,low,pivot-1);
    if(cj)
      QuickSort(L,pivot+1,high);
```

```
    }
  } //QuickSort
```

三者取中操作最好情况下的比较次数为 1 次，长度为 N 的序列快排最好情况即记录序列按关键字有序排列，运行一次划分算法即可；当 ci 和 cj 都为 FALSE 时，说明两个子表序列有序；则根据划分算法中的 while 循环操作，可知其关键字间比较次数在最好情况下为 $2N+1$。

10. 阅读下列排序算法，并与已学算法相比较，讨论算法中基本操作的执行次数。

```
void sort(SqList&r,int n)
{
  i=1;
  while(i<n-i+1)
  {
    min=max=1;
    for(j=i+1; j<=n-i+1; ++j)
    {
      if(r[j].key<r[min].key)
        min=j;
      else if(r[j].key>r[max].key)
        max=j;
    } //for
    if(min!=i)
      r[min]↔r[i];
    if(max!=n-i+1)
    {
      if(max==i)
        r[min]↔r[n-i+1];
      else
        r[max]↔r[n-i+1];
    } //if
    i++;
  } //while
} //sort
```

答：该算法思想是第一次把最小元素放在 r[1] 中，最大元素放在 r[n] 中，第二次把最小元素放在 r[2] 中，最大元素放在 r[n-1] 中，以此类推，完成整个排序过程。本算法有两重循环，基本操作是 for 循环中的 if 判断语句，其时间复杂度为：$O(n^2)$。

11. 试问：按锦标赛排序的思想，决出八名运动员之间的名次排列，至少需排多少场次的比赛(应考虑最坏的情况)？

答：不能简单地用 $(n-1)+(n-2)\log_2 n$ 来计算比赛场次，因为，随着 $n/2$ 的叶子结点被调整完毕之后，树的深度会逐层减少。分别对 $n=8$ 和 $n=7$ 的情况推导并归纳，得到如下计算公式：

比赛场次 $=(n-1)+n/2(k-1)+(n/2^2)(k-2)+\cdots+n/2^{(k-1)}$，其中 $k=\lceil\log_2 n\rceil$，当 $n=8$ 时，$k=3$，比赛场次 $=7+8/2\times(3-1)+8/2^2=17$ 场(这是最坏情况，即每次都先从叶子开始调整)。

12. 判别以下序列是否为堆(小顶堆或大顶堆)。如果不是，则把它调整为堆(要求记录交换次数最少)。

(1)(100，86，48，73，35，39，42，57，66，21)；

(2)(12，70，33，65，24，56，48，92，86，33)；

(3)(103，97，56，38，66，23，42，12，30，52，06，20)；

(4)(05，56，20，23，40，38，29，61，35，76，28，100)。

答：(1)是大顶堆；

(2)不是堆，重新排列成小顶堆(12，24，33，65，33，56，48，92，86，70)；

(3)是大顶堆；

(4)不是堆，重新排列成小顶堆(05，23，20，35，28，38，29，61，56，76，40，100)。

13. 一个长度为 n 的序列，若去掉其中少数 $k(k<<n)$ 个记录后，序列是按关键字有序的，则称为近似有序序列。试对这种序列讨论各种简单排序方法的时间复杂度。

答：简单排序方法主要有：直接插入排序、起泡排序、选择排序和快速排序；对近似有序的序列可用直接插入排序法，其时间复杂度为 $O(kn)$，当 $k<<n$，且 n 很大时，将比快速排序更有效，而起泡排序和简单选择排序时间复杂度均为 $O(n^2)$，且和 k 无关。

14. 假设序列由 n 个关键字不同的记录构成，要求不经排序而从中选出关键字从大到小顺序的前 $k(k<<n)$ 个记录，试问如何进行才能使所作的关键字间比较次数达到最小？

答：可以借助堆排序中大根堆的创建和结点调整思想来完成该操作。

15. 对一个由 n 个关键字不同的记录构成的序列，你能否用比 $2n-3$ 少的次数选出这 n 个记录中关键字取最大值和关键字取最小值的记录？若能，请说明如何实现？在最坏情况下至少进行多少次比较？

答：(1)能用比 $2n-3$ 少的次数。

(2)可以设立两个变量 max 和 min，用于存放最大元和最小元(的位置)，第一次取两个元素进行比较，大的放入 max，小的放入 min；从第 2 次开始，每次取一个元素先和 max 比较，如果大于 max 则以它替换，并结束本次比较；若小于 max 则再与 min 相比较，在最好的情况下，一路比较下去都不用和 min 相比较。所以这种情况下，至少要进行 $n-1$ 次比较就能找到最大元和最小元。

(3)最坏情况下，要进行 $2n-3$ 次比较才能得到结果。

16. 已知一个含有 n 个记录的序列，其关键字均为介于 0 和 n^2 之间的整数。若利用堆排序等方法进行排序，则时间复杂度为 $O(n\log n)$。如果将每个关键字 K_i，认作 $K_i=K_i^1 n+K_i^2$，其中 K_i^1 和 K_i^2 都是范围[0，n)中的整数，则利用基数排序只需用 $O(n)$ 的时间。推广之，若整数关键字的范围为[0，n^k)，则可得到只需时间 $O(kn)$ 的排序方法，试讨论如何实现之。

答：若整数关键字的范围是[0，n^k)，可以将每个关键字 K_i 认作 $K_i=K_i^1 n^{k-1}+K_i^2 n^{k-2}+K_i^k$，其中 K_i^1，K_i^2，K_i^k 都是范围内的整数；

用静态链表存储 n 个待排关键字记录，令表头指针指向第一个记录，第一趟对记录最低

数位子关键字 K_i^k 进行操作，改变记录的指针值将链表中的记录分配至 k 个链队列中，每个队列中的记录子关键字 K_i^k 相等；第一趟收集是改变所有非空队列的队尾记录的指针域，让其指向下一个非空队列的队头记录，再重新将 k 个队列的记录链接成一个链表；第二趟分配和收集从 K_i^{k-1} 开始，以此类推，直到最高位 K_i^1；

综上，每一趟进行分配和收集的时间复杂度均为 $O(n)$，整个过程需要进行 k 趟分配和收集才能成功排列整个序列，则时间复杂度为 $O(kn)$。

17. 已知一个单链表由 3000 个元素组成，每一个元素是一整数，其值在 1 ~ 1000000 之间。试考察在第 10 章给出的几种排序方法中，哪些方法可用于解决这个链表的排序问题？哪些不能？简述理由。

答：快速排序、堆排序和归并排序可以解决这个链表的排序问题，而插入排序、简单选择排序和起泡排序不能。

原因：该单链表元素个数为 3000 个，数量较大，使用简单排序时间复杂度为 $O(n^2)$，代价太高。而快速排序、堆排序和归并排序尽管可能会占用较多的存储空间，但是时间复杂度为 $O(n\log n)$，对于元素个数较多的情况下，所用的时间和空间都是完全可以接受的。

18. 在进行多关键字排序的两种方法中，试思考在什么条件下 MSD 法比 LSD 法效率更高？

答：(1)LSD 即低关键字优先算法，是从最低位的关键字开始，每次都按相应的关键字位上的大小不同将全部记录进行分配和收集，直至最高位的关键字为止；

(2)MSD 即高关键字优先算法，需将待排序列按高关键字大小不同进行分配形成若干较小的子序列，直至按最低位的关键字分配，最后一次性地将所有记录收集起来。

教材中扑克牌按花色、面值从大到小排序中介绍的方法一即是 MSD 法；扑克牌按花色、面值从小到大排序中介绍的方法二即是 LSD 法；若要求最终的序列按照关键字从大到小排列，则 MSD 法比 LSD 法效率更高。

19. 假设某大旅店共有 5000 个床位，每天需根据住宿旅客的文件制造一分花名册，该名册要求按省(市)的次序排列，每一省(市)按县(区)排列，又同一县(区)的旅客按姓氏排列。请你为旅店的管理人员设计一个制作这份花名册的方法。

答：采用哪种排序方法，关键要看记录结构是如何定义的，如果旅客填表如表 10 - 2 所示。

表 10 - 2　旅客信息表

省(市)	县(区)	姓名	床位号

则按题意要求，应当采用 MSD 法，否则无法满足。但若“姓名”项在前，则必须用 LSD 才符合题意要求。

20. 已知待排序的三个整数 a，b 和 c(a≠b≠c≠a)可能出现的六种排列情况的概率不等，且如表 10 - 3 所示。

表 10 - 3　20 题表

a<b<c	b<a<c	a<c<b	c<a<b	b<c<a	c<b<a
0.13	0.24	0.08	0.19	0.20	0.16

试为该序列设计一个最佳排序方案，使排序过程中所需进行的关键字间的比较次数的期望值达到最小。

答：根据题意设计排序算法的判定树如图 10－8 所示。

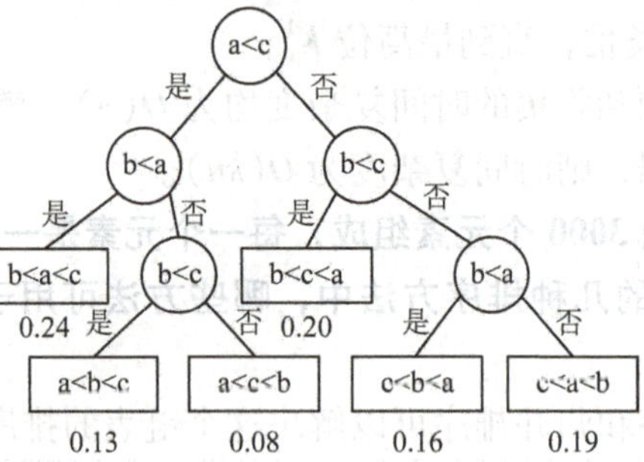

图 10－8　判定树

则关键字比较次数的期望为 $2\times(0.24+0.20)+3\times(0.13+0.08+0.16+0.19)=2.56$。达到最小。

21. 分别利用折半插入排序法和 2－路归并排序法对含四个记录序列进行排序，画出描述该排列过程的判定树，并比较他们所需进行的关键字间的比较次数的最大值。

答：例如，含有 4 个记录的序列为：49、38、65、79

则折半插入排序判定树如图 10－9 所示。

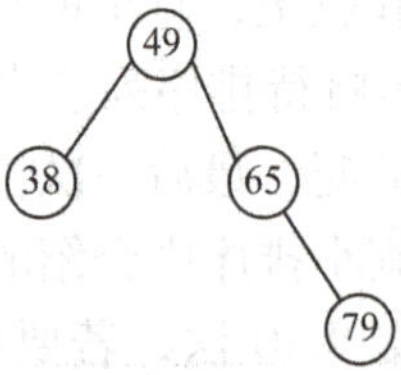

图 10－9　折半插入排序树

2－路归并排序法判定树略。

则折半查找比较次数为 5 次，2－路归并排序比较次数为 3 次，故比较次数最大值为 5 次。

22. 归并插入排序是对关键字进行比较次数最少的一种内部排序方法，它可按如下步骤进行（假设待排序元素存放在数组 x[1..n] 中）：

(1) 另开辟两个大小为 $\lceil n/2\rceil$ 的数组 small 和 large。从 i＝1 到 n－1，对每个奇数的 i，比较 x[i] 和 x[i＋1]，将其中较小者和较大者分别依次存入数组 small 和 large 中（当 n 为奇数时，small[$\lceil n/2\rceil$]＝x[n]）；

(2) 对数组 large[1..$\lfloor n/2\rfloor$] 中元素进行归并插入排序，同时相应调整 small 数组中的元素，使得在这一步结束时达到 large[i]＜large[i＋1]，i＝1，2，…，$\lfloor n/2\rfloor$－1，small[i]＜large[i]，i＝1，2，…，$\lfloor n/2\rfloor$；

(3) 将 small[1] 传送至 x[1] 中，将 large[1] 至 large[$\lfloor n/2\rfloor$] 依次传送至 x[2] 至 x[$\lfloor n/2\rfloor$＋1] 中；

(4) 定义一组整数 $int[i]=(2^{i+1}+(-1)^i)/3$，i＝1，2，…，t－1，直至 int[t]＞$\lfloor n/2\rfloor$＋1，利用折半插入依次将 small[int[i＋1]] 至 small[int[i]＋1] 插入至 x 数组中去。例如，若 n＝21，则得到一组整数 int[1]＝1，int[2]＝3，int[3]＝5，int[4]＝11，由此 small 数

组中元素应按如下次序：small[3]，small[2]，small[5]，small[4]，small[11]，small[10]，…，small[6]，插入到 x 数组中去。

试以 n=5 和 n=11 手工执行归并插入排序，并计算排序过程中所作关键字比较的次数。

答：当 n=5 时，步骤如下：

(1)从 i=1 到 4，则 x[1]，x[2]，x[3]，x[4]经过比较，较小者放入 small 数组，较大者放入 large 数组。因为 n 为基数，则 small[⌈n/2⌉]=small[3]=x[5]，所以需要比较 2 次；

(2)对数组 large[1..2]中元素归并插入排序需要比较 1 次，又 small[1]与 large[1]、small[2]与 large[2]比较，需要 2 次；则该过程一共 3 次比较；

(3)将 small[1]传到 x[1]，large[1]到 large[2]依次传送至 x[2]至 x[3]中，不需要比较；

(4)当 n=5 时，int[1]=1，int[2]=3，利用折半插入排序将 small[int[1+1]]=small[int[2]]=small[3]至 small[int[1+1]]=small[2]，即将 small[3]至 small[2]插入到数组 x 中，由于数组 x 已经有 3 个元素，则折半插入 small[3]需要比较两次，再折半插入 small[2]则至少需要比较两次，至多需要比较三次；

综上，当 n=5 时，执行归并插入排序，至少需要比较 9 次，至多需要比较 10 次；

n=11 时，与 n=5 时思路一样，不做赘述。

23. 试以 L.r[k+1]作为监视哨改写教科书 10.2.1 节给出的直接插入排序算法，其中 L.r[1..k]为待排序记录且 k<MAXSIZE。

答：

```
void InsertSort(SqList &L)  //改写直接插入排序
{
  int n = L.length;
  for(int i = n-1; i; i--)  //从后向前进行插入排序
    if(L.r[i].key > L.r[i+1].key)
    {
      L.r[n+1].key = L.r[i+1].key;    //设置监视哨
      for(int j = i+1; L.r[j].key > L.r[i].key; j++)
        L.r[j-1].key = L.r[j]key;
      L.r[j-1].key = L.r[n+1].key;    //插入
    }  //if
}  //InsertSort
```

24. 试编写教科书 10.2.2 节中所述 2-路插入排序的算法。

答：

```
void BiInsertSort(SqList &L)  //二路插入排序
{
  int d[MAXSIZE];    //作辅助数组
  int x = L.r[0].key;
  d[0] = x;
  int s = e = 1, i;
  for(i = 2;i <= L.length;i++)
```

```
    {if(L.r[i].key>=x)
      { //插入前部
        for(j=e;d[j]>L.r[i].key;j--)
          d[j+1]=d[j]; //后移
        d[j+1]=L.r[i].key;
        e++;
      }
    else
      { //插入后部
        for(j=s;d[j]<L.r[i].key;j++)
          d[j-1]=d[j]; //前移
        d[(j-2)%MAXSIZE+1]=L.r[i].key;
        s=(s-2)%MAXSIZE+1;
      }
    } //for
  for(i=s,j=1;d[i];i=i%MAXSIZE+1,j++) //从辅助数组复制回原数组
    L.r[j].key=d[i];
} //BiInsertSort
```

25. 试编写教科书 10.2.2 节中所述链表插入排序的算法。

答:

```
void SLInsert_Sort(SLList &L) //静态链表的插入排序算法
{
  L.r[0].key=0;
  L.r[0].next=1;
  L.r[1].next=0; //建初始循环链表
  for(i=2;i<=L.length;i++) //逐个插入
  {
    p=0;
    x=L.r[i].key;
    while(L.r[L.r[p].next].key<x&&L.r[p].next) //查找插入位置
      p=L.r[p].next;
    q=L.r[p].next;
    L.r[p].next=i;
    L.r[i].next=q;
  } //for
  p=L.r[0].next;
  for(i=1;i<L.length;i++) //重排记录的位置
  {
    while(p<i)
```

```
      p = L.r[p].next;
    q = L.r[p].next;
    if(p != i)
    {
      temp = L.r[p];
      L.r[p] = L.r[i];
      L.r[i] = temp;
      L.r[i].next = p;
    }
    p = q;
  } //for
} //SLInsert_Sort
```

26. 如下所述改写教科书10.3节中所述起泡排序算法：将1.4.3节的算法中用以起控制作用的布尔变量change改为一个整型变量，指示每一趟排序中进行交换的最后一个记录的位置，并以它作为下一趟起泡排序循环终止的控制值。

答：

```
void Bubble_Sort1(int a[ ],int n)  //对包含n个元素的数组a进行改进的冒泡排序
{
  change = n - 1;  //change指示上一趟冒泡中最后发生交换的元素
  while(change)
  {
    for(c = 0,i = 0;i < change;i ++ )
    {
      if(a[i] > a[i + 1])
      {
        temp = a[i];
        a[i] = a[i + 1];
        a[i + 1] = temp;  //交换
        c = i + 1;  //c指示这一趟冒泡中发生交换的元素
      }
      change = c;
    } //for
  } //while
} //Bubble_Sort1
```

27. 编写一个双向起泡的排序算法，即相邻两遍向相反方向起泡。

答：

```
void Bubble_Sort2(int a[ ],int n)  //相邻两趟是反方向起泡的冒泡排序算法
{
  low = 0;
  high = n - 1;  //冒泡的上下界
```

```
    change = 1;
    while(low < high&&change)
    {
      change = 0;
      for(i = low;i < high;i ++ )   //从上向下起泡
      {
        if(a[i] > a[i+1])
        {
          temp = a[i]
          a[i] = a[i+1];
          a[i+1] = temp;   //交换
          change = 1;
        }
      } //for
      high --;   //修改上界
      for(i = high;i > low;i -- )   //从下向上起泡
      {
        if(a[i] < a[i-1])
        {
          temp = a[i]
          a[i] = a[i-1];
          a[i-1] = temp;   //交换
          change = 1;
        }
      }  //for
      low ++;   //修改下界
    }  //while
}  //Bubble_Sort2
```

28. 修改 27 题中要求的算法请考虑如何避免将算法写成两个并在一起的相似的单向起泡的算法段。

答：

```
void Bubble_Sort3(int a[],int n)   //改进起泡排序，循环体只含有一次冒泡
{
    int b[2];   //b[0]记录下界，b[1]记录上界
    int d;   //步长，正向起泡时为1，反向为-1
    int change,s;   //change 记录每趟排序中最后一次进行元素交换的位置
    b[0] =0;
    b[1] = n-1;
    d = 1;
    while(b[0] < b[1])
```

```
    {
      s = change = b[(1 - d)/2];
      for(j = s;j! = b[(1 + d)/2];j += d)
        if(d * (a[j] - a[j - d]) > 0)
        {
          change = j;
          temp = a[j];
          a[j] = a[j + d];
          a[j + d] = temp;      //交换
        }
        //修改步长 d，上界或下界
        b[1 + d] = change;
        d = - d;
    }  //while
}  //Bubble_Sort3
```

29. 按 6 题所述编写奇偶交换排序的算法。

答：

```
void Sort(int a[ ],int n)  //对长度为 n 的序列 a 进行奇偶排序
{
  changed = 1;    //表示是否进行交换
  while(changed)
  {
    changed = 0;
    for(i = 1;i < n - 1;i += 2)  //操作所有奇数
      if(a[i] > a[i + 1])
      {
        temp = a[i];
        a[i] = a[i + 1];
        a[i + 1] = temp;
        changed = 1;
      }
    for(i = 0;i < n - 1;i += 2)  //操作所有偶数
      if(a[i] > a[i + 1])
      {
        temp = a[i];
        a[i] = a[i + 1];
        a[i + 1] = temp;
        changed = 1;
      }
  }  //while
```

```
}  //Sort
```

30. 按下述原则编写快排的非递归算法：

(1)一趟排序之后，若子序列已有序(无交换)，则不参加排序，否则先对长度较短的子序列进行排序，且将另一子序列的上，下界入栈保存；

(2)若待排记录数≤3，则不再进行分割，而是直接进行比较排序。

答：

```
typedef struct
{
  int low;
  int high;
}boundary;    //子序列的上下边界类型
void QSort_NotRecurve(int SQList &L)  //快速排序的非递归算法
{
  low = 1;
  high = L.length;
  InitStack(S);    //S 的元素为 boundary 类型
  while(low < high&&!StackEmpty(S))  //排序算法结束的条件
  {
    if(high - low > 2)  //如果当前子序列长度大于 3 且尚未排好序
    {
      pivot = Partition(L,low,high);  //选择基准元素,再进行划分
      if(high - pivot > pivot - low)  //比较划分前后序列哪个更长
      {
        Push(S,{pivot + 1,high});  //把长的子序列边界入栈
        high = pivot - 1;  //短的子序列留待下次排序
      }
      else
      {
        Push(S,{low,pivot - 1});  //把长的子序列边界入栈
        low = pivot + 1;  //短的子序列留待下次排序
      }
    }  //if
    else if(low < high&&high - low < 3)  //如果当前子序列长度小于 3 且尚未排好序
    {
      Easy_Sort(L,low,high);  //直接进行比较排序
    low = high;  //当前子序列标志为已排好序
    }
    else  //如果当前子序列已排好序但栈中还有未排序的子序列
    {
      Pop(S,a);  //从栈中取出一个子序列
```

```
      low = a. low;
      high = a. high;
    }
  }  //while
}  //QSort_NotRecurve
int Partition(SQList &L,int low,int high)  //一趟划分的算法，与书上相同
{
  L. r[0] = L. r[low];
  pivotkey = L. r[low]. key;
  while(low < high)
  {
    while(low < high&&L. r[high]. key >= pivotkey)
      high --; //依次往前移
    L. r[low] = L. r[high];
    while(low < high&&L. r[low]. key <= pivotkey)
      low ++;    //依次往后移
    L. r[high] = L. r[low];
  }  //while
  L. r[low] = L. r[0];
  return low;
}  //Partition
void Easy_Sort(SQList &L,int low,int high)  //对长度小于 3 的子序列进行比较排序
{
  if(high - low == 1)  //子序列只含两个元素
    if(L. r[low]. key > L. r[high]. key)
    {
      temp = L. r[low];
      L. r[low] = L. r[high];
      L. r[high] = temp;
    }
  else  //子序列含有三个元素，进行交换
  {
    if(L. r[low]. key > L. r[low + 1]. key)
    {
      temp = L. r[low];
      L. r[low] = L. r[low + 1];
      L. r[low + 1] = temp;
    }
    if(L. r[low + 1]. key > L. r[high]. key)
    {
```

```
            temp = L.r[low + 1];
            L.r[low + 1] = L.r[high];
            L.r[high] = temp;
        }
        if(L.r[low].key > L.r[low + 1].key)
        {
            temp = L.r[low];
            L.r[low] = L.r[low + 1];
            L.r[low + 1] = temp;
        }
    }
} //Easy_Sort
```

31. 编写算法，对 *n* 个关键字取整数值的记录序列进行整理，以使所有关键字为负值的记录排在关键字为非负值的记录之前，要求：

(1)采用顺序存储结构，至多使用一个记录的辅助存储空间；

(2)算法的时间复杂度为 $O(n)$；

(3)讨论算法中记录的最大移动次数。

答：

```
void Divide(int a[ ],int n)  //把数组 a 中所有值为负的记录调到非负的记录之前
{
  low = 0;
  high = n - 1;
  while(low < high)
  {
    while(low < high&&a[high] >= 0)
      high --;    //以 0 作为虚拟的枢轴记录
    temp = a[low];
    a[low] = a[high];
    a[high] = temp; //交换
    while(low < high&&a[low] < 0)
      low ++;
    temp = a[low];
    a[low] = a[high];
    a[high] = temp; //交换
  } //while
} //Divide
```

当关键字为正数的记录全部排在关键字为负数的记录之前时，需要移动的次数达到最大，为 *n*/2。

32. 荷兰国旗问题：设有一个仅由红，白，蓝三种颜色的条块组成的条块序列。请编写一个时间复杂度为 $O(n)$ 的算法，使得这些条块按红，白，蓝的顺序排好，即排成荷兰国旗

图案。

答：

typedef enum{RED,WHITE,BLUE} color; //三种颜色

void Flag_Arrange(color a[ ],int n) //把由三种颜色组成的序列重排为按照红，白，蓝的顺序排列

```
{
  int i=0;   //i以前的全部为红色
  int j=0;   //j表示当前指针
  k=n-1;   //k之后的全部为蓝色
  while(j<=k)
  {
    switch(a[j])
    {
      case RED:   //如果是红色
        temp=a[i];
        a[i]=a[j];
        a[j]=temp; //交换
        i++;
        j++;
        break;
      case WHITE:   //如果是白色
        j++;
        break;
      case BLUE:  //如果是蓝色
        temp=a[j];
        a[j]=a[k];
        a[k]=temp;   //交换
        k--;   //这里没有j++;语句是为了防止交换后a[j]仍为蓝色的情况
        break;
    }  //switch
  }  //while
}  //Flag_Arrange
```

分析：这个算法中设立了三个指针，其中指针j表示当前元素；指针i以前的元素全部为红色；指针k以后的元素全部为蓝色。这样就可以根据j的颜色，把其交换到序列的前部或者后部。

33. 试以单链表为存储结构实现简单选择排序的算法。

答：

```
void LinkedList_Select_Sort(LinkedList &L)  //单链表上的简单选择排序算法
{
  for(p=L;p->next->next;p=p->next)
```

```
    {
      q = p -> next;
      x = q -> data;
      for(r = q,s = q;r -> next;r = r -> next)  //在 q 后面寻找元素值最小的结点，逐个比较
      {
        if(r -> next -> data < x)
        {
          x = r -> next -> data;
          s = r;
        }
      }  //for
      if(s! = q)  //找到了值比 q -> data 更小的最小结点 s -> next，并交换 q 和 s -> next 两个结点
      {
        p -> next = s -> next;
        s -> next = q;
        t = q -> next;
        q -> next = p -> next -> next;
        p -> next -> next = t;
      }
    }  //for
  }  //LinkedList_Select_Sort
```

34. 已知(k_1，k_2，…，k_p)是堆，则可以写一个时间复杂度为 $O(\log n)$ 的算法将(k_1，k_2，…，k_p，k_{p+1})调整为堆。试编写“从 $p=1$ 起，逐个插入建堆”的算法，并讨论由此方法建堆的时间复杂度。

答：

```
void Build_Heap(Heap &H,int n)  //从低下标到高下标逐个插入建堆的算法，n 为元素个数
{
  for(i = 2;i < n;i ++)
  {  //此时从 H. r[1]到 H. r[i - 1]已经是大顶堆
    j = i;
    while(j! = 1)  //把 H. r[i]插入
    {
      k = j/2;
      if(H. r[j]. key > H. r[k]. key)
      {
        temp = H. r[j];
        H. r[j] = H. r[k];
```

```
            H. r[k] = temp; //交换
          }
          j = k;
        } //while
      } //for
    } //Build_Heap
```

对堆进行调整所需的时间与树高有关，每次调整时，大部分结点的高度都较小，则可以证明在元素个数为 n 的序列上建堆的时间复杂度为 $O(n)$。

35. 假设定义堆为满足如下性质的完全三叉树：

(1)空树为堆；

(2)根结点的值不小于所有子数根的值，且所有子树均为堆。

编写利用上述定义的堆进行排序的算法，并分析推导算法的时间复杂度。

答：

```
void TriHeap_Sort(Heap &H)   //利用三叉树形式的堆进行排序的算法
{
  for(i = H.length/3;i > 0;i --)
    Heap_Adjust(H,i,H.length); //调整为满足题设条件的堆
  for(i = H.length;i > 1;i --)
  {
    printf("%d\n",H.r[1]);
    temp = H.r[1];
    H.r[1] = H.r[i];
    H.r[i] = temp;
    Heap_Adjust(H,1,i-1);  //输出一个元素后继续调整
  }
} //TriHeap_Sort
void Heap_Adjust(Heap &H,int s,int m)   //顺序表 H 中，H.r[s+1]到 H.r[m]已经是堆，把 H.r[s]插入并调整成堆
{
  rc = H.r[s];
  for(j = 3 * s - 1; j <= m; j = 3 * j - 1)
  {
    if(j < m&&H.r[j].key < H.r[j+1].key)
      j ++;
    if(j < m&&H.r[j].key < H.r[j+1].key)
      j ++;
    H.r[s] = H.r[j];
    s = j;
  } //for
  H.r[s] = rc;
```

```
} //Heap_Adjust
```

分析：本算法与课本上的堆排序算法相比，只有两处改动：

①建初始堆时，i 的上限从 H. length/3 开始；

②调整堆的时候，要从结点的三个孩子结点中选择最大的那一个，最左边的孩子的序号的计算公式为 $j=3*s-1$。

分析可得本算法的时间复杂度为 $O(n\log n)$。

36. 可按如下所述实现归并排序：假设序列中有 k 个长度为 $\leqslant l$ 的有序子序列。利用过程 Merge（参见教科书 10.5 节）对他们进行两两归并，得到 $\lceil k/2 \rceil$ 个长度 $\leqslant 2l$ 的有序子序列，称为一趟归并排序。反复调用一趟归并排序过程，使有序子序列的长度自 $l=1$ 开始成倍地增加，直至使整个序列成为一个有序序列。试对序列实现上述归并排序的递推算法，并分析你的算法的时间复杂度。

答：

```
void Merge_Sort(int a[],int n)  //归并排序的非递归算法
{
  for(l=1;l<n;l*=2)  //l 为一趟归并段的段长
  {
    for(i=0;(2*i-1)*l<n;i++)  //i 为本趟的归并段序号
    {
      start1 =2*l*i;  //求出待归并的两段的上下界
      end1 = start1 +l-1;
      start2 = end1 +1;
      end2 =(start2 +l-1)>(n-1)?(n-1):(start2 +l-1);  //注意 end2 可能超出边界
      Merge(a,start1,start2,end2);  //归并
    }//for
  }  //for
} //Merge_Sort
void Merge(int a[],int s1,int e1,int s2,int e2)
//将有序子序列 a[s1]..e1]和 a[s2..e2]归并为有序序列 a[s1..e2]
{
  int temp[MAXSIZE];  //设立辅助存储数组 temp
  for(i=s1,j=s2,k=s1;i<=e1&&j<=e2;k++)  //两个子序列各自从头开始遍历，将元素有序存放到数组 temp
  {
    if(a[i]<a[j])
      temp[k]=a[i++];
    else
      temp[k]=a[j++];
  }
  while(i<=e1)
```

```
        temp[k++] = a[i++];    //当 a[s1]~a[e1]还有剩余元素时，拷贝到 temp
    while(j≤e2)
        temp[k++] = a[j++];    //当 a[s2]~a[e2]还有剩余元素时，拷贝到 temp
    for(i = s1; i <= e2; i++)  //复制回数组 a
        a[i] = temp[i];
}  //Merge
```

对于长度为 n 的待排序列，每次归并所用时间为 $O(n)$，一共需要 $O(\log_2 n)$趟归并，则时间复杂度为 $O(n\log_2 n)$。

37. 采用链表存储结构，重做 36 题。

答：

```
void LinkedListMergeSort(LinkedList &L)
{  //链表上归并排序的非递归算法
    for(int k = 1;k < L.length;k *= 2)   //k 为归并的段长
    {
        for(p = L -> next,e2 = p;p -> next;p = e2)
        {
            for(i = 1,q = p;i <= 1&&q -> next;i ++ ,q = q -> next);
            e1 = q;
            for(i = 1;i <= k&&q -> next;i ++ ,q = q -> next);
            e2 = q;    //求两个归并子序列的尾指针
            if(e1 != e2)
                LinkedListMerge(L,p,e1,e2);  //归并
        }  //for
    }  //for
}  //LinkedListMergeSort
void LinkedListMerge(LinkedList &L,LNode * p,LNode * e1,LNode * e2)
{  //对 p -> next 到 e1，e1 -> next 到 e2 进行归并
    q = p -> next;
    r = e1 -> next;    //设置子序列的两个起始位置
    while(q != e1 -> next&&r != e2 -> next)
    {
        if(q -> data < r -> data)
        {  //关键字较小的结点链接在 p 的后面
            p -> next = q;
            p = q;
            q = q -> next;
        }
        else
        {
            p -> next = r;
```

```
        p = r;
        r = r -> next;
      }
    }  //while
    while(q! = e1 -> next)
    {
      p -> next = q;
      p = q;
      q = q -> next;
    }
    while(r! = e2 -> next)
    {
      p -> next = r;
      p = r;
      r = r -> next;
    }
}  //LinkedListMerge
```

38. 2－路归并排序的另一策略是，先对待排序序列扫描一遍，找出并划分为若干个最大有序子列，将这些子序列作为初始归并段。试写一个算法在链表结构上实现这一策略。

答：

```
void LinkedList_Merge_Sort2(LinkedList &L)
//初始归并段为最大有序子序列的归并排序，采用链表存储结构
{
  LNode * end[MAXSIZE];    //该数组用来存储各有序子序列的尾指针
  for(p = L -> next -> next, i = 0; p; p = p -> next)  //求各有序子序列的尾指针
  {
    if( !p -> next || p -> data > p -> next -> data)
      end[i ++ ] = p;  //当前结点大于后面一个结点时,即找到一个有序子序列的尾指针
    while(end[0] -> next)  //当不止一个子序列时进行两两归并
    {
      j = 0;  //j为当前子序列尾指针存储位置
      k = 0;  //k为归并后的子序列尾指针存储位置
      for(p = L -> next, e2 = p; p -> next; p = e2)  //两两归并所有子序列
      {
        e1 = end[j];
        e2 = end[j + 1];  //确定两个子序列
        if(e1 -> next)
          LinkedList_Merge(L, p, e1, e2);  //归并
        end[k ++ ] = e2;  //用新序列的尾指针取代原来的尾指针
```

```
            j += 2;  //转到后面两个子序列
        }
      } //while
  } //for
} //LinkedList_Merge_Sort2
void LinkedList_Merge(LinkedList &L,LNode * p,LNode * e1,LNode * e2)
//对链表上的子序列进行归并，第一个子序列是从 p -> next 到 e1，第二个是从 e1 ->
next 到 e2
{
  q = p -> next;
  r = e1 -> next;
  while(q! = e1 -> next&&r! = e2 -> next)  //q 和 r 为两个子序列的起始位置
  {
    if(q -> data < r -> data)  //选择关键字较小的那个结点接在 p 的后面
    {
      p -> next = q;
      p = q;
      q = q -> next;
    }
    else  //否则接到 r 的后面
    {
      p -> next = r;
      p = r;
      r = r -> next;
    }
  }  //while
  while(q! = e1 -> next)  //链接剩余部分
  {
    p -> next = q;
    p = q;
    q = q -> next;
  }
  while(r! = e2 -> next)  //链接剩余部分
  {
    p -> next = r;  p = r;
    r = r -> next;
  }
} //LinkedList_Merge
```

39. 已知两个有序序列$(a_1, a_2, \cdots, a_m)$和$(a_{m+1}, a_{m+2}, \cdots, a_n)$，并且其中一个序列的记录个数少于 s，且 $s = \lfloor\sqrt{n}\rfloor$。试写一个算法，用 $O(n)$ 时间和 $O(1)$ 附加空间完成这两个

有序序列的归并。

答:

```
void Merge(int a[],int len1,int len2)
//把长度分别为 len1,len2 且 len1 * len1 <(len1 + len2)的两个有序子序列归并为有序序列
{
  start1 =0;
  start2 = len1;  //分别表示序列 1 和序列 2 的剩余未归并部分的起始位置
  for(i =0;i <len1;i ++)  //插入第 i 个元素
  {
    for(j = start2;j <len1 + len2&&a[j] <a[start1 +i];j ++);  //寻找插入位置
    k =j - start2;  //k 为要向右循环移动的位数
    RSh(a,start1,j -1,k);  //将 a[start1]到 a[j -1]之间的子序列循环右移 k 位
    start1 += k +1;
    start2 =j;  //修改两序列尚未归并部分的起始位置
  }
} //Merge
void RSh(int a[],int start,int end,int k)  //将 a[start..end]之间的子序列循环右移 k 位
{
  len = end - start +1;
  for(i =1;i <=k;i ++)
    if(len%i ==0&&k%i ==0)
      p =i;  //求 len 和 k 的最大公约数 p
  for(i =0;i <p;i ++)  //对 p 个循环链分别进行右移
  {
    j = start +i;
    l = start +(i +k)%len;
    temp = a[j];
    while(l!= start +i)
    {
      a[j] = temp;
      temp = a[l];
      a[l] = a[j];
      j =l;
      l = start +(j - start +k)%len;    //依次向右移
    } //while
    a[start +i] = temp;
  } //for
} //RSh
```

分析：该算法假设的是第一个序列中记录个数小于 s，首先从第一个记录开始，确定它

在归并后的序列中的位置，假设其最终位置为 k，则需要从该位置开始循环右移 k - 1 位，这次右移动仅仅涉及第一个序列和第二个序列的前 k - 1 个记录，从而使得前 k 个记录位于归并序列的最终位置，以此类推对第一个序列的后序记录进行重复操作，直到归并结束。

40. 假设两个序列各有至少 *s* 个记录，重做 39 题。

答：

```
void Merge(int a[],int len1,int len2)
//把长度分别为 len1，len2 且 len1 * len1 ≥ (len1 + len2)的两个有序子序列归并为有序序列
{
  start1 = 0;
  start2 = len1;   //分别表示序列 1 和序列 2 的剩余未归并部分的起始位置，len1 > s
  for(i = 0;i < len1;i ++ )  //插入第 i 个元素
  {
    for(j = start2;j < len1 + len2&&a[j] < a[start1 + i];j ++ );  //寻找插入位置
    k = j - start2;  //k 为要向右循环移动的位数
    RSh(a,start1,j - 1,k);  //将 a[start1..j - 1]之间的子序列循环右移 k 位
    start1 += k + 1;
    start2 = j;  //修改两序列尚未归并部分的起始位置
  }
} //Merge
void RSh(int a[],int start,int end,int k)  //将 a[start..end]之间的子序列循环右移 k 位
{
  len = end - start + 1;
  for(i = 1;i <= k;i ++ )
    if(len% i == 0&&k% i == 0)
      p = i;  //求 len 和 k 的最大公约数 p
  for(i = 0;i < p;i ++ )  //对 p 个循环链分别进行右移
  {
    j = start + i;
    l = start + (i + k) % len;
    temp = a[j];
    while(l! = start + i)
    {
      a[j] = temp;
      temp = a[l];
      a[l] = a[j];
      j = l;
      l = start + (j - start + k) % len;   //依次向右移
    }  //while
    a[start + i] = temp;
```

```
    } //for
} //RSh
```

41. 假设有1000个关键字为小于10000的整数的记录序列，请设计一种排序方法，要求以尽可能少的比较次数和移动次数实现排序，并按你的设计编出算法。

答：

```
void Hash_Sort(int a[ ],int n)   //n为关键字最大值，这里指10000
{
    int key_num[n];
    int i,j,k;
    for(i=0;i<n;i++)   //初始化数组key_num [ ]
      key_num [i]=0;
    for(i=1;i<a[0];i++)   //a[0]存储关键字个数
      key_num [a[i]]++;   //统计各个记录出现的次数
    for(i=0,k=0;i<n;i++)  //按照递增顺序排序待排序列
      for(j=0;j<key_num [i];j++)
        a[++k]=i;
}
```

分析：该算法是在确定了关键字大小范围后给定的一个算法，用一个数组记录每个关键字出现的次数，再遍历整个范围，对整个序列进行排序。

42. 序列的"中值记录"指的是：如果将此序列排序后，它是第⌈$n/2$⌉个记录，试写一个求中值记录的算法。

答：

```
typedef struct
{
    int gt;    //大于该记录的个数
    int lt; //小于该记录的个数
}place;    //整个序列中比某个关键字大或小的记录个数
int Get_Mid(int a[ ],int n)   //求一个序列的中值记录的位置
{
    place key_num[MAXSIZE];
    for(i=0;i<n;i++)   //双重循环，对每一个元素统计比它大和比它小的元素个数gt和lt存放在key_num中
    {
      for(j=0;j<n;j++)
      {
        if(a[j]>a[i])
          key_num[i].gt++;   //比它大的元素个数加1
        else if(a[j]<a[i])
          key_num[i].lt++;   //比它小的元素个数加1
      }
```

```
    }  //for
    mid = 0;
    min_dif = abs(key_num[0].gt - key_num[0].lt);  //abs()为绝对值函数
    for(i = 0;i < n;i ++)  //找出 gt 值与 lt 值最接近的元素，即为中值记录
      if(abs(key_num[i].gt - key_num[i].lt) < min_dif)
        mid = i;
      return mid;
  }  //Get_Mid
```

43. 已知记录序列 $a[1..n]$ 中的关键字各不相同，可按如下所述实现计数排列：另设数组 $c[1..n]$，对每个记录 $a[i]$，统计序列中关键字比它小的记录个数存于 $c[i]$，则 $c[i]=0$ 的记录必为关键字最小的记录，然后依 $c[i]$ 值的大小对 a 中记录进行重新排列，试编写算法实现上述排列方法。

答：

```
void Count_Sort(int a[],int n)  //计数排序算法
{
  int c[MAXSIZE];  //计数数组,记录比某关键字小的关键字个数
  for(i = 0;i < n;i ++)  //对每一个元素进行运算
  {
    for(j = 0,count = 0;j < n;j ++)  //统计关键字比它小的元素个数
      if(a[j] < a[i])
        count ++;
    c[i] = count;
  }  //for
  for(i = 0;i < n;i ++)
    temp[c[i]] = a[i];
  for(i = 0;i < n;i ++)
    a[i] = temp[i];
}  //Count_Sort
```

44. 假设含 n 个记录的序列中，其所有关键字为值介于 v 和 w 之间的整数，且其中很多关键字的值是相同的。则可按如下方法进行排序：另设数组 number[v..w]且令 number[i]统计关键字取整数 i 的记录数，之后按 number 重排序列以达到有序。试编写算法实现上述排序方法，并讨论此种方法的优缺点。

答：

```
void Enum_Sort(int a[],int n)  //对关键字只能取 v 到 w 之间任意整数的序列进行排序
{
  int number[w + 1],pos[w + 1];
  for(i = 0;i < n;i ++)
    number[a[i]] ++;  //计数
  for(pos[0] = 0,i = 1;i < n;i ++)
    pos[i] = pos[i - 1] + num[i];  //pos 数组可以把关键字的值映射为元素在排好的
```

序列中的位置

```
    for(i=0;i<n;i++)  //构造有序数组c
      c[pos[a[i]]++]=a[i];
    for(i=0;i<n;i++)
      a[i]=c[i];
  } //Enum_Sort
```

分析：本算法参考了第五章三元组稀疏矩阵转置的算法思想，其中的 pos 数组和那里的 cpot 数组起的是相类似的作用。

45. 试编写算法，借助"计数"实现基数排序。

答：

```
typedef enum{0,1,2,3,4,5,6,7,8,9} digit; //定义个位数类型
typedef digit[3] num;  //定义3位自然数类型,低位存储个位,高为存储百位
void Sort(num a[],int n)  //利用计数实现基数排序，其中关键字为3位自然数，n为自然数总数
{
  int number,pos;
  num c[MAXSIZE];
  for(j=0;j<3;j++)  //依次对个位，十位和百位排序
  {
    for(i=0;i<n;i++)
      number[a[i][j]]++;   //计数，数组number记录元素a[i][j]出现的次数
    for(pos[0]=0,i=1;i<n;i++)
      pos[i]=pos[i-1]+num[i];  //把关键字的值映射为元素在排好的序列中的位置
    for(i=0;i<n;i++)  //构造有序数组c
      c[pos[a[i][j]]++]=a[i];
    for(i=0;i<n;i++)
      a[i]=c[i];
  } //for
} //Sort
```

分析："计数"排序是一种稳定的排序方法。正因为如此，它才能够被用来实现基数排序。

46. 序列 *b* 的每个元素是一个记录，每个记录占的存储量比其关键字占的存储量大的多，因而记录的移动操作是极为费时的。试写一个算法，将序列 *b* 的排序结果放入序列 *a* 中，且每个记录只拷贝一次而无其他移动。你的算法可以调用第10章中给出的任何排序算法。思考：当记录存于链表中时，若希望利用快速排序算法对关键字排序，从而最后实现链表的排序，如何模仿上述方法实现？

答：

```
typedef struct
{
```

```
    int key;
    int pos;
}S;  //辅助序列的记录类型
void Sort(Rectype b[ ],Rectype &a[ ],int n)
//对记录序列 b 进行排序，结果放入 a 中，不移动元素
{
    S d[MAXSIZE];
    for(i=0;i<n;i++)  //生成辅助序列
    {
        d[i].key=b[i].key;
        d[i].pos=i;
    }  //复制数组 b，生成辅助序列 d
    for(i=n-1,change=1;i>1&&change;i--)  //对辅助序列执行冒泡排序
    {
        change=0;
        for(j=0;j<i;j++)
        {
            if(d[j].key>d[j+1].key)
            {
                temp=d[j];
                d[j]=d[j+1];
                d[j+1]=temp;  //交换
                change=1;  //改变标识,标记有过交换
            }
        }//for
    }//for
    for(i=0;i<n;i++)  //按辅助序列里记录的原来位置复制原序列
        a[i]=b[d[i].pos];
}  //Sort
```

分析：可另设一个序列 d[1..n]，每个分量含两个域：关键字域存放每个记录的关键字，即 d[i].key=b[i].key；地址域指示记录在排序过程中的相对位置，其初值应为 d[i].pos=i。调用任何一种排序方法调整 d[i].pos 的值($i=1, 2, \cdots, n$)。排序结束时表明，序列 a 中记录应按 d[i].pos 的值进行排列，即 a[i]应调整为 b[d[i].pos]。

10.3　考研真题与典型题详解

一、选择题

1. 选择一个排序算法时，除算法的时空效率外，下列因素中，还需要考虑的是(　　)。[2019 年 408 统考]

Ⅰ. 数据的规模　　Ⅱ. 数据的存储方式

Ⅲ. 算法的稳定性　　Ⅴ. 数据的初始状态

A. 仅Ⅲ　　B. 仅Ⅰ、Ⅱ　　C. 仅Ⅱ、Ⅲ、Ⅳ　　D. Ⅰ、Ⅱ、Ⅲ、Ⅳ

【答案】D

【解析】选择排序算法时，数据的规模、存储方式、初始状态以及算法稳定性都需要考虑到，故选择D。

2. 排序过程中，对尚未确定最终位置的所有元素进行一遍处理称为一“趟”。下列序列中，不可能是快速排序第二趟结果的是(　　)。[2019年408统考]

A. 5，2，16，12，28，60，32，72　　B. 2，16，5，28，12，60，32，72

C. 2，12，16，5，28，32，72，60　　D. 5，2，12，28，16，32，72，60

【答案】D

【解析】经过一次快速排序后，序列中至少存在一个数字，使得其左边的数字都小于该数字，且其右边的数字都大于该数字。而D选项不符合这一规则，故选择D。

3. 设外存上有120个初始归并段，进行12路归并时，为实现最佳归并，需要补充的虚段个数是(　　)。[2019年408统考]

A. 1　　B. 2　　C. 3　　D. 4

【答案】B

【解析】在一般情况下，对于k-路平衡归并来说，若$(m-1)MOD(k-1)=0$，则不需要增加虚段；否则需附加$k-(m-1)MOD(k-1)-1$个虚段。$m=120$，$k=12$，$(m-1)mod(k-1)!=0$，$k-(m-1)MOD(k-1)-1=2$，故选择B。

4. 下列排序算法中，(　　)算法可能会出现下面情况：初始数据有序时，花费时间反而更多。[武汉科技大学2019研]

A. 堆排序　　B. 冒泡排序　　C. 快速排序　　D. 希尔排序

【答案】C

【解析】当初始数据有序时：

(1)堆排序：有序数据，建堆花费时间少；

(2)冒泡排序：有序数据，不需要发生交换，相比于无序的初始数据，花费时间更少；

(3)希尔排序：首先它把较大的数据集合从逻辑上分割成若干个小组，然后对每一个小组分别进行插入排序，此时，插入排序所作用的数据量比较小，对于每一个小组，插入的效率比较高。因此希尔排序本质上还是插入排序，对有序数据，复杂度更低，花费时间更少；

(4)快速排序：对待有序数据，当选择的枢纽值为第一个数时，在分块时会将除第一个数的所有数分成一块，这样的效率很低，在这种情况下排序要进行n轮，退化为冒泡排序，时间复杂度为$O(n^2)$，花费时间反而更多。故选择C。

5. 在内部排序时，若选择了归并排序而没有选择插入排序，则可能的理由是(　　)。[2017年408统考]

Ⅰ. 归并排序的程序代码更短　　Ⅱ. 归并排序的占用空间更少

Ⅲ. 归并排序的运行效率更高

A. 仅Ⅱ　　B. 仅Ⅲ　　C. 仅Ⅰ、Ⅱ　　D. 仅Ⅰ、Ⅲ

【答案】B

【解析】归并排序代码比选择插入排序更复杂，前者空间复杂度是$O(n)$，后者是$O(1)$。但是前者时间复杂度是$O(n\log n)$，后者是$O(n^2)$。所以B正确。

6. (　　)占用的额外空间的空间复杂度为$O(1)$。[重庆邮电大学2022研]

A. 堆排序算法　　　　　　　　　　B. 归并排序算法

C. 快速排序算法　　　　　　　　　　D. 以上答案都不对

【答案】A

【解析】空间复杂度指占内存大小，堆排序每次只对一个元素操作，是就地排序，所用辅助空间 $O(1)$。所以堆排序算法占用的额外空间的空间复杂度为 $O(1)$。

7. 在下列排序方法中，（　　）方法可能出现这种情况：在最后一趟开始之前，所有的元素都不在其最终应在的正确位置上。[武汉理工大学研]

A. 快速排序　　B. 起泡排序　　C. 堆排序　　D. 插入排序

【答案】D

【解析】选择排序、起泡排序和堆排序一趟排序后，在序列的首部或尾部应该有最大或最小值，快速排序一趟排序后，能够确定序列中第一个元素的位置。因此在最后一趟开始之前，快速排序、起泡排序、堆排序基本将所有元素位置确定了。

8. 采用简单选择排序，比较次数与移动次数分别为（　　）。[南京理工大学研]

A. $O(n)$，$O(\log n)$　　　　　　B. $O(\log n)$，$O(n^2)$

C. $O(n^2)$，$O(n)$　　　　　　D. $O(n\log n)$，$O(n)$

【答案】C

【解析】简单选择排序只在要交换的时候移动位置，共需移动 n 次。需要比较的次数为 $n-1+n-2+\cdots+1=n(n-1)/2$。

9. 以下序列不是堆的是（　　）。[西安电子科技大学研]

A. (100，85，98，77，80，60，82，40，20，10，66)

B. (100，98，85，82，80，77，66，60，40，20，10)

C. (10，20，40，60，66，77，80，82，85，98，100)

D. (100，85，40，77，80，60，66，98，82，10，20)

【答案】D

【解析】堆的定义：

n 个关键字序列 K_1，K_2，…，K_n 称为堆，当且仅当该序列满足如下性质：

①$K_i \leqslant K_{2i}$ 且 $K_i \leqslant K_{2i+1}$

②$K_i \geqslant K_{2i}$ 且 $K_i \geqslant K_{2i+1}$ $(1 \leqslant i \leqslant [n/2])$

小根堆：满足第①种情况的堆；

大根堆：满足第②种情况的堆。

根据堆定义即可得出答案。

二、填空题

1. 分别采用堆排序，快速排序，起泡排序和归并排序，对初态为有序的表，则最省时间的是______算法，最费时间的是______算法。

【答案】起泡，快速

【解析】当初态为有序表时，冒泡排序只需要进行一趟比较即可，此时时间复杂度为 $O(n)$，而快速排序算法需要比较的次数达到最大，时间复杂度为 $O(n^2)$。

2. 从平均时间性能而言，______排序最佳。[青岛大学研]

【答案】快速

【解析】快速算法的平均时间复杂度为 $O(n\log n)$。

3. 对于7个元素的集合{1, 2, 3, 4, 5, 6, 7}进行快速排序，具有最小比较和交换次数的初始排列次序为______。

【答案】(4, 1, 3, 2, 6, 5, 7)

【解析】快排中每次枢纽将待排序列对分是效率最高的，4作为枢纽则将其分为序列2，1，3和序列6，5，7，前一个序列以2再做枢纽，后一个序列以6再做枢纽。

4. 下列算法为奇偶交换排序，思路如下：第一趟对所有奇数的i，将a[i]和a[i+1]进行比较，第二趟对所有偶数的i，将a[i]和a[i+1]进行比较，每次比较时若a[i]>a[i+1]，将二者交换；以后重复上述两趟过程，直至整个数组有序。

```
void oesort(int a[n])
{
  int flag,i,t;
  do
  {
    flag =0;
    for(i =1;i <n;i ++ ,i ++ )
      if(a[i] >a[i +1])
      {
        flag =①______;
        t =a[i +1];
        a[i +1] =a[i];
        ②______;
      }
    for③______
      if(a[i] >a[i +1])
      {
        flag =④______;
        t =a[i +1];
        a[i +1] =a[i];
        a[i] =t;
      }
  }while(⑤______);
}
```

【答案】①1；②a[i] =t；③(i =2; i <=n; i +=2)；④1；⑤flag

【解析】本题主要设置一个标志flag，当flag的值为0时，退出循环。而flag的值为1，继续进行循环。直到任意相邻两项，前者的值小于或者等于后者为止，此时达到有序。

三、综合题

1. 设有n个元素采用起泡排序法进行排序，通常需要进行多少趟排序？对于第j趟起泡通常需要进行多少次关键字比较？在程序设计中如何设置判断条件，有可能使起泡趟数可以减少并且能完成排序。[北京交通大学研]

答：n个元素采用起泡排序法进行排序，通常需要进行$n-1$趟排序。第j趟起泡排序要

进行 $n-j$ 次比较。在一趟排序中，若没有记录交换，则表示排序完成。因而，可通过设标记来控制排序结束，下面语句段说明了标记 flag 的使用：

```
int j = 1,flag = 1;   //flag 用作控制标记
while(j < n&&flag)   //j 是起泡排序趟数，最多 n - 1 趟
{
  flag = 0;    //设标记，若本趟不发生交换，本趟起泡排序后，算法结束
  for(i = 1;i < n - j;i ++ )
    if(r[i] > r[i + 1])
    {
      flag = 1;
      temp = r[i];
      r[i] = r[i + 1];
      r[i + 1] = temp;
    }  //发生了交换，还要进行下一趟排序
}
```

2. 在执行某种排序算法的过程中出现了排序码朝着最终排序序列相反的方向移动，从而认为该排序算法是不稳定的，这种说法对吗？为什么？［燕山大学研］

答：这种说法不对。因为排序的不稳定性是指两个关键字值相同的元素的相对次序在排序前、后发生了变化，而题中叙述和排序中稳定性的定义无关，所以此说法不对。对 4，3，2，1 起泡排序就可否定本题结论。

3. 考虑由三个不同关键词构成的序列：{a，b，c}，试画出直接插入排序算法的二叉判定树。［吉林大学研］

答：直接插入排序的二叉判定树如图 10 - 10 所示。

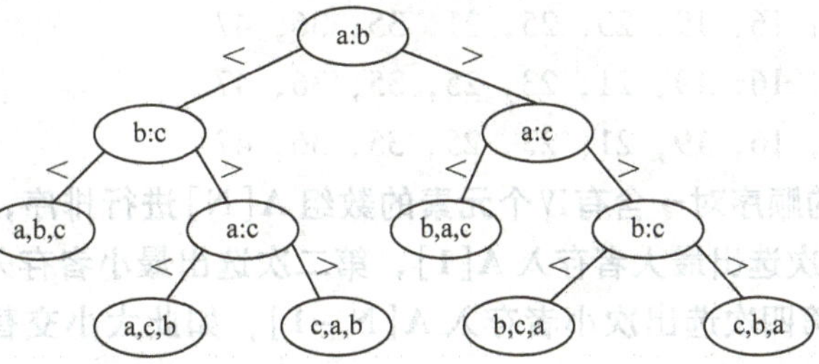

图 10 - 10　直接插入排序二叉判定树

4. 写出下列排序算法的基本思想，并写出对序列(23，12，35，47，16，25，36，19，21，16)进行排序时每一趟的结果。［山东科技大学研］

```
PROC bbsort(VAR r:sequence;n:integer);
{r 是一个数组}
d: =1;
pos[ -1]: =1;
pos[1]: =n;
i: =1;
exchanged: =true;
```

```
WHILE exchanged DO
  [
    WHILE i < > pos[d] DO
    [
      IF (r[i] - r[i+d]) * d > 0
        THEN
        [
          r[i]与 r[i+d]交换;
          exchanged: = true;
        ];
      i: = i + d;
    ]
    pos[d]: = pos[d] - d;
    i: = pos[d];
    d: = - d;
  ]
ENDP;
```

答: 此排序为双向起泡排序：从前向后一趟排序下来得到一个最大值，若其中发生交换，则再从后向前一趟排序，得到一个最小值。

第一趟：12，23，35，16，25，36，19，21，16，47

第二趟：12，16，23，35，16，25，36，19，21，47

第三趟：12，16，23，16，25，35，19，21，36，47

第四趟：12，16，16，23，19，25，35，21，36，47

第五趟：12，16，16，19，23，25，21，35，36，47

第六趟：12，16，16，19，21，23，25，35，36，47

第七趟：12，16，16，19，21，23，25，35，36，47

5. 按由大到小的顺序对一含有Ⅳ个元素的数组 A[N]进行排序，利用如下改进的简单选择排序方法：第一次选出最大者存入 A[1]，第二次选出最小者存入 A[N]，第三次选出次大者存入 A[2]，第四次选出次小者存入 A[N-1]，如此大小交替地选择，直到排序完毕。［东华大学研］

答:

```
void Simple_Selection(int A[ ],int n)
//改进的选择排序，选大和选小交替进行，按题意，元素下标从 1 开始
{
  for(i = 1;i <= n/2;i ++ )
  {
    k = i;   //k 记最大元素下标
    for(j = i + 1;i <= n - i + 1;j ++ )
      if(A[j] > A[k])
        k = j;   //选第 i 个最大元素
```

```
        if(k!=i)
        {
          temp=A[i];
          A[i]=A[k];
          A[k]=temp;
        }  //选出第 i 个最大元素
        k=n-i;  //k 记最小元素下标
        for(j=n-i;j<=i;j--)
          if(A[j]<A[k])
            k=j;  //选第 i 个最小元素
        if(k!=i)
        {
          temp=A[i];
          A[i]=A[k];
          A[k]=temp;
        }  //选出第 i 个最小元素
      }  //高层 for
    }  //结束算法
```

第11章 外部排序

11.1 复习笔记

一、外存信息的存取

1. 磁带信息的存取

磁带上读写一块信息所需的时间为：$T_{I/O} = t_a + n \times t_w$；其中 t_a 为延迟时间，即读/写头到达传输信息所在物理块起始位置所需时间；t_w 为传输一个字符的时间。

2. 磁盘信息的存取

磁盘是一种直接存取的存储设备，它是一个扁平的圆盘，盘面上有许多称为磁道的圆圈，信息就记载在磁道上。由于磁道的圆圈为许多同心圆，所以可以直接存取。

在磁盘上读写一块信息所需的时间为：$T_{I/O} = t_{seek} + t_{la} + n \times t_{wm}$；其中：$t_{seek}$ 为寻查时间，即读/写头定位(即使磁头移动到所需柱面)的时间；t_{la} 为等待时间(等待要访问的信息转到磁头下)，即等待信息块的初始位置旋转到读写头下的时间；t_{wm} 为传输时间。

二、外部排序的方法

1. 外部排序的两个独立阶段

(1)按可用内存大小，将外存上含 n 个记录的文件分成若干长度为 len 的子文件或段，依次读入内存并利用有效的内部排序方法对它们进行排序，并将排序后得到的有序子文件(又称归并段或者顺串)重新写入外存。

(2)对这些归并段或顺串进行逐趟归并，使其逐渐由小至大，直至得到整个有序文件为止。

2. 外部排序所需时间

一般情况下，外部排序所需总的时间 $= m \times t_{IS} + d \times t_{IO} + s \times ut_{mg}$；其中：

m 为经过内部排序之后得到的初始归并段的个数，t_{IS} 是为得到一个初始归并段进行内部排序所需时间的均值，则 $m \times t_{IS}$ 表示内部排序(产生初始归并段)所需的时间；

d 为总的读/写次数，t_{IO} 是进行一次外存读/写时间的均值，则 $d \times t_{IO}$ 表示外存信息读写的时间；

s 为归并的趟数，ut_{mg} 是对 u 个记录进行内部归并所需时间，则 $s \times ut_{mg}$ 表示内部归并所需的时间。

3. 影响外部排序效率的因素

外部排序中，其所需的时间主要取决于对外存的读/写上，而外存的读/写又取决于多路归并所进行的趟数 $n = \log_k m$，其中 k 表示采用 k 路归并，m 为初始归并段的个数，因此提高外部排序的效率可以从两方面入手：

增大 k 值，即采用多路平衡归并的方法；

减小 m 值，即采用置换选择算法。

三、多路平衡归并的实现

对于 k 路平衡归并来说，在归并排序时需进行 $k-1$ 次比较，可采用“败者树”来减少比较次数。在双亲结点中记下刚进行完的比赛中的败者，而让胜者去参加更高级别的比赛，便可得到一棵“败者树”。

如图 11－1 所示为一棵实现 5－路归并的败者树。

败者树算法的主要思想是：

把当前要比较的数字，从叶子结点的父节点到根节点，每次将要比较的数字和节点指向的队列的当前值比较，失败者(较大值)的下标留在节点里面，胜利者(较小值)继续往上比较，直到比较完根节点，得到最终胜利者。然后输出最终胜利者(最小值)并设置最终胜利者对应的队列的下一个数字作为下一次比较的初始值。

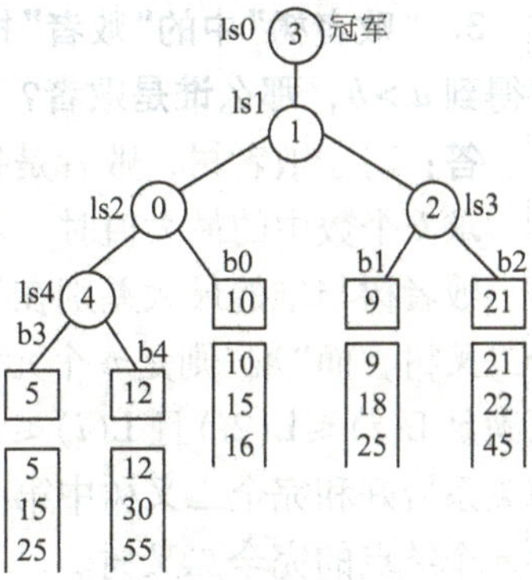

图 11－1　5－路归并的败者树

四、置换－选择排序

置换－选择排序是为了减小初始归并段的大小而产生的，假设初始待排文件为输入文件 FI，初始归并段文件为输出文件 FO，内存工作区为 WA，FO 和 WA 的初始状态为空，并设内存工作区 WA 可容纳 w 个记录，则置换－选择排序的操作过程为：

(1)从 FI 输入 w 个记录到工作区 WA；

(2)从 WA 中选出最小关键字记录，记为 MINIMAX 记录；

(3)将 MINIMAX 输出到 FO 中去；

(4)若 FI 不空，则从 FI 输入下一个记录到 WA 中；

(5)从 WA 中所有关键字比 MINIMAX 大的记录中选出最小关键字记录，作为新的 MINIMAX 记录；

(6)重复(3)、(4)、(5)，直至在 WA 中选不出新的 MINIMAX 为止，由此得到一个初始归并段，输出一个归并段的结束标志到 FO 中去；

(7)重复(2)到(6)，直至 WA 为空。由此得到全部初始归并段。

五、最佳归并树

对长度不等的 m 个初始归并段，构造一棵哈夫曼树作为归并树，便可使在进行外部归并时对外存进行的读/写次数达最少，这棵归并树便称作最佳归并树。

11.2　强化习题详解

1. 假设某文件经内部排序得到 100 个初始归并段，试问：

(1)若要使多路归并三趟完成排序，则应取归并的路数至少为多少？

(2)假若操作系统要求一个程序同时可用的输入，输出文件的总数不超过 13，则按多路归并至少需几趟可完成排序？如果限定这个趟数，则可取的最低路数是多少？

答：(1)因为$\lceil \sqrt[3]{100} \rceil = 5$，所以至少取 5－路进行归并；

(2)每次可取 12 路进行归并，则至少需 2 趟完成排序。然而对总数为 100 的初始归并段，要在 2 趟内完成归并，进行 10－路归并即可，故可取的最低路数为 10。

2. 假设一次 I/O 的物理块大小为 150，每次可对 750 个记录进行内部排序，那么，对含有 150000 个记录的磁盘文件进行 4－路平衡归并排序时，需进行多少次 I/O？

答：每次可以对 750/150＝5 个物理块进行内部排序，而 150000 个记录(1000 个物理块)经内部排序后得到 1000/5＝200 个初始归并段，则 4－路归并时需进行$\lceil log_4 200 \rceil = 4$ 趟。

所以，总的 I/O 次数为：$1000 \times 2 + 1000 \times 2 \times 4 = 10000$。

3. “败者树”中的“败者”指的是什么？若利用败者树求 k 个数中的最大值，在某次比较中得到 $a > b$，那么谁是败者？“败者树”与“堆”有何区别？

答：对于败者树，败者是指当前筛选中不符合要求的元素；

求 k 个数中的最大值时，若 $a > b$，则 a 是胜者，b 是败者；

败者树与堆的最大差别在于：败者树是由参加比较的 n 个元素作为叶子结点而得到的完全二叉树，而“堆”则是 n 个元素的序列 $L[1..n]$，它满足：$L(i) \geqslant L(2i)$ 且 $L(i) \geqslant L(2i+1)$ 或满足 $L(i) \leqslant L(2i)$ 且 $L(i) \leqslant L(2i+1)$，其中 $1 \leqslant i \leqslant \lfloor n/2 \rfloor$，由于这个性质中 i 和 $2i$，$2i+1$ 的关系恰好和完全二叉树中第 i 个结点和其孩子结点的序号之间的关系一致，则堆可看成是含 n 个结点的完全二叉树。

4. 手工执行算法 k－merge，追踪败者树变化过程。假设初始归并段为

(10，15，16，20，31，39，＋∞)；

(9，18，20，25，36，48，＋∞)；

(20，22，40，50，67，79，＋∞)；

(6，15，25，34，42，46，＋∞)；

(12，37，48，55，＋∞)；

(84，95，＋∞)。

答：假设需要对以上 6 个归并段进行 6 路归并，按从小到大顺序排序，手动执行算法k-merge，如图 11－2 所示，以找到第一个冠军为例表示追踪败者树变化过程，其余不再赘述。

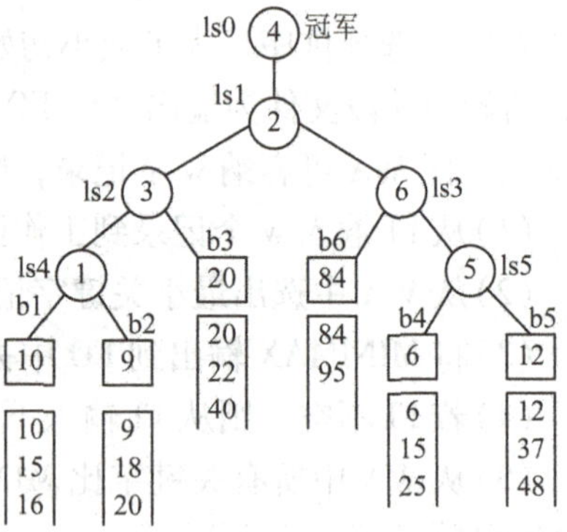

图 11－2　手工执行算法 k-merge 过程图

5. 为什么置换－选择排序能得到平均长度为 2w 的初始归并段？能否依置换－插入或置换－交换等策略建立类似的排序方法？

答：(1)置换－选择排序能得到平均长度为 2w 的初始归并段。

当关键字是随机的，新记录的关键字比 MINIMAX 大或者小的概率是相等的，若大于它则该关键字属于当前归并段，小于它则属于下一归并段，则从初始化到归并完成，设工作区容量为 w，则根据该原理得出其置换－选择算法的初始归并段长度期望值为 2w。

(2)不能依置换－插入或置换交换等策略建立类似的排序方法，因为得到平均长度为 2w 的初始归并段主要是建堆的过程，每次要选择出最大(或最小)值置换到堆顶，插入或交换不具备“选择”的特性。

6. 设内存有大小为 6 个记录的区域可供内部排序之用，文件的关键字序列为(51，49，39，46，38，29，14，61，15，30，1，48，52，3，63，27，4，13，89，24，46，58，33，76)。试列出：

(1)用第 10 章中的内部排序方法求出的初始归并段；

(2)用置换－选择排序得出的初始归并段，并写出 FI，W 和 FO 的变化过程；

(3)用上面给出的数据手工执行算法 repl－selection。

答：(1)用内部排序，得到 4 个归并段

RUN1：29，38，39，46，49，51；

RUN2：1，14，15，30，48，61；

RUN3：3，4，13，27，52，63；

RUN4：24，33，46，58，76，89；

(2)用置换选择排序，得到3个初始归并段：

RUN1：29，38，39，46，49，51，61；

RUN2：1，3，14，15，27，30，48，52，63，89；

RUN3：4，13，24，33，46，58，76；

设蓝色标记为每次被替换的元素，FI，W 和 FO 的变化过程如表 11-1 所示。

表 11-1 置换选择排序过程表

FO	WA	FI
空	空	51,49,39,46,38,29,14,61,15,30,1,48,52,3,63,27,4,13,89,24,46,58,33,76
29	51,49,39,46,38,29	14,61,15,30,1,48,52,3,63,27,4,13,89,24,46,58,33,76
29,38	51,49,39,46,38,14	61,15,30,1,48,52,3,63,27,4,13,89,24,46,58,33,76
29,38,39	51,49,39,46,14,61	15,30,1,48,52,3,63,27,4,13,89,24,46,58,33,76
29,38,39,46	51,49,46,14,61,15	30,1,48,52,3,63,27,4,13,89,24,46,58,33,76
29,38,39,46,49	51,49,14,61,15,30	1,48,52,3,63,27,4,13,89,24,46,58,33,76
29,38,39,46,49,51	51,14,61,15,30,1	48,52,3,63,27,4,13,89,24,46,58,33,76
29,38,39,46,49,51,61	14,61,15,30,1,48	52,3,63,27,4,13,89,24,46,58,33,76
1	14,15,30,1,48,52	3,63,27,4,13,89,24,46,58,33,76
1,3	14,15,30,48,52,3	63,27,4,13,89,24,46,58,33,76
1,3,14	14,15,30,48,52,63	27,4,13,89,24,46,58,33,76
1,3,14,15	15,30,48,52,63,27	4,13,89,24,46,58,33,76
1,3,14,15,27	30,48,52,63,27,4	13,89,24,46,58,33,76
1,3,14,15,27,30	30,48,52,63,4,13	89,24,46,58,33,76
1,3,14,15,27,30,48	48,52,63,4,13,89	24,46,58,33,76
1,3,14,15,27,30,48,52	52,63,4,13,89,24	46,58,33,76
1,3,14,15,27,30,48,52,63	63,4,13,89,24,46	58,33,76
1,3,14,15,27,30,48,52,63,89	4,13,89,24,46,58	33,76
4	4,13,24,46,58,33	76
4,13	13,24,46,58,33,76	
4,13,24	24,46,58,33,76	
4,13,24,33	46,58,33,76	
4,13,24,33,46	46,58,76	
4,13,24,33,46,58	58,76	
4,13,24,33,46,58,76	76	

(3)根据(2)中 FI，W 和 FO 的变化过程即为手工执行 repl-selection 算法的过程。

7. 试问输入文件在哪种状态下经由置换-选择排序得到的初始归并段长度最长？其最长的长度是多少？

答：记录关键字为非递减排列时，可得到最长的初始归并段，长度为所有记录总数。

8. 试问输入文件在哪种状态下经由置换－选择排序得到的初始归并段长度最短？其最短的长度是多少？

答： 记录关键字为非递增排列时，可得到最短的初始归并段，长度为1。

9. 假若一个经由置换－选择排序得到的输出文件再次进行置换－选择排序，试问该文件将产生什么变化？

答： 由于文件经置换－选择排序后记录的关键字已呈非递减序列，因此再次进行置换－选择排序时保持不变。

10. 在输入文件为逆序的情况下，由13题所描述的自然选择排序得到的初始归并段的平均长度为多少？

答： 输入文件为逆序时，初始归并段长度与缓冲区长度相同。

11. 已知某文件经过置换选择排序之后，得到长度分别为47，9，39，18，4，12，23和7的八个初始归并段。试为3－路平衡归并设计一个读写外存次数最少的归并方案，并求出读写外存的次数。

答： 当初始归并段个数为 m，且采用 k－路归并时，需要增加 $k-(m-1)\%(k-1)-1$ 个"虚段"，使其读写外存次数最少；

此题 $m=8$，$k=3$，则需要增加1个长度为0的"虚段"，则其归并方案如图11－3所示，且总的 I/O 次数为：$[(4+7)\times4+(9+12)\times3+(18+23)\times2+(39+47)\times1]2=550$。

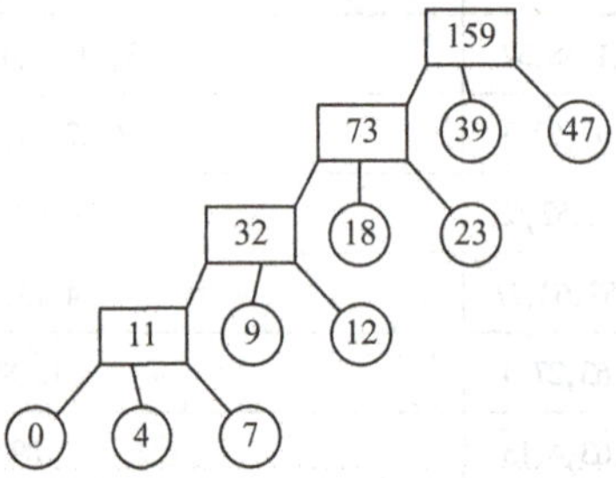

图11－3　归并方案图

12. 已知有31个长度不等的初始归并段，其中8段长度为2，8段长度为3，7段长度为5，5段长度为12，3段长度为20(单位均为物理块)。请为此设计一个5－路最佳归并方案，并计算总的(归并所需的)读/写外存的次数。

答： 最佳5－路归并树如图11－4所示。总的外存I/O次数为 $[(8\times2+8\times3+5\times2)\times3+(5\times5+5\times12+20)\times2+(2\times20)\times1]\times2=800$。

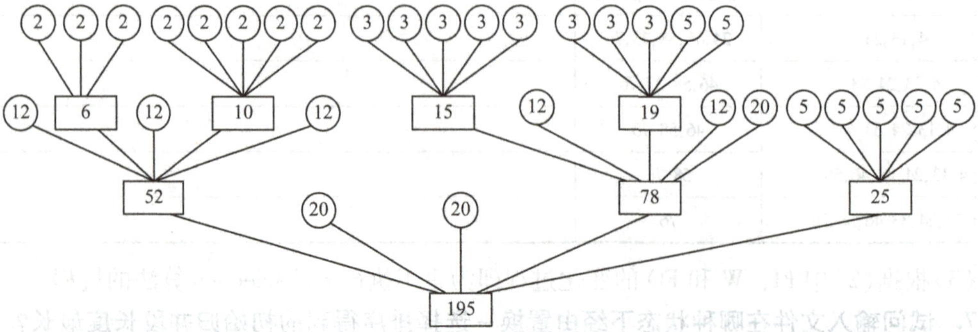

图11－4　最佳5－路归并树

13. 假设在进行置换一选择排序时，可另开辟一个和工作区的容量相同的辅助存储区(称储备库)。当输入的记录关键字小于刚输出的 MINIMAX 记录时，不将它存入工作区，而暂存在储备库中，接着输入下一记录，依次类推，直至储备库满时不再进行输入，而只从工作区中选择记录输出直至工作区空为止，至此得到一个初始归并段。之后，再将储备库中记录传送至工作区，重新开始选择排序。这种方法称自然选择排序。一般情况下可求得比置换-选择排序更长的归并段。

(1)试对教材 11.4 节中文件例子进行自然选择排序，求初始归并段。

(2)编写自然选择排序的算法。

答：(1)可以得到的初始归并段如下：

RUN1：29，38，39，46，48，49，51，52，61，63；

RUN2：1，3，4，13，14，15，24，27，30，33，46，58，76，89；

(2)算法如下：

```
void NatureSort(FILE * fin,LoserTree ls,WorkArea wa)
{  //自然选择排序
  int i;
  for(i=1;i<=W;i++)  //W 为工作缓存区
    scanf(fin,"%d",&cache[i]);
  cache[0]++;
  BuildLoser(cache,ls,wa);  //从辅助存取区读取记录创建败者树
  output[0][0]=0;
  while(!feof(fi) || cache[0])  //feof 函数检测文件是否结束
  {
    output[0][0]++;
    output[output[0][0]][0] = 0;
    if(cache[0]==W || (cache[0]>0&&feof(fin)))
      BuildLoser(cache,ls,wa);  //读取辅助存储区记录以创建败者树
    GetOneRun(fin,ls,wa);  //求初始归并段
  }
  fclose(fin);
}  //NatureSort
void BuildLoser(KeyType cache[W+1],LoserTree ls,WorkArea wa)  //构建败者树,工作区 wa 是一棵败者树
{
  int i;
  for(i=0;i<W;i++)
    wa[i]=ls[i]=0;  //初始化工作区
  for(i=W-1;i>=0;i--)
  {
    if(cache[0]>0)
    {
```

```
            cache[0]--;
            wa[i]=cache[W-i];   //读记录
        }
        else
            wa[i]=MAXKEY;
        Adjust(ls,wa,i);   //调整败者树
    }   //for
}   // BuildLoser
void Adjust(LoserTree ls,WorkArea wa,int q)   //调整败者树
{
    for(t=(W+q)/2,p=ls[t];t>0;t=t/2,p=ls[t])
    {
        if(wa[p]<wa[q])
        {
            temp=q;   //q 指向新的胜利者
            q=ls[t];
            ls[t]=temp;
        }
    }
    ls[0]=q;
}   //Adjust
void GetOneRun(FILE *fin,LoserTree ls,WorkArea wa)   //求一个初始归并段
{
    int q,minimax,tag,m,n;
    m=output[0][0];
    n=output[m][0];
    if(wa[ls[0]]!=MAXKEY)
    {
        q=ls[0];   //q 指示 MINIMAX 记录在 wa 中的位置
        minimax=wa[q];
        n++;
        output[m][n]=wa[q];
    }
    while(cache[0]!=W&&wa[ls[0]]!=MAXKEY)
    {
        tag=scanf(fin,"%d",&wa[q]);
        if(tag!=1)   //读取失败，则输入文件结束
        {
            wa[q]=MAXKEY;
            break;
```

```
    }
    else
    {
      if(wa[q] < minimax)   //新读入的记录属于下一段
      {
        cache[0] ++;
        cache[cache[0]] = wa[q];
        if(cache[0] == W)
        {
          wa[q] = MAXKEY;
          break;
        }
      }
      else
      {
        Adjust(ls,wa,q);  //选择新的 MINIMAX 记录
        q = ls[0];  //q 指示 MINIMAX 记录在 wa 中的位置
        minimax = wa[q];
        n ++;
        output[m][n] = wa[q];
      }
    }
  }
  while(minimax != MAXKEY)
  {
    Adjust(ls,wa,q);  //选择新的 MINIMAX 记录
    if(wa[ls[0]] != MAXKEY)
    {
      q = ls[0];
      minimax = wa[q];
      n++;
      output[m][n] = wa[q];
      wa[q] = MAXKEY;
    }
    else
      minimax = MAXKEY;
  }
  output[m][0] = n;
} //GetOneRun
```

11.3 考研真题与典型题详解

一、选择题

1. 对10TB的数据文件进行排序，应使用的方法是(　　)。[2016年408统考]

A. 希尔排序　　B. 堆排序　　C. 快速排序　　D. 归并排序

【答案】D

【解析】对于10TB的海量数据，数据不可能一次全部载入内存，传统的排序方法就不适用了，需要用到外排序的方法。外排序采用分治思想，即先对数据分块，对块内数据进行排序，然后采用归并排序的思想进行排序，得到数据的一个有序序列。故选择D，归并排序。

2. 排序算法的稳定性是指(　　)。[武汉工程大学2022研]

A. 排序算法的性能与被排序元素的个数关系密切

B. 排序算法的性能与被排序元素个数关系不大

C. 经过排序后，能使关键字相同的元素保持原顺序中的绝对位置不变

D. 经过排序后，能使关键字相同的元素保持原顺序中的相对位置不变

【答案】D

【解析】假定在待排序的记录序列中，存在多个具有相同的关键字的记录，若经过排序，这些记录的相对次序保持不变，即在原序列中，$r_i=r_j$，且r_i在r_j之前，而在排序后的序列中，r_i仍在r_j之前，则称这种排序算法是稳定的；否则称为不稳定的。

3. 下列排序算法中，占用辅助空间最多的是(　　)。[厦门大学研]

A. 归并排序　　B. 快速排序　　C. 希尔排序　　D. 堆排序

【答案】A

【解析】归并排序的辅助空间为$O(n)$，快速排序所占用的辅助空间为$O(\log n)$，堆排序所占用的辅助空间为$O(1)$。

4. 对n个记录的线性表进行快速排序为减少算法的递归深度，以下叙述正确的是(　　)。[北方交通大学研]

A. 每次分区后，先处理较短的部分　　B. 每次分区后，先处理较长的部分

C. 与算法每次分区后的处理顺序无关　　D. 以上三者都不对

【答案】A

【解析】令递归函数为f，第一次进行递归函数认为递归深度为1，以后从深度为n的递归函数f中再调用递归函数f，此时深度为$n+1$。整个f的最大深度为递归深度。当先处理较短部分时，栈的最大深度取决于划分出来的短序列的长度。

5. 当n个整型数据是有序时，对这n个数据用快速排序算法排序，则时间复杂度是a，当用递归算法求n!时，算法的时间复杂度是b，则：$a-b=$(　　)。

A. $O(n)$　　B. $O(n\log n)$　　C. $O(n^2)$　　D. $O(\log n)$

【答案】C

【解析】当n个整型数据是有序时，对这n个数据用快速排序算法排序，快速排序会退化为冒泡排序，其时间复杂度为$O(n^2)$；当用递归算法求n!时，算法的时间复杂度是$O(n)$。

6. 将两个各有N个元素的有序表归并成一个有序表，其最少的比较次数是(　　)。

A. N　　B. $2N-1$　　C. $2N$　　D. $N-1$

【答案】A

【解析】归并排序基本思想：

归并排序是多次将两个或两个以上的有序表合并成一个新的有序表。最简单的归并是直接将两个有序的子表合并成一个有序的表。归并排序最好情况下的复杂度为 $O(n)$。

二、填空题

1. 若不考虑基数排序，则在排序过程中，主要进行的两种基本操作是关键字的______和记录的______。[北京邮电大学研]

【答案】比较；移动

【解析】考查排序的基本概念。

2. 外部排序的基本操作过程是______和______。

【答案】生成有序归并段；归并

【解析】考查外部排序的基本概念。

3. 外部排序的基本方法是归并排序，但在之前必须先生成______。[北京邮电大学研]

【答案】初始归并段

【解析】归并排序之前必须生成初始归并段。

4. 在基于关键字比较且时间为 $O(n\log_2 n)$ 的排序中，若要求排序是稳定的，则可选用______排序；若要求就地排序(即辅助空间为 $O(1)$)，则可选用______排序。

【答案】归并；堆

【解析】考查归并排序和堆排序的性质。

5. 按 LSD 进行关键字排序，除最次位关键字之外，对每个关键字进行排序时，只能用______的排序方法。[北京交通大学研]

【答案】稳定

【解析】考查基数排序 LSD 的特点。

三、综合题

1. 简述直接插入排序、简单选择排序、2 路归并排序的基本思想以及在时间复杂度和排序稳定性上的差别。

答：(1)直接插入排序的基本思想：

将待排序记录分为有序子序列和无序子序列两部分，每次将无序序列中的元素插入到有序序列中的正确位置上。即：先将序列中的第 1 个记录看成是一个有序的子序列，然后从第 2 个记录起逐个进行插入，直至整个序列变成按关键字非递减的有序序列为止，整个排序过程进行 $n-1$ 趟插入。

最坏时间复杂度是 $O(n^2)$，平均时间复杂度是 $O(n^2)$，空间复杂度是 $O(1)$，是稳定排序。

(2)简单选择排序的基本思想：

一趟简单选择排序的操作为：通过 $n-i$ 次关键字间的比较，从 $n-i+1$ 个记录中选出关键字最小的记录，并和第 $i(1\leqslant i\leqslant n)$ 个记录交换之，使有序序列逐步扩大，最后整个文件有序。共进行 $n-1$ 趟选择。

最坏时间复杂度是 $O(n^2)$，平均时间复杂度是 $O(n^2)$，空间复杂度是 $O(1)$，是不稳定排序。

(3)2 路归并排序的基本思想：

假设待排序列含有 n 个记录，可看成是 n 个有序的子序列，每个子序列的长度为 1，然后两两归并，得到$\lceil n/2 \rceil$个长度为 2 或 1 的有序子序列；再两两归并，如此重复，直至得到一个长度为 n 的有序序列为止。

最坏时间复杂度和平均时间复杂度都是 $O(n\log_2 n)$，空间复杂度是 $O(n)$，是稳定排序。

2. 在多关键字排序时，LSD 和 MSD 两种方法的特点是什么？［北京邮电大学 2001 研］

答：(1)最高位优先(MSD)法

先对最高位关键字 K^0 进行排序，将序列分成若干子序列，每个子序列中的记录都具有相同的 K^0 值，然后，分别就每个子序列对关键字 K^1 进行排序，按 K^1 值不同再分成若干更小的子序列，依次重复，直至最后对最低位关键字排序完成，将所有子序列依次连接在一起，成为一个有序子序列。

(2)最低位优先(LSD)法

先对最低位关键字 K^{d-1} 进行排序，然后对高一级关键字 K^{d-2} 进行排序，依次重复，直至对最高位关键字 K^0 排序后便成为一个有序序列。进行排序时，不必分成子序列，对每个关键字都是整个序列参加排序，但对 $K^i(0 \leqslant i < d-1)$ 排序时，只能用稳定的排序方法。另一方面，按 LSD 进行排序时，可以不通过关键字比较实现排序，而是通过若干次“分配”和“收集”来实现排序。

第12章　文　件

【说明】本章在操作系统里面考，数据结构不考，本文略。